●高等院校应用型专业心理学系列教材

小学心理学（第5版）

PSYCHOLOGY FOR ELEMENTARY SCHOOL

冯维 主编

扫一扫二维码，获取本书教学资源

西南大学出版社
国家一级出版社 全国百佳图书出版单位

图书在版编目(CIP)数据

小学心理学 / 冯维主编. —5版. —重庆：西南师范大学出版社，2020.11
高等院校应用型专业心理学系列教材
ISBN 978-7-5697-0475-4

Ⅰ. ①小… Ⅱ. ①冯… Ⅲ. ①小学生－教育心理学－高等学校－教材 Ⅳ. ①G444

中国版本图书馆CIP数据核字(2020)第201883号

小学心理学(第5版)
XIAOXUE XINLIXUE
冯 维 主编

责任编辑：	任志林　郑持军
封面设计：	尚品视觉　周　娟　钟　琛
排　　版：	杜霖森
出版发行：	西南大学出版社（原西南师范大学出版社）
	地址：重庆市北碚区天生路1号
	邮编：400715　市场营销部电话：023-68868624
	http://www.xdcbs.com
经　　销：	新华书店
印　　刷：	重庆市正前方彩色印刷有限公司
成品尺寸：	180mm×230mm
印　　张：	22.5
字　　数：	440千字
版　　次：	2020年11月　第5版
印　　次：	2025年4月　第5次印刷
书　　号：	ISBN 978-7-5697-0475-4
定　　价：	56.00元

前　言

《小学心理学》自2002年出版以来，受到了广大读者的欢迎和好评，现在我们根据西南师范大学出版社的要求，以及小学心理学的研究进展和发展状况对该书进行重新修订，以第五版的形式出版。

本书的修订，特别做如下说明：

第一，修订的原则是：吸收了小学心理学的一些新的研究成果，注意从学科的交叉反映小学心理学的研究进展。借鉴了发展心理学、教育心理学、心理健康教育学、教育管理学等学科对小学心理学的研究成果，从多元的视野来阐述小学的基本理论与原理，分析小学师生的心理现状与问题，在此基础上，提出解决的对策。

第二，注意了教材的基础性、经典性、实用性和新颖性。由于本教材主要为高等院校学生使用，原来的小学心理学篇幅过大，这次修订删去了与普通心理学、教育心理学重复的一些内容，去掉了"心理的起源与实质""小学生创造力开发""小学教学设计""小学教学模式"共四章，以便更集中地反映小学心理学的内容。考虑到高等院校学生现在或将来都要从事小学心理学研究相关的工作，小学生的学习困难是一个教师、家长都非常关注的问题，为此专门增加了"小学心理学研究""小学生学习困难"两章。

第三，为了尽量保持和延续前几版的风格，对于本书保留下来的各章没有做特别大的改动，但对其中一些章节的内容及结构进行了调整，补充了最近几年新的研究成果，丰富与完善了小学心理学的内容。

第四，为了方便高等院校学生及读者使用及掌握小学心理学的内容，我们在每章前面增加了"本章你要学习什么？"的导读，后面有"要点小结""关键术语"，并有"复习巩固"与"复习题"，在每章增加了拓展阅读的专栏，在全书后面附录了"思考题与复习题答案"。

本书由本人构建教材的结构并进行全书统稿，王云峰同志参与了辅助性工作。各章执笔人是：第一章、第二章、第七章、第八章（西南大学冯维），第三章、第九章（鲁东大学张美峰），第四章（滇西科技师范学院作灵芝），第五章（贵州工程应用技术学院张淑婷),第六章(成都职业技术学院陈姣、云南保山市第三人民医院王梦晗),第十章(重庆易道教育培训学校李秋燕),第十一章(云南中医药大学蒋仕箐),第十二章、第十三章(红河学院王云峰),第十四章(成都工业学院任可雨),第十五章(重庆机电职业技术大学李丹)。

  本书是在借鉴、参考和引用国内外大量文献资料的基础上完成的。限于篇幅,我们只列出了有关的主要参考文献,谨此向有关作者表示衷心感谢。由于我们的水平有限,书中难免存在疏漏和错误,诚恳地欢迎同行专家和广大读者提出宝贵的批评意见,以便我们能够不断改进和提高。

西南大学教授 冯维
2019 年 6 月 16 日
于重庆北碚北泉花园

目　录

第一章　导论 ·· 001
　　第一节　小学心理学的研究内容 ··· 002
　　第二节　小学生的心理发展 ··· 005
　　第三节　心理发展的理论 ·· 008
　　第四节　小学生心理发展的影响因素 ····································· 015

第二章　小学心理学的研究 ·· 022
　　第一节　小学心理学的研究原则 ··· 023
　　第二节　小学心理学的研究路径 ··· 025
　　第三节　小学心理学的研究方法 ··· 027
　　第四节　小学心理学的研究设计 ··· 031

第三章　小学生的认知发展 ·· 037
　　第一节　概述 ··· 038
　　第二节　小学生的注意发展 ··· 039
　　第三节　小学生的记忆发展 ··· 046
　　第四节　小学生的思维发展 ··· 051
　　第五节　小学生的言语发展 ··· 058

第四章　小学生的社会性发展 ··· 064
　　第一节　概述 ··· 065
　　第二节　小学生的情意发展 ··· 068
　　第三节　小学生的亲社会行为 ·· 075
　　第四节　小学生的攻击行为 ··· 079

第五章　小学生的个性发展 ····· 085
  第一节　概述 ····· 086
  第二节　小学生的自我意识发展 ····· 090
  第三节　小学生的气质发展 ····· 096
  第四节　小学生的性格发展 ····· 100

第六章　小学生的学习与学习动机 ····· 106
  第一节　小学生的学习 ····· 107
  第二节　小学生的学习动机 ····· 111
  第三节　小学生学习动机的影响因素 ····· 117
  第四节　小学生学习动机的培养和激发 ····· 122

第七章　小学生陈述性知识的学习 ····· 128
  第一节　概述 ····· 129
  第二节　陈述性知识的理解 ····· 134
  第三节　陈述性知识的迁移 ····· 140

第八章　小学生程序性知识的学习 ····· 146
  第一节　概述 ····· 147
  第二节　智慧技能的形成 ····· 151
  第三节　动作技能的形成 ····· 158

第九章　小学生的学习策略 ····· 167
  第一节　概述 ····· 168
  第二节　小学生的认知策略 ····· 170

第三节　小学生的资源管理策略 ································· 177
　　第四节　小学生学习策略的影响因素 ····························· 180
　　第五节　提高小学生学习策略的途径 ····························· 184

第十章　小学生的学习困难 ·· 193
　　第一节　概述 ··· 194
　　第二节　小学生常见的学习困难 ································· 197
　　第三节　小学生学习困难的影响因素 ····························· 200
　　第四节　小学生学习困难的教育对策 ····························· 204

第十一章　小学生心理健康教育 ···································· 211
　　第一节　概述 ··· 212
　　第二节　小学生常见的心理问题及成因 ··························· 216
　　第三节　小学生心理健康教育的原则与内容 ······················· 222
　　第四节　小学生心理健康教育的途径与方法 ······················· 225

第十二章　小学生的品德心理 ······································ 231
　　第一节　概述 ··· 232
　　第二节　小学生品德发展的特点 ································· 234
　　第三节　小学生品德的培养 ····································· 242
　　第四节　小学生不良行为的矫正 ································· 247

第十三章　小学班级群体心理与人际关系 ···························· 254
　　第一节　概述 ··· 255
　　第二节　小学班级常见的群体心理 ······························· 258
　　第三节　小学班级的人际关系 ··································· 269
　　第四节　小学班集体的形成与管理 ······························· 274

第十四章　小学生的心理差异 ································ 280
第一节　概述 ································ 281
第二节　小学生的智力差异 ································ 283
第三节　小学生的性别差异 ································ 288
第四节　小学生的社会背景心理差异 ································ 291

第十五章　小学教师心理 ································ 297
第一节　小学教师的社会角色 ································ 298
第二节　小学教师的威信与师爱 ································ 303
第三节　小学教师的能力素质 ································ 308
第四节　小学教师的心理健康 ································ 314

附录一　课后习题答案 ································ 321
附录二　参考文献 ································ 345

第一章 导论

通过本章的学习,你应该了解小学心理学的研究对象是什么,涉及哪些主要的研究内容;小学心理学的研究任务是什么;什么是小学生的心理发展;小学生的心理发展有什么特点;儿童的心理发展有哪些理论;心理学家是如何理解儿童的心理发展的;影响小学生心理发展的因素有哪些。

第一节　小学心理学的研究内容

小学心理学是心理科学与小学教育相结合而形成和发展的一门独立学科，是高等师范院校小学教育专业学生及小学教师必修的一门课程。它有自己特定的研究对象与研究任务。

一、小学心理学的研究对象

小学心理学是研究小学教育过程中，师生的各种心理现象与心理活动规律的科学。小学教育的对象一般是6—12岁的儿童。小学教育是使受教育者打下文化知识基础和做好初步生活准备的基础教育。在小学教育中，教师与学生根据自己的社会地位与社会身份，分别承担着不同的社会责任和社会义务，按照不同的社会期望扮演自己的社会角色。从学生方面看，学生要以学为主，发挥学习的主动性、积极性和创造性，不断追求和掌握新知识、形成技能、发展能力、培养良好的道德品质；从教师方面看，教师要以教为主，按照受教育者的身心发展规律，将自己掌握的知识技能毫无保留地传授给学生，并根据社会的道德价值规范去教育学生、管理学生，使其身心得到健康发展。在这个教与学的过程中，教育者与受教育者的活动必然要引起并被表征为各种心理现象与心理活动。教育活动中的心理现象虽然发生在活动主体——学生和教师身上发生，但却涉及小学教育情境的许多方面。所以，小学心理学的研究对象是小学教育情境中师生的各种心理现象与心理活动规律。具体表现为以下几方面的内容。

（一）小学生心理发展的特点与规律

儿童进入小学后，学习活动代替游戏活动成为小学生的主导活动。这在儿童心理的发展方面是一个非常重要的转折。学习活动与游戏活动比较起来，具有一定的社会性、规范性和强制性，对小学生的心理发展具有十分重要的影响。

学习活动不仅使小学生的智力从具体形象思维过渡到抽象逻辑思维，而且使他们的个性与社会性获得了迅速的发展，使他们的心理面貌与心理发展水平表现出前所未有的崭新变化，表现出较大的协调性、可塑性与开放性的特点。例如，在学习活动推动下，小学生的神经系统发育，特别是大脑的发育进入加速时期，神经系统的兴奋与抑制的功能进一步增强，条件反射更容易形成与巩固，心理机能不断深化，这些为保证小学生学习知识和掌握技能奠定了基础。在思维发展方面，小学生通过学习，掌握了越来越多的概念、规则与原理，思维水平逐渐提高，开始从以具体形象思维为主逐步向以抽象逻辑思维能力为主发展；与此同时，与思维密切联系的口头语言能力，特别是书面语言能力得到了很大提高。在个性发展方面，小学生初步的自我意识逐渐形成，情感体验日益丰富和深刻，意志的控制能力有所增强。在社会性发展方面，小学生通过与教师、同学的接触交往，扩大了自己的生活社交圈，意识到了自己与他人的关系，增强了人际交往的能力。同时，他们通过参加学校的集体活动，逐渐意识到了自己在集体中的角色、权利与义务，自觉纪律逐步形成与发展，这些都增强了他们的社会性。小学生的这些心理发展特点，既表现在他们的学习活动中，又影响着他们的学习活动甚至整个学校生活，并在很大程度上制约着小学教育活动的开展，决定着小学教师的教学内容、教学方法的选择与应用，影响着教师的教育活动。因此，小学心理学首先要研究小学生的心理发展特点，弄清影响小学生心理发展的内外因素的各种变化与联系，探讨小学生的心理发展规律，为小学教育工作者富有成效地进行小学教育教学活动提供有关学生心理方面的知识。

（二）小学生心理活动的规律

在小学教育过程中，教师对学生施加的一切影响都可以成为心理刺激物，引发学生的心理活动和心理反应。为了保证教育质量，教师必须分析小学生在教育过程中的心理活动，掌握其活动规律。具体而言，小学心理学从两方面探求教育过程中小学生的心理活动规律。一方面，分析小学生学习的性质、基本过程与结果，从而揭示其间的一般心理学规律。即着重分析小学生在理解和应用知识、形成技能、培养品德等学习过程中的各种心理活动及规律。另一方面，分析制约小学生学习的内外因素以及其间的相互关系，进而揭示小学生学习的一般心理学规律。即着重分析小学生学习动机的特点及培养激发的规律，研究小学生在能力培养和智力开发中的规律性问题，探讨小学生学习策略的特点及形成规律，影响小学生心理健康的各种因素及教育对策等问题。总之，小学心理学对于小学生在教育过程中，特别是学习活动中所表现出的心理现象都要做深入的分析与考察，并揭示其间的心理学规律。

（三）小学教师的心理问题

小学教育涉及师生的双边活动。教师作为教育活动中的主导者，有其独特的心理特征。所以，小学心理学要研究教师角色对教师心理的影响，以及教师角色对教师心理素质、心理健康、成长与发展等方面的要求。此外，由于师生双方的交往、沟通蕴含着丰富的心理内容，以鲜明的情感色彩与心理倾向性影响着教育过程，表现在学校教育的各个方面。因此，对师生关系的特点及形成因素的分析和探讨，也是小学心理学的重要内容。

总之，小学心理学不仅要系统地探讨小学生的心理特点及其受教育过程中的心理活动规律，还必须系统地探讨教师的职业心理特征与施教活动中的心理活动。所有这些，共同构成小学心理学的研究内容。

二、小学心理学的研究任务

（一）测量与描述学生的心理状况与发展水平

由于小学生的心理发展状况是小学教育必须依据的前提条件，因此小学生的心理状况，以及发展特点与发展趋势等就成为小学心理学研究的主要内容。为了理解与说明小学生在学校教育过程中出现的心理与行为，小学心理学应当运用有关心理测量工具，对小学生的学习动机、智能水平、知识掌握、技能形成、个性特征、品德发展、心理健康状况等进行测量与定量分析，从而较全面地把握小学生的心理状况、发展特点与发展水平，以及在教育过程中容易反复出现并经常起作用的心理特征，正确认识教育情境中小学生的心理反应与其外部刺激之间的关系。同时，小学心理学还要对小学生的各种心理特征与发展状况进行科学描述，把定量研究与定性研究结合起来，以获得小学生心理发展较全面的实证事实、材料，形成具有较强逻辑性和解释力的理论，从而能够更好地把握小学生的心理发展特点和规律。因此，小学心理学必须测量与描述小学生的心理活动特点与发展状况，形成有关的理论和规律性认识，帮助教师加深对小学生心理的认识，指导教师的教育实践活动。

（二）解释与说明小学教育中的心理现象

科学研究的基本任务是必须解释和说明客观存在的并可以检验的现象。所以，小学心理学必须正确地解释和说明小学教育情境中存在的诸多心理现象。人的心理现象是一种内隐、多变的精神现象，解释并说明它并非易事。解释与说明心理现象的最基本的方法，是找出所观察到的心理现象产生的基本原因，找出它们与可能事件之间存在的因果关系或相关关系，以及其发生、发展和变化的规律。

在小学教育中有些现象教师司空见惯。例如，一个离异家庭的学生，通常在集体生活中沉默寡言、冷漠、孤僻；一个天资聪慧的学生，因迷恋游戏而导致学习成绩很差；一个后进生因为受到了教师的关注和表扬，学习成绩有了很大提高。教师对这些现象或事件的对待与处理，必然涉及对学生心理活动的分析和内在心理原因的探讨。小学心理学应当为教师提供解释与说明这些事件或现象的心理学知识，并从心理学角度恰当地解释与说明这些现象和事件产生的原因，并提出解决问题的思路。如将离异家庭学生的行为，解释为由于父母离异使其对归属感、安全感的需要没有得到满足而导致的自卑等心理问题；对聪慧但学习成绩不佳的学生的行为，归纳为缺乏学习动机，学习兴趣转移；后进生的变化是由于教师的关心和期望，激活了学生的内心，促使了其智力的发展而产生的结果。

对于上述小学教育中存在的诸多心理现象，小学心理学必须使用自己的专门术语去解释和说明，以便为教育者认识小学教育中的各种心理现象，处理各种教育事件提供有关理论与方法，这正是小学心理学的价值所在。

（三）预测与控制师生心理活动与行为反应

科学研究的另一重要任务是对尚未发生的事物提出有根据的预测，在预测的基础上，通过操纵某一事物的某些决定要素或条件，使事物的发展与我们的预期相一致地改变。在教育中，教师必须依据所获得的对学生心理发展规律或个性特点的知识与数据，预测教育对学生可能产生的心理影响，预测学生的未来发展，并学会控制学生个体或学生班级的活动。如教师可以根据小学心理学所提供的强化理论和方法，对不同的学生实施不同的奖励与惩罚，以控制并改变他们的学习行为。教育管理者为了提高学校管理水平，也需要对学校中师生的心理活动与行为进行预测和控制，以保证教育活动有效进行。如教育管理者可以通过对教师的工作动机、智能水平、人格特征的测量与分析，预测教师在课堂上的教学行为，以及在教学上的工作成就。鉴于此，小学心理学应该把预测和控制小学师生在教育情境中的心理活动与行为反应作为研究的重要任务之一。

> **复习巩固**
>
> 1. 小学心理学的研究对象是什么？
> 2. 小学心理学的研究主要包括哪些内容？
> 3. 小学心理学的研究任务是什么？

第二节　小学生的心理发展

心理发展是个体从出生经成年到老年的持续过程。小学生的心理发展不仅具有发展的一般共性和特征，而且具有自身的特点。

一、小学生心理发展的含义

关于个体的心理发展，不同的心理学家有不同的认识和理解。传统的心理学观点认为，个体的成熟是发展的终点，它通常在成年期达到。如霍尔(G. S. Hall)认为，个体心理发展是人类种族进化的复演过程，个体的心理发展达到青春期后就趋于停止。现代心理学提倡毕生发展观，认为个体的发展是一个在时间和顺序等方面不相同的各种变化范型的体系，毕生都在进行。个体的心理发展具有多维性和多向性的特点，其发展的方向因行为种类的不同而有所不同，有的心理并不在出生时开始发展，而有些心理现象也并非在中途达到终点。例如，荣格(C. G. Jung)、何林渥斯(H. Z.

Hollingwerth)等心理学家认为,个体的心理发展是终身的事情,涉及个体心理发展的全貌。我国心理学家朱智贤(1981)认为,心理的个体发展,是指人的个体从出生到成熟到衰老的过程中心理发生发展的历史。林崇德教授认为,个体心理发展的过程是社会化的过程。即个体掌握和积极再现社会经验、社会联系和社会关系的过程。通过社会化,个体获得在社会中进行正常活动所必需的品质、价值、信念以及社会所赞许的行为方式。

综合上述心理学家对个体心理发展的认识和研究,我们认为小学生的心理发展是指小学生从入学到小学毕业所发生的心理变化过程。

二、小学生心理发展的特点

小学生的心理发展特点,是以其生理的发展为基础的。儿童进入小学以后,他们的身高体重迅速增长,手臂和腿明显伸长,随着年龄增长,体形逐渐褪去"儿童"特征。他们的大脑重量达到了1400克,基本接近成人,心脏体积和脉搏跳动次数已接近成人水平,肺发育很快,运动量需求增加,骨骼生长迅速,手、脚、上下肢不断伸长,女生的身体发育速度超过男生。特别是脑和神经系统的均匀和平稳的发育,为他们的心理发展奠定了良好的基础。小学生的心理发展主要具有以下特点:

(一)连续性和阶段性

心理发展的连续性指小学生的心理发展在持续不断的量变到质变的过程中,后一阶段的发展总是依赖于前一阶段,且后一阶段包含了前一阶段的因素,又为下一阶段做准备。例如,小学低年级学生以形象思维为主,他们需要借助生动形象的教具、动画、模型以及教师栩栩如生的描述来理解和掌握所学的内容。学习活动的不断丰富与深入,以及在日益复杂的各种各样的实践活动中向小学生提出的新问题、新挑战,都促使小学生逐渐运用抽象概念进行思维,促使他们的智力水平开始从以具体形象思维为主要形式,逐步向以抽象逻辑思维为主要形式过渡。虽然小学高年级学生已经具备初步的抽象思维能力,但还保持着形象思维的特征。这种小学生思维发展的连续性,使得小学生的思维发展逐渐从量变到质变。

阶段性是指小学生心理每一时期具有相对共同的、一般的、典型的心理特征。例如,不同年龄的小学生其心理发展打上了不同的色彩。一年级小学生虽然已经步入学校,却延续着幼儿时期的一些心理特征,他们依然很喜欢游戏,他们的学习,与同伴的交往等都是在游戏活动中进行的;对是非善恶的判断往往以成人为标准,从幼儿期对父母的依赖转向为对教师的依赖。中年级小学生已经脱离了幼儿时期的特点,全身心投入到学校集体生活中,他们一边继续服从着教师、父母的权威,一边开始重视同伴间的友谊。高年级小学生的判断力开始理智地发展,对教师、父母的意见或命令不再那么唯命是从,而是试图发表自己的看法,试图摆脱父母的管束,从对成人的认同逐渐转为对朋友的认同，进入了伙伴规则时代，开始形成小团体，团体内的人际关系既有凝聚性又有一定的排他性。同时，由于青春期的开始，男女学生的性别意识开始强化，出现了疏远异性的现象，他们开始关注自己的内心世界，心理发展正开始一个崭新的质的飞跃。

（二）协调性与开放性

小学生的心理发展与初中生相比有较大的不同。初中阶段是学生情绪的"疾风暴雨"时期，是发展的"动荡期"。初中生的情绪不够稳定，起伏跌宕较大，考虑问题不够周全，做事比较冲动，逆反心理较强，容易产生各种心理困扰与矛盾，与教师、父母的冲突较多。而小学生的心理发展则是比较协调的。小学生的内心世界不太复杂，他们的心理活动显得纯真、直率，能将内心活动表露出来，心理具有开放性。他们崇拜教师与父母，愿意接受他们的教育与管理，与教师、父母的关系比较融洽，能够在他们面前畅所欲言。小学生不善于伪装修饰自己，其喜、怒、哀、乐等情绪或情感明显地表露出来，言与行、动机与行为比较一致，内心的冲突与矛盾相对较少，表现也不明显。小学生普遍能够自觉听从教师的领导与教诲，遵守学校的规章制度。小学时期是发展小学生和谐个性、培养其良好品行，促进社会性发展，了解他们真实心理活动的好时机。

（三）可塑性与不平衡性

可塑性指的是小学生的心理按照教育者所需要的方向变化和发展的潜在可能性。小学生具有强烈的好奇心与求知欲，喜欢接受新事物和新观念，他们容易受到外界环境因素，如教师、父母或同龄人的影响，具有很大的可塑性。无论是小学生的认知能力，还是社会性发展、个性特征、良好的品德都易于培养。

一般而言，小学生的心理发展总是按照一定的规律和顺序进行。由于每个学生的遗传素质、生活经验、教育环境不尽相同，其心理过程和个性心理特点的发展进度和达到水平的时期并不完全相同。例如，有些小学生对学习有浓厚的兴趣，有比较强烈的学习动机，学习比较自觉，对学习认真负责，不怕学习困难和挫折，有较强的独立学习能力。而有些小学生学习的自觉性和主动性较差，独立学习能力不强，需要父母、教师的再三督促，甚至家长的"陪读"，才能顺利完成学习任务。

♡ 复习巩固

1. 什么是小学生的心理发展？
2. 小学生的心理发展有什么特点？

第三节　心理发展的理论

小学生正处于儿童时期的重要阶段。关于儿童的心理发展，不同的心理学家往往有不同的理解与解释。其中著名的儿童心理发展理论主要有下面几种。

一、皮亚杰的心理发展理论

皮亚杰（J. Piaget）是瑞士著名的儿童心理学家，发生认识论的创始人。他着重研究了儿童心理的产生和发展，以及影响的内外因素等问题，创立了影响巨大的儿童心理发展理论，其主要内容如下：

（一）儿童心理发展的动力

皮亚杰认为，儿童心理发展的动力是儿童对环境的适应。这种适应主要表现为儿童对环境的同化、顺应和平衡。同化（assimilation）是指刺激输入的过滤或改变。通过同化，儿童把新的刺激物整合到原来的图式中。皮亚杰认为，图式是动作的结构与组织，这些动作在相同或类似的环境中由于不断反复而得到迁移和概括。有的心理学家认为，图式实际上就是一种认知结构。图式能够帮助儿童对输入的刺激进行处理与鉴别，帮助儿童适应心理的发展并随心理的发展而变化。例如，儿童认识并了解了狗的特点，形成了狗的图式，当儿童看到一头牛时，他试图把牛这个新的刺激物纳入狗的图式中，把牛看成是一只大狗。因此，图式是儿童把新的刺激物纳入已有的图式中的认知过程。同化不能引起儿童图式的改变，但影响儿童图式的生长。同化是比较保守的，它为儿童图式的生长创造了条件，但不是儿童图式变化的原因。

顺应（accommodation）指儿童内部图式的改变，以适应现实。皮亚杰认为，当儿童面临一个新的刺激物时，由于没有同化这个刺激物的图式，儿童必须做出两种反应：一是创造一个能够容纳这个刺激物的新图式；二是修改原来的图式以便这个刺激物符合这个图式。这两者就是顺应。顺应是新图式的创造或旧图式的改造。顺应导致儿童心理的变化与发展。例如，一个儿童已形成狗的图式，当他看见牛时，狗的图式不能同化这一信息，因此他就必须创建一个新的图式——牛，引起现有图式本质的变化，这就是顺应。

从上述可见，同化是儿童把原来的图式强加给正在处理的刺激物，即刺激物被迫去适应儿童的图式；顺应则是儿童被迫去改变自己的图式以适应新的刺激物。顺应导致儿童心理发展的质变，同化导致儿童心理发展的生长，即量变。同化与顺应两者的结合是促进儿童心理发展的原因。

平衡（balance）是控制同化与顺应相互关系的更高级的调整程序。同化与顺应对于儿童的心理发展都是重要和必须的。但同化与顺应不是纯粹的。有的学习要求儿童的顺应多一些。如儿童把正方形拼成平行四方形。有的学习要求儿童的同化多一些。如儿童把正方形拼成矩形。如果儿童总是去同化刺激物而从不去顺应刺激物，其结果是儿童只能够得到少数几个粗略的图式而不能发现事物之间的差异，儿童会把许多事物看成是类似的东西。相反，如果儿童总是去顺应刺激物而不是同化，其结果是儿童很少有概括性的图式，儿童会把许多事物都看成是不同的，而不能发现类似事物的共性。这两个极端都将是灾难性的。因此，同化与顺应之间的均衡是必须的，它们之间的均衡称为平衡。

平衡是同化与顺应中的一种均衡，不平衡是同化与顺应之间的不均衡。当儿童的心理产生不平衡时，儿童会寻求平衡的动机，即进一步同化与顺应。没有平衡，便没有儿童心理的发展。平衡不是静止的而是动态的。儿童的心理发展是从平衡到不平衡再到平衡的一个过程。儿童由较低的平衡，通过主体与客体相互作用而达到较高水平的平衡，从而使自己的心理得到不断的发展。

（二）影响儿童心理发展的因素

皮亚杰认为，影响儿童心理发展有四大因素：

1. 成熟

成熟指儿童脑和神经系统组织的发育。成熟在儿童发展次序不变的各个阶段起着必不可少的作用，它控制着儿童在一定时间内所具有的潜力，是儿童学习的必要条件。

2. 练习与经验

皮亚杰认为儿童通过自己的练习或动作获得两种经验：一是物理经验。儿童能够识别物体的属性，即物体的轻重、大小等特性。当儿童用自己的感觉器官，如视觉、触摸觉等作用于客体时，就获得了这一客体的物理经验。例如，儿童通过玩弄沙子，发现了沙子的特性。沙子的特性，儿童是不能通过单纯地阅读、观看图片或倾听大人讲解而获得。儿童只有通过玩弄沙子，通过作用于客体的动作才能认识到沙子的特性。二是逻辑数学经验。指儿童作用于物体，从而理解动作之间的协调结果。皮亚杰认为，逻辑数学经验如同物理知识一样，只有当儿童作用于客体时才能形成。但数学经验不是客体所固有的，而是儿童通过对客体的动作而构造出来的。例如，儿童通过数小石头、蜡笔、筷子、瓶子等物体来形成"5"的数概念。

3. 社会经验

社会经验指儿童获得的有关社会生活、法律、道德以及语言等方面的经验。这种经验儿童不可能通过作用于客体的动作而获得，而是通过与他人的交往以及相互影响而获得，即通过社会化的过程而获得。例如，儿童通过与家长、教师的接触与交往，形成了语言，掌握了道德方面的知识。

4.平衡

平衡指不断成熟的内部组织和外部环境相互作用的过程。平衡是心理发展的最重要的决定因素。皮亚杰认为,上述任何单一的因素都不能成为儿童心理发展的原因。必须把这些因素进行综合。平衡是四个因素中最根本的,它协调上述三个因素。在平衡的过程中,儿童担当着积极的角色,是自身发展的主要动力。儿童的活动不仅使他们发现新问题,引起不平衡;还促使他们找到解决问题的方法,以达到更高水平的平衡。所以,平衡是儿童内部自我调节的过程。

(三)儿童心理发展的阶段

皮亚杰认为儿童的心理发展包括下面四个阶段:

1.感知运动阶段(0—2岁)

这是儿童心理发展的起始阶段。儿童主要靠感觉和动作来认识世界,逐步学会区分自己和外界物体,初步认识到动作与效果间的关系,获得了客体永久性(object permanence)概念。所谓客体永久性是指当物体从儿童视野中消失后,能够知道这一客体并非真正不存在,而是被藏在某个地方。客体永久性是由于儿童动作的协调而形成的新的认知结构所导致的结果,是儿童感知运动阶段质的飞跃。

2.前运算阶段(2—7岁)

这一阶段儿童能将各种感知信息以心理符号的形式储存下来,由此积累了表象素材,促进了形象思维的发展。他们主要用象征(symbol)来表征世界。例如,用木棍代表手枪。随着儿童年龄的增长,他们越来越多地使用符号(sign)来表示外部世界。例如,用"羊"来代表真正的羊,用"牛"代表真正的牛。儿童还具有自我中心的特点,常常以自己的经验为中心,从自己的角度出发来观察和理解世界,不能从他人的角度去感受他人的情境与经验。儿童的思维具有局限性和单向性,只注意事物表面的、显著的、静止的特征,不能进行可逆运算,没有形成守恒概念。守恒是皮亚杰的一个重要的名词,指物体从一种形式转变为另一种状态时,它的物质含量既没有增加,也没有减少,是不变的。

3.具体运算阶段(7—12岁)

这一阶段儿童的思维具有了逻辑性,能进行简单推理。例如,儿童能够推理 A≥B,B≥C,那么 A≥C。但在很大程度上仍局限于具体事物以及过去经验,缺乏抽象性。儿童掌握了数量、重量、长度、体积、物质等守恒概念,能在某些事物的变化中抓住事物的本质特征。同时,儿童产生了群集运算,掌握了时间、比率等概念,具有了初步的对称关系、对等关系、逻辑运算关系,可以进行组合性、可逆性、同一性和重复性等群集运算,但这种运算只能运用于具体或观察所及的事物,不能把逻辑运算扩展到抽象概念之中。

4.形式运算阶段(12—15岁)

这一阶段儿童的思维可以离开具体事物,使用逻辑思维来解决许多问题,能够对抽象的假设和命题进行运算。皮亚杰认为,儿童的思维发展到这一阶段,表明儿童的思维能力已经发展到成熟水平。随着儿童年龄的增长,儿童的知识会变得越来越丰富,但思维方式不再发生变化。

上述儿童认知发展的四个阶段具有普遍性,几乎所有儿童都遵循这一规律。尽管儿童认知发展的四个阶段的顺序不变,但由于每个儿童的遗传、家庭环境、教育条件等方面的差异,他们通过这四个阶段的速度是不一样的。儿童认知发展的四个阶段彼此衔接,但不能超越。各阶段的关系不是直线式的彼此交替,而是以锥体层的方式相互连续发生,新的行为模式只不过是加入原来的行为模式中,使之更完善、更正确,或与原来的行为模式结合起来。

皮亚杰的儿童心理发展理论,是世界上第一个比较系统的儿童心理发展理论。他的开拓性的创新研究,对于教育者认识和理解儿童,搞好对儿童的教育具有重要的启发作用。

二、维果斯基的心理发展理论

维果斯基(L. S. Vygotsky)是苏联杰出的心理学家,社会文化历史学派的创始人之一。他着重研究人的高级心理机能、儿童的思维与言语、教学与发展等问题。他的心理发展理论主要表现为下面两点:

(一)心理发展观

维果斯基认为,儿童的心理发展,实质是在教育与环境的影响下,在低级心理机能基础上,逐渐向高级心理机能的转化过程。低级心理机能主要指儿童的感觉、知觉、机械记忆、不随意注意以及形象思维、情绪、冲动性意志等心理过程,高级心理机能主要指儿童的理解记忆、随意注意、概念性思维、创造性想象、道德感之类的心理过程。

衡量儿童心理机能发展是否成熟,主要有下面几个指标:(1)心理活动的随意性、主动性程度;(2)心理活动反映的水平是概括的、抽象的;(3)各种心理机能之间的关系是否发生变化并重新组合,并形成间接的、以符号和词为中介的高级心理结构;(4)心理活动的起源是社会文化历史发展的产物,受社会规律制约;(5)心理活动的个性化形成是高级心理机能发展的重要标志。

维果斯基认为,儿童之所以能够从低级心理机能向高级心理机能发展,主要是因为儿童受到社会文化、历史经验的影响。随着儿童年龄的增长,他们的心理发展受生物进化规律的制约成分越来越小,而更多受到社会历史发展规律的影响或制约。儿童在与成人交往的过程中,掌握了人类特有的语言和符号,不仅影响着儿童的客观世界,也改变着他们的主观世界,使儿童的心理活动从直接的、不随意的、低级的机能转化为间接的、随意的、高级的、社会历史的机能,从外部形式逐渐内化为内部活动。

(二)最近发展区思想

维果斯基认为,儿童有两种心理发展水平:第一种是儿童现有、已经完成或具备的心理发展水平;第二种是儿童借助教师的教学或帮助才能达到的解决问题的心理发展水平。这两种心理发展水平之间存在着一定的差距,称为儿童心理发展的"最近发展区"。

维果斯基认为,"最近发展区"是衡量儿童心理发展潜能的重要标志,也是衡量儿童能够接受多大程度的教育的重要标志。每一个儿童的"最近发展区"既有共性,也有差异性。通过教师的教学,儿童不断地消除第一种心理发展水平与第二种心理发展水平之间的差异,同时创造着新的"最近发展区"。因此,教师在教学中要关注并合理地利用儿童的"最近发展区",要以儿童的成熟和发育为教学的前提或条件,使教学走在儿童"最近发展区"的前面,能够开发儿童的智力,并通过教学帮助儿童形成新的"最近发展区"。

维果斯基的上述研究,对美国、欧洲、日本等的心理学界产生了很大的影响,并且苏联根据他的理论进行了大量的教学实验,并取得了积极的效果。

三、埃里克森的心理发展理论

埃里克森(E. H. Erikson)是美国著名的心理学家,是新精神分析学派的代表人物之一。他着重研究了人类心理的社会性问题,提出了自己的心理发展理论。

(一)心理发展的动力

埃里克森认为,在了解人的心理发展时,既要考虑到生物学因素对人的影响,也必须考虑社会与文化因素对人的影响。人类的心理发展主要是个体与社会交互作用的结果。

在心理发展过程中,人类会遇到各种心理矛盾或危机,解决这些心理矛盾或危机既有积极的方法,也有消极的方法。积极的方法可以帮助人类更好地适应环境,解决问题,战胜困难与挫折,促进其发展。反之,则会阻碍人类的发展。人类的心理发展,就是不断地解决心理矛盾或危机的过程。

(二)心理社会发展的八个阶段

埃里克森根据遗传与成熟,把人的心理发展分为八个阶段,认为在每一个阶段都有特定的心理矛盾或心理危机需要解决。这八个阶段的发展顺序是不可变更的。

第一阶段,学习信任阶段(0—3岁)

该阶段的主要心理矛盾是信任感对不信任感。由于婴儿没有生活自理能力,需要得到父母的悉心照顾,才能长大。如果婴儿能够得到父母的悉心照顾,他们的需要能够得到满足,就会产生对父母的信任感,尤其是母亲的信任感。反之,则会产生不信任感。在这个阶段,父母不仅要重视育儿技术,更要重视育儿过程中与孩子的互动。父母对婴儿需要的满足与悉心照顾,会巧妙地传递给婴儿。父母心情愉悦、情绪稳定,充满了慈爱,婴儿就会产生愉悦、安静等情绪反应;反之,父母焦躁、担心、沮丧,婴儿也会受到感染产生类似的情绪反应。所以,在这个阶段,父母要重点帮助婴儿建立起信任感,克服他们的不信任感。

第二阶段,自主与羞怯、怀疑阶段(1—3岁)

该阶段的主要心理矛盾是自主性对羞怯和怀疑。这一阶段的儿童,具备了基本的独立能力,如爬、走、跑、推、拉及语言能力。父母对儿童的各种教育与训练,使孩子产生了一定的自信,认识到了自己的能力,产生了自主感;另一方面,儿童又对自己依赖父母过多而感到羞怯,对超出自身能力的事情感到怀疑或担心。在这一阶段,父母要利用儿童的自信心,给予儿童适当的自主性和自由活动空间,让儿童多锻炼,减少他们的怀疑心理。

第三阶段,主动与内疚阶段(3—6岁)

该阶段的主要心理矛盾是主动性对内疚感。这一阶段的儿童有了更多自由活动的空间和自主性,他们能组织一些活动,如游戏,在活动中表现出自己的智慧与好奇心。他们通过活动学习成人角色,并对父母产生了如弗洛伊德所描述的恋父或恋母情结。后来,他们逐渐认识到这是不现实和不可能的,转向主动寻求社会上的同伴关系。如果儿童在学习成人角色时出现了失败,与自己依赖的父母或教师发生冲突,会产生内疚感。

埃里克森认为:游戏是这个阶段儿童最喜欢的活动,对于发展儿童的同伴交往能力,促进儿童的社会性发展具有重要意义。个人未来在社会中所能取得的工作、经济上的成就,都与儿童在本阶段的主动性有关。

第四阶段,勤奋与自卑阶段(6—12岁)

该阶段的主要心理矛盾是勤奋感对自卑感。此阶段的儿童进入学校,开始接受系统的学校教育,学习成为他们的主要任务。儿童意识到要在班级里占有一席之地,得到父母、教师、同学的认可和肯定,必须勤奋学习。因此,这个时候儿童表现出学习的积极性,以获得学习成功。同时,儿童又担心自己的学习能力,害怕学习失败。如果儿童在学习上能够不断取得进步,经常受到重要他人的肯定与赞扬,就会变得越来越勤奋。相反,如果儿童在学习上屡遭挫折或失败,经常受到重要他人的批评或否定,就容易产生自卑感。因此,埃里克森认为,教师应该多关心儿童,给予儿童积极的肯定与支持,帮助儿童学会学习,克服他们的自卑感。

第五阶段,同一性和角色混乱阶段(12—20岁)

其主要心理矛盾是同一性对角色混乱。此阶段是儿童期的结束,青春期的到来。这个时期的青少年开始思考我是谁,我将来会报考什么学校,学习什么专业,从事什么工作,建立什么样的家庭等一系列问题。同一性是指个体在特定环境中自我整合与适

应之感,是个体寻求内在一致性和连续性的能力,是对"我是谁","我将来的发展方向"以及"我如何适应社会"等问题的主观感受和意识。青少年进入青春期后,如果对上述问题有认真的思考,加之父母、教师等的正确引导,他们的自觉性、主动性、勤奋与努力就会发挥出来,实现有意义的同一性的机会就会增多。反之,就可能出现角色混乱。角色混乱的青少年容易脱离社会,违背社会准则,藐视他人,挑战权威,缺乏自知之明。

埃里克森认为,青少年同一性的形成与前面四个阶段发展任务的完成息息相关,以后还会遇到种种挑战或威胁。因而,发展同一性是一个人终身的任务。

第六个阶段,亲密与孤独阶段(20—40岁)

该阶段的主要心理矛盾是亲密感对孤独感。此阶段的青年人,渴望工作、爱情与友谊,他们努力将自己的同一性与其他人的同一性融合起来。他们具备了独立工作与学习、谈情说爱、成家立业的能力。如果他们能够胜任自己的工作,与别人建立友谊,获得爱情,就为婚姻打下了良好的基础,能够产生一种亲密感。反之,如果不能获得友谊与爱情,在婚恋中遭遇各种麻烦或困扰,就会因为被他人疏远而产生孤独感。青年的亲密感与孤独感的危机,如果能够得到积极的解决,他们就能够体验到爱情的力量。

第七个阶段,繁殖与停滞阶段(40—65岁)

该阶段的主要心理矛盾是繁殖感对停滞感。此阶段是人生的中年期,是最重要的发展时期。许多人已经生儿育女,上有老,下有小,事业上取得了一些成就,担负起了教育子女、赡养老人的责任。此时,他们既要照顾家庭,使家庭幸福;又要教育子女,使子女成才;在工作中挑大梁,开拓自己的事业,由此获得繁殖感。如果在这个阶段,没有获得家庭幸福,子女不成才,工作没有成就,就会感到碌碌无为,没有发展前途,出现停滞感,并对下一个阶段的发展产生不良的影响。

第八个阶段,自我整合与绝望感(65岁以后)

该阶段的主要心理矛盾是自我整合对绝望感。这是人生的最后阶段。人到老年,回味自己经历的风风雨雨,总结自己的一生,会产生自我整合感。具有良好自我整合感的人,会根据自己丰富的人生阅历,形成独特的生活风格。他们关心并帮助下一代,热衷公益事业,发挥自己的余热,充分展现自己的风采,让人生过得有滋有味,善始善终。反之,则会觉得人生短促,厌倦老年生活的枯燥乏味,对社会与人际关系冷漠,并产生对死亡的恐惧,对生活的绝望感。如果个体的自我整合与绝望感之间的心理矛盾能够得到积极的解决,就能体验到生活的意义与智慧。

总之,上述每个阶段都有其独特的心理矛盾,能否顺利解决这些心理矛盾,将直接影响到后面阶段的心理发展。一个人在心理发展过程中,总是遵循着自身的内在规律,在自我的指导下,沿着一条"之"字道路不断前进、发展并完善着人格。

拓展阅读

我国著名心理学家朱智贤的心理发展观

朱智贤坚持用辩证唯物主义的观点探讨儿童发展中的现象，形成了自己的独到见解。朱智贤的主要学术观点主要表现在：

批判了遗传决定论、环境决定论和调和论，认为遗传是儿童心理发展的生物前提，为儿童心理发展提供了潜在可能性。环境和教育在儿童心理发展上具有决定作用。环境和教育是儿童心理发展的外部原因，它不是机械地决定儿童的心理发展，而是以儿童心理发展的内因为前提条件。环境和教育将儿童心理发展的潜在可能性变成现实性，决定着儿童心理发展的方向和内容、速度和水平。

儿童的心理特征既有稳定性，又有可变性。稳定性是根据儿童发展的普遍性来说的，可变性指不同社会文化、教育和经济条件，对儿童心理发展速度和程度的影响。儿童心理发展的动力，来自儿童在不断积极活动的过程中，产生的新需要与原有心理水平之间构成的矛盾。

朱智贤对儿童心理发展的探讨，对我国发展心理学的研究奠定了重要的理论基础，对中国心理学界产生了很大影响。

复习巩固

1. 皮亚杰认为儿童心理发展的基本原理是什么？
2. 皮亚杰把儿童心理发展分为哪几个阶段，每个阶段各有什么特点？
3. 什么是最近发展区，维果斯基的最近发展区思想对教师搞好教学工作有哪些启示？
4. 埃里克森认为个体心理发展的动力是什么？

第四节 小学生心理发展的影响因素

影响小学生心理发展的因素非常多，既有来自遗传的因素，也有来自家庭、学校、社会环境等多方面的因素。小学生的心理发展是多种因素综合作用的结果。

一、遗传因素

遗传是指亲代的某种特性通过基因在子代再表现的现象。关于遗传的作用长期

以来争论不休。有的学者特别强调遗传的作用,甚至把它夸大到比任何因素都重要的地位,他们通过对一些遗传因素引起的精神性疾病的研究、对双生子的研究、家谱分析法等的研究,鼓吹遗传决定论。其中对双生子的对比研究尤为突出。研究者基于这样的假设:如果双生子之间的差异性很大,说明后天的教育和环境起主要作用;如果他们之间的差异很小,说明遗传起主要作用。他们一是把在相同环境下成长的同卵孪生(monozygtic twins[MZ])与异卵孪生(dizygotic twins[DZ])进行比较研究,二是把在不同环境下成长的同卵孪生或异卵孪生之间进行比较研究,看他们之间的相关程度,以此推测环境或遗传的作用。例如,明尼苏达的研究者不仅测查了在一起抚养的217对同卵孪生子和114对异卵孪生子,还测查了分开抚养的44对同卵孪生子和27对异卵孪生子。被研究的孪生子的平均年龄为22岁。结果发现,几乎在比较的每个项目上,不论是分开抚养还是在一起抚养的同卵孪生子都较异卵孪生子的相关系数大,并且同卵孪生子之间在许多方面差异都较小。这在某种程度上证明,遗传对人的发展确实起着作用(Lellegen et al.,1988)(见表1-1)。

表1-1 合养或分养的孪生子的差异比较

特质	分养 同卵	分养 异卵	合养 同卵	合养 异卵
健康	0.48	0.18	0.58	0.23
社会能力	0.56	0.27	0.65	0.08
成就	0.36	0.07	0.51	0.13
应急	0.61	0.27	0.52	0.24
自我障碍	0.48	0.18	0.55	0.38
侵犯性	0.46	0.06	0.43	0.14
控制性	0.50	0.03	0.41	0.06
保守性	0.53	0.39	0.50	0.47
亲和力	0.29	0.30	0.57	0.24

英国科学家高尔顿(F. Galton)采用家谱分析法,比较研究了英国在政治、经济、文学、艺术等领域的977名名人的后代与977名普通人的后代,发现名人后代中有322人成为名人,而普通人后代中只有1人成为名人。于是他认为一个人的能力是由遗传得来的,它受遗传决定的程度,正如一切有机体的形态及躯体组织受遗传决定一样。英国心理学家H.J.艾森克认为60%—70%的天才是由遗传决定的,只有30%的天才是由环境决定的。

遗传决定论强调遗传的决定作用,认为个体心理发展及其个性品质早在基因中就已经决定了,发展只是内在因素的自然展开,环境和教育只起到引发的作用。遗传决定论者因过分强调作为先天因素的遗传的决定作用,导致忽略了后天的环境和教育对个体心理发展的影响,由此容易抹杀后天环境和教育可以转变遗传可能性的客观事实。但不可否认的是,遗传提供了个体身心发展差异的物质基础。尽管后天的教育、社会文化、家庭环境等因素对个体的心理发展起着至关重要的作用,但作为身心兼备的一个人,遗传因素是不可忽略的。

二、家庭教育因素

家庭是以夫妻为主体的,是一种包括父母、子女等亲属在内的社会关系的组织形式。它是个体过群体生活的一种最普遍、最固定和最持久的社会生活的基本单位。家庭对小学生心理发展的影响是非常直接和深远的。家庭中很多因素都可以影响到小学生的心理发展,例如,家庭结构、家庭心理气氛、亲子关系等。其中最重要和最主要的是父母的教养方式对小学生的影响。

小学生父母的教养方式概括起来大致分为四种类型:(1)溺爱型。父母爱子心切,宁肯自己省吃少穿,也要想方设法满足子女的要求,对子女的事情大操大办,甚至偏袒护短,娇惯纵容,养成了子女任性、懦弱、依赖、被动、为所欲为、骄横、自私自利等不良的心理品质。(2)专制型。父母对子女缺少慈爱、温暖和同情,常用粗暴的态度、命令、苛求、禁止、威吓等手段教育子女,把自己的意志强加给子女,经常干涉子女的行动,从而使子女情绪不稳,缺乏安全感,产生逆反心理,使子女与父母感情疏远,难以感受家庭温暖,难以建立自尊自信,缺乏独立性与自主性。(3)放任型。父母认为子女是"树大自然直","子女是靠学校和社会教育出来的"。因而他们对子女缺乏责任心,采取放任自流的态度,很少关心子女的需求和进步,对子女的奖惩往往随心所欲,甚至对子女的缺点,不合乎道德规范的行为也不教育,甚至纵容。父母的放任行为,使子女形成了冷漠、自我控制力差、易冲动、不遵守社会规范,具有攻击性、情绪不稳定等不良人格特征。(4)民主型。父母尊重子女的独立人格与意愿,对子女既不娇惯,也不过于严厉,不随心所欲地支配子女,关心子女成长中的进步与问题,对子女有明确合理的期望要求,能够坚持自己的正确原则,对子女的缺点、错误,能够采用耐心恰当的方法加以解决。生活在民主型的家庭里的子女,一般具有独立性、自信心、能动性、开朗、乐观、情绪稳定、对人亲切、能够与人合作、有进取精神等良好心理品质。

三、学校教育因素

学校是由专职人员承担的有目的、有系统、有组织,以影响学校受教育者的身心发展为直接目标的社会机构。相比家庭教育而言,学校教育更为严谨和规范,有着比较系统的教育思想和教育体系、科学的教育方法。小学是小学生学习和生活的主要场所。小学生知识经验的获得、道德品质的培养、个性的形成等都是由小学的教育质量

决定的。小学教育在小学生的心理发展中起着举足轻重的作用,其影响主要表现在两个方面。

一是开发小学生智能。智能主要指个体的认识能力。主要包括认识客观事物的正确性、敏捷性、深刻性、宽阔性和完善性;思维的分析、抽象、概括的水平,以及运用知识经验解决问题的能力等。小学生智能的发展虽然以脑的机能、遗传、成熟为自然的条件,但主要是在教育条件下实现的。教育一方面要考虑到小学生身心发展的水平,关注其学习准备状态和接受程度,这是教育的出发点,是实施有效教育的前提。另一方面,适宜的教育能促进小学生心理发展的进程,提高其心理发展的质量。例如,小学生的智能发展水平常常与小学教育的质量、教师的教学水平有很大的直接关系。如果小学教师学识渊博,教学形式丰富多彩,上课形象生动,深入浅出,就会对学生产生强大的吸引力,能够更好地促进小学生思维能力的发展。

小学教育影响小学生智能的发展是以掌握知识和技能为中介的。掌握知识和技能是智能发展的主要和必要的条件,但智能发展不等于掌握知识和技能。智能的发展是指心智活动本身所发生的质的变化,它有其自身的特点和过程。从心理学的角度来说,知识以思想内容的形式为人所掌握,技能以行为方式的形式为人所掌握。小学生从知识、技能的掌握到智能的发展是一个复杂的过程。小学生必须不断吸收、领会教师所传授的知识和技能,才能使自己的智能水平得到提高。

二是塑造小学生的个性品质。小学生个性品质的发展过程也是在小学教育的影响下逐步实现的。小学教育对小学生自我意识的完善、良好性格的形成、道德规范的内化都有着重要的影响作用。首先,小学生生活在班级群体中,班级群体的各种规章制度以及班级群体的各种社会心理,都会对他们个性品质的发展产生一定的影响。其次,教师特定的社会角色及在小学生心目中的特定地位,特别是教师的教育方式与师生关系对小学生的影响是比较深远的。研究发现,在民主型教师的教育和管理下,小学生与教师的关系比较融洽,更愿意与教师交流与沟通,学习刻苦,各方面表现比较主动和积极,情绪稳定,性格乐观开朗。另外,教师的威信对小学生心理发展的影响不能低估。学识渊博、人品高尚、威信高的教师,小学生对他们十分钦佩和信服,愿意把这些教师作为人生学习的楷模,接受他们的教诲和帮助。

教育对小学生心理发展的影响是比较复杂的。因为教育是一种教师与学生的双边活动,教师要激发学生的活动,使其积极主动地接受教育,就必须考虑学生的接受能力,充分考虑学生已有的身心发展的水平和他们的个别差异而进行因材施教,这才是有效的教育。但另一方面,如果教育不得法,违背了学生心理发展的规律,则可能延缓其心理发展,对其心理发展产生不利的影响,成为发展的阻力。

四、社会环境因素

纵观小学生的心理发展,社会化是其必然要经历的过程。人是社会的产物,小学生要适应社会发展的要求,就必须掌握社会的文化知识和技能、道德规范和价值观念,按照社会的要求行事,做一个合格的公民。

政治和经济是社会得以运行的基础。我国现阶段的政治制度和针对教育出台的相关政策,能够积极地影响小学生的心理发展。文化是在一特定群体或社会的生活中形成的,并为其成员所共有的生存方式的总和,其中包括价值观、知识、信仰、艺术、法律、风俗习惯、风尚、生活态度及行为方式,以及相应的物质表现形式[①]。任何文化一经形成和巩固,就影响到社会成员的心理发展,给其心理打上深刻的烙印,使其建构起相似的心理结构,形成类似的性格特征,并表现出相似的思维方式、情感体验、行为模式。我国传统文化提倡勤奋、节俭、求同、自抑、忍让、保守知礼、循规蹈矩、淡泊谦逊,这些对小学生的生活方式与性格的形成和发展都有一定的影响。

在现代社会,大众传播媒介如广播、影视、报纸、书籍、网络在人们的社会生活中所占的地位愈加重要,它们无所不在,无所不能,对小学生的个性塑造、社会认知、品德形成、情感培养等方面都起着潜移默化的重要作用。大众传播媒介在丰富小学生课余生活、开阔小学生视野、促进小学生社会化的同时,媒介中一些色情、暴力、崇尚金钱、享乐至上的负面内容也对小学生产生负面的影响,在某种程度上妨碍他们的健康成长。

由此可见,遗传、家庭、学校教育、社会环境对小学生的心理发展都起着重要的作用。遗传为小学生的心理发展提供潜在的可能性,主要影响小学生的智力、情绪、气质等方面的发展。家庭因素、学校教育、社会环境使小学生遗传的可能性转变为现实可能性,对小学生的知识技能的掌握、品德的培养、良好性格的形成等产生比较大的影响,决定着小学生心理发展的方向、速度与最终达到的水平。小学生的心理发展受到多种因素的综合影响,因此小学教师在促进小学生心理发展的时候,要充分考虑这些因素,并加以正确的引导。

复习巩固

1. 遗传对小学生的心理发展起什么作用?
2. 家庭教育中对小学生发展影响最重要和最主要的因素是什么?
3. 学校教育对小学生心理发展的影响体现在哪些方面?
4. 为什么要重视社会环境对小学生的影响?

---

① 周晓虹.现代社会心理学——多维视野中的社会行为研究[M].上海:上海人民出版社,1997:444—468.

本章要点小结

1. 小学心理学是研究小学教育过程中，师生各种心理现象与心理活动规律的科学。具体表现为：小学生的心理发展特点与规律，小学生的心理活动规律，小学教师的心理问题。

2. 小学心理学的研究任务是测量与描述学生的心理与发展水平，解释与说明小学教育中的心理现象，预测与控制师生的心理活动与行为反应。

3. 小学生的心理发展是指小学生从入学到小学毕业所发生的心理变化过程。小学生的心理发展主要具有连续性和阶段性、协调性与开放性、可塑性与不平衡性的特点。

4. 皮亚杰认为，儿童心理发展的动力是儿童对环境的适应。这种适应主要表现为儿童对环境的同化、顺应和平衡。影响儿童心理发展的主要是成熟、练习与经验、社会经验、平衡四大因素。儿童的心理发展分为四个阶段，每个阶段有其独特的特点。维果斯基认为，儿童的心理发展实质是在教育与环境的影响下，在低级心理机能基础上，逐渐向高级心理机能的转化过程。"最近发展区"是衡量儿童心理发展潜能的重要标志，也是衡量儿童能够接受多大教育程度的重要标志。埃里克森认为，人类的心理发展主要是个体与社会交互作用的结果，并提出了心理发展的八阶段理论，在每一个阶段都有特定的心理矛盾或心理危机需要解决。

5. 小学生的心理发展受遗传、学校、家庭、社会环境等因素的影响。遗传提供了小学生身心发展差异的物质基础，为小学生的心理发展提供了可能性。家庭中很多因素都可以影响到小学生的心理发展，最重要和最主要的是父母的教养方式对小学生的影响。学校教育在小学生的心理发展中起着举足轻重的作用：一是开发小学生的智能；二是塑造小学生的个性品质。社会环境对小学生的个性塑造、社会认知、情感培养等方面都起着潜移默化的重要作用。

关键术语表

小学心理学	Primary school psychology
心理发展	Psychological development
理论	theory
影响因素	influence factor

复习题

一、单项选择题

1. 儿童思维运算已具有可逆性和守恒性，但还不能离开具体事物的支持，说明其认知发展的阶段是（　　）。
   A. 感知运动　　　　　　　　B. 前运算
   C. 具体运算　　　　　　　　D. 形式运算

2. 提出最近发展区的是下面哪一位心理学家（　　）。
   A. 皮亚杰　　　　　　　　　B. 维果斯基
   C. 埃里克森　　　　　　　　D. 弗洛伊德

3. 遗传为小学生的心理发展提供了（　　）。
   A. 可能性　　　　　　　　　B. 现实性
   C. 无限性　　　　　　　　　D. 决定性

4. 家庭对小学生心理发展影响最重要和最主要的因素是（　　）。
   A. 家庭结构　　　　　　　　B. 家庭气氛
   C. 家庭经济条件　　　　　　D. 父母教养方式

二、多项选择题

1. 小学心理学的研究内容是（　　）。
   A. 小学生心理发展的特点与规律　　B. 小学生心理活动的规律
   C. 小学教师的心理问题　　　　　　D. 小学管理中的心理问题

2. 影响小学生心理发展的因素有（　　）。
   A. 遗传因素　　　　　　　　B. 学校教育因素
   C. 社会环境因素　　　　　　D. 家庭因素

3. 小学生的心理发展的特点是（　　）。
   A. 连续性和阶段性　　　　　B. 动荡性和典型性
   C. 协调性与开放性　　　　　D. 可塑性与不平衡性

三、判断对错题

1. 小学心理学研究的客观性原则是强调要贯彻研究的实事求是的精神。（　　）

2. 小学心理学强调研究学生的心理活动及规律，不关注和研究教师的心理问题。（　　）

3. 顺应是新图式的创造或对旧图式的改造，从而导致儿童心理的变化与发展。（　　）

4. 在心理发展过程中，人类遇到的各种心理矛盾或危机都是消极和有害的。（　　）

第二章　小学心理学的研究

通过本章的学习,你应该了解小学心理学的研究原则有哪些,研究路径是什么,小学心理学有哪些主要的研究方法,这些研究方法各有什么利弊,如何进行科学的研究设计等一系列问题。

第一节　小学心理学的研究原则

学习小学心理学,需要了解如何进行小学心理学的研究,这对学习者提高自己的理论水平与研究能力非常重要。小学心理学的研究原则是小学心理学研究的指导思想和指南。在小学心理学研究中,学习者应该遵守下面的一些原则进行科学的探讨与研究。

一、客观性原则

客观性原则是指小学心理学研究要贯彻实事求是的精神,即根据心理现象的本来面貌来研究小学心理的本质、规律与机制。在心理学研究中,对心理现象的客观研究是完全可能和应该的,因为任何心理现象都是由客观刺激所引起的,并通过个体内部的一系列中介过程而最终反映到行为。我们通过对客观刺激、中介过程和最终的行为反应之间的关系的综合考察,可以探索出各种心理现象的本质。

然而,在实际研究中,研究者却易于把自己的主观体验同客观观察到的事实混淆起来,或因自己的喜好而影响到对客观事实的观察和数据的采集,使研究失去客观性。为了避免这些情况的发生,研究者应注意以下问题:第一,收集资料时,应根据事先研究的内容,如实详尽地记录作用于被试身上的各种刺激及行为反应,以此来判断被试的客观心理过程;要尽量采用诸如被试的口头报告、档案资料等多种方法,使采集的第一手资料客观真实。第二,对资料的处理和对结果的分析与整理,应根据客观的事实和材料来进行,特别是在对待与自己的假设、理论不一致的数据资料时,应谨慎处理。第三,在做结论时,应根据所收集的资料,在其允许的范围内做出判断,而不应该做过分的推论。

二、系统性原则

系统性原则指在研究心理现象时应把小学生的心理作为一个开放的、动态的、整体的系统而加以综合考虑,这样才能把握住各种心理现象的本质及它们之间的必然联系。系统性原则主要体现在以下几方面:

第一,小学生的心理现象虽然丰富多变,但这些心理现象不是孤立出现的,是在其生理、环境刺激、行为变化的交互作用下形成的。我们若采用孤立分离的方式来研究小学生的心理现象,便无法理解这些心理现象的特征及其相互影响和相互制约的关系。因此,对待小学教育中的各种心理现象,必须放在宏观的背景下进行综合考虑。

第二，小学生的心理是一种有序的、有组织结构的系统。例如，小学生的学习动机一般是复合性动机，有若干的类型和层次，受家庭、学校、社会及本人身心等多种因素的影响和制约。在研究中，我们应该区分各种心理现象的结构层次及其相互关系，找到相应心理现象之间的结构层次网络，揭示出支配小学生心理的各种规律。

第三，小学生的心理总是呈现一种相对稳定而绝对动态的过程。在学校教育、个体实践和各种输入信息的作用下，小学生的心理经常处于运动变化之中，表现为旧的心理结构变为新的心理结构。因此，我们应对小学生出现的心理现象做动态的分析，弄清其产生的原因、过程、发展转变的机制等。

三、理论联系实际的原则

理论联系实际的原则是指小学心理学的研究应从小学教育的实际出发，解决小学教育中的实际问题。如研究小学新生入学的适应问题、研究小学生的心理困扰问题等。

小学心理学研究的首要任务是为基础教育实践服务。因此，它的研究课题必须来源于基础教育实践，它的研究成果也必须能够付诸基础教育实践，并且保证科研成果的实践应用效能。小学心理学的研究只有理论联系实际，才能解决心理发展理论研究的必要性与局限性之间的矛盾，解决实验室研究过程中精密性、严格性与自然性、客观性之间的矛盾，才能积累大量有价值的科学资料，有助于提高基础教育的教学质量和管理水平。

四、生态化原则

生态化原则是指小学心理学的研究要在自然与社会的真实生态环境中研究师生的心理活动与特点。小学师生总是生活在一定的社会环境中，他们是在真实的自然与社会生态环境中生活与发展的，他们的心理活动不可避免地受到家庭环境、多元的社会文化、大众传播媒介等多种社会因素的影响与制约。小学师生的心理现象都是各种社会因素相互作用、相互影响的综合结果，都是对社会生活的反映。因此，在小学心理学研究中，应该把师生的心理活动、心理发展水平、心理特点与变化等放到社会环境中考察与研究，只有到社会生活的真实情境中，到家庭环境、学校环境、社会环境中才能更好地发现和揭示小学师生心理活动的特点、心理发展变化的规律，才能使研究结果有更好的效度，能广泛地应用于不同的生活情境中。

复习巩固

1. 如何理解小学心理学的客观性原则？
2. 小学心理学的系统性原则体现在哪些方面？
3. 为什么在小学心理学的研究中要贯彻理论联系实际的原则？

第二节　小学心理学的研究路径

要对小学心理学进行研究，除了要遵守一定的原则外，还应搞清楚它的研究路径有哪些。小学心理学的研究路径主要有下面三种。

一、现象揭示研究

现象揭示研究的目的是对小学师生发生的心理现象或行为进行科学、客观、精确的描述，它回答的是"是什么"和"怎么样"等问题。现象揭示研究往往是进一步研究的前提和条件。在现象揭示研究中，研究者必须搞清楚研究的对象是什么，研究的内容及研究的核心概念。例如，在《农村小学高年级学生感受到的师爱现状调查及对策研究——以广东省中山市东凤镇农村小学高年级学生的研究为例》中[1]，就要回答什么是农村小学高年级学生感受到的师爱，并对它进行操作性定义。所谓操作性定义是将抽象的概念转换成可观测、可检验的项目。从本质上说，操作性定义就是详细描述研究变量的操作程序和测量指标。

许多心理学概念都没有统一固定的操作性定义，一般需要研究者根据自己的研究目的、研究要求去界定。上述农村小学高年级学生感受到的师爱，研究者把它定义为：农村小学高年级学生感受到教师对他们的关心、爱护、尊重和信任而产生的一种内心体验。并把它划分为教师对学生的理解、教师对学生的关心、教师对学生的尊重、教师对学生的信任、教师对学生的负责五个维度进行具体研究。在现象揭示研究中，操作性定义非常重要，它是研究是否有价值的重要前提。

---

[1] 陈名胜.农村小学高年级学生感受到的师爱现状调查及对策研究——以广东省中山市东凤镇农村小学高年级学生的研究为例[D].重庆：西南大学，2017.

二、关系解释研究

关系解释研究又称相关研究,是考察两个或多个变量(现象)的相互关系,揭示一个变量是否受到其他变量的影响,它们之间的影响性质如何,影响的程度有多大,进而用一个变量预测另外一个变量的研究方法。例如,在《视障小学生心理健康与社交焦虑的特征及其关系研究》中[①],研究者首先分别对视障小学生的心理健康与社交焦虑的现状进行调查,了解它们的基本状况及特征,进而探讨视障小学生的心理健康与社交焦虑之间的关系,确定两者之间的相关程度,研究他们的心理健康对社交焦虑的预测水平。

相关研究一般是通过问卷调查,对搜集的资料和数据进行统计分析,抽取出规律性的信息,进而使研究者能够深刻地理解、全面地描述、准确地推断和预测研究对象的特点及变化。相关研究的优点是可以在较短时间内,花费较小的人力、物力的代价,发现变量之间的关系,对许多现象做出预测。但大部分相关研究不能发现相互关系的因素之间的因果关系。上述研究,虽然能够发现视障小学生的心理健康与社交焦虑具有相关关系,却无法确定两者之间孰因孰果,是视障小学生心理健康水平影响其社交焦虑?还是他们的社交焦虑影响其心理健康?这些问题值得进一步研究。

三、因果联系的实证研究

因果联系的实证研究的目的是通过验证事先设想的不同变量之间的假设,发现它们之间的因果关系。认识小学师生心理产生的内外原因,找出其心理现象背后错综复杂的因果关系,是科学研究的重要任务,也是研究者普遍感兴趣的问题。通常因果关系的揭示,需要使用实验法来完成。例如,张红平的《舞蹈啦啦操对小学生心理健康影响的实验研究》[②]从两方面对这个问题进行探讨:一是对实验班小学生的心理健康状况进行测量,了解其基本的情况,然后对实验班小学生进行16周的舞蹈啦啦操教学实验,再进行实验前后的比较研究,发现实验班的小学生通过舞蹈啦啦课操的教学实验后,他们的心理健康水平比没有实验前有较大提高;二是对实验班小学生与对照班小学生的心理健康状况进行测量,了解两组的基本情况,对实验班小学生进行16周的舞蹈啦啦操的教学实验,而对照班进行16周的传统体育教学实验,然后对实验班和对照班进行比较研究,结果发现实验班小学生的心理健康水平比对照班的小学生要高。

---

① 邓晓红,朱乙艺,曹艳.视障小学生心理健康与社交焦虑的特征及其关系研究[J].中国特殊教育,2012(11):42—46.

② 张红平.舞蹈啦啦操对小学生心理健康影响的实验研究[D].成都:成都体育学院,2017.

复习巩固

1. 现象揭示研究要注意哪些问题？
2. 什么是关系解释研究？
3. 因果联系的实证研究的目的是什么？

第三节 小学心理学的研究方法

小学心理学的研究方法多种多样，这些研究方法与其他心理学学科的研究方法既有共性，也有其独特性。常用的研究方法主要有下面几种：

一、观察法

观察法是指研究者在自然情境下，直接观察被试的行为，并予以记录，以便提供可用作分析的素材的一种方法。观察法是小学心理学研究中常用的方法。教师常常通过观察小学生上课是否认真听讲，他们在集体活动中的表现等，来了解小学生的心理特点。例如，武丽丽等人采用观察法，观察了小学生在课堂上的问题行为，这些问题行为包括攻击教师、破坏性行为、干扰行为、消极回应教师、不服从教师的指令、不集中于手边的工作、对同伴进行语言和身体攻击等，并对这些问题行为进行详细认真的记录分析，了解这些课堂上的问题行为与学生心理素质的关系，在此基础上，提出解决问题的对策[1]。

观察法的优点是在自然情景下研究小学生的心理，不影响他们的日常生活和正常行为，所得的资料比较真实。不过，使用观察法要求研究者具有敏锐的观察力，善于从纷繁的情境中捕捉其所需要的行为表现，善于从记录资料中筛选有用的信息。为了取得良好的观察效果，在观察中应注意以下问题：(1)明确规定观察的内容和标准；(2)随时做详细记录，有条件时可利用一定的录音、影视器材等；(3)观察时间不宜过长，对同一类行为可采用重复观察的方法；(4)在自然状态下观察，以免影响小学生的正常行为。

---

[1] 武丽丽,张大均,程刚,等.小学生课堂问题行为与心理素质的关系：一项观察研究[J].心理与行为研究,2017,15(1):12-19.

二、调查法

调查法是以提问的方式搜集资料以确定各种事实间的联系或关系的方法。

调查法主要包括访谈法和问卷法两种形式。访谈法是通过与被调查者面对面地进行交流、讨论而搜集资料的一种方法。访谈的对象既可以是集体,也可以是个人。集体访谈是由访谈者召集一些调查对象就访谈者需要研究的问题发表意见。如召开座谈会了解小学生心目中的理想教师形象,从中发现小学生对教师学识、品格、能力等多方面的要求。个别访谈是由调查者对调查对象逐一进行单独访谈的一种调查方式。如对某个学习困难学生进行访谈,了解其学习困难的原因。访谈法的优点在于灵活性大,主试可以根据不同被试回答的具体特点进行不同的提问,谈话过程可以因人而异,适用范围广。但存在访谈费时费力,费用开支大,被访谈者由于心存顾虑,访谈可能不真实,易产生偏差等缺点。减少或克服这些缺点需要研究者注意以下问题:(1)访谈事先要有准备,要根据研究目的和研究对象拟定谈话的提纲和内容;(2)要熟练掌握谈话技巧和灵活的谈话方式;(3)要巧妙而详细地记录谈话过程和内容。

问卷法是通过书面形式,以严格设计的问题或表格,向研究对象收集资料和数据的方法。如使用心理学量表调查小学生的个性、气质、心理健康状况等;也可以使用自行编制的问卷调查小学生的学习策略、学习动机等心理现象。编制问卷时应注意:(1)问卷题目不宜过多,问卷编制的语言要通俗易懂,保证被调查对象能够理解,不会产生误解或歧义;(2)问卷正式施测前,应进行信度和效度的分析,保证问卷的有效性。

问卷法的优点在于简便易行,可以在短时间内获得大量资料或数据,便于统计处理,较易做出结论。但如果研究者缺乏专门训练,不善于掌握问卷的标准,加之被调查者隐藏自己的真实想法,或迎合研究者的意图填写问卷,所得数据就缺乏真实性,统计方法如果比较简单,就可能影响到这一方法的科学性。

三、个案法

个案法是对一个人或一组人的问题进行研究的方法。如对某个智力超常儿童或智力落后儿童的研究,对某个农村学校留守儿童的研究等。个案法有时也与纵向追踪研究相结合,系统记载被研究者某些心理活动的发展状况,分析某些心理问题产生与发展的原因,提出相应的解决措施。例如,我国著名儿童心理学家陈鹤琴以自己的子女为研究对象,进行了3年的纵向追踪研究,记录了儿童身心发展的特点,归纳了101条教育总结,于1925年出版了《儿童心理之研究》《家庭教育》两本书。

在进行个案研究的过程中,研究者除要深入了解被研究者的各种情况外,还应与他们多接近,建立良好的关系,树立研究者良好的形象,使被研究者充分信任研究者的帮助和关心,这样才能在个案研究中取得真实的第一手材料。此外,对个案的材料收集要尽量齐全和详尽,只有这样,才能对所研究的问题提出中肯的意见,使个案研究顺利进行。

四、实验法

实验是一种有控制的观察,是实验者人为地使被实验对象发生心理现象,对产生其心理现象的情境或影响现象的条件加以操纵、变化与控制的观察,进而揭示出特定条件与其心理现象之间的关系。实验法分为下面三种:

(一)实验室实验

实验室实验是在实验室内利用一定的仪器进行心理实验,通过实验获得人的心理现象的某些科学依据。采用该方法可以研究小学生高级神经活动发展的特点,以及感觉、知觉、记忆、思维等心理过程的发展特点。如用脑电图仪测定小学生思维活动时脑电波变化的情况;用眼动记录仪记录小学生阅读课文时眼动的过程。实验室实验的主要优点在于其控制较严格,所获得的数据可重复性高、比较可靠,结论经得起考验。但它也具有一定的局限性,主要在于实验室情况与学生的实际生活有一定的距离,可能会使学生产生不自然的心理状态。因此,这种方法很难用于研究学生的道德认知、个性品质等复杂的心理特点。

(二)自然实验法

自然实验是指在日常生活和活动的自然条件下,引起或改变影响被试的某些条件来研究其心理特征的变化。例如,在《课外体育活动方案对小学生心理健康影响的实验研究》中,研究者根据小学生的心理发育特点,结合运动影响心理健康的4个因素,即运动项目、运动强度、运动频率和每次运动的持续时间,开发了武术操、篮球与软梯训练结合、轮滑与趣味游戏结合等3套不同的课外体育活动的方案,对实验组与对照组的学生进行比较研究,结果发现3套课外体育活动方案对实验组小学生的心理健康都有积极影响[①]。

自然实验法能较好地反映教育实际的情况,可以对变量进行一定的控制,使研究达到一定的精确程度。但也存在一定的局限性,如在自然的活动条件下进行实验,难免出现种种不易控制的因素,给因果分析带来障碍,花费较多,所需技能也较复杂等。

(三)教育实验法

教育实验是把被试心理的研究与一定的教育和教学过程结合起来,探讨其心理过

---

① 潘家礼,史海燕.课外体育活动方案对小学生心理健康影响的实验研究[J].四川文理学院学报,2016,26(2):79—82.

程或个性品质形成和发展的规律的方法。例如,在《小学生快速阅读训练的实验研究》[①]中,研究者选择条件大致相同的小学四年级的两个教学班的学生为研究对象,一个作为实验班,一个作为对照班。实验班每周进行两次快速阅读训练,由任课的语文教师主持,每次训练大约15分钟左右。对照班不进行训练,按原来的方法上课。实验结束后,对两个班的学生都进行快速阅读测试,结果发现快速阅读训练在一定程度上可以提高小学生实验班学生的阅读速度和学习成绩。

教育实验在小学心理学研究中占有重要的地位,因为教育实验把师生心理研究与教育实际密切联系起来,其研究结果可以直接为教育实际服务。当然,教育实验与一般自然实验一样,很难严格控制实验变量,花费时间较长。此外,教育实验必须得到学校、教师的密切配合。进行教育实验必须遵守教育性原则,不允许对教育实验中的学生采取消极的措施。

五、口语报告法

口语报告法指被试在从事某种活动的同时或之后,如进行数学题运算时将头脑中进行的心理活动操作过程用口语表达出来,由研究者记录并根据有关结果对被试心理活动规律进行研究。口语报告法的假设是:人的言语和思维密切相关,通过了解一个人的言语可以认识其思维特征。口语报告法包括问题设计、口语报告、录音与转译、数据编码和结果处理五个步骤。该方法适合于研究特殊学生、比较专家型教师与新手解决问题的差别等问题,也可用于对其他方法的补充研究,还可以用于检验假设并建立心理模型。口语报告对情境和变量控制较为严格,对研究过程记录较为翔实客观,但由于操作相对复杂,对研究者要求较高,费时费力,有时由于被试不配合等而限制了口语报告法的开展。

六、作品分析法

作品分析法是有目的地确定一个主题,使研究对象完成一件作品,通过对作品进行分析,从而获得特定信息的方法。常见的有学生作业分析、作文分析、笔记分析及手工制品分析等。该研究具有深入性、隐蔽性、针对性的特点。作品分析法由于是在作品完成后才对被试进行分析,因此,被试通常不知道研究者要求他完成作品的真正意图,所以他们的注意力多集中于作品的完成过程中,容易排除因防范心理所带来的信息失真。由于被试作品之间的差别较大,要想深入了解,需要对作品进行横向和纵向的比较分析,才能发现其特殊性和规律性,还要避免分析解释的随意性和主观性,从多

---

① 吕勇,阎国利,陈连燕等.小学生快速阅读训练的实验研究[J].心理学探新,2000(2):21—29.

元、客观的角度对作品进行全面深入分析。

七、行动研究法

行动研究法是教育情景的参与者为提高对所从事的教育实践的理性认识，为加深对实践活动及其依赖的背景的理解，所进行的一种自我反思的研究方法。主要特点是：研究者也是实际工作的参与者，兼具研究者与行动者两个角色；在研究过程中以实际工作为主导，以实际工作情景为研究情境，将研究过程与实际工作者的行动过程相结合，注重研究者的自我反思。该方法适合于教师研究教育中的实际问题，如教学情境的改变，课堂教学方法的改革，师生沟通状况等。使用该方法能及时反馈和修正所要研究的问题。但由于该研究具有特定研究对象与情境，是自行检验研究效果，研究结果可能会引起不同的理解或争论，推广运用有一定困难。

上述小学心理学的研究方法各有利弊。采取何种方法进行研究，必须考虑到研究的目的、研究的对象、研究的内容、研究的时间、精力和物质保障等条件，然后进行选择。

♡ 复习巩固

1. 什么是观察法，使用观察法时要注意哪些问题？
2. 什么是调查法，调查法包括哪些种类？
3. 如何使用个案法，使用时要注意什么问题？
4. 什么是教育实验，有什么特点？

第四节 小学心理学的研究设计

对小学心理学进行研究，除考虑上述研究方法以外，还必须进行研究设计。常用的小学心理学的研究设计主要有下面四种：

一、横向研究

又称横断研究，是在同一时间里，对不同年龄或年级的小学生进行研究，探讨他们心理发展的规律或特点，比较他们之间的差异。例如，韩进、杨佳对贵州省1—6年级共1231名小学生的心理健康状况进行了测查，发现低、中年级的小学生在社会适应性障碍和品德缺失上有显著差异，中年级学生在这方面的发展水平还不如低年级学生，

说明中年级学生的社会适应性和品德的发展较差;低、高年级学生在学习、情绪、性格、行为和特种障碍等5个方面都存在显著差异,低年级学生的发展水平不如高年级学生;中、高年级的学生在学习、社会适应性、品德、情绪、性格、行为和特种障碍等方面都存在显著差异,高年级学生的发展水平高于中年级学生,说明小学中年级到高年级的过程中,学生在这方面的心理健康状况发生了质的发展[①]。

横向研究最突出的优点是:时间短,取样大,能迅速地获得大量的数据材料省时省力地进行比较研究。但横向研究也有不足的地方,由于被试是来自不同年龄群体的个体,不一定能够准确地反映他们心理发展的连续过程和特点。加之不同年龄或年级的个体出生在特定时期并成长在特定历史情境中,会对个体发展的研究带来干扰效应。

二、纵向研究

又称追踪研究,是对同一个或同一群个体,在较长时间内进行定期研究,探讨其心理发展的规律。例如,黄颖对四川省30所农村寄宿制学校4—6年级的留守儿童进行了追踪干预研究。研究者首先在2010年对这些留守儿童的亲子关系、思想政治、心理健康、行为养成四方面的情况进行了调查研究,了解他们的现状,然后采取多种教育方法对他们进行干预,在2011年对这些留守儿童再进行调查,了解其状况,结果发现,他们的亲子关系、思想政治、心理健康方面都发生了较为显著的变化,尤其是他们的心理状况问题有明显的下降[②]。

纵向研究的优点是:通过对个别或若干个体的长期追踪研究,可以获得其心理发展连续性和阶段性的资料,尤其是可以弄清楚心理发展从量变到质变的飞跃,探明早期发展与以后阶段心理发展的关系。但纵向研究也有其缺点:一是研究样本的流失;二是反复观测影响被试的发展,影响其情绪,影响某些数据的可靠性;三是花费大,耗时耗力。

三、聚合交叉研究

该研究是将横断研究与纵向研究设计综合起来的研究方法。这种设计可以在短时期内了解各年龄段或年级的小学生心理特点的总体情况,又可以从纵向发展的角度认识小学生的心理特征随年龄或年级增长而出现的变化和发展。如李效鹏、马迎华、宋娟等人研究了北京市昌平区5所公办小学的984名4—6年级的小学生心理资源现

---

① 韩进,杨佳.贵州省小学生心理健康高中低年级比较[J].贵州师范大学学报(自然科学版),2007(3):38-40.

② 黄颖.人口流动背景下农村小学生心理及行为发展的追踪干预实践——以四川省30所农村寄宿制学校为例[J].中国农村教育,2014(3):48-51.

状及影响因素,通过调查了解他们心理资源的4个维度:乐观、希望、自我效能、韧性的现状,以及性别、年级、是否独生子女、是否参加过夏令营的活动、父母对子女的期望、父母的教育水平、自感家庭收入等因素对他们心理资源的影响。结果发现:不同性别、年级、是否独生子女对他们的心理资源无统计学意义;而父母对子女的期望、自感家庭收入、是否参加过夏令营的活动,是影响他们心理资源得分的主要影响因素[①]。

聚合交叉研究能够克服横向研究与纵向研究的不足,取长补短。

四、跨文化研究

跨文化研究是指同一课题通过对不同国家或不同社会文化背景的小学生进行研究,探讨小学生心理发展的共同规律,以及不同的社会生活条件对小学生心理发展的影响。例如,我国赵作荣、张玉红对新疆汉族、维吾尔族、哈萨克族中小学生人际心理健康素质的调查研究发现:新疆汉族、维吾尔族、哈萨克族中小学生人际心理健康素质呈现出年级差异,可能与自我的发展、情绪特点、学校环境的改变有关;新疆汉族、维吾尔族、哈萨克族中小学生人际心理健康素质呈现出民族差异,可能与家庭因素、学校教育因素、群体压力等有关[②]。跨文化研究,能够对小学心理学的一些理论进行检验,检验这些理论是否具有普适性,从而使心理学家形成更加完善的理论,更好地概括规律,发现哪些发展模式对小学生的心理发展具有普遍意义,哪些发展模式只是特定文化因素的产物。

拓展阅读

小学心理学研究方法的新趋势

在小学心理学研究中,由于使用单一研究方法具有局限性,只能使研究者获得小部分信息,而大部分信息被忽视或遗漏,加之在使用中受到其他因素的影响会增加结果的误差,降低研究的科学性,使研究者难以做出准确的结论。所以,小学心理学在研究方法上出现了新的研究趋势。主要表现为:

---

① 李效鹏,马迎华,宋娟.北京市昌平区四~六年级小学生心理资本现状及影响因素分析[J].中国学校卫生,2015,36(12):1836-1839.

② 赵作荣,张玉红.新疆汉族、维吾尔族、哈萨克族中小学生人际心理健康素质调查研究[J].新疆社科论坛,2010(4):85-89.

1. 研究方法的综合化

由于小学心理学要研究的问题涉及多方面因素的影响与制约，每种单一的研究方法都有其优点与局限性，只能使研究者获得小部分信息，而大部分信息被忽视或遗漏，加之在研究中受到其他因素的影响会增加研究结果的误差，降低研究的科学性，使研究者难以做出准确的结论，因而出现了研究方法的综合化。综合化是指小学心理研究中尽可能地采用多种研究方法。例如，对小学生学习动机的研究可以采用问卷法、谈话法、观察法、实验法、活动产品分析法等多种方法。对小学生社会行为的研究可以将横向研究与纵向研究结合起来。并对不同方法取得的结果进行相互验证和比较，以提高研究的可靠性和科学性。

2. 跨学科与跨文化的研究

小学心理学的研究内容主要是师生在小学教育情境中的心理活动、心理发展、心理特点与变化，要从根本上搞清楚这些问题，需要多门学科的通力合作，如哲学、文化学、教育心理学、发展心理学、学科心理学、教育学、家庭学、社会学、社会心理学、生理学、神经解剖学等的共同探讨，才能更好地发现与揭示其特点与规律，找到更好的解决问题的对策。

小学师生的心理现象总是在一定的文化背景下产生的。跨文化研究主要是研究在不同国家、不同民族、不同地区文化中小学师生心理现象的共性与差异性等问题。通过跨文化研究可以借鉴国外研究的先进理念、先进方法，吸取其经验与成果，并检验、修正与完善在单一文化背景中所取得的研究结论，更好地解释小学师生心理现象的文化差异问题。

3. 采用现代研究仪器与数量化特征

随着科学技术的发展，各种现代的研究仪器被运用到小学心理研究中，如核磁共振成像、计算机、摄像、录音等。在研究中采用多元统计分析，如验证性因素分析、建立模型，受到了一些研究者的青睐，这些对提高小学心理学的研究水平确实起到了重要的推动作用。但小学师生心理现象的复杂性不是完全靠数量化研究就可以全部解决的，必须注意到定性与定量研究的结合。因而现在有的研究者强调行动研究、心理叙事研究等定性的研究，以便能够进一步提高研究的科学性。

复习巩固

1. 横向研究的优缺点是什么？
2. 纵向研究要注意哪些问题？
3. 聚合交叉研究的特点是什么？
4. 如何理解跨文化研究？

本章要点小结

1. 小学心理学研究要遵循下面几点原则：(1)客观性原则。指研究要贯彻实事求是的精神。(2)系统性原则。指应把师生的心理作为一个开放的、动态的、整体的系统而加以综合考虑，才能把握各种心理现象之间的本质及它们的必然联系。(3)理论联系实际原则。指小学心理学的研究应从小学教育的实际出发，解决小学教育中的实际问题。(4)生态化原则。指要在自然与社会的真实生态环境中研究师生的心理活动与特点。

2. 小学心理学研究的路径有：(1)现象揭示研究。指对小学师生发生的心理现象或行为进行科学、客观、精确的描述，它回答是"是什么"和"怎么样"等问题。(2)关系解释研究。指考察两个或更多变量(现象)的相互关系，揭示一个变量是否受到其他变量的影响，进而用一个变量预测另外一个变量的研究方法。(3)因果联系的实证研究。指通过验证事先设想的不同变量之间的假设，发现它们之间的因果关系。

3. 小学心理学的主要研究方法是：观察法、调查法、个案法、实验法、口语报告法、作品分析法和行动研究法。小学心理学的研究设计包括横向研究、纵向研究、聚合交叉研究和跨文化研究。

关键术语表

原则	principle
路径	path
研究方法	research methods
研究设计	Study design

复习题

一、单项选择题

1. 教师在课堂上了解学生心理特点的主要方法是（　　）。

　A. 实验　　　　　　　　　B. 评价

　C. 观察　　　　　　　　　D. 个案

2.调查法是以提问方式搜集资料以确定各种事实间的联系或关系的方法,主要包括(　　)。
A.访谈法和测量法　　　　　B.问卷法与个案法
C.访谈法与问卷法　　　　　D.问卷法与观察法
3.在小学心理学研究中要注意实事求是的精神,如实反映研究的内容及结论,属于(　　)。
A.系统性原则　　　　　　　B.客观性原则
C.理论联系实际的原则　　　D.生态化原则
4.对超常儿童的研究常常要进行几年甚至十几年,研究它的最好方法应该是(　　)。
A.实验法　　　　　　　　　B.调查法
C.观察法　　　　　　　　　D.个案法

二、多项选择题
1.小学心理学的研究原则是(　　)。
A.客观性原则　　　　　　　B.系统性原则
C.理论联系实际的原则　　　D.生态化原则
2.小学心理学的研究路径主要有(　　)。
A.现象揭示研究　　　　　　B.关系解释研究
C.量化研究　　　　　　　　D.因果联系的实证研究
3.小学心理学的研究方法主要有(　　)。
A.观察法　　　　　　　　　B.实验法
C.个案法　　　　　　　　　D.调查法

三、判断对错题
1.个案法研究的对象主要是某个个体,而不能研究一组人或一个团体。　(　　)
2.小学心理学研究的客观性原则是强调要贯彻研究的实事求是的精神。　(　　)
3.因果联系的实证研究通常是使用调查法和实验法来完成的。　(　　)
4.跨文化研究能更好了解不同国家或不同社会文化背景下小学生心理发展的共同规律。　(　　)

第三章　小学生的认知发展

通过本章的学习,你应该了解什么是认知发展,小学生注意、记忆、思维及言语有哪些发展规律和特点,在教学中教师如何依据小学生的认知发展规律和特点组织教学以有效促进学生的学习。

第一节 概述

小学生生活在一个丰富多彩、瞬息万变的世界中。无论是生活还是学习,都需要小学生不断地感知、注意和记忆大量的外界信息,思考各种问题,所有这些都属于认知活动。认知活动是保证小学生能够顺利学习的必要条件,认知发展水平是影响小学生学习效果的关键因素。

一、认知发展的含义

认知(cognition)在心理学上是一个常用的概念,但对其确切含义的解释,却没有定论。随着信息加工理论的出现,心理学家倾向认为,认知是指那些能使个体获得知识、解决问题的操作和能力。这种对认知的解释,既包含了一种动态性的加工过程(认识),也包含了一种静态性的内容结构(知识)。而认知发展是指个体获得知识和解决问题的能力随时间的推移而发生变化的过程和现象。从信息加工的观点来看,认知发展就是人的信息加工系统不断改进的过程,既包括感知、注意、思维、记忆、言语等认知过程及其品质的发展,也包括认知结构的发展及解决问题等能力的发展。

二、认知发展的结构

认知发展的结构是指个体认知发展所包括的成分及这些成分之间的相互关系。认知发展应该包括哪些结构,不同的研究者往往有不同的理解。根据弗拉维尔(J·H·Flavell,P·H·Miller & S·A·Miller,2001)以及陈英和(2013)等人的研究,我们认为认知发展主要包括以下内容。

(一)感知觉的发展

感知觉是个体认识世界和自我的手段。个体主要依靠感觉来探索世界、了解自我,形成关于客观世界的概念和自我概念。研究者主要关注个体感知能力的发生与发展。

(二)注意的发展

注意是对一定对象的指向和集中。注意始终伴随着人类的心理活动,是人类从事各种认知活动的必要条件。一切认知过程如果没有注意的参加,就会变成视而不见,听而不闻。研究者关注的是注意的特点、注意的品质以及提高注意力的途径与方法。

(三)记忆的发展

记忆是个体经验积累和心理发展的重要前提。研究者主要关注个体的记忆能力、记忆策略的发生与发展,并探讨影响记忆的各种因素。

(四)思维的发展

思维是个体对客观事物间接和概括性的反映。表征与概念是思维的主要形式。表征是指信息或知识在心理活动中的表现和记载的方式。人类有动作表征、肖像表征和符号表征三种表征系统,这三种表征系统的相互作用是认知发展的核心。概念反映客观事物一般的、本质的特征,是人类进行一切认知活动的基础。

推理是指从具体事物归纳出一般规律,或者根据一般原理推出新结论的思维活动。问题解决是由一定的情景引起的,按照一定的目标,应用各种认知活动、技能等,经过一系列的思维操作,使问题解决的过程。推理是问题解决过程中重要的思维操作。推理的类型、推理的心理机制、问题解决的过程与策略都是认知发展研究的重要内容。

(五)言语的发展

言语是个体心理交流的重要工具和手段,对个体的认知和社会性的发生发展具有重大意义。研究者主要关注个体言语发生发展的心理机制及言语发展的规律和特点。

在本章,我们根据小学生认知发展的特点及学习任务,着重探讨小学生的注意、记忆、思维和言语的发展。

复习巩固

1. 认知发展的含义是什么?
2. 小学生的认知发展包括哪些内容?

第二节 小学生的注意发展

注意是对一定对象的指向和集中。注意是小学生进行各种认识活动的必要条件。一切认知过程如果没有注意的参加,就会变成视而不见,听而不闻。小学生的主要任务是学习,教师会向小学生提出上课专心致志的要求,这些要求成为小学生注意发展的催化剂。

一、小学生注意品质的发展

注意品质是衡量小学生注意力发展的重要指标。注意品质包括注意广度、注意稳定性、注意的转移和注意的分配。总体来看,小学生的注意品质还不够完善,正处于发展中。

(一)注意广度的发展

注意的广度也称为注意范围,是指在单位时间内个体能清楚掌握对象的数量,是注意在空间上的特征。小学生的注意广度相对较小,随着年龄增长、知识经验的丰富而逐渐扩大。研究表明(伍新春,2004),小学生对散状排列图点的视觉注意广度,比横向排列图点的视觉注意广度大;对分组图点的视觉注意广度比散状图点的要大,其原因是分组图点中被感知的对象排列组合得有规律,相互之间能成为有机联系的整体,注意的范围就越大,反之注意范围就越小。这表明,学习材料的适当组织有利于小学生注意广度的提高。因此,教师在教学中,为提高小学生的注意广度,要板书规整,讲课条理清晰,语句抑扬顿挫,并善于把散乱的知识有规律地呈现给学生。注意广度的扩大,能提高小学生的学习效率。所谓一目十行,就是建立在较大注意广度的基础之上的。

(二)注意稳定性的发展

注意稳定性是指注意保持在某种事物或某种活动上的时间长短,是注意在时间上的特征。注意保持的时间越长,注意的稳定性就越高。

小学生注意的稳定性随年龄的增长而提高,其发展的速度超过幼儿期和中学阶段。这与小学生心理活动的有意性迅速发展有关。6~10岁期间,儿童的注意的定向与稳定性有显著提升(王伟平、苏彦捷,2007)。小学生与幼儿相比能更好地把注意集中在与其目标有关的那些事物上,并筛选掉无关的信息,避免环境噪音带来分心(Goldberg,Maurer,& Lewis,2001;Tabibi & Pfeffer,2007)。研究表明,7~10岁小学生一般情况下能持续集中注意20分钟左右,10~12岁的学生约为25分钟,12岁以上的学生可以达到30分钟。张学民、申继亮、林崇德等人(2008)对小学一、三、五年级学生的视觉选择性注意的发展及其影响因素进行了研究,主要考察分心物数量、线索有效性和目标新异性对小学生注意发展的影响。结果表明:(1)小学三年级学生表现出显著的注意阶段性波动;(2)小学一年级到五年级学生在视觉选择注意加工速度上要比成人慢300~1100毫秒,这表明他们的视觉选择注意加工速度仍然处于持续发展的过程;(3)有效线索提示的目标、新异刺激有助于提高小学生选择注意加工速度[1]。

---

[1] 张学民,申继亮,林崇德,等.小学生选择性注意能力发展的研究[J].心理发展与教育,2008,24(1):19-24.

注意的稳定性是小学生从事学习活动时所必需的,影响着学习的效果。小学教师只要把教学内容组织好,就能使学生在一堂课的时间内保持较稳定的注意而不出现疲倦。因此,提高小学生的注意稳定性十分重要。小学生的注意稳定性受以下因素的影响。

1. 注意对象的特点

一般而言,内容丰富、活动的注意对象使小学生的注意力更加稳定和持久;反之,内容贫乏、单调而静止的注意对象,容易引起小学生的分心。例如,小学生会花更多时间关注一幅色彩丰富的图画而不是一个透明的玻璃茶杯。但过于复杂、变化莫测的注意对象容易使小学生产生疲劳感,导致注意的分散。

2. 身体状况和精神状态

小学生只有在身体健康、情绪良好、精力充沛的情况下,才会在学习中全身心投入,注意稳定性最好。所以,教师要让小学生的学习动静相结合,并获得充足的课间休息时间,以确保他们在课堂教学中能全神贯注地学习。此外,小学生对学习的态度、学习目的和意义的认识,是否有浓厚的学习兴趣等,都是影响注意稳定性的因素。

与注意稳定性相反的注意品质是注意的分散性,即"分心",是指注意离开当前应当完成的活动任务而被无关刺激所吸引,如学生在课堂上东张西望与周围同学小声说话等。小学生自控能力较弱,很容易出现分心现象。

(三)注意分配能力的发展

注意的分配能力是指在同一时间内把注意分配到两种或两种以上不同对象的能力,如学生边听讲、边记笔记。刘景全、姜涛等人(1993)使用"注意分配仪"对小学生注意分配的发展做了研究,结果发现,小学生的注意分配能力在比较平缓地发展着。小学一年级学生明显地表现出不善于分配注意的现象,如让他们边抄写算术题,边思考解题方法,他们会感觉很困难。到中高年级以后,小学生对书写熟练了,才能把注意同时分配到听讲、抄写或思考上。

影响注意分配的条件主要有:

1. 必须有一种活动达到熟练的程度

要让小学生进行两种以上任务时的注意分配,必须让他们熟悉其中一种任务,能够达到熟练的程度。例如,小学生边唱歌边打拍子,就必须熟练所唱的歌曲。

2. 同时进行的几种活动之间必须相互关联

小学生同时进行的几种活动之间必须能通过练习建立起一定的联系,形成统一的动作系统,这样他们才能较好地分配注意,完成这些活动。如小学生在听课的同时认真做好笔记,就符合此原理。

(四)注意转移能力的发展

注意的转移是指个体根据新的任务主动地将注意从一个对象转移到另一个对象上。对学生而言,就是学生根据新的需要有目的地将注意转向新的对象,使一种活动

为另一种活动所代替。如上完一节语文课后,主动把注意转移到下一节数学课的学习上。林镜秋(1996)等人研究了小学生注意转移能力发展的情况,结果表明,小学生注意转移的综合反应时间随年龄的增长而呈下降趋势。五年级学生注意转移的综合反应时间比二年级学生平均少了2.17秒,差异非常显著(见表3-1)。这种差异表明五年级学生注意转移的速度比二年级学生明显变快。

表 3-1 小学二、五年级学生综合反应时间比较

年级	平均数(秒)	标准差
二年级	5.5150	1.9173
五年级	3.3400	1.0720

注意转移的快慢和难易程度受以下因素制约:

1. 对原来活动的注意紧张程度

小学生对原来活动的兴趣越浓厚、活动吸引力越大、注意力越集中,注意转移就越困难。反之,对原来的活动缺乏兴趣、活动吸引力小,注意就越容易转移。

2. 新对象的吸引程度

如果引起注意转移的新活动意义重大,符合小学生的需要和兴趣,那么即使先前的活动吸引力很强,他们也能顺利地实现注意的转移;反之,若学生对新活动的意义理解肤浅,或者不符合他们的兴趣,即使先前活动的吸引力不强,学生也不能顺利地实现注意的转移。

因此,小学教师要根据小学生注意转移的特点,有针对性地组织和设计好课堂教学,有效调动起学生的学习兴趣,让学生理解学习的重要意义,从而帮助学生及时把注意力转移到本课程的学习上,并逐渐帮助学生提高注意转移能力。

总之,小学生的各项注意品质都在急速发展,教师要抓住这一有利时机,通过课内外各种活动,促进小学生注意的发展。

拓展阅读

多动症的诊断标准

注意缺陷与多动障碍(Attention deficit and hyperactivity disorder, ADHD),俗称多动症,指发生于儿童时期,与同龄儿童相比,以明显注意集中困难、注意持续时间短暂、活动过度或冲动为主要特征的一种综合征。多动症是儿童中较为常见的一种障碍,据报道其患病率一般为3%—5%。

第三节 小学生的记忆发展

记忆是个体对其经验的识记、巩固、回忆和再认。记忆在人类的生活中具有重大意义,有了记忆,人类才能有知识的积累与丰富的经验。没有记忆,一切心理现象都不能发展。小学生在学习过程中,教师经常会对他们提出记忆的要求,如要求他们记住单词、句子、数学公式等。这些促使小学生的记忆在量和质两方面都有了进一步的发展。

一、小学生记忆量的发展

小学生记忆量的发展主要表现在记忆广度和记忆保持时间两个方面。

记忆广度是指个体在单位时间内所记住材料的最大数量。小学生的记忆广度随年龄的增长而不断扩大。研究表明,学前儿童和小学生同时识记15个单词,学前儿童平均只能识记3—5个,而小学生平均能识记6—8个。小学高年级学生所能记忆的材料的数量增加较快。

记忆保持时间是指从识记材料开始到能对材料回忆之间的间隔时间。洪德厚(1984)对小学生记忆发展的研究结果表明:小学生记忆保持时间随着年龄的增加而延长,记忆保持时间在8岁、10岁、12岁有较大幅度的增长。小学生记忆保持时间的长短还受很多因素的影响,例如,是否对材料感兴趣,对记忆对象的感知是否清晰,记忆对象能否引起小学生的情绪体验,以及对识记材料是否理解等。一般而言,凡是小学生感兴趣的,引起他们强烈情绪体验、易于理解的事物,他们记忆保持时间较长一些。小学教师在教学中应注意这些因素。

二、小学生记忆质的发展

小学生的记忆能力正在发生着本质的变化,主要表现为:

(一)无意识记和有意识记的发展

无意识记是指没有明确目的,且不需要付出意志努力的识记;有意识记指有预定目的,并付出意志努力的识记。

学前期是儿童无意识记快速发展的时期。进入小学后,其无意识记继续发展。小学生的有意识记在三年级以后,逐渐占主导地位。北京师范大学儿童心理所和天津师范大学教科所(1983)在协作研究中,比较了二年级与四年级小学生的有意识记和无意识记正确回忆的百分比,发现二年级学生的有意识记为43.0%,无意识记为42.8%;

学的特点是图、文、声、像并茂,能向学生提供形式多样、功能各异的感性材料。多媒体教学中,形象生动的画面,标准逼真的情境朗读,悦耳的音乐背景,妙趣横生的益智游戏,能有效引起学生的无意注意,让他们主动探索,积极进取,使其会学、愿学和乐学。

3. 注重教学内容的组织和教学形式的多样化

个体的知识经验是影响无意注意的主要因素。学生更愿意学习与自己知识经验相关的事物。因此,教师要善于把教学内容与学生的知识经验相联系,通过提供具体实例,引起学生的直接兴趣,维持他们的无意注意。此外,教师在上课时,要善于运用多种教学方法和手段,以激发学生饱满的情绪反应,调动起学习的积极性。

(二)善于运用有意注意的规律组织教学

有意注意是人所特有的一种心理现象,它是有目的,且具有一定意志努力的注意,在实际的教学中组织好学生的注意是教学成功的一个重要条件。

1. 明确学习目的,激发学习兴趣

学生的学习目的越明确、越具体,越容易引起和维持其有意注意。兴趣是最好的老师。教师在教学中要善于激发学生的求知欲望,引发认知兴趣。强烈的好奇心和旺盛的求知欲,可使学生对不了解的事物产生新奇感和兴奋感,驱使学生积极进取、主动思考。

2. 培养学生良好的注意品质

在智力相差不多的情况下,学习效果往往与学生的注意品质和习惯紧密相关。唐宏(2008)用注意量表测验和眼动实验的方法来探讨注意加工水平与小学生学业成就的关系,结果发现,学习优秀学生的注意资源的容量显著多于学习困难学生,并且能更有效地运用注意资源;学习优秀学生抑制分心物的能力显著高于学习困难学生[①]。教师在教学中,如果能有意识地对小学生的注意品质进行培养和训练,他们的注意品质就会有明显提高,进而提高其学习效果。

复习巩固

1. 小学生的注意品质包括哪些内容?
2. 小学生注意发展表现出哪些特点?
3. 如何在教学中培养小学生的注意力?

[①] 唐宏. 不同学业成就小学生注意加工水平的比较研究[J]. 心理科学,2008,31(5):1143—1146.

不断成熟，以及教学提出的要求和教师的训练，会使小学生的有意注意逐步发展起来。到了四、五年级，小学生的有意注意基本上占主导地位。

（二）具体直观事物的注意占优势，对抽象材料的注意在发展

小学低年级学生的知识水平和言语水平很有限，具体形象思维占重要地位，因此，具体直观形象的事物容易引起他们的注意。教师在课堂上可利用一些教学模具来吸引小学生的注意力。随着小学生学习活动的发展，知识水平的提高和抽象逻辑思维能力的发展，他们对具有一定抽象水平的材料的注意也逐步发展起来。

（三）注意有明显的情绪色彩

小学生由于大脑与神经系统的内抑制能力尚未充分发展，一个兴奋中心的形成往往波及其他相应器官的活动，面部表情、手足乃至全身都会配合活动，注意表现出明显的情绪色彩。例如，小学生在课堂上听得入神和高兴，往往会露出欣喜的笑脸，甚至手舞足蹈。随着大脑的成熟，他们的这种情绪会慢慢受到控制。

（四）不善于调节和控制注意力

生动、具体、新颖的事物比抽象的概念、定理更能引起小学生的兴趣和注意。因此在学习一些抽象任务时，小学生在课堂上很容易被一些无关刺激吸引注意力。例如，他们有时会被课件上可爱有趣的动画吸引，而不去看真正要学习的内容。随着学习能力的提高，他们的注意调节能力和控制力会逐渐增加。

（五）注意的范围小，注意力的分配和转移能力较弱

由于小学生的大脑未发育完全，学习的知识有限，所以他们的注意范围较小，注意分配能力和转移能力较弱，常出现顾此失彼的现象。随着年龄的增长、心智的成熟，小学生的注意力范围会逐渐扩大，具有更好的分配和转移能力。

三、小学生注意力的培养

注意贯穿于小学生心理活动的全部过程。培养良好的注意能力，对于发展小学生的认知和个性，顺利完成学习任务是非常重要的。要培养小学生的注意能力，必须遵循注意活动本身的规律，并施加各种有效措施。

（一）正确运用无意注意的规律组织教学

小学生以无意注意为主，教师在教学中要充分利用无意注意的规律提高教学效果，并有效避免无意注意的消极影响。

1. 创设良好的教学环境，避免无关刺激的干扰

无意注意缺乏目的性，很容易被无关刺激干扰，因此，教师要为学生营造安静的教室外环境和整洁、朴素的教室内环境，避免因为过多的无关刺激，使学生的注意力分散。课前准备时，教师要求学生上课用什么就准备什么，不需要的学习用品，不要放在桌面上。

2. 有效使用多媒体教学，吸引学生的注意力

客观刺激物的强度、对比、新颖性和活动性是引起无意注意的重要因素。多媒体教

目前多采用美国精神障碍诊断与统计手册第4版(DSM-Ⅳ)关于ADHD的诊断标准。

(一)症状标准

1. 注意缺陷症状

符合下述注意缺陷症状中的至少6项,持续至少6个月,达到适应不良的程度,并与发育水平不相称:① 在学习、工作或其他活动中,常常不注意细节,容易出现因粗心所致的错误;② 在学习或游戏活动时,常常难以保持注意力;③ 与他说话时,常常心不在焉,似听非听;④ 往往不能按照指示完成作业、日常家务或工作(不是由于对抗行为或未能理解所致);⑤ 常常难以完成有条理的任务或其他活动;⑥ 不喜欢、不愿意从事那些需要精力持久的事情(如作业或家务),常常设法逃避;⑦ 常常丢失学习、活动中所必需的东西(如:玩具、课本、铅笔、书或工具等);⑧ 很容易受外界刺激而分心;⑨ 在日常活动中常常丢三忘四。

2. 多动/冲动症状

符合下述多动、冲动症状中的至少6项,持续至少6个月,达到适应不良的程度,并与发育水平不相称:① 常常手脚动个不停,或在座位上扭来扭去;② 在教室或其他要求坐好的场合,常常擅自离开座位;③ 常常在不适当的场合过分地奔来奔去或爬上爬下(青少年或成人可能只有坐立不安的主观感受);④ 往往不能安静地游戏或参加业余活动;⑤ 常常一刻不停地活动,好像有个机器在驱动他;⑥ 常常话多;⑦ 常常别人问话未完即抢着回答;⑧ 在活动中常常不能耐心地排队等待轮换上场;⑨ 常常打断或干扰他人(如别人讲话时插嘴或干扰其他儿童游戏)。

(二)病程标准

①某些造成损害的症状出现在7岁前;②某些症状造成的损害至少在两种环境(例如学校和家里)出现;③严重程度标准:在社交、学业或职业功能上具有临床意义损害的明显证据;④排除标准:症状不是出现在广泛发育障碍、精神分裂症或其他精神病性障碍的病程中,亦不能用其他精神障碍(例如心境障碍、焦虑障碍、分离障碍或人格障碍)来解释。

二、小学生注意的发展特点

(一)无意注意占优势,逐步发展到有意注意占主导

小学低年级学生无意注意仍起重要作用,而他们的有意注意基本上是被动的。这是因为他们神经系统活动的内抑制能力尚未发展起来。随着小学生年龄的增长,大脑

四年级学生的有意识记为51.5%,无意识记为43.8%。这说明,二年级学生的有意识记和无意识记的效果差别很小,到小学四年级以后两者的差别明显。小学教师既要有计划地发展小学生的有意识记,促进小学生有意识记的发展,也要重视和提高小学生的无意识记,因为他们的许多知识是通过潜移默化的无意识记获得的。

(二)机械识记和意义识记的发展

机械识记是指没有理解材料或事物的意义,依据其外部联系而进行的识记。意义识记是指在理解材料或事物的基础上,依据其内在联系,运用已有的知识经验而进行的识记,即理解识记。

在小学阶段,小学生的机械识记和意义识记都有不同程度的发展。唐宏(2008)比较小学二年级和四年级学生意义识记和机械识记的效果对发现,小学生意义识记的效果优于机械识记,并且两种识记都随年级增高而发展。

小学低年级学生由于抽象逻辑思维尚未发展,不善于对记忆的材料进行思维加工,因而较多地运用机械识记。随着知识经验的丰富,言语和思维的发展,小学生的意义识记日益增强,机械识记相对减少。在学习过程中,由于记忆材料或学习要求的不同,两种识记方式对小学生都是必需的。因此,小学教师既要重视学生意义识记的培养,也不能忽视机械识记的作用。

(三)形象记忆和语词记忆的发展

形象记忆是以感知过的事物的形象为内容的记忆。语词记忆是对事物的关系以及事物本身的意义和性质等内容的记忆。前者与形象思维密切联系,后者与抽象思维密切联系。小学生的知识经验较少,形象思维占优势,他们的具体形象记忆的作用非常明显。例如,我国对小学生进行了记忆三种不同性质材料的实验,延缓重现的结果见图3-1。

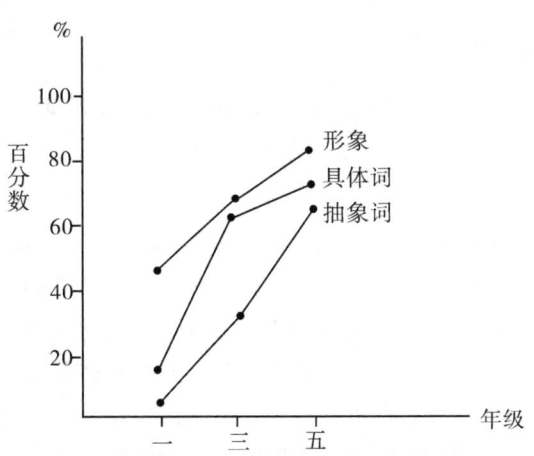

图3-1 小学生对三种不同性质材料延缓重现的百分数

从图3-1可以看出:(1)无论何种性质的记忆都随小学生的年龄增长而提高;(2)

任何年级的小学生都表现出形象记忆最容易,具体词次之,抽象词最难;(3)从增长速度看,小学生的形象记忆增长速度慢,抽象记忆增长速度快;(4)从差异看,小学低年级形象记忆和抽象记忆差异大;到小学高年级,差异缩小[①]。

(四)瞬时记忆、短时记忆和长时记忆的发展

当客观刺激停止使用后,感觉信息在极短的时间内保存下来,这种记忆叫瞬时记忆或感觉记忆,它是记忆系统的开始阶段。瞬时记忆的储存时间大约为0.25—2秒。如果这些感觉信息进一步受注意,则进入短时记忆。短时记忆的保持时间约为5秒到2分钟。一般认为,成人短时记忆的容量为7±2个组块。长时记忆是指信息经过深度加工后,在头脑中长时间保留下来,储存时间从1分钟以上到许多年,甚至终生不忘,容量没有限度。由此可见,这三种记忆在保持时间和记忆容量方面存在着本质的差异。

对小学生记忆发展的研究,多集中在短时记忆的研究上。许智权(1986)对小学生的瞬时记忆广度的研究结果表明,小学生随着年级的升高,对三种记忆材料(数字、字母、部首)的瞬时记忆广度增加。陈辉(1988)对小学生短时记忆的研究结果见表3-2。

表3-2 小学生各种材料的短时记忆容量比较

材料	二年级	五年级
单字	3	4
双字词	3	4
四字成语	1	3
无关两字	1	2
一位数	4	6
两位数	2	3
实物图形	3	3
复杂几何图形	1	2

上表数据表明小学生的短时记忆容量受记忆材料、年龄等因素的影响,无论何种性质的记忆材料,五年级儿童的记忆容量都比二年级大。

(五)记忆策略的发展

随着学习任务的开展,小学生的加工和保留信息的能力稳步增强,能够有效使用多种记忆策略。研究认为,在小学时期,儿童主要使用外部帮助、有意复述、组织分类和精细加工四种记忆策略(Papalia & Feldman,2012),而且随着年龄增长他们能越来越自主、有效地使用这些记忆策略(雷雳,2017)。小学生在面对一项记忆任务时可能会使用不止一种记忆策略,而且也可能会针对不同的问题采用不同的记忆策略,灵活采用记忆策略的小学生会有更好的记忆效果(Schneider & Hunnerkopf,2009)。

---

① 朱智贤.儿童发展心理学[M].北京:人民教育出版社,1993:391.

三、小学生记忆能力的发展

小学生记忆能力的发展主要表现在再认和回忆等方面。

（一）再认

当过去经历过的事物再次呈现时仍能被认识，即称为再认。测查小学生再认能力的一般模式是：先给被试呈现一组刺激物，隔一段时间后，再给被试呈现一组更多的刺激物，要求被试辨认哪些是曾经看过的刺激物，哪些是新的刺激物。应用这种方法，德克斯等（Pirks & Neisser,1977）曾给小学一、三、六年级的学生出示一大堆玩具，然后拿走一部分玩具，又加入一部分玩具，要求被试说出这堆玩具有什么变化。结果发现，再认能力随年龄的增长而发展。

曼德勒等（Mandler & Robinson,1978）更为具体地研究了小学生在特定情景下再认能力的年龄差异。他们给小学一、三、五年级的学生出示一些画有多种家具的照片，每个年级的被试分为两组。第一组被试看到的家具照片的摆放与真实生活情景相似（设置意义识记的场景），第二组被试看到的家具照片的摆放是随机的，与真实生活情景有差别（设置机械识记的场景）。结果发现，第二组被试的再认成绩没有表现出明显的年龄差异，而第一组被试的再认成绩则随年龄的增长，再认能力增强。这说明年长学生比年幼学生更善于利用自己已有的知识经验去指导当前的记忆活动。

（二）回忆

回忆是指过去经历过的事物不在面前而在头脑中再次重现并加以确认的过程。由于回忆不存在原有刺激物的提示作用，因此，回忆比再认更为困难。回忆分为两类，一类是线索回忆，指回忆有某种较为具体的外在线索的帮助；另一类是自由回忆，指回忆的线索较为笼统或抽象。一般来说，小学生回忆能力随年龄的增长而提高，对外在线索的依赖性越来越小。

科尔等人（Cole, Frankel & Sharp,1974）曾对6、9、14岁儿童的回忆能力进行了测查，结果见图3-2。

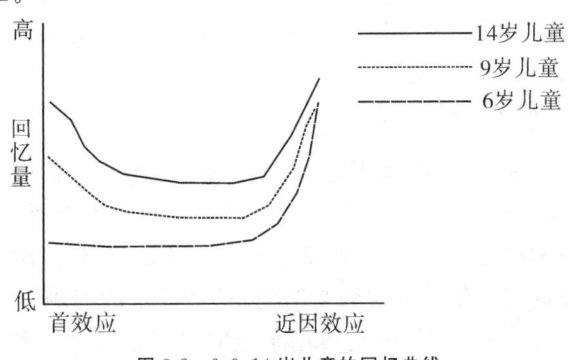

图3-2 6、9、14岁儿童的回忆曲线

图 3-2 的曲线表明,不同年龄阶段的儿童对记忆材料表现出不同的"系列位置效应"。所有被试在回忆时都表现出了近因效应,9 岁和 14 岁儿童还同时表现出了首因效应。小学生的回忆能力随年龄的增长而增强。

此外,利本(Liben,1981)对小学一至五年级学生的研究结果表明,处于具体运算阶段的学生比处于前运算阶段的学生的回忆准确性高;处于前运算水平的学生在对刺激进行编码的时候就发生了对信息的曲解情况。

四、小学生记忆能力的培养

小学生的记忆发展对他们的学习至关重要。教师要有意识地采取各种措施培养小学生的记忆能力。

(一)充分利用无意识记的规律

无意识记对于小学生,特别是小学低年级学生的记忆能力提高具有重要作用。由于小学生注意力集中持续时间较短,使其在音乐、游戏、活动的情景中进行学习,效果会更好。因此,教师要充分利用生动、具体的手段进行教学,以促进小学生记忆力的提高。

(二)培养学生有意识记的能力

小学生的识记目的和任务大多是由教师提出,这不能完全适应他们的学习。为了促进小学生有意识记能力的发展,老师应逐渐要求学生自觉、独立地提出识记的任务,由被动识记转为主动识记,形成自觉学习的习惯。小学低年级学生还不能自觉地督促检查自己的记忆效果,甚至不知道怎样才算记住了所学的功课。教师还应逐步教会学生自觉地检查自己的识记效果,以提高学生的记忆效果。

(三)培养学生意义识记的能力

理解是意义识记的前提,只有小学生透彻地理解了学习内容,掌握了学习内容的内在联系,才能有效地进行意义识记。所以,教师要帮助学生透彻地理解教材。另外,还要教给学生记忆的方法,如意义联想、组织策略等,促进其意义识记的发展。同时也要适当训练他们的机械识记能力。

(四)及时组织复习、防止遗忘

遗忘是头脑中反映的事物及其联系的消退或抑制。德国心理学家艾宾浩斯(H·Ebbinghaus,1885)通过实验研究发现遗忘进程是先快后慢。根据这一规律,防止小学生遗忘的最好办法,是组织及时复习。开始复习时,次数宜多,时间宜长,间隔宜短,以后可逐渐减少复习的次数与时间,扩大复习的间隔。小学教师每天给学生布置适当的作业,分阶段复习,就是应用了及时复习的方法。另外,从复习的效果看,分散复习比集中复习效果好。分散复习是每隔一段时间重复学习,集中复习是集中一段时间重复学习。对于多数学科而言，分散复习更有益于保持。

> **复习巩固**
>
> 1. 小学生的记忆有哪些发展特点？
> 2. 如何在教学中提升小学生的记忆能力？

第四节　小学生的思维发展

思维是客观事物在人脑中的概括和间接反映。小学生的思维能力关系到他们对所学知识的理解和运用，关系到他们的学习效果。教师要重视和培养小学生的思维能力。

一、小学生思维发展的一般特征

小学低年级学生的思维往往以形象思维为主，随着年龄的增长，知识经验的丰富，大脑的发育，小学生的思维发展表现出以下特征：

（一）抽象思维逐步发展，但有具体性和不自觉性

低年级小学生还不能指出事物中最本质的东西，他们的思维在很大程度上与具体事物相联系。到小学中高年级，他们才逐步学会区分事物的本质与非本质特征。

小学生能够根据已学会的一些概念进行判断推理，但还不能自觉地调节、检查或论证自己的思维过程。这是由于小学生思维的分析综合能力与其内部言语的发展分不开。只有当小学生逐步从出声言语向无声思考过渡的时候，他们的抽象思维能力才会达到新的高度。

（二）由形象思维向抽象思维过渡，是思维发展过程中的飞跃

一般认为，小学生思维发展的关键年龄是 10—11 岁，大约上四年级时。如果教育条件适当，小学生这个关键年龄可以提前到三年级。

二、小学生思维的心智操作发展

思维之所以能够反映事物的本质和规律，解决生活实践中的各种问题，是由于它能够对进入头脑的各种信息进行深入的加工。这种加工就是运用心智操作。下面着重阐述小学生主要的心智操作发展。

(一)分类能力的发展

分类是在思想上根据对象的共同点和差异点,把它们区分为不同种类的心智操作。朱智贤等(1982)人研究了小学生字词概念综合性分类能力,结果发现:

1. 大多数小学生是从事物的外部特征或功用特点来说明分类根据的,随着年龄的增长,中、高年级学生能从本质上说明分类依据的人数有所增加。

2. 解决同一课题,不同年级组的学生,表现出不同的分类水平。三、四年级是字词概念分类能力发展的一个转折点。

3. 同一年级组的学生,在解决难度不同的课题时,表现出不同的分类水平,分类材料的难易程度对分类水平的影响明显。

4. 一至三年级学生,对分类材料仅做一次分类。四年级起,出现组合分析分类的表现。五年级起,组合分析分类能力有较明显的发展。

(二)比较能力的发展

比较是在思想上确定对象之间差异点和共同点的心智操作。大量研究发现:(1)小学生比较能力的发展随年龄和年级的增长而不断提高。从正确区分具体事物的异同逐步发展到区分抽象事物的异同;从区分个别部分的异同逐步发展到区分许多部分的关系的异同;从直接感知条件下进行比较逐步发展到运用语言在头脑中引起表象的条件下进行比较。(2)在不同的条件下,小学生的比较能力具有不同的特点。在某些条件下,他们既能在相似事物中找出相同点,又能找出其细微差别;而在另一些条件下,则不然。

(三)概括能力发展

概括是在思想上把抽象出来的各种对象或观念之间的共同属性结合起来,联系起来的心智操作。大量研究表明,小学生概括能力的水平大致分为三个阶段:

1. 直观形象的概括水平

小学低年级学生概括的常常是事物直观的、外部的特征或属性。如鸟会飞,马会拉车。

2. 形象抽象的概括水平

小学中年级学生对事物形象的、本质的概括成分逐渐增多。例如,他们能说出种子有生命,依赖土壤、水分、日光等。

3. 初步本质抽象概括水平

高年级小学生开始以事物的本质抽象概括为主。例如,他们知道动物与植物的本质区别,分数与小数的不同。但与具体事物相距太远的高度抽象概括活动,对他们还是非常困难的。

林崇德(1981)对小学生的数学概括能力进行了研究,发现小学生的数学概括能力可分为五个等级:第一级为直观概括水平。小学生依靠实物、教具或配合掰手指头来掌握 10 以内的数概念,离开直观实物,运算就中断或发生困难。第二级为具体形象概括的运算水平。小学生进入"整数命题运算",掌握了一定整数的实际意义,数的顺序和数的组成。但由于缺乏数表象而不能真正理解运算中数的实际意义。第三级为形象抽象概括的运算水平。其特点为:(1)小学生不仅掌握了整数,而且掌握了小数和分数的实际意义、大小、顺序和组成;(2)能掌握整数和分数概念的定义;(3)空间表象得到发展,能够从大量几何图形的集合中概括出几何概念,掌握一些几何体的计算公式和定义。这一级水平又可称为"初步几何命题运算"。第四级为初步的本质抽象概括的运算水平。其特点是:(1)能用字母的抽象代替数字的抽象,例如,能初步列方程解应用题;(2)开始掌握算术范围内的"集合"与"并集合"思想。如通过求公倍数与公约数的运算掌握"交"与"并"的思想;(3)能完整地解答各种类型的"典型应用题",出现组合分析的运算。第五级为代数命题概括运算。能根据假设进行概括,能抛开算术框图进行运算,但只有极少数小学生能达到这一水平[①]。

此外,朱智贤等人(1982)研究了小学生综合分类能力的发展,冯申禁(1980)研究了小学生词语概括能力的发展。总的来说,在概括能力发展上,小学生逐渐从对事物外部的感性特点的概括,越来越多地转为对本质属性的概括。

三、小学生概念的发展

概念是人脑反映客观事物的本质属性的思维形式,是思维活动的基本单位。大量研究发现,小学生概念的发展主要表现在深刻性和丰富性等方面。

(一)概念的逐步深化

小学低年级学生受生活经验和智力发展水平的限制,不能从事物的本质属性上认识事物、掌握概念。有时小学生能说出某一概念,却不能理解这个概念。随着知识经验的积累和智力发展,他们掌握概念时,逐渐从事物的直观属性中解放出来,代之以本质的、一般的属性,逐步形成深刻而精确的概念。丁祖荫(1980)将小学生掌握概念的形式概括为八种,反映出小学生概念深化的过程(见表 3-3)。

表 3-3　小学生掌握概念的各种形式及比例

掌握形式	各种掌握形式所占%	小学低、中、高年级学生各种掌握形式所占%		
		低年级	中年级	高年级
不能理解	13.59	27.44	9.83	3.33
原词造句	4.76	5.99	6.07	2.22
具体实例	22.79	30.00	26.75	11.62

① 林崇德. 小学儿童数概念与运算能力发展的研究[J]. 心理学报,1981,13(3):289-298.

续表

掌握形式	各种掌握形式所占%	小学低、中、高年级学生各种掌握形式所占%		
		低年级	中年级	高年级
直观特征	21.45	17.69	23.59	23.08
重要属性	5.07	3.25	5.04	6.92
实际功用	5.93	3.59	6.50	7.69
种属关系	8.66	6.75	7.35	11.88
正确定义	17.81	5.30	14.87	33.25

由表3-3可见，小学生概念掌握表现出阶段特征。低年级学生"不能理解"的概念较多，较多应用"具体实例""直观特征"形式掌握概念。高年级学生能逐渐根据非直观的"重要属性""实际功用""种属关系"掌握概念，且"正确定义"形式占极大比例。小学中年级正处在概念掌握的过渡阶段。

（二）概念的逐步丰富化

国内外心理学家对小学生的多类概念，如数概念、字词概念、自然概念、时间概念、社会概念等的发展特点及掌握各类概念的趋势进行了研究，结果表明，随着年龄的增长，小学生的这些概念不断丰富起来。心理学家一般将字词概念和数学概念的发展作为考察小学生概念丰富化的主要标志。

1. 字词概念的发展

朱智贤等（1982）对小学生字词概念的发展做过一系列研究，结果表明，小学生字词概念发展，经历了从直观特征，到具体特征，再到初步能揭示字词概念的一般特征，并接近本质的特征，最后到揭示本质特征，对字词概念下较完善定义的方向发展。这也反映了小学生思维发展的总趋势。潘开祥、张铁忠（1997）的研究发现，7岁为小学生概念理解的形成期，8岁为大小概念理解的形成期。小学生对大小概念的掌握表现出发展的顺序性，发展的不均速性和阶段性，概念的逐步分化和概括化等特点。

2. 数学概念的发展

我国对小学生的数学概念做过多方面的研究，如认数，数列和系列，数的组成、运算和应用，容积，长度，集合等。以数和数量概念的发展为例，刘范等（1981）对小学生数概念和运算能力的研究发现，7—8岁小学生初步形成三位以内整数概念系统，逐步掌握三、四位数；9—10岁小学生的整数、小数概念系统正分别处于巩固和形成的过程中，基本上能掌握万以上整数；11—12岁小学生的整数、分数、小数的概念系统逐步趋于统一，除个别项目外，一般都能较好地掌握，分数概念也已基本掌握。

四、小学生推理能力的发展

掌握比较完善的逻辑推理能力是小学生智力发展的重要环节和主要标志。小学生的推理能力是随着儿童掌握比较复杂的知识经验和语法结构而逐渐发展起来的。

(一)直接推理

直接推理是由一个前提本身引出某一结论的推理。小学生最先掌握的是那些比较简单的直接推理。有研究表明:(1)小学生直接推理能力的发展有三个阶段:一、二年级为一个阶段,三、四年级为一个阶段,到五年级时为另一个阶段,四、五年级间有一个思维发展的加速期。(2)学生掌握三种不同形式(换质、换位、换质位)的直接推理,不是同步的,其正确率的次序为:换位——换质——换质位。(3)以不同类型的判断为前提的直接推理的测定结果是:特称判断的成绩高于全称判断,肯定判断的成绩高于否定判断。

(二)间接推理

间接推理是由几个前提推出某一结论的推理。我国一般把间接推理能力的结构成分大致划分为归纳、演绎和类比推理能力三种。林崇德(1981)研究了小学生归纳推理和演绎推理的发展趋势(见表3-4)。

表3-4 不同年级小学生两种推理水平

年 级	水平(百分数统计)							
	归纳推理				演绎推理			
	I	II	III	IV	I	II	III	IV
一	66.7	10	—	—	56.7	6.7	—	—
二	90	50	3.3	—	86.7	70	—	—
三	100	76.7	23.3	—	96.7	80	20	—
四	100	90	60	30	100	86.7	66.7	46.7
五	100	96.7	83.3	36.7	100	96.7	76.7	56.7
差异的考验	归纳与演绎的相关系数 $r=0.79$,它们之间差异 $P>0.1$;三、四年级归纳与演绎发展水平之间差异 $P<0.01$,其他各年级在这两种推理发展上差异 $P>0.05$.							

由此可见,小学生推理能力的发展趋势:(1)小学生归纳和演绎两种推理能力的发展既存在着年龄差异,又表现出个体差异;(2)随着年龄的增长,小学生推理范围的抽象性也在加大,推理的步骤愈加简练,推理的正确性、合理性以及推理品质的逻辑性和自觉性也在加强;(3)在运算能力的发展中,小学生掌握归纳与演绎两种趋势和水平相近。

刘建清(1995)研究了9—12岁小学生类比推理能力的发展,结果发现:(1)9—12岁小学生的类比推理能力的发展较为迅速,10岁左右是发展的快速期,10至11岁是推理方式转化的过渡期;(2)各种关系的类比推理能力发展不均衡,对立、功用关系发展较好,因果、整体部分关系次之,包含、并列关系较差;(3)类比推理能力明显受到认知策略的影响。

张莉等人(2010)研究了5—9岁115名小学生类比推理的特点和发展趋势,发现随着小学生年龄的增长,其类比推理能力不断发展。在简单任务上,5—6岁的学生呈快速发展期,其他年龄段发展较为平稳;在复杂任务上,5—9岁学生一直平稳上升。

陈庆飞等人(2011)通过对8—10岁小学生归纳推理的研究发现:当小学生面对颜色、大小和形状等多重信息时,他们在归纳推理任务上存在明显的选择倾向。在相似性任务中,大小优势最明显,其次是形状优势;在变化性任务中,只表现出大小优势,形状优势不明显。小学生对颜色、大小和形状等不同特征的加工优势对归纳推理有不同程度的影响。[①]

小学生的这些思维能力在其规律发展的同时,也是可以通过教育培养而提升的。胡卫平,刘佳(2015)以"学思维"活动课为实验材料,对某小学一到三年级164名学生的思维能力进行了四年的培养,结果表明:(1)实验组学生在思维能力的总体水平上显著高于控制组学生,其发展的上升速度也显著快于控制组学生。(2)实验组学生在归纳推理、演绎推理、类比推理和抽象概括能力上的发展水平显著高于控制组学生。(3)停止实验培养一年后,学生思维能力的总体水平延迟效应显著。[②]

五、小学生思维品质及其培养

思维品质是个体思维发生和发展中表现出来的个性差异。思维品质主要包括深刻性、灵活性、敏捷性和独创性,这四个方面互相联系,密不可分。

(一)思维的深刻性及其培养

思维的深刻性主要表现在善于抓住事物的本质和规律,预见事物的发展过程等。小学生思维的深刻性在数学运算过程中表现为:(1)寻找"标准量"的水平逐步提高,推理的间接性不断增强;(2)不断掌握运算法则,认识事物数量变化的规律性;(3)不断提出"假设",独立地自编应用题的抽象逻辑性在逐步发展;(4)小学三、四年级是运算中思维深刻性发展的一个转折点。思维的深刻性也反映在阅读过程及写作过程中,表现为刻画人物的深刻性,对语文的理解能力、分析概括能力等。

教师培养小学生的思维深刻性的方法主要有:一是根据学生的思维水平组织适当的教材,提高小学生的理解能力;二是根据学生的知识经验和智力水平,培养学生运用概念进行判断、推理的能力,以促进其思维深刻性的发展。

(二)思维的灵活性及其培养

思维的灵活性是指思维活动的灵活程度。如"举一反三""触类旁通""运用自如"

---

① 陈庆飞,雷怡,李红.颜色、形状和大小相似性与变化性对儿童归纳推理的影响[J].心理发展与教育,2011,27(1):17—24.

② 胡卫平,刘佳.小学生思维能力的培养:五年追踪研究[J].心理与行为研究,2015,13(5):648—654.

等。灵活性强的学生善于从不同的角度思考问题和解决问题。林崇德(1995)的研究发现,小学生运算中的思维灵活性表现在三方面:一是一题多解,解题数量增加,表明小学生智力活动水平在不断提高,分析综合的思维逐步开阔;二是灵活解题的精细性在增加,小学生不但能一题多解,而且解题的正确率在升高;三是小学生的组合分析水平在不断提高。

教师培养小学生思维的灵活性的方法主要有:(1)注意学生新旧知识之间的渗透与迁移。(2)训练学生"发散式"思维。如通过语文教学中的"变换形式造句""改写法"等训练学生的发散性思维。

(三)思维的敏捷性及其培养

思维的敏捷性是指思维的速度或迅速程度,包括对事物感受的敏锐性和思维过程的效率性等特征,是良好的思维品质。思维的敏捷性对小学生正确做出判断并迅速做出选择,正确认识客观事物,提高学习效率具有重要意义。小学生思维的敏捷性是不断发展的,正确的教学是培养小学生思维敏捷性的必要途径。主要的培养方法有:(1)加强学生思维训练,增强其思维的敏捷性,教给小学生学习的要领与方法。(2)对学生的学习提出一定的速度要求。如要求学生"快速阅读""计时阅读""速算练习"等都有益于提高学生思维的敏捷性。

(四)思维的独创性及其培养

思维独创性是指个体独立思考创造出新颖的有人类价值的产品的智力品质。思维的独创性是人人都有,只是在表现程度和早晚上存在差异。我国的研究发现,小学生创造想象的丰富性、新颖性随年级增高而逐渐增强,在小学三年级已达到较高水平(王耘等,1989)。

教师培养小学生思维的独创性应注意:(1)建立民主的教学环境。要建立这样的环境必须改变教师全能的传统观念,改变评定成就的陈旧标准,从各方面鼓励学生进行创造性学习。(2)培养好奇心,激发求知欲。好奇心是激励小学生进行创造的内部动力,旺盛的求知欲则促使学生积极思考、探索。(3)要加强培养学生独立思考的自觉性。把学生能否独立思考作为衡量学生是否优秀的标准。(4)提倡新颖性。要鼓励小学生在用词造句、看图说话、解数学题、小制作中尽可能地创新,多用独特的方法。王薇(2014)在其研究中,以语文课为载体,有意识地加入创造性思维训练,使学生在学习教材知识的同时完成"激发—发散—完善—提升"的思维过程,并使学生掌握四种创造性思维策略,有效提升了学生的创造性思维水平。

复习巩固

1. 小学生的思维发展特征是什么?
2. 如何培养小学生的思维品质?

第五节 小学生的言语发展

言语是人们在交际和活动中应用语言的过程和产物。言语一般分为三类：口头言语、书面言语和内部言语。小学生在学前已初步具备了口头言语表达的能力，入学后不仅口头言语能力得到了进一步的发展，而且书面言语和内部言语迅速发展起来。

一、小学生口头言语的发展

口头言语有两种主要形式：对话言语和独白言语。对话言语是指两个或几个人直接进行交际的言语活动，具有精确性、简略性和应变性。独白言语是说话者独自进行的言语活动。

据研究，六岁儿童已掌握了 2500—3500 个口头词汇，这些词汇量能够保证儿童同成人的正常交际，为以后的学习奠定了基础。入学后，小学生口头言语水平得到迅速发展。一年级新生以对话言语占主导地位，二、三年级学生独白言语发展起来，四、五年级学生口头言语表达能力初步完善，并合乎一定的语法规则。

为了促进小学生口头言语能力的发展，教师在教学中可以通过以下几个途径加以培养训练。

(一)要求学生发音准确

学前儿童已掌握了一些正确的发音，初步学会了区分四声，正确表达语调等。但因未受到严格的要求和训练，往往存在一些缺陷，特别是农村学生，受方言的影响很大。小学老师应及时纠正学生不正确的发音，使学生从小养成说普通话的习惯。

(二)加强学生的口语表达能力的培养

长期以来，我国的语文教学轻视对学生的口头表达能力的培养，其结果造成一部分学生词不达意，表达能力差，与人交流困难。这种情况必须改善。小学教师要注意训练学生说完整的话，加强学生的朗读训练，课堂上与学生积极对话，以培养、锻炼其表达能力。

(三)纠正学生口头言语中的不良现象

小学生口头言语中有两种不良现象较为常见，即口吃和口头语。口吃是指语言的节律障碍，说话中有不正确的停顿和重复的表现。口吃的原因有两种，一是说话过于急躁、激动和紧张。性格内向、胆小的学生易于产生口吃。二是模仿。有些学生觉得口吃好玩，加以模仿，不自觉地形成习惯。

治疗口吃主要是消除学生紧张和胆怯的情绪。教师要正确对待口吃学生，温和、耐心地听他们讲话,同时教育其他学生不要嘲笑或歧视有口吃的同学。教师可先让学生从最基本的词开始练习,逐渐过渡到整句话,等学生流利地说出整句话后,再适当加大难度,经过一段时期的练习,学生可以完全改变口吃的不良现象。另外,还要防止学生模仿口吃者。

口头语是指学生说话时带一些多余重复的字词,如"这个""那个""嗯"等。这与学生讲话时思想跟不上言语或模仿别人有关。教师应注意帮助学生预防和矫正这种不良习惯,培养学生言语的正确性和简练性。

二、小学生书面言语的发展

书面言语是指用文字表达的言语。儿童真正掌握书面言语是从小学开始的。小学生书面言语的发展经历了一个与口头言语相互易位的发展历程。最初是书面言语落后于口头言语,约从四年级开始,书面言语的发展逐渐超过口头言语。书面言语的掌握,对于小学生的学习、人际交往和智力发展具有重要作用。小学生书面言语的掌握表现为:

(一)识字

识字即对文字符号的识别和理解。学前时期为儿童的识字准备了最初的条件,进入小学后,识字活动占据了小学生的大部分时间。

黄仁发(1990)对我国小学生识字量的研究表明,小学一年级学生的识字率为81.75%,五年级学生为97.11%,各年龄段小学生都能胜任教学对他们的识字要求,发展趋势良好。但小学生的识字发展不平衡,年级越低,优劣的两极分化越大。城乡学生之间的识字水平有一定差别,但并不明显。

掌握字形是识字教学中的重点和难点。因为汉字字形结构复杂,加上掌握字形需要小学生在视觉、听觉和动觉之间建立一系列新的联系,因而对小学生比较困难。舒华等(2000)对小学生识字的研究发现,小学生很早就意识到汉字的结构以及声旁和形旁在表音、表意功能上的分工。随着年级的升高,声旁一致性对猜测不熟悉汉字读音的影响增强。小学四年级语文能力较强的学生已经开始意识到声旁的一致性。六年级学生几乎都具备了声旁的一致性意识。教师在教学中应注意学生认字的这些特点,注意应用比较、直观教学等方法,提高学生精确分辨字形的能力,牢固掌握汉字。

(二)阅读

阅读是一种由多种心理因素构成的复杂的心理活动过程。阅读理解能力和阅读速度最能体现小学生的阅读能力。小学生掌握阅读,大体要经历以下三个阶段:

1.分析阶段

小学生由于识字不够熟练以及知识经验的限制,常常是一个字或一个词地读,还不能整句阅读。小学低年级学生一般处于这个阶段。

2. 综合阶段

小学生已学会了读出整个词或句子,但因对词或句子还缺少精确的分析和理解,以致常发生念错或理解不清楚,甚至错误的情况。研究发现(徐彩华等,2000),小学二年级学生对双字词的书面形式初步有了感性认识。

3. 分析综合阶段

小学生能将读出的音和词句的理解统一起来,达到由看到的词向说出的词迅速而正确地过渡,能流畅地朗读,但还不是很完善。

李毓秋、张厚粲(2001)对小学高年级学生阅读理解能力的研究发现:小学高年级学生阅读理解能力的结构由七种成分构成,即归纳概括、句意整合、情感理解、评价赏析、推理学习、词汇量、综合应用。不同年级的学生在上述各成分上都表现出显著差异。阅读理解能力在小学四年级到六年级之间发展速度较快[①]。

阅读有两种基本方式,即朗读和默读。大量研究发现:识字是朗读的前提,理解是朗读的基础;小学生的朗读发展不平衡,个体差异较大;女生优于男生。小学三年级学生已学会默读,至五年级达到高峰,但由于其内部言语不发达,小学生总体默读水平并不高。

此外,调查发现(伍新春等,2001),小学低年级学生阅读时比较喜欢的文章体裁有故事、童谣、古诗词、看图说话以及谜语等,教师可据此指导学生选择合适的课外读物。

(三) 写作

写作是书面言语的高级形式。小学生写作能力的发展,大致经历如下三个阶段:

1. 准备阶段。主要是口述阶段,如口头造句、看图讲述等。小学低年级处于这一阶段。

2. 过渡阶段。一方面从口述向书面叙述过渡,即写话。另一方面从阅读向写作过渡,如模仿作文、改写、缩写等。

3. 独立写作阶段。学生根据题目的要求自己独立写文章,这要中年级以后才能达到。

小学生的写作能力以一定的口头表达能力和阅读能力为基础,也与他们对语法、修辞以及写作技巧的掌握有关。研究发现(伍新春,2001),教师通过培养和训练小学生的写作构思技能,可以促进他们写作水平的提高。

三、小学生内部言语的发展

内部言语是一种对自己发出的言语,是思考时的言语活动。内部言语的最大特点

---

① 李毓秋,张厚粲. 关于小学四年级至初中一年级学生阅读理解能力的研究[J]. 心理科学,2001,24(1):29—31.

是言语发音的隐蔽性。小学生的内部言语的发展大致经历三个时期:一是出声思维时期,二是过渡时期,三是无声思维时期。初入学的小学生,还不会在脑中默默思考,在读课文或计算数学题时,往往是"唱读"或边自言自语边演算。通过教师的培养与训练,小学生逐步学会应用内部言语进行无声思维。启发学生独立思考是培养小学生内部言语能力的重要方法。教师在教学中要有意识地指导学生如何去思考问题,也要给学生创造独立思考的机会,例如,教师提出问题后,不要求学生立即回答,而让他们"想一想"。另外,研究表明,当小学生遇到难题时,易于出声思维,因此,教师在要求学生解决一些难题时,应先用例题引路,降低难度,避免学生出声思维。但应注意,人的内部言语的发展不是在小学阶段就能全部完成的,它需要人的终生努力。

复习巩固

1. 小学生书面言语的发展主要表现在哪些方面?
2. 小学生内部言语发展的阶段是什么?

本章要点小结

1. 认知发展指的是人的信息加工系统不断改进的过程,既包括感知、注意、思维、记忆、言语等认知过程及其品质的发展,也包括认知结构的发展及解决问题等能力的发展。

2. 小学生注意品质包括注意广度、注意稳定性、注意的转移和注意的分配。小学生注意的发展特点是:由无意注意占优势逐步发展到有意注意占主导;对具体生动、直观事物的注意占优势,对抽象材料的注意在发展;注意有明显的情绪色彩;不善于调节和控制自己的注意力;注意的范围小,注意力的分配和转移能力较弱。教师在培养小学生注意力时应做到:正确运用无意注意的规律组织教学,善于运用有意注意的规律组织教学。

3. 小学生记忆量的发展主要表现在记忆广度和记忆保持时间两个方面。小学生记忆质的发展主要表现为无意识记和有意识记的发展,机械识记和意义识记的发展,形象记忆和语词记忆的发展,瞬时记忆、短时记忆和长时记忆的发展四个方面。教师在培养小学生记忆能力时应做到:充分利用无意识记的规律,培养小学生有意识记和意义识记的能力,及时组织复习、防止遗忘。

4. 思维是客观事物在人脑中的概括和间接反映。小学生的思维发展表现出以下特征:抽象思维逐步发展,但带有较大的具体性和不自觉性;由形象思维向抽象思维过渡,是思维发展过程中的"飞跃"。思维品质主要包括深刻性、灵活性、敏捷性和独创性,这四个方面互相联系,密不可分。

5. 小学生在入学前已初步具备了口头言语表达的能力,入学后不仅口头言语能力得到了进一步的发展,而且书面言语和内部言语迅速发展起来。教师在教学中要有意

识地指导学生如何去思考问题,要给学生创造独立思考的机会。在要求学生解决一些难题时,应先用例题引导,降低难度,避免学生出声思维,促进其内部言语发展。

关键术语表

认知发展	cognitive development
注意	attention
记忆	memory
思维	thinking
言语	speech

复习题

一、单项选择题

1.衡量小学生注意力发展的重要指标是( )。
A.有意注意　　　　　　B.无意注意
C.注意品质　　　　　　D.注意分散

2.小学高年级学生的( )占主导地位。
A.有意注意　　　　　　B.无意注意
C.有意后注意　　　　　D.注意起伏

3.7—10岁小学生一般情况下能持续集中注意( )分钟左右。
A.10　　　　　　　　　B.20
C.30　　　　　　　　　D.40

4、对事物的关系以及事物本身的意义和性质等内容的记忆是( )。
A.动作识记　　　　　　B.情绪识记
C.情境识记　　　　　　D.语词识记

5.小学生思维由形象思维向抽象思维过渡发展的关键年龄出现在( )岁左右。
A.6—7　　　　　　　　B.8—9
C.10—11　　　　　　　D.14—15

二、多项选择题

1.小学生的注意品质体现为( )。
A.注意广度　　　　　　B.注意稳定性
C.注意的转移　　　　　D.注意的分配

2.根据信息保持时间的长短,将记忆分为( )。
A.瞬时记忆　　　　　　B.短时记忆
C.长时记忆　　　　　　D.有意记忆

3. 小学生的思维品质主要表现为（　　）。
A. 深刻性　　　　　　　　B. 灵活性
C. 敏捷性　　　　　　　　D. 独创性

4. 小学生书面言语的掌握表现为（　　）。
A. 识字　　　　　　　　　B. 阅读
C. 写作　　　　　　　　　D. 朗读

5. 小学生的内部言语的发展大致经历哪三个时期？（　　）。
A. 出声思维时期　　　　　B. 独白语言时期
C. 过渡时期　　　　　　　D. 无声思维时期

三、判断对错题

1. 掌握字形是识字教学中的重点和难点。（　　）
2. "举一反三""触类旁通"等是思维敏捷性品质的体现。（　　）
3. 德国心理学家艾宾浩斯通过实验研究发现遗忘进程是先慢后快。（　　）
4. 学生的学习目的越明确、越具体，越容易引起和维持其有意注意。（　　）

第四章　小学生的社会性发展

社会性发展的含义、心理结构、特征以及功能是什么？什么是小学生的情意、亲社会行为和攻击行为？小学生的情意、亲社会行为和攻击行为的发展有哪些特点？如何培养小学生的情意和亲社会行为？采取哪些措施能够预控小学生的攻击行为？本章对这些问题进行了讲解。

第一节 概述

社会性发展是小学生全面发展的重要组成部分。小学生能否在社会生活中产生社会情感,形成坚强的意志品质,掌握亲社会行为,预控攻击行为的产生,直接影响到他们社会化的发展水平。因此,重视和促进小学生的社会性发展是小学教育的重要目标之一。

一、社会性发展的含义

社会性发展(social development)涉及社会学、心理学、教育学等多学科的研究课题,不同的研究者从不同的角度研究人的社会发展。目前,国内外心理学界对于社会性发展的概念还未形成统一的界定。

关于社会性发展的概念,我国张文新(1999)认为社会性发展是指儿童在与他人关系中表现出来的行为模式、情感、态度和观念以及这些方面随着年龄而发生的变化。林崇德等(2003)在《心理学大辞典》解释为:社会性发展是指个体获得知识、语言、社会行为规则、价值观、交往技能等,从而使个体与社会融为一体,并能按社会允许的方式自由地行动,从一个生物的个体转变成为一个合格的社会成员;个体的社会性发展是一种持续终身的经验,发展过程中要完成两大任务:掌握一定的社会行为规范、按规范行动的品质。鲁云娇(2016)将社会性发展定义为:个体在其生物遗传基础上,在特定的社会文化和社会情境中,与社会环境交互作用,最终形成能够适应社会的独特、综合的心理特征[1]。

综合以上几种观点,我们认为应该从以下几个方面把握社会性发展的概念。首先,社会性发展是动态的过程,个体的行为模式、情感、态度和观念会随着年龄而发生变化;其次,个体社会性发展是共性与个性并存,共性指向整个社会中符合社会规范和传统习俗的行为方式,个性指向个体的民族文化及区域环境的特征;第三,要重视个体社会性发展的主动性,社会性发展是通过社会化对个体施加影响,使其具备社会性的过程,在这个过程中个体要主动学习社会文化知识、掌握社会规范增强社会适应的能力。

---

[1] 鲁云娇.高瞻课程模式下学前幼儿的社会性发展研究以2所高瞻幼儿园为例[D].石家庄:河北师范大学,2016.

二、社会性发展的心理结构

社会性发展的心理结构是社会性发展所包含的内容以及这些内容之间的相互关系。关于社会性发展的内容,心理学界的研究者有不同的看法。杨丽珠(2000)将社会性发展分为社会技能、情绪情感、社会认知、道德品质、自我意识及社会适应;俞国良、辛自强(2013)认为社会性发展包括:社会认知、自我发展、性别角色、道德发展、社会行为、人际关系及社会情绪等。上述社会性发展的心理结构各个成分不是简单的叠加,而是有机的整合。通过各个成分的相互影响、相互作用,构成一个多维度、多层次的社会性发展的有机整体。比如,社会认知是其他方面发展的条件;社会行为、人际关系、道德品质是个体社会性发展水平的体现。

在本章中,我们根据小学生的社会性发展的主要任务,着重探讨小学生的情意发展、亲社会行为、攻击行为的特点及相应的教育对策。

三、社会性发展的特征

个体社会性发展是受多方面因素影响的,这些影响因素共同构成了社会性发展的特征,具体表现为社会性发展的系统性、制约性、主动性、连续性。

(一)系统性

社会性发展是一个复杂的系统,它作为一个母系统由几个子系统组成,这些子系统之间相互影响、相互联系构成一个整体。社会性某一方面的发展会影响到其他方面的发展。比如,社会认知发展较好的人,能够客观地认识自己和社会,表现出积极的情绪情感和良好的道德品质;相反,一个具有侵犯行为的人,在社会交往中较易受到排斥,从而影响人际关系的发展。因此,促进小学生的社会性发展,要整体协调各方面的影响,形成合力。

(二)制约性

社会性发展是个体在与社会环境相互作用下,认识和了解社会关系及规范,形成社会交往意识,掌握社会交往的能力,逐渐适应社会生活的发展过程。因此,社会性发展受个体所处的社会环境和社会文化的制约。郑淮、杨雯(2013)的研究发现,小学生的社会性发展与其所处的社会环境有直接的联系,不同居住社区的小学生的社会性发展有显著差异[1]。另外,随着互联网技术发展,网络也成为影响小学生社会性发展的重要因素。

---

[1] 郑淮,杨雯.小学生社会性发展的影响因素及其差异性研究[J].现代教育论丛,2013(5):15-19.

（三）主动性

社会性发展是个体与社会积极互动的过程，个体处于主体地位，因此，在这个过程中个体并不是无条件地、被动地接受他人与社会的影响，而是表现出主观能动性。比如，个体对社会知识、社会价值规范、道德品质等的主动思考与理解，不断调整行为方式，积极适应社会的发展。

（四）连续性

个体社会性发展是通过接受教育和社会影响逐步实现的，是一个终身的历程，因此具有连续性。同时，个体的社会性发展在不同的年龄阶段有不同的发展任务和内容。比如，对于低年级的小学生而言，主要的发展任务是社会认知和社会交往，高年级的小学生主要的发展任务是社会情感及社会适应能力。

四、社会性发展的功能

在个体的心理发展中，认知发展和社会性发展是两大重要的领域。认知发展直接影响个体获得知识、解决问题能力的发展，社会性发展则表现为个体与人交往能力、社会特征的发展。社会性发展表现为以下两种功能：

（一）整合功能

社会性发展的整合功能主要体现在形成"共性"上，强调个体如何融入社会的过程。具体表现在两个方面：一是社会性发展是使个体从"自然人"变成"社会人"；二是个体在社会化的过程中通过与他人的互动，提高社会认知能力，习得社会规范及社会交往技能，建立与社会一致的价值观念与行为方式。社会性发展的这种整合功能有利于提高个体有效参与社会的能力。

（二）分化功能

社会性发展的分化功能侧重发展"个性"，强调个体在社会互动中逐渐发展自我概念，获得个性。个性是在个体所处的社会文化背景下发展起来的，因此，个体的个性发展，如需要、动机、理想、信念及价值观的发展要与社会的要求协调一致，在社会允许的范围内形成自己独特的个性特征。

社会性发展的这两种功能通过相互作用、相互影响共同促进个体心理发展。借助整合功能，个体能够顺利地实现社会化，如果这种功能不完善将导致个体的人际冲突，甚至出现反社会行为。通过分化功能，个体获得自我发展、实现自我价值，可以促进社会的发展，如果分化失败则将导致个体失望、麻木，从而影响社会的稳定。

> **复习巩固**
>
> 1. 什么是社会性发展？
> 2. 社会性发展有哪些特征？
> 3. 社会性发展的功能是什么？

第二节 小学生的情意发展

情绪情感和意志是影响个体行为的主要因素，小学生的情绪、情感及意志发展对其学习和个性的形成具有重要作用。积极的情绪和情感有利于提高小学生学习的动机，激发他们的学生兴趣，使他们在学习中情绪饱满，热情洋溢。同时，小学阶段课业负担较重，这就需要他们具备敢于克服学习困难的精神。因此，了解小学生情意发展的特点，培养良好的情感和意志对小学生的社会性发展具有重要意义。

一、小学生的情绪和情感发展

情绪和情感（emotion and feeling）是个体对客观事物是否满足自己需要而产生的主观态度体验。儿童进入小学后，学习活动替代游戏活动成为他们主要的活动形式。随着小学生活动形式的转变、年龄的增长和知识经验的丰富，他们的情绪和情感发展表现出一些新的特点。

（一）情绪表达向符合社会期望方向发展

表情是人的情绪变化的外部表现，是鉴别人的情绪和情感的主要标志，主要通过面部表情、身段表情和语言等来表达内心的情绪。小学生的喜、怒、哀、乐明显地表现于面部，而且容易变化，不善于掩饰。例如，得到教师表扬或成功时的喜笑颜开、手舞足蹈；受到批评时的眉头紧锁、沉默不语。但随着小学生年龄的增长，他们能够较好地理解情绪表达规则，根据不同的社会情境调节自己的面部表情，掩饰内心真实的情绪体验，更多地表现出社会期望的情绪。孙俊才（2007）等的研究表明，在高兴、愤怒、轻蔑、厌恶、悲哀、惊悚、恐惧等 7 种情绪类型中，五年级的小学生更多表达和夸大高兴情绪，减弱愤怒情绪，控制、修饰和掩饰轻蔑情绪。心理学认为，小学生的情绪表达方式向社会期望方向发展是小学生对情绪表达规则的认知水平提高的表现，这种发展有利于促进小学生社会能力和人际交往能力的发展。

（二）情绪认知能力发展，情绪调节能力有所提高

小学阶段是情绪认知能力发展的重要时期，小学生不仅能够根据面部线索和情境线索判断他人的情绪状态，同时能较好地理解不同的情绪表达与目标的关系以及对人际关系的影响。罗铮等（2002）的研究指出，当儿童表达愤怒时，表明儿童力量强大，在人际交往中处于支配地位；当儿童表达恐惧和悲伤时，表明儿童软弱或平等，在人际中处于非支配的地位。因此，在人际交往中，低地位的个体在与高地位的个体交往时，很少会做出攻击性的表现，而是经常表现为恐惧和顺从，高地位的个体则经常有直接的攻击性的表现。

（三）情绪情感的冲动性减少，稳定性增强

低年级小学生的情绪带有很大的情境性，容易受具体事物、具体情景的影响，时常可以看到他们容易冲动、外露、可控性比较差的情绪特点。随着年级的升高，小学生调控情绪的能力逐渐发展起来，产生了较长时间影响整个行为的情感体验。张明（2004）的研究指出，9岁开始，儿童的友谊从幼儿时期短暂的游戏同伴逐渐向亲密的共享阶段发展，儿童的友谊关系开始具有一定的稳定性，因一些小事而使友谊破裂，过一会儿又恢复友谊的情况减少，这些都是小学生情绪情感冲动性减少、稳定性不断增强的表现。

（四）情绪情感的内容扩大，深刻性增强

小学生的活动内容和形式丰富多样，使他们经历了多种情绪和情感体验，情感体验日益丰富。例如，他们由于考试取得好成绩而获得成就感；因为比赛失败而体验到失落、痛苦、悔恨等情绪；在班级或集体活动中，会因为承担一定义务而产生责任感、集体荣誉感等；通过观看先进人物事迹产生敬仰之情；通过学习祖国历史、地理知识产生的爱国主义情感。

小学生情感的深刻性发展，表现为从情感受事物直接影响到受事物间接意义影响的转变。比如，同样是愉快感，学前儿童可能是因为得到了期待已久的玩具而感到高兴，小学生则可能自己为集体做好事得到教师的表扬而感到愉快。

除此之外，小学生情感的深刻性还表现在看待事情不仅只从事物是否满足自身需要的方面考虑，而是能够把事件同一定的社会行为规范、道德标准联系起来。苏碧洋（2011）的研究指出，小学低年级学生往往是根据教师的相貌、仪表，以及对学生是否和蔼、亲切等来进行评价，而到小学高年级，更多的是对教师的教学和教学艺术进行评价。

（五）高级情感进一步发展

高级情感是指与社会需要相联系的情感，包括道德感、理智感和美感。小学生的高级情感的发展是一个从外部控制向内部控制转移并不断内化的过程。

道德感是人们按一定的道德标准评价人的思想、观念、行为时所产生的主观体验。

在小学高年级阶段,小学生的道德情感得到进一步发展。刘雨、洪燕(2015)对城市小学生的调查发现,91%的小学生对"国庆62周年阅兵感到非常自豪"。在国家主权和领土完整问题上,84.6%的小学生表现出不同程度的关心。这说明小学生具有强烈的国家自豪感和爱国主义情感[①]。

理智感是人们在智力活动过程中产生的情感体验。小学生理智感的发展体现求知欲的扩大和加深,如小学生的阅读兴趣从课内阅读发展到课外阅读,从童话故事发展到通俗科普读物;学习兴趣从对学习过程、学习的外部活动感兴趣发展到对学习内容感兴趣;从对游戏活动和事物的表面兴趣转入到从积极的思维活动中寻找乐趣。小学高年级的学生在任务完成上表现出挑战精神,例如,在解题的过程中不喜欢太容易的题目,喜欢有一定难度的题目。

美感是人对客观事物或对象美的特征的体验,小学生的美感是与他们的知觉、思维能力发展密切相关。巫文胜,盛晓红(2013)的研究表明,小学生在审美感、工艺美感、自然美感、艺术美感、环境美感、科学美感得分中,自然美感得分最高,科学美感、艺术美感得分最低[②]。说明小学生已经具备一定的审美能力,但对美的体验还停留在事物的具体形象上,对抽象的、概括化的艺术作品的欣赏能力还较弱。

二、小学生情感能力的培养

小学生的情感培养即对小学生进行的情感教育活动,也就是在教育中要关注学生的态度、情绪、情感以及理想、信念和价值观,促进小学生的身心全面发展。情感教育是素质教育的重要组成部分,因此,小学教师要根据学生的情绪情感发展规律和特点开展情感教育活动。

(一)通过知识传授,提高学生的情感认识能力

情感是在一定的认识基础上产生的,小学生对人和事物的认识能力直接影响到他们的情感发展,提高小学生的情感认识能力是情感培养的重要途径。因此,小学教师应该有目的、有计划地加强对小学生情感知识的传授,比如要传授道德规范和行为准则知识,培养小学生是非、好坏、美丑、善恶的辨别和评价能力。

小学阶段是价值观初步形成的时期,教师除了传授必要的知识外,还要注重培养学生正确的理想、信念、价值观和人生观。要帮助学生树立崇高的理想、建立符合社会的价值观和人生观,促使他们的情感向正确的方向发展。

---

① 刘雨,洪燕. 城市小学生情感状况的调查与分析[J]. 现代中小学教育,2015(2):60—63.
② 巫文胜,盛晓红. 苏南城区4~6年级小学生情感素质的现状调查[J]. 常州工学院学报(社科版),2013(6):102—108.

（二）开展实践活动，丰富学生的情感体验

情感具有情境性，尤其是小学生的思维具有具体形象性，他们的情感容易受具体情境的影响，因此，教师要创造良好的环境来激发学生的积极情感。教师可以通过组织学生观看文艺演出、音乐剧、戏剧培养学生欣赏高雅艺术的能力，通过观看感动中国人物、英雄事迹，培养学生助人为乐的高尚情感。

情感具有实践性，情感教育只有落实到实践层面才能内化为学生的心理品质。教师要引导学生开展实践活动，在活动过程中体验情感。教师可以通过组织各种集体竞赛活动，使学生在活动中体验到人与人之间的团结友爱、互帮互助的集体氛围，培养学生的集体主义情感；通过升国旗仪式，参观烈士陵园等活动培养学生的爱国主义情感；通过社会实践活动、社会公益活动、敬老爱老的活动培养学生的责任感和义务感。

（三）加强师生情感交流，建立良好的师生关系

人的情感具有较强的感染性，易受他人情感的影响。教师是小学生的"重要他人"，教师对人、对事表现出的情感体验对学生的情感塑造具有潜移默化的影响。苏海清、肖新燕（2013）的研究表明，中高段小学生的情感能力易受师生关系的影响，随着师生关系等级的变好，小学生的情感能力各维度得分逐级增高，他们的情感能力与情绪调控能力逐级提高。因此，教师要主动走近学生，以真诚、理解、尊重、信任的方式与学生沟通和交流，建立良好的师生关系，促进学生积极情感的发展。同时，教师要不断学习，努力提高自身的专业化水平，增强以情育情，以情施教的能力。

（四）进行情绪调节策略训练，提高情绪管理能力

小学生的情绪调节能力与他们的学业成就密切相关，情绪调节良好的个体能够保持和谐的人际关系，维持内在的身心平衡，发挥自身潜能和自我实现，促进个体心理素质或心理健康的发展。因此，教师要教给学生识别、监控和管理自身情绪的策略，使他们正确对待自己的情绪反应，减少消极情绪对他们的影响。教师可以通过释放法，如鼓励小学生写日记、大胆说出自己的烦恼、恐惧等方式训练小学生排解消极情绪的能力；可以通过转移法，如不良情绪即将爆发时，通过听音乐、参加活动等方式转移自己的注意力，控制不良情绪；也可以通过引导小学生学会采用"合理宣泄法"，如运动、击打沙袋等方式来释放苦恼、烦闷、愤怒等消极情绪。另外，教师要培养小学生寻求社会支持的意识，如向父母、老师、同伴等寻求支持和帮助来摆脱消极情绪，从而保持积极的情绪。

> 📖 **拓展阅读**

> **美国中小学生情绪智力培养策略**
>
> 1. 美国情绪智力培养背景
>
> 1994年,美国教育者提出了社会情绪学习(Social and Emotional Learning)课程,使情绪智力成为美国教育界关注的热点问题。萨洛维和梅耶在1997年提出了情绪智力的四因素模型。这一模型包含准确地觉察、评价和表达情绪的能力,接近或产生感情以促进思维的能力,理解情绪及情绪知识的能力,调节情绪以利于情绪和智力发展的能力。近几年来,美国中小学校依据萨洛维和梅耶的情绪智力四因素模型广泛开展了情绪智力教育活动。
>
> 2. 情绪智力的培养过程与策略
>
> (1) 感知情绪
>
> 教师会向学生简短地描述人们如何使用声音、肢体语言,尤其是面部表情来传达情感,并为学生详细地讲解如何准确地感知不同的情感表达。
>
> (2) 运用情绪
>
> 教师通过向学生描述或展示几个比较著名的广告,唤起学生的某种情感,然后引导学生思考:这些广告使用了哪些情感或情感触发?它们又是如何通过捕捉人们的注意力来影响人们情绪的?这些情绪是如何影响人们的思维方式的?
>
> (3) 理解情绪
>
> 教师向学生描述几种不同的情况,分析在这些情境中人们会产生哪种特殊的情感,如婴儿的诞生可能会使其父母心花怒放,卡特里娜飓风给受害者留下的则是绝望和毁灭。对物体、事件、人物和情境的分析可以帮助人们更好地理解他人的情绪。
>
> (3) 管理情绪
>
> 学会管理情绪对情绪智力培养至关重要。管理情绪环节的目的就是帮助学生拓展管理情绪的渠道,掌握更有效的策略。

三、小学生的意志发展

我国心理学家彭聃龄(2012)认为,意志是有意识地支配、调节行为,通过克服困难,以实现预定目的的心理过程。意志具有引发行为的动机作用,它是自觉的、有目的的行为,反映了人类意识能动性,比一般动机更有选择性和坚持性,因此,意志也被看成是人类特有的高层次的动机。

小学生受个体身心发展的影响,他们的意志总体较薄弱,但随着小学生认知发展以及生活经验的丰富，他们的意志能力也逐渐得到发展。小学生的意志发展特点主要表现在：

（一）缺乏主动性和自觉性，需要成人的监督

受儿童身心发展规律的制约，小学低年级学生的意志调节以外部控制为主，他们还不善于独立、主动地提出行动的目的和方法。在做作业、遵守学校规章制度上往往需要家长和教师的监督。随着年龄增长和年级的增高，小学生的意志调节逐渐向内部控制发展，在教师和家长的引导下，小学生能够逐渐独立、自觉地提出行动目的并付诸行动。

（二）独立性较差，易受暗示

意志的独立性是在自我意识的基础上发展起来的，小学生自我意识和认知发展水平还比较低，他们独立判断是非的能力还很弱，在行动的过程中很容易接受他人的影响。例如，小学生的行动目的一般是以是否能够取得好分数，得到教师、家长的赞扬为出发点，他们在回答问题或完成作业的过程中，发现自己的答案与其他同学不一致时，容易放弃自己的主张。

到了小学高年级，小学生的自我意识得到较快发展，他们不愿受别人的约束，要求独立地管理自己，但他们的思维还处在具体形象向抽象思维过渡阶段，容易受他人意见左右，因而不敢坚持自己的行动方向，缺乏一定的自主决定行动的能力。

（三）自制力初步发展，但行动缺乏组织计划性

自制力是个体支配和控制自己行动的意志能力，表现为个体在行动中有组织、有计划地采取行动，以及在行动中控制无关诱因的干扰，坚持完成目标。曲仁杰（2014）的研究发现，小学生的意志品质得分不高，说明他们的意志品质相对较低。

苏碧洋（2011）的研究认为，小学生的自制力随着年级的升高而逐步得到发展，小学生已经具备了一定的自制力。他们为了按时完成作业，能够克制玩电脑游戏的诱惑。但是小学生控制和调节自己行为的能力较弱，行为常常是不稳定的，受自己的情绪、兴趣和外部因素的影响而转移。例如，小学生在完成任务上通常选择自己感兴趣的，其他任务往往需要家长教师多次督促完成。在完成任务的过程中表现出匆忙性和缺乏计划性，如拿到作业就开始动手做，而不事先做好组织和规划。

（四）意志力薄弱，遇事容易退缩

坚强的意志是建立在高水平的内控能力之上的，而内控能力的形成又以明确的目的性、自制力、耐挫折能力等心理因素为基础。现行的学校教育重视小学生智力能力的培养，忽视非智力因素的培养，加上家长溺爱孩子，对孩子有求必应、有难必帮，使小学生缺乏挫折、摆脱困境的体验，耐受力低，致使他们在行动中遇到困难，容易放弃或退缩。

四、小学生意志能力的培养

小学生优良的意志品质是在实践活动中通过克服各种困难逐渐形成的。小学时期是小学生意志品质形成和发展的关键期,培养小学生良好的意志品质对其社会性发展具有重要意义。

(一)开展理想教育,引导小学生树立远大的志向

意志与动机的发展相关,远大的志向具有强烈而持久的动机,是坚强意志的前提。小学生的动机主要是具体的、短暂的近景性动机,因此,教师要有意识地对小学生进行理想教育,引导他们树立远大的志向,才能激发小学生的热情和斗志,充分发挥其主动性和积极性,克服困难,实现自己的目标。

教师对小学生的理想教育,要充分考虑小学生心理发展特点,将抽象的理想教育与小学生的实际能力相结合。例如,小学生容易接受英雄行为的感染,英雄模范坚强的意志最为学生所敬仰,教师可以利用榜样的激励作用培养学生的意志品质。

(二)开展实践活动,培养学生的意志力

意志是在克服困难的实践活动中形成和发展起来的,实践锻炼是意志品质发展的关键。教师要在课堂教学和课外活动中有目的地开展活动来培养学生的意志品质。例如,在课堂教学活动中,教师可以通过引导学生自主学习的方式培养学生克服困难、独立完成学习任务的能力。

一些研究证实,体育运动在培养学生意志品质上具有较好的效果。康健(2016)研究发现,接受跆拳道训练后的小学生的意志品质各维度得分显著高于训练前得分,同时也显著高于未接受训练的小学生的得分[①]。因此,在教育中要重视体育活动,小学生可以通过亲身体验体育训练中的艰苦、遇到的困难和挫折,培养学生坚强的意志力。

(三)创设克服困难的情境,开展挫折教育

小学生意志品质的培养必须与克服困难相结合。教师要创设一些困难的情境,为小学生意志能力的锻炼提供机会。例如,爬山、攀岩、野营、劳动等,为完成这些任务学生必须付出努力、克服困难,在完成任务的同时,意志品质也得到锻炼。教师创设的困难情境要符合小学生的实际水平,过难的困难情境会使小学生感到压力,产生挫折感和自卑心理;困难情境过易,则激不起小学生的兴趣,不愿参与。

小学生遇到困难和挫折是不可避免的,但由于小学生知识经验的缺乏在应对挫折中容易形成负面心理或行为,因此,教师要以信任、鼓励的方式引导小学生应对挫折,

---

① 康健.北京市小学跆拳道队训练中学生意志品质的培养—以中关村三小为例[D].北京:北京体育大学,2016.

帮助他们正确看待挫折。

（四）发挥教师期望作用，培养学生意志品质

对于小学生来说，受到教师的关注和鼓励，会使学生在学习中表现得更积极和主动。唐秀美（2015）的研究发现，知觉到教师期望的低年级小学生在课堂上的注意力集中、完成作业的准确性、速度都显著提高。说明教师的期望能够促进小学生意志水平的发展。因此，教师要充分发挥期望作用，积极表达教师的期望，让学生感受到教师对他们的关注和期望，从而培养意志力。

复习巩固

1. 什么是情绪与情感？
2. 小学生情绪情感有哪些特点？
3. 教师如何培养小学的情感能力？
4. 小学生的意志有哪些特点？
5. 教师如何提高小学生的意志能力？

第三节 小学生的亲社会行为

亲社会行为是指一种有益于他人和社会的行为，是个体社会化发展的一个重要指标之一。亲社会行为的发展对小学生的成长有着积极的影响，培养小学生的亲社会行为，可以使他们养成帮助他人、友善合作以及学会分享等良好的行为习惯。小学生亲社会行为的发展可以提高小学生的情感以及人际交往能力，对小学生的健全人格发展具有重要意义。

一、亲社会行为的含义

亲社会行为（Prosocial Behavior）最早由美国学者威斯伯（1972）提出。他在《社会行为的积极形式考察》一文中首先创设"亲社会行为"一词，用来代表所有的与侵犯等否定性行为相对立的行为，如同情、慈善、分享、协助、捐款、救灾和自我牺牲等等。

心理学界关于亲社会行为的界定还有一定的争议，争议的焦点在于亲社会行为是否考虑行为者的动机问题。一些研究者认为，亲社会行为一般指对行为者本人并无明显好处，符合社会期望且有益于他人、群体和社会的行为，包括助人、分享、谦让、合作等积极的行为。另一种观点认为，亲社会行为包含两方面的内容，即指向他人和社会

利益的亲社会行为和指向个体自身利益的亲社会行为。罗森汉等从综合考虑行为的动机和后果的角度,把亲社会行为区分为两类:一类是自发的亲社会行为,即动机是关心他人的亲社会行为;另一类是常规性的亲社会行为,即期望得到对自身有利的好处(如避免惩罚等)而做出的亲社会行为[①]。Krebs(1995)等人认为,应把亲社会行为设想成一个行为的连续体,连续体的一端行为朝向自我利益增加,另一端行为朝向他人利益的增加。而由此可以依据行为的方向性(是朝向自己还是朝向他人)和包含的利益量(是本人利益更多还是他人利益更多)来判断行为中的利他成分的量[②]。

目前,大多数心理学研究者一般接受亲社会行为是连续体的观点。由此也将亲社会行为与利他行为等定义区分开来,即亲社会行为的概念比利他行为的概念更为广泛,利他行为是亲社会行为的最高形式。

二、亲社会行为的结构

以不同的定义为基础,不同的学者对亲社会行为的结构划分有所不同。Carlo(2001)依据以往的理论和研究,提出了利他性亲社会行为、依从性亲社会行为、情绪性亲社会行为和公开性亲社会行为。

Mussen(1983)指出,亲社会行为应具体包括助人、慷慨、牺牲、保卫、无畏、忠诚、尊重、有责任感、合作、保护他人、分享、同情、安慰、抚养他人、关心别人的利益、好心以及拒绝非正义事物等一系列利他行为。

Jackson&Tisak(2001)认为,从行为的属性划分,亲社会行为可分为分享、合作、帮助、安慰、合群、谦让等,而以往对儿童的亲社会行为的测量多数集中在分享、合作、帮助和安慰这四种典型的行为上。

我国研究者余娟(2006)认为,亲社会行为包括调节行为、帮助性行为、分享行为、合作行为、友好行为、公德行为和某些控制性行为等。

国内外实证研究一般以帮助、合作或分享作为亲社会行为的研究内容。杨玲(2012)从分享行为、合作行为、帮助行为和安慰行为等四个方面研究小学生的亲社会行为。

三、小学生亲社会行为的特点

国内关于小学生亲社会行为的研究结果表明,小学生亲社会行为总体处于中等水平,并且表现出城乡地域差异。方芳、谢广田(2012)的研究发现,37.2%的城市小学生

[①] 李幼穗,张丽玲,戴斌荣. 儿童合作策略水平发展的实验研究[J]. 心理科学,2000,18(4):426—430.

[②] Krebs D, Hesteren F V. The Development of Altruism: Toward an Integrative Model[J]. Development Review,1994(2):103—158.

的亲社会行为表现较好,62.8%的城市小学生的亲社会行为低于平均水平。张铭迪(2013)的研究指出,小学生的亲社会行为倾向的得分具有显著的年龄差异。随着年龄的增长,小学生亲社会行为倾向得分也随之提高。四年级是小学生亲社会行为发展的关键时期。一些研究发现,小学生不同类型亲社会行为的发展具有以下特征:

(一)小学生的分享行为

分享行为(Sharing behavior)是指个体愿意与别人共享属于自己的事物的行为,它的特点是使双方共享资源并相互受益。童孝媚(2018)的研究发现,小学生分享行为会随年龄的增长而增加,可能是因为随着儿童心理不断成熟和发展,愈来愈能理解自我和他人的愿望、意图,会更好地觉察到别人分享需要的复杂线索,从而更好地实施能满足他人需求的分享行为。

也有研究认为,小学生的分享行为在性别上有差异,这可能与男女生的发展差异以及竞争意识有关。小学阶段,女生的认知能力发展水平要比男生更快,而在竞争意识上,女生的竞争性少于男生,因此女生表现出更多的分享行为。除此之外,小学生自身的气质、分享对象、教师的评价和鼓励、同伴提名以及家庭的教养方式等因素也都影响着小学生的分享行为。

(二)小学生的助人行为

助人行为(helping behavior)是一种不期望报答而自觉自愿帮助他人的行为。章志光(1996)认为,6—12岁是儿童助人行为发展最快的时期。Staub 在一个以小学生为被试的实验中发现,儿童的助人行为随着年龄的增长而变化,5岁至8岁儿童的助人行为随着年龄的增长而增加,而9岁至12岁儿童的助人行为呈下降趋势。

李佳丽(2010)的研究指出,小学生助人判断的发展基本是由低到高进行。低年级的小学生多是简单地顺从老师的教导,或为得到家长给予的预期的奖赏;高年级的小学生更多的则是遵从社会规范和主动自愿的付出。

(三)小学生的合作行为

合作行为(Cooperative behavior)是指个体通过与他人的协调,共同实现目标,从而得到共同利益的行为。相对于助人行为和分享行为,小学生的合作行为的发展相对较慢。方芳等(2012)的研究显示,小学生亲社会行为的得分中安慰行为、助人行为、分享行为得分较高,合作行为得分最低。杨玲(2013)的研究结果表明,小学生的亲社会行为得分上,排在前两位是助人行为和安慰行为,合作行为的得分最低。

关于小学生合作行为的年龄特征,研究者未达成一致的看法。一些研究结果表明,小学生的合作行为随着年龄的增长逐渐增多,认为随着儿童社会认知能力、社会交往能力的提高,会促进儿童的合作行为;另外的一些研究指出,小学生的合作行为随着年龄增长逐渐减少,认为这与儿童自我意识发展,渴望独立的心理特点有关。

四、小学生亲社会行为的培养

小学生的亲社会行为受年龄、社会认知以及教育和环境的影响。因此,小学生亲社会行为的培养既要考虑小学生亲社会行为的发展特点,同时要结合不同的环境和情境选择恰当的教学方法。

(一)树立正确的班级舆论

舆论是多数人的言语表达,它起着异口同声的效果,形成了一种群体的压力,限制着个体的行为。树立正确的班级舆论可以促使小学生亲社会行为的发展,会无形地形成一种群体规范,指导学生的行为。例如,当小学生看到别人哭泣,会自然而然地安慰别人;当同学有困难时,会主动伸出援助之手。因此,教师在教育过程中应树立正确的班级舆论,对小学生助人为乐、团结合作等行为给以褒奖,对不道德的以及反社会的行为给以谴责,从而使更多的小学生表现出亲社会行为。

(二)强化学生的社会责任心,促进亲社会行为

社会责任心是个体亲社会行为,尤其是利他行为的主要动机之一。张志学(1992)的研究支持了这一点。实验中,他让一个班级建立"班风建设委员会",选举了十几名学生为负责人,每人负责一天,记录当天班级的好人好事。记录要求认真、严肃、细致、全面负责人要维护班级纪律。通过两周半的活动后,那些在前测中利他行为很低的儿童在后测中有了显著提高。这说明,通过强化个体的责任,可以改善个体的利他行为。

(三)根据小学生身心特点,开展社会技能训练

社会技能是个体参与活动的基本能力,小学生由于认知能力和生活经验的缺乏,社会技能的获得需要通过各种活动得到训练。已有的研究证实,小学生通过移情等活动的训练可以提高他们的亲社会行为。

对于小学生的社会技能的训练,曾琦(2000)主张,教师应根据教学活动,从易到难,有计划地实施训练方案。首先,让学生认识某项技能,如合作技能的价值和具体表现;其次,将分解的动作进行训练,然后将各部分整合起来;最后,鼓励学生在日常生活和学校坚持使用社会技能,要定期和不定期地检查学生使用该社会技能的情况。曾屹丹、邓廷学(2002)认为,可以通过对小学生的角色扮演、移情训练、榜样训练和行为操作技能训练等方式来训练小学生的社会技能。

(四)倡导合作学习,培养小学生合作的能力

已有的研究证明,在亲社会行为的几个维度上,小学生的合作行为水平相对发展较慢,发展水平较低,因此,教师要有意识地培养小学生的合作行为。小学生的合作精神被看作是推动他们认识自我、学会互动、克服困难、达到目的的主要动力。合作在推动小学生的品德、意志、情感和人际互动等方面起着举足轻重的作用。

目前,我国小学教育改革倡导合作学习,教师要在教学中发挥学生的主体地位,采取合作学习的方式,培养小学生合作意识和合作的能力,促进他们亲社会行为的发展。

复习巩固

1. 什么是亲社会行为?
2. 小学生的亲社会行为有哪些特点?
3. 教师如何培养小学生的亲社会行为?

第四节 小学生的攻击行为

攻击行为是小学生身上常见的一种不良行为,它阻碍儿童良好个性、品德的形成,人际关系的建立。因此,了解小学生攻击行为的特点,探讨攻击行为的矫正策略对于小学生社会性发展有重要意义。

一、攻击行为的含义

攻击行为(aggressive behavior)也称侵犯行为,有的学者称为欺负行为或欺凌行为,是个体经常出现的一种心理现象,一直受到心理学界的广泛关注,但研究者对攻击行为的界定至今仍存在分歧。我国心理学家黄希庭、郑全全、俞国良(2002,2011)认为,攻击行为在于有伤害意图、并付之行动、伤害对象有逃避伤害的动机。由此可见,攻击行为具有两个显著特点:一是攻击行为是对他人造成的一定的伤害,包括身体上和心理上的伤害;二是实施攻击行为者带有一定的意图,尤其是故意性和敌意性。

二、攻击行为的类型

依据不同的标准可以把攻击行为划分为不同的类型:

根据攻击行为的动机,分为工具性攻击和敌意性攻击。工具性攻击行为是儿童以某种事物为媒介发生的冲突行为。例如,儿童为了获得某种实物而对他人实施推搡、抢夺行为,这种冲突往往伴随着身体上的伤害。敌意性攻击行为是儿童为了伤害或者报复他人而做出的攻击行为,这种行为的发生是由明确目的引发的,同时也是行为发生者深思熟虑的结果。

根据攻击行为的表现形式,将攻击行为分为身体攻击、言语攻击与间接攻击。身体攻击主要是行为者直接用肢体以打、撞、踢、抢夺财物的形式发生攻击行为,会对他

人造成身体的直接伤害,或致残或致死;言语攻击主要是攻击者以谩骂、嘲讽、挖苦、取外号等言语形式进行的攻击行为,会对他人人格造成侮辱;间接攻击是指攻击者利用第三方来间接实施的攻击行为,如散布谣言、社交孤立等形式,会对他人带来精神压力和痛苦。

三、小学生攻击行为的特点

受小学生认知能力、社会交往能力、教育与社会环境等的综合影响,小学生的攻击行为表现出以下特点:

(一)攻击行为发生率较高且以工具性攻击为主

攻击行为在小学生中是比较常见的一种不良行为。邓家梅、戴健林(2010)的研究指出,有过直接攻击行为的小学生所占比例最高,接近被试人数的四成。王莉(2018)的研究发现,小学生的攻击性行为大多是由打击报复、争夺物品和空间所引起的,而由其他原因引起的攻击性行为相对较少。小学生的攻击行为虽然随着年龄的增长呈减少的趋势,但仍占很大的比重。李琛(2018)的研究也显示,3－6年级的小学生攻击行为中敌意的得分最高,然后为言语攻击和愤怒,躯体攻击的得分最低。高年级的小学生随着年龄的增长,躯体攻击越少,但心理上的攻击,尤其是敌意等出现得较多。这些研究说明,小学生缺乏一定的解决问题的能力,遇到问题更倾向于采用攻击行为的方式来解决。

(二)攻击行为具有性别、年龄的差异

攻击行为在男女小学生的身上存在性别差异。大部分的研究表明,男生攻击行为普遍高于女生,男生更倾向于身体攻击,女生更倾向于语言攻击。姚荣英(2012)等的研究指出,男生攻击行为得分高于女生,且总分及身体攻击、愤怒和敌意因子较高,而女生的总分及语言攻击、间接攻击等的得分较高。

进入小学之后的孩子,尤其是高年级的小学生的攻击行为会明显减少。这主要是由于小学生的认知能力提高,能够区分有意或偶然的目的,能够宽容他人的过失行为。但总体而言,这种区分的能力在整个小学阶段来说还比较弱,因此在小学生中攻击行为还是普遍存在的。也有研究表明,小学生一旦有攻击行为,在总体表现上就会相当稳定,如6－10岁小学生所表现的身体攻击和言语攻击的数量,与10－14岁时的恐吓、侮辱、取笑同伴、竞争的倾向有关。

(三)攻击行为受多种因素影响

小学生攻击行为的产生既有自身的因素也有外部的因素,是多种因素共同作用的结果。小学生攻击行为的影响因素研究中,主要集中在父母的教养方式、小学生的人格特征、社会环境以及学校教育等因素上。

家庭教育对子女采取消极、敌意、打骂等暴力型的教养方式,或者家庭教育对子女采取管教松散的溺爱型或放任型的教养方式,都会导致增加小学生攻击行为的出现。有研究指出,小学生攻击行为与他们的人格特征有一定的关系。王俊、余毅震(2006)的研究表明,有攻击行为的学生精神质得分显著高于对照组,高精神质者个性特征表现为孤独、不关心他人、缺乏情感和同情心、难以适应外部环境、好进攻、对人抱敌意、残酷、固执、倔强、喜欢寻衅搅扰、干奇特事情,有不顾危险的倾向,提示高精神质是攻击行为学生的个体特征之一。

四、小学生攻击行为的预控

小学生的攻击行为危害极大,儿童的攻击性水平越高,今后犯罪的可能性越大。因此,加强对小学生攻击行为的预防与矫正,减少学生之间的伤害,促使他们更健康地成长,是社会、学校、家庭、教师义不容辞的责任。

(一)借鉴国外校园欺凌问题的治理策略,建立健全的法律体制

在校园欺凌问题的治理上,美国、英国、澳大利亚、瑞典、挪威、日本和韩国等发达国家在国家立法、地方立法、政策措施、项目实施等方面积累了成功经验。这些国家主要通过制定反校园欺凌法、出台相关政策、实施反校园欺凌项目等方式来治理校园欺凌问题。以芬兰为代表的中小学反校园欺凌(Kiusaamista Vastaan,简称 KiVa)项目在芬兰取得成功并逐步扩大到英国、意大利、荷兰、新西兰等其他国家,干预效果良好。

KiVa 项目具体实施包含有三类措施:一是实施主题课程学习计划;二是构建反欺凌的虚拟学习平台;三是营造全校职工参与和学生家长参与的整体反欺凌氛围。同时,KiVa 项目提供了系统的科学干预流程。学校内部设置由三名教师或学校职工组成反欺凌干预小组,共同处理欺凌个案。具体流程为:与欺凌者、被欺凌者进行个别或小组交流,以及系统性的追踪访谈;选定 2—4 名具有亲社会倾向且声誉良好的同学,鼓励他们给予被欺凌学生支持。同时跟踪、监测、反馈后续情况。当处理欺凌事件一段时间后,在适当的时间点,把霸凌者与受害者聚在一起,再继续辅导、跟踪、监测,确保彻底解决欺凌事件。我国应该借鉴国外校园欺凌行为的治理策略,制订和完善法律体制,建立以国家—社会—学校—学生—家长的职责明确、分工合理的多位一体的干预机制。

(二)学校要建立预防为主、防治结合的攻击行为干预机制

小学生的攻击行为主要以校园欺凌的形式出现,因此,学校在攻击行为的干预上起着关键性的作用。首先,学校要成立以教导主任、心理健康教育教师、班主任等组成的危机干预小组,建立早期预警、事中及时处理、事后追踪干预的机制;其次,要加强对教师的培训,提高教师对校园欺凌行为的识别和干预能力;第三,要将反校园欺凌教育融入学科教学中,尤其要发挥《品德与生活》《心理健康教育》课程在预防和控制小学生

攻击行为中的作用;第四,要加强反攻击行为的宣传力度。教师要充分利用校园广播、宣传栏、少先队活动等途径宣传攻击行为事件,教导学生攻击行为不仅解决不了问题,还要受到相应的惩罚,从而引起学生的重视。另外,教师也可以通过召开反攻击行为的主题班会活动,传授遭遇攻击时的应对策略,如向同伴求助、及时告知老师和家长等。

(三)加强对同伴的共情训练,改变旁观者的角色

近年来,小学校园欺凌行为频发,已引起社会的广泛关注。有研究指出,超过一半的小学生曾经既有过校园欺凌经历或受欺凌的经历,也有过校园欺凌旁观经历。热孜万古丽·阿巴斯(2018)、韩婷芷、沈贵鹏(2019)的研究认为,在校园欺凌的情景中,旁观者的行为会影响欺凌事件的走向。旁观者的呐喊助威、煽风点火、置身事外、冷眼旁观等行为是对欺凌行为的正强化,会导致欺凌行为的不断蔓延;积极抵制欺凌行为,保护、安慰受害者的旁观行为能够阻止欺凌行为的恶化。因此,防治校园欺凌行为的关键在于唤醒旁观者的抵制意识。

马境(2018)的研究表明,可以通过提高小学生的共情水平促进亲社会水平的提高,从而促进小学生在校园欺凌中积极帮助受欺凌者的行为,减少消极的旁观行为。因此,教师要通过角色扮演、游戏体验、团体交流等多种形式让更多的同伴体验和感受被欺凌者的无助与痛苦,以增加他们的同理心与责任感,鼓励他们参与到反校园欺凌行动中来,减少欺凌行为的发生。

(四)重视家校合作,共建预控机制

小学生的攻击行为既受学校教育影响,也受家庭环境和教养方式影响。因此,小学生攻击行为的预防和控制需要双方共同努力。学校可以通过家长会、家长学校、家长联络群等形式传达学生攻击行为的事件及处理结果,引起家长的重视。同时,学校要加强对家长的指导,帮助他们如何辨别孩子是否陷入欺凌事件。若发现有欺凌行为应及时向学校汇报,共同商讨补救措施和制订矫正方案。同时,家长要以身作则,做好榜样示范,在日常生活中加强与孩子沟通,学会倾听与理解,避免暴力型的教养。

复习巩固

1. 什么是攻击行为?
2. 攻击行为的类型有哪些?
3. 教师如何预防和控制小学生的攻击行为?

本章要点小结

1. 社会性发展是指儿童在与他人关系中表现出来的行为模式、情感、态度和观念以及这些方面随着年龄而发生的变化。社会性发展的心理结构一般包括：社会认知、自我发展、性别角色、道德发展、社会行为、人际关系及社会情绪。

2. 社会性发展具有系统性、制约性、主动性、连续性等特征。社会性发展的功能主要有：整合功能和分化功能。

3. 小学生情绪情感的特征表现在：情绪表达向符合社会期望方向发展；情绪认知能力发展，情绪调节能力有所提高；情绪情感的冲动性减少，稳定性增强；情绪情感的内容扩大，深刻性增强；高级情感进一步发展。

4. 培养小学生情绪情感能力的方法有：通过知识传授，提高学生的情感认识能力；开展实践活动，丰富学生的情感体验；加强师生情感交流，建立良好的师生关系；进行情绪调节策略训练，提高情绪管理能力。

5. 小学生的意志特点表现在：缺乏主动性和自觉性，需要成人的监督；独立性较差，易受暗示；自制力初步发展，但行动缺乏组织计划性；意志力薄弱，遇事容易退缩。

6. 小学生意志能力培养的方法有：开展理想教育，引导小学生树立远大的志向；开展实践活动，培养学生的意志力；创设克服困难的情境，开展挫折教育；发挥教师期望作用，培养学生意志品质。

7. 小学生的亲社会行为一般包括：分享行为、助人行为和合作行为。小学生亲社会行为培养的方法有：树立正确的班级舆论，强化学生的社会责任心，促进亲社会行为；根据小学生身心特点，开展社会技能训练；倡导合作学习，培养小学生合作的能力。

8. 小学生的攻击行为的类型有：根据攻击行为动机，分为工具性攻击和敌意性攻击；根据攻击行为的表现形式，攻击行为分为身体攻击、言语攻击与间接攻击。

9. 小学生攻击行为的特点表现在：攻击行为发生率较高且以工具性攻击为主；攻击行为具有性别、年龄的差异；攻击行为受多种因素影响。

10. 小学生攻击行为的预控方法有：学校要建立预防为主、防治结合的攻击行为干预机制；加强对同伴的共情训练，改变旁观者的角色；利用校园文化活动，加强反攻击行为的宣传；重视家校合作，共建预控机制。

关键术语表

社会性发展	social development
情绪和情感	emotion and feeling
亲社会行为	Prosocial behavior
攻击行为	aggressive behavior

复习题

一、单项选择题

1. 小学生小博得知自己作文竞赛成绩名列年级第一，在家里高兴得手舞足蹈，但在学校却表现出若无其事的样子。这反映了小学生的情绪具有（　　）。
   A. 矛盾性　　　　　　　　B. 激动性
   C. 掩饰性　　　　　　　　D. 短暂性

2. 晓东在解决了困扰他许久的数学难题后出现的喜悦感属于（　　）。
   A. 道德感　　　　　　　　B. 理智感
   C. 美感　　　　　　　　　D. 效能感

3. 衡量学生思想水平高低的根本标准是（　　）。
   A. 道德认识　　　　　　　B. 道德意志
   C. 道德情感　　　　　　　D. 道德行为

二、多项选择题

1. 社会性发展心理结构包括（　　）。
   A. 社会认知　　　　　　　B. 社会行为
   C. 社会情感　　　　　　　D. 道德品质

2. 社会性发展的特征有（　　）。
   A. 系统性　　　　　　　　B. 制约性
   C. 主动性　　　　　　　　D. 连续性

3. 小学生的亲社会行为包括（　　）。
   A. 分享行为　　　　　　　B. 助人行为
   C. 谦让行为　　　　　　　D. 合作行为

4. 根据攻击行为的表现形式，攻击行为分为（　　）。
   A. 身体攻击　　　　　　　B. 敌意攻击
   C. 言语攻击　　　　　　　D. 间接攻击

三、判断对错题

1. 相对于分享行为和助人行为，小学生的合作行为出现较晚。（　　）
2. 社会性发展的整合功能比分化功能更重要。（　　）
3. 攻击行为是给对方带来身心伤害的行为。（　　）
4. 小学生的情感发展随着年龄的发展而发展。（　　）

第五章　小学生的个性发展

通过本章的学习,你应该能够理解个性的含义及结构是什么,影响个性发展的因素有哪些,小学生的自我意识、气质、性格的发展有什么特点,它们受到哪些因素的影响;通过学习,要能够运用所学知识对小学生的个性开展教育。

第一节 概述

人出生时只是一个生物个体,无所谓个性和社会性。个性的形成与发展是贯穿生命全程、在社会化过程中实现的。小学阶段是个性中具有代表性的心理特征迅速发展的时期,培养和发展小学生良好的个性是小学教育的重要任务。

一、个性的含义

个性,西方又称人格(personality)。由于研究的视角不同,心理学界对个性的界定尚未达成一致。特质流派心理学家奥尔波特(G. W. Allport)认为,个性是决定个人独特行为和思想的内部身心系统的动力组织。伯格(Jerry M. Burger)认为,个性可以定义为源于个体自身的稳定行为方式和内部过程。综合以上不同理解,我们采用著名心理学家朱智贤主编的《心理学大词典》中对个性的界定:个性,也称人格,指一个人的整体精神面貌,即具有一定倾向性的心理特征的总和。

二、个性的特征

个性有以下特征,准确把握个性的特征有利于更好地理解个性的本质。

(一)统合性

个性是一个人整体精神面貌的表现,是由多种成分构成的有机整体,具有内在的一致性,受自我意识的调控。个性的统合性是心理健康的重要指标。当一个人的个性结构在各方面彼此和谐一致时,其个性是健康的。否则,就会出现适应困难,甚至出现人格分裂。

(二)稳定性

个性具有跨时间的持续性和跨情境的一致性。人的心理特征中,那些稳固、经常出现的心理特征才能称为个性。当然,强调个性的稳定性并不排斥个性的可变性,从个性的发展来看,个性又是可塑的,特别是在儿童期可塑性更大。

(三)独特性

一个人的个性是遗传、环境、教育等先、后天因素共同作用的结果。人与人没有完全相同的心理面貌。所谓"人心不同,各如其面""一龙生九子,九子各不同",正说明了个性的独特性。当然,强调个性的独特性并不排斥个性上的共同性,生活在同一社会群体中的人也会有一些相同的个性特征,如中国人的勤劳,德国人的严谨。

(四)功能性

个性对人的行为具有调节功能。同样面对挫折,坚强者能发奋拼搏,懦弱者会一蹶不振。一个人的行为总会打上其个性的烙印。所以,个性决定一个人的生活方式,甚至决定一个人的命运,是人生成败的根源之一。

三、个性的结构

个性的结构是指个性所包含的成分以及这些成分之间的关系。一般来说,个性结构包括三个子系统:

(一)个性倾向性系统

个性倾向性系统是指决定一个人的态度和对现实的积极性、选择性的动力系统,包括需要、动机、兴趣、理想、信念和价值观等。个性倾向性系统是个性结构中最活跃的因素,是人活动的内在动力。人在掌握社会经验和改造周围现实的活动中,总是通过活动动机、兴趣、理想和价值观等内部世界积极组织自己的行动,有目的、有选择地对客观现实进行反应,支配行为方向。

(二)个性心理特征系统

个性心理特征系统是指个体在发展过程中形成的比较稳定的心理特点,包括能力、气质和性格等。能力是指人顺利完成某种活动所必须具备的心理特征。气质是表现在心理活动的强度、速度、灵活性与指向性等方面的稳定的心理特征。性格是指一个人对现实的稳定的态度和与之相适应的习惯化的行为方式。

(三)自我意识系统

自我意识是个体对自己作为客体存在的各方面意识,包括自我认识、自我体验和自我调控三方面。自我认识是自我意识中的认知成分,是个体通过观察自己,进行分析综合,认识到自己的本质特点,形成对自己各个方面的价值判断。自我体验是自我意识中的情感成分,是伴随自我认识而产生的内心体验。自我调控是自我意识中的意志成分,体现为主我对客我的调控。

拓展阅读

弗洛伊德对个性结构的理解

奥地利著名精神分析学家弗洛伊德(Sigmund Freud)最初把人的个性分为意识(conscious)、前意识(preconscious)、无意识(unconscious)。他把这种划分称为解剖模型(topographic model)。意识指人能够觉察的心理活动。前意识指人平时感觉不到,却可以经过努力回忆和集中精力而感觉到的心理活动。无意

识指人觉察不到,却没有被清除而是被压抑了的心理活动。

很快,弗洛伊德就发现解剖模型在描述个性上有局限。因此,他又创立了结构模型(structural model),把个性分为本我(id)、自我(ego)和超我(superego)。人出生时只有本我,本我完全隐藏在无意识中,遵循快乐原则,只关心如何立即满足个人需要,而不受任何物质和社会的约束。在生命的头两年里,随着个体与环境互动,自我逐渐得到发展,自我遵循现实原则,即满足本我冲动,但以考虑情境现实性的方式进行。与本我不同,自我能在意识、潜意识和无意识之间自由移动。超我遵循至善原则,代表内化了的社会的、特别是父母的价值观和标准。超我为自我提供判断行为是否合乎道德的各种典范,用罪恶感和内疚感等对违反道德的行为进行惩罚。三个"我"在冲突与调和中维持动态平衡。

四、影响个性发展的因素

小学生的个性是在遗传与环境的交互作用下逐渐形成和发展起来的。

(一)遗传因素

遗传因素为小学生个性发展提供了物质前提。随着脑影像学技术在心理学领域的应用,个性和脑结构的关系越来越为人所认识。DeYoung等(2010)发现大五人格中的神经质与背内侧前额叶、扣带回、尾状核、内侧颞叶相关;外向性与内侧眶额,责任心与额中回相关,宜人性与颞上回、后扣带回显著相关。除了神经,神经递质也会影响个性。Cloninger(1993)认为,低水平的多巴胺、血清素、去甲肾上腺素分别导致了新奇寻求、伤害避免、奖赏依赖。例如,人们追求新奇、激动和刺激就是对低水平多巴胺的一种补偿行为。此外,双生子研究也为遗传影响个性提供了证据。Loehlin(1992)综合不同人格特质的双生子研究发现,同卵双生子得分的相关系数平均在0.50左右,而异卵双生子得分的相关系数在0.25—0.30,并据此估计,成年人稳定的人格特质中,大约有40%—50%是由父母遗传而来。

(二)家庭因素

家庭是小学生最早接触的社会环境,家庭的各种因素:如家庭教养方式、家庭经济状况、家庭结构、家长受教育水平、职业、家庭氛围等都会对小学生的个性发展产生影响。

王雁等(2004)采用艾森克人格问卷调查北京市10—14岁儿童少年发现,家庭经济状况、家庭结构、家长受教育水平会影响儿童少年的人格。就家庭经济状况而言,生活在家庭收入较低环境中的儿童少年,性格最为内向稳定。而当家庭收入在3000元以上时,儿童少年表现出外向稳定的特点。就家庭结构而言,大家庭中长大的孩子表现出内向稳定的人数最多,单亲家庭的孩子最为内向不稳定和外向不稳定,核心家庭中长大的孩子性格最外向稳定。就家长受教育水平而言,当父亲或母亲的文化程度在初等及以下水平时,他们的孩子性格最为内向稳定。而受过高等教育的父亲或母亲,他们的孩子表现出最多的是外向稳定型人格特点。姚梅玲,刘福珍(2007)调查9—15岁儿童青少年发现,父母积极的教养方式可使儿童形成积极的个性。父母的温暖理解与内外向得分成正相关,与情绪稳定性呈负相关,说明父母给予子女的情感温暖越多,儿童易于形成外向性、情绪更加稳定的人格特征。而父母的惩罚、严厉等养育方式易造成子女情绪不稳定。

(三)学校因素

儿童进入小学后,开始真正成为集体的成员,学校中的教师、同伴、课堂教学、班集体都会对小学生个性发展产生影响。就教师方面而言,教师对小学生的个性发展起着榜样示范的作用,教师对小学生民主的态度,小学生易形成情绪稳定、态度积极友好、有自控能力的个性;教师对小学生专制、放任的态度,小学生易形成情绪紧张、冷淡、攻击性强、自制力弱、无组织纪律性、无团体目标的个性。杨丽珠(2012)调查小学生发现,教师期望各维度与人格的智能特征、认真自控、外倾性、亲社会性均有显著正相关,教师期望能预测小学生人格的发展。就同伴方面而言,同伴接纳与友谊关系是两种重要的同伴关系。同伴接纳高的儿童,会有更多的机会与同伴交往,从而在不断的同伴交往中形成稳定的人格特征。孙岩(2014)综合探讨气质、家庭、学校对小学生人格发展的影响,发现同伴接纳水平对小学生人格影响比较大,而家庭因素对小学生人格影响非常小。

(四)社会因素

人是社会的人,社会是人的社会。每个人都处在特定的社会环境中,社会文化会对个性具有塑造功能,这表现在不同文化的民族有其固有的民族性格。美国著名文化人类学家鲁思·本尼迪克特(Ruth Benedict)在其著作《菊与刀》中总结了日本人的矛盾性格:爱美而又黩武,尚礼而又好斗,喜新而又顽固,服从而又不驯等等。

在网络化时代,网络对小学生个性发展存在双向影响。一方面,网络以其快捷信息传递的优势助力于小学生现代观念的建立和社会人际互动,小学生可以在虚拟网络环境中学习不同的人格角色;另一方面,若不注意引导,小学生可能会陷入拜金主义、利己主义等与社会主义核心价值观偏离的价值观,自我角色失调等问题。部分自制力较差的小学生沉浸在网络中不能自拔,甚至网络成瘾。《小学生互联网使用行为调研报告》显示[①],约80%的小学生9岁前开始接触互联网,网络游戏是他们的最爱;上网玩过游戏的小学生超过90%,游戏是小学生网络成瘾的主要原因;7.1%的小学生有

[①] 搜狐新闻.小学生互联网使用行为调研报告发布 7.1%染网瘾[EB/OL]. http://news.sohu.com/20090820/n266087585.shtml.

网瘾,有网瘾倾向的小学生约占5%。沉迷网络易导致孤僻、冷漠、不合群、缺乏责任感和欺诈等人格特质。

> **复习巩固**
>
> 1. 什么是个性,个性的结构包括哪些?
> 2. 影响个性发展的因素有哪些?

第二节 小学生的自我意识发展

自我意识是人类特有的认识,是人类意识的最高形式。小学生如何通过自我观察来合理分析、评价自己,如何产生积极、肯定的自我体验,如何通过自我监控规范自己的言行,都有赖于其自我意识的发展。

一、自我意识的内涵

有关自我意识(self-consciousness)的研究始于文艺复兴运动,此后,法国哲学家笛卡尔最先使用"自我意识"这一概念,提出"用心灵的眼睛去注意自身"。关于自我意识,心理学界有许多不同的观点。概括来讲,自我意识是个体对自己作为客体存在的各方面意识,是个体对自我,以及自我与周围世界关系的意识。

婴儿最初没有自我意识,他们不能区分主体与客体,随着年龄的增长,他们开始能够对主体与客体进行简单的区分,自我意识开始发展。自我意识是个性结构的重要组成部分,也是人与动物区别的一个重要方面。自我意识的成熟往往标志着个性的基本形成。

二、自我意识的类型

自我意识本身是一个多维度、多层次的复杂的心理系统,可以按照不同分类标准划分为不同的种类(见表5-1)。

表 5-1　自我意识的类型

划分标准	类型	具体含义
形式	自我认识	个体对主体以及主客体关系的认识。主要包括自我概念与自我评价
	自我体验	个体对评价结果是否符合自己需要时产生的情绪体验。主要包括自尊
	自我调控	个体对自己心理活动和行为进行自觉的有目的的调整与控制。主要包括自我控制和自我教育
内容	生理自我	个体对自己的生理特征,如性别、身材、外貌等的认识和体验
	社会自我	个体对自己的社会特征,如社会角色、地位、权利等的认识和体验
	心理自我	个体对自己的心理特征,如情绪、性格、态度、能力等的认识和体验
观念	现实自我	个体对现在的自我的认识和体验,如现在的自我处于何种地位,拥有哪些知识技能等
	投射自我	想象中他人对自己的看法,如想象自己在他人心目中的形象、他人对自己的评价等
	理想自我	是自我追求的奋斗目标,如将来要得到什么学历和学位、从事什么职业,获得怎样的社会地位等

三、小学生自我意识发展的特点

个体的自我意识并非与生俱来,也不单纯是生理成熟的结果,它是随着个体的社会化进程不断发展的。有心理学家认为,自我意识的发展经历了生理自我、社会自我、心理自我三个时期。一是自我中心期(8 个月至 3 岁),是自我意识的最原始状态,称为生理自我。儿童只有到了一周岁左右,才逐渐把自己的动作与动作对象区分开,把自己和自己的动作区分开,把自己作为活动的主体,意识到自我的存在和力量。两周岁左右,儿童开始使用"我"这个词,标志着自我意识的发生。二是客观化时期(3 岁至青春期),是获得社会自我的时期,在这一阶段,个体显著地受社会文化影响,是学习角色的最重要时期,角色意识的建立,标志着社会自我观念趋于形成。三是主观自我时期(青春期至成人期),自我意识趋于成熟,进入心理自我时期。

小学生的自我意识发展处于客观化时期,随着年龄增长而不断发展,但不是直线的、等速的。研究发现,小学一年级至三年级是自我意识发展的上升时期,其中一年级至二年级上升幅度最大;三年级至五年级则处于平稳时期,各年级间自我意识无显著差异;五年级至六年级是第二个上升期,自我意识更加深刻。同时,小学生自我意识各成分发展是不同步的,以下从小学生的自我概念、自我评价、自尊、自我控制四个方面

进行阐述。

(一)小学生自我概念的发展

自我概念(self-concept)最早由詹姆斯(William James,1890)在其《心理学原理》中提出,其后许多心理学家都关注这一研究领域,不同心理学流派对自我概念的界定尚未达成统一。目前,比较有影响的是 Shavelson 等人在 1976 年提出了自我概念的等级模型,将自我概念分成学业自我概念和非学业自我概念。1984 年 Song 与 Hattie 发展了自我概念的等级模型,将学业自我概念分成能力、成就和班级三个方面,将非学业自我概念分成社会自我概念和自我表现自我概念。一般认为,自我概念是个体对自己的主观知觉和判断,这种知觉和判断包括对自己的生理状态、人格、态度、社会角色、过去经验等方面的认知,是由一系列态度、信念和价值标准所组成的有组织的认知结构。小学生自我概念的发展有如下特点:

1. 自我概念的发展有着非常明显的年龄特征,从幼儿期到青年早期呈下降趋势,11—14 岁是自我概念水平的最低点。魏晓娟(2003)的研究发现,小学生的自我概念存在年级差异,3—4 年级学生的自我概念水平高于 5—6 年级学生,5 年级学生的自我概念水平最低。李子华等人(2016)的研究发现,儿童自我概念在 9—15 岁这一阶段总体上呈下降趋势,自 9 岁至 11 岁发展比较平缓,12 岁开始呈快速下降趋势。这与青春前期(11—15 岁)学生的思维发展有关,这一时期的学生,抽象逻辑思维开始占主导地位,反省思维出现,思维的独立性和批判性增强。他们关注自己的内心世界,能从多个角度客观地评价自己,并关心他人对自己的看法,使童年期形成的那种"自吹自擂""夸大其词"的自我概念从理想中回到现实,造成了自我概念的一次降低。

2. 自我描述从比较具体的、外部的特征向比较抽象的、内部的特征发展,自我概念内容中的社会性随年级的升高而增多。如回答"我是谁?"这样的问题时,小学低年级学生往往提到姓名、年龄、性别、家庭住址、身体特征、活动特征等,而小学高年级学生则开始试图根据品质、人际关系以及动机等特点来描述自己,如一名 12 岁的学生可能会说"我是一个善良、有爱心的人,我希望可以帮助到别人"。但即使到小学高年级,儿童对自己的认识仍带有很大的具体性和绝对性。

(二)小学生自我评价的发展

自我评价(self-evaluation)是个体在参考他人的表现、他人对自己的评价,并在自我认识和自我体验的基础上,对自己做出的有关生理自我、心理自我和社会自我的看法和评估。小学生自我评价的发展有如下特点:

1. 自我评价由"他律性"向"自律性"发展。所谓"他律性",是指小学生用教师和家长的评价代替自己的评价。所谓"自律性",是指小学生根据自己的思考和判断做出评价。小学低年级学生自我评价的独立性很差,基本依赖教师和家长来做出评价。小学中年级开始,小学生逐渐从顺从他人的评价发展到有一定独立见解的评价,自我评价的自觉性和独立性有了明显的发展,自我评价向"自律性"方向发展。

2.自我评价的全面性和深刻性逐渐提升。小学低年级学生的自我评价常常是片面和表面的,他们往往看到的是自己的优点,看不到自己的缺点,主要以具体的、外部的行为表现为评价依据,很难做到比较全面和深刻。随着抽象逻辑思维和道德认知的发展,小学中、高年级学生自我评价的全面性和深刻性有了一定程度的发展,能够对自己某一方面或几方面的优缺点进行评价,逐步学会按道德原则来评价自己和他人,并表现出对内心品质进行评价的初步倾向。

3.自我评价的稳定性逐渐增强。小学低年级学生由于自我评价能力较低,前后评价的一致性很低,评价很容易改变。随着自我评价能力的提升,到了小学高年级,他们前后评价的一致性逐渐提高。但是,总体来说,小学生自我评价的稳定性仍是不高的,要到初中三年级以后才趋于稳定。

（三）小学生自尊的发展

自尊(self-esteem)是指个体在社会比较的过程中所获得的有关自我价值的积极的评价与体验,表明个体在多大程度上相信自己是有能力的、重要的、成功的和有价值的。关于自尊的结构,不同的研究者有不同的研究发现,Susan Harter(2006)提出小学生自尊的层次结构模型(见图 5-1)。我国研究者魏运华(1997)编制儿童自尊量表,提出儿童自尊由外表、体育运动、能力、成就感、纪律、公德与助人六个维度构成,该量表得到广泛应用。

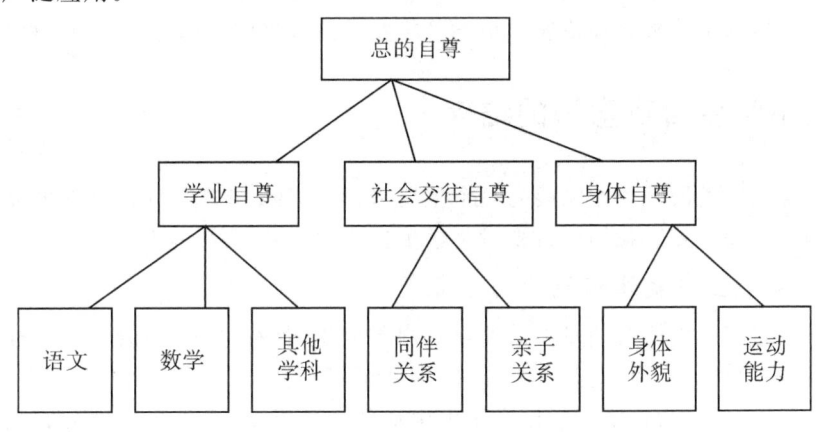

图 5-1　自尊的层次结构模型

关于自尊的发展,一般认为,自尊同时具有相对稳定性和变动可能性。Robins 等人(2002)选取从 9—90 岁的大样本被试,采用横断研究方法,描绘了自尊毕生发展的轨迹,具体到小学阶段,自尊在童年期的水平较高,从童年晚期开始,整个青少年期的自尊水平都呈下降趋势。刘旺(2005)的研究则发现,小学生的自尊发展呈现出年龄越低身体自我越强,年龄越高能力自我越强的趋势。许多研究显示,进入青少年期的个体自尊水平明显下降与青春期的成熟、认知的发展和社会情境的改变等因素有关。青春期生理的剧变带来的生理上的成人感和心理上的不成熟让他们感到极其矛盾,不能

正确地判断自己的能力,从而自信心下降,自尊感体验容易走向极端,感到挫败,自尊水平下降。Harter(1990)认为自尊水平是儿童对理想我和现实我之间差距评判的产物。小学中、低年级学生还难以区分理想我与现实我,对自己的能力评价也不够客观和准确,一般倾向于高估自己的能力,因而中、低年级小学生一般自尊水平较高。到了小学高年级,小学生开始能够用较为客观的标准来评价自己,因而自尊水平有所回落。

(四)小学生自我控制的发展

自我控制(self-control)是个人为了实现某一目标,自觉地选择目标、制订计划,在没有外界监督的情况下,抑制冲动和诱惑、延迟满足,控制行为的执行的综合能力。自我控制处于自我意识的高级阶段,对于小学生形成良好的个性极为重要。

小学生自我控制能力随着年龄增长不断发展变化。Block(2006)等人发现个体的自我控制在3—23岁之间随年龄而升高。Vazsonyi 和 Huang(2010)也发现个体的自我控制在4.5—10.5岁之间随年龄而上升。但也有研究表明儿童的自我控制并非一直稳定增长,自我控制的发展是相对稳定的,同时存在性别差异。张萍(2012)等人的研究发现,2—4岁男孩与女孩的自我控制能力都呈明显上升趋势,4—7岁,女孩的自我控制平稳发展,而男孩的自我控制能力反而有所下降。7—11岁,男孩与女孩都处于平稳发展水平,但女孩的绝对水平要明显高于男孩。李凤杰、石婧(2014)研究发现,自我控制能力在2年级下学期到3年级上学期和4年级下学期到5年级上学期两个关键期的发展都十分敏感和快速。小学阶段女生的自我控制比男生表现要好一些。

四、小学生自我意识的培养

自我意识的发展是个性发展的一个重要方面,健康、积极的自我意识可以促进小学生的健康发展。所以我们要重视对小学生自我意识的培养。

(一)小学生自我认识能力的培养

小学生自我认识能力的发展受到自身内部因素(如社会认知、语言等)、社会互动因素(如家庭教养方式、师生互动方式、同伴关系等)、社会文化因素等多方面影响,其中,社会互动因素尤为重要。学校是学生生活的重要领域,小学生大部分时间在学校度过,因此,教师作为重要他人(significant others)在小学生自我认识的形成和发展中具有重要影响。

1.构建亲密型师生关系。林崇德(2001)等人研究发现,亲密型师生关系比冲突型和冷漠型师生关系更有利于学生的自我概念发展,冷漠型师生关系对小学生的自我概念发展最具不良影响。因此,教师要摒弃放任自流、不管不顾的冷漠型师生关系,也要摒弃强势权威、高高在上的冲突型师生关系,构建平等尊重、理解信任的亲密型师生关系,让小学生从教师身上获得积极的情感支持和社会支持,从而形成积极的自我概念。

2.积极地评价小学生。小学生自我评价能力发展的途径之一就是通过分析他人尤其是重要他人的评价来认识自己,内化教师的积极评价是小学生积极自我评价的基础。因此,教师要用欣赏的眼光探索发现学生的优势和长处,尊重与鼓励学生,不轻易否定学生。同时,教师要建立多维评价体系,全面地、发展地评价学生,肯定学生的优势和努力,而不是一味地以分数论高低或一味地横向比较。

(二)小学生自尊的培养

小学生自尊的发展首先离不开家庭的正确养育与指导。程学超、谷传华(2001)研究发现,宽松型母亲教养下的小学生自尊高于严厉型。小学生的自我尚未得到充分发展,较易受到重要他人言行的影响,严厉型母亲对小学生的惩罚、斥责或贬低等可能会导致小学生自我价值感的降低,产生自卑感,不利于其自尊的发展。因此,家庭要为孩子创设一个宽松、安全、愉快、和谐的家庭氛围,采取理解、宽松、温暖的教养方式,多给孩子关心、鼓励、支持、包容。

在学校生活中,教师要帮助小学生建立合理的期望目标,通过适合的活动让小学生获得成功体验,使小学生意识到自己的能力,提高自我效能感,建立正确的自我认识。教师要引导小学生掌握合理的成败归因和应对困难的积极策略,建立成功与勤奋之间的明确联系,用现实的、镇静的态度应对困难,从而提升自尊水平。

(三)小学生自我控制能力的培养

小学生的自我控制能力发展受大脑皮层皮质抑制机能发展水平、父母控制儿童的模式、儿童自我言语指导和成人言语指导、社会模仿等因素的影响。培养良好的自我控制能力,对小学生提升学习成绩,消除网络负面影响,约束冲动、抑制攻击行为,形成良好的个性品质非常重要。

教师首先要了解小学生自我控制的结构,确定小学生自我控制的培养目标、进度计划和路径。其次,教师要抓住小学生自我控制发展的关键期,注意小学生在自我控制发展上的性别差异,有针对性地进行培养。再次,教师要适度提升小学生的动机水平,降低压力或紧张水平,挖掘影响自我控制能力的深层因素。再次,教师还可以鼓励家长多渠道参与小学生的成长,良好的家校合作是小学生成长成才的保证。最后,如果小学生出现较为严重的控制不足或者控制过度表现,也可以求助于专业的心理咨询与辅导机构。除此之外,尹伟(2009)认为,在培养儿童自我控制能力的过程中,学校纪律的作用是无可替代的。因此,应注意培养儿童对学校纪律的认同、理性和情感,并把儿童违纪视作培养儿童自我控制能力的教育资源之一。

复习巩固

1. 什么是自我意识,自我意识按形式来分可以分为哪几类?
2. 小学生自我评价发展有什么特点?

第三节　小学生的气质发展

在日常生活中我们常会看到，有的人总是活泼好动、反应灵活，有的人总是安静稳重、反应缓慢，人与人在这些心理特性方面的差异，叫气质的不同。气质是人生来就具有的心理活动的动力特征。小学教师需要了解学生的气质类型及特点，进行针对性的教育。

一、气质的含义

气质是个体表现在心理活动的强度、速度、灵活性与指向性等方面的一种稳定的心理特征。气质相当于人们日常生活中所说的脾气、秉性或性情。气质作为个体与生俱来的素质，是个性中最稳定的方面，具有以下特点：(1)天赋性。气质的某些特点是与生俱来的，较多地受先天因素的影响。(2)稳定性。俗话说"江山易改，本性难移"，气质一般不受个体活动的目的、动机和内容的影响，具有较强的稳定性。(3)可塑性。气质不易改变，但并不是说气质不可改变，气质在一定程度上可以被掩盖和改造。

二、气质的类型

气质类型是指在某一类人身上共同具有的典型气质特征的有机结合。不同心理学家对气质类型有不同的看法。古希腊医生希波克拉底(Hippocrates)认为构成人体内的体液有四种：血液、黏液、黄胆汁和黑胆汁，并根据哪一种体液在人体内占优势，把人分成四种类型：多血质、黏液质、胆汁质和抑郁质。其后，这四种气质类型概念得到发展并一直沿用至今。

1.多血质。表现为思维灵活，行动敏捷；情感丰富外露，富有朝气；活泼好动，热情交往；适应力强。弱点是缺乏耐心和毅力，稳定性差，易见异思迁。

2.黏液质。表现为情绪平稳，安静稳重，沉默寡言，喜欢深思；思维灵活性略差，但考虑问题细致周到；自制力强，耐受力高；主动性较差，行动迟缓，但很踏实。

3.胆汁质。表现为情绪体验强烈，爆发迅猛；精力旺盛，争强好斗，勇敢果断；思维灵活，行动敏捷，生气勃勃；热情直率，朴实真诚。但又常常遇事欠思量，粗枝大叶，鲁莽冒失，感情用事，刚愎自用。

4.抑郁质。表现为情绪体验深刻，细腻持久，多愁善感，郁郁寡欢；思维敏锐，想象丰富；不善交际，孤僻离群；踏实稳重，自制力强。但常表现出行为缓慢，软弱胆小，优柔寡断。

气质的生理基础是神经类型。巴甫洛夫认为,大脑皮质的神经过程(兴奋和抑制)具有三个基本特征:强度、均衡性和灵活性。根据神经过程的三个基本特征,巴甫洛夫把动物和人类的高级神经活动类型划分为四种(见表 5-2)。

表 5-2　高级神经活动类型及特征

神经类型 (气质类型)	强度	均衡性	灵活性	行为特点
兴奋型 (胆汁质)	强	不均衡	—	攻击性强,易兴奋,不易约束,不可抑制
活泼型 (多血质)	强	均衡	灵活	活泼好动,反应灵活,好交际
安静型 (黏液质)	强	均衡	惰性	安静、坚定、迟缓、有节制、不好交际
抑制型 (抑郁质)	弱	—	—	胆小畏缩,消极防御反应强

三、小学生气质发展的特点

小学生的气质发展表现出随年龄增长反应强度下降、坚持性增强的倾向,发展的速度渐趋缓慢,逐渐平稳。张劲松等人(2000)研究发现,气质随年龄变化的趋势与儿童的神经生理发育密切相关,气质约从 7 岁左右开始更稳定。气质的性别差异随年龄增长而逐渐显现出来,8—12 岁儿童中男孩的活动量较高、可预见性较低、反应较强烈、坚持性较低,女孩则正好相反。刘文(2002)研究发现,儿童气质总体上随年龄增长而发展变化,3—5 岁是其发展变化的关键年龄。气质存在性别差异,主要表现在与男孩相比,女孩专注性水平高;与女孩相比,男孩的活动性水平高、情绪更不稳定。

小学生正处在长身体和长知识的时期。由于身体的生长发育和认识周围现实的需要,使儿童的心理活动带有某些容易同气质特征相混的特点,如由于知识经验缺乏而致的自我评价高;由于神经发育特点而致的思维缺乏灵活性、注意涣散、兴趣多变、易于疲劳等。还有小学生的一般特点,如活泼好动、纯真率直等,多体现了多血质、胆汁质的特点,是儿童特定阶段的整体特点。而每个小学生由于其不同的气质类型,他们即使对事物有相同的反应也会表现出各自的特点倾向,如高兴时,胆汁质的可能大喊大叫,抑郁质的可能只是微笑。

四、气质的影响因素

气质具有相对稳定性,是变化最为缓慢的个性心理特征。气质受遗传素质影响,

神经类型是气质的生理基础。关宏岩等人(2012)调查发现,儿童气质类型遗传度为50.57%。Bar-Haim等人(2009)通过脑成像研究发现,气质特征中的抑制型儿童和非抑制型儿童的大脑对事件和图像的反应不同。Gest(1997)曾对8—12岁儿童的抑制性做了测量,近10年后,在这些被试刚进入成年期时又进行了一次测量,发现两次测量之间存在高度相关。除此之外,气质还受后天教养因素的影响,家庭环境、父母的教养方式、文化因素等都会对儿童的气质产生影响。郭志峰(2007)认为父母教养方式的溺爱性、放任性对儿童气质的重要组成部分的活动性有显著预测作用。赵曼等人(2014)调查发现,家庭亲密度、适应性对双生子气质维度影响明显。夫妻关系和谐,亲子关系融洽,可为儿童创造安全舒适的环境,提高儿童活动水平,增强适应陌生环境的能力和克服障碍的能力。

五、气质对小学生的影响

气质虽然不能决定小学生的智力发展水平,但可以影响其智力活动的特点和方式,从而影响小学生的学习成绩。张劲松等人(2000)研究发现,26.8%的学习困难儿童智商大于90,这其中近半数儿童的气质类型为缓慢型。气质可通过活动量、注意力、坚持性、适应性、情绪状态影响儿童的学习过程及效果。张曼华等人(2000)研究发现,小学生在语文学习上,多血质和胆汁质表现出明显的学习优势,在数学学习上,四种气质类型没有显著性差异。张华娜(2002)、叶树培(2006)研究发现,儿童气质中活动水平、规律性和反应阈与学习成绩有关。李侠(2013)研究发现,多血质、胆汁质和多血—胆汁质是有利于学习的气质类型。

气质还会影响小学生的身体健康。王朝晖(2007)通过对5岁—12岁哮喘儿童的气质研究发现,哮喘儿童在趋避性、适应性、心境和持久性等气质维度上与正常儿童比较有非常显著的差异,哮喘儿童的气质比正常儿童消极,儿童哮喘与气质特征关系密切。陶公民等人(2010)的研究显示,8—12岁睡眠障碍儿童在活动水平、节律性、适应性、心境及持久性上与正常儿童差异显著,学龄儿童气质与睡眠障碍相关。田青等人(2011)研究发现,气质类型是再发性腹痛的影响因素。

气质会影响小学生的心理健康。Victoria等(1997)的研究发现,气质的神经质维度与焦虑、压抑存在显著正相关,内外倾维度与压抑存在负相关。刘建榕等(2002)指出,多血质和多血—黏液质这两种气质类型学生的心理健康得分显著高于其他气质类型,属于中上等级;胆汁质、多血—胆汁质、黏液质和混合质学生的心理健康属于中等水平;抑郁质、胆汁抑郁质和黏液—抑郁质类型学生的心理健康显著低于其他气质类型,属于较差等级。

气质也与小学生行为有密切关系。刘文等人(2006)研究发现,儿童气质对同伴关系类型的形成具有重要影响,儿童具有情绪稳定、不易冲动、适度的活动性水平、高反应性水平和专注性水平的气质特征易成为受欢迎类型。周利娜(2008)研究发现,儿童气质的某些方面能够显著预测儿童的社会行为。儿童的活动水平能够显著负向预测儿童亲社会行为,反应阈、趋避性、注意分散度能够显著正向预测儿童的亲社会行为和羞怯—敏感行为。黄文澜、杨丽珠(2009)研究发现,儿童气质特征中的情绪性、活动性、社会抑制性越高,儿童同情心水平越低;反应性、专注性越高,儿童同情心水平越高。张铭迪(2013)研究发现,小学生气质可以影响亲社会行为倾向,气质中活动性、负情绪性、社会抑制性维度与亲社会行为倾向高度相关。唐颖(2018)研究发现,伤害倾向性小学生具有活动水平高、节律性弱和坚持性差的气质特点。

六、小学生的气质教育

虽然个体的气质具有极大的稳定性,但也有一定的可塑性。教师正确认识小学生的气质并因材施教,有助于小学生个性良好发展。

(一)教师要正确认识气质差异

教师应当认识到气质本身没有好坏之分,气质主要表现为心理活动的动力和方式,不涉及方向和内容。每一个学生的气质都有其积极的一面,也都有其消极的一面。无论哪一种气质类型的学生都能够掌握教师所教的知识技能,形成优良的个性品质,成为有价值的社会成员。但是,不同气质类型的学生成长成才的方式和路径会有各自气质的特点,这需要教师根据学生的气质类型匹配适宜的教育。因此,教师要正确认识气质差异,根据行为能力的反应性、活动性、神经系统的类型等对学生的气质进行正确判断。

(二)依据气质差异选择教育策略

教师在深入了解每个学生气质的基础上,要有针对性地选择教育策略,因材施教。例如,对多血质的学生,教师要发挥其灵活、敏捷的优势,同时要培养他们认真踏实、扎实专一、坚持到底的精神。对于胆汁质的学生,教师要发挥他们顽强、真诚、果断的一面,同时要培养他们的耐心、自制力、情绪管理的能力,教育教学中要注意不要针锋相对地激怒他们。对于黏液质的学生,教师要肯定他们踏实、稳重的优势,同时要培养他们积极主动、热情开朗的一面,教育教学中要注意耐心,给足他们思考和反应的时间。对于抑郁质的学生,教师应对其多关心、爱护,培养他们良好的人际互动,不宜在公开场合批评指责,不宜过于严厉。

(三)教育学生认识并掌控自己的气质

教师要通过各种途径如气质问卷测量、行为事件分析等,帮助学生认识到自己的气质类型,分析自己气质特征中的长处和短处,具有扬长避短的意识。教师要教给学生一些气质管理的方式方法,例如教给胆汁质学生情绪管理的方法,教给多血质学生

持之以恒、坚持到底的方法，教给黏液质学生主动积极的方法，教给抑郁质学生克服敏感和提升人际互动的方法，使其能够经常有意识地控制自己气质中的消极品质，发扬其积极品质，从而形成良好的个性品质。

> **复习巩固**
>
> 1. 什么是气质，气质主要有哪几种类型？
> 2. 如何对小学生的气质进行教育？

第四节 小学生的性格发展

性格是个性的核心成分。小学生正处在性格形成与发展的阶段，具有很强的可塑性。小学教师需要了解学生性格的发展特点，培养学生良好的性格。

一、性格的含义

性格（character）一词源于希腊语，意为雕刻的痕迹或戳记的痕迹。我国心理学界倾向于把性格定义为个人对现实的稳定的态度和习惯化了的行为方式。性格是十分复杂的心理现象，是由许多个别特征所组成的复杂心理结构。性格的结构包括：(1)性格的态度特征，是指个人对社会、对集体、对他人、对自己以及对待学习、工作、劳动的态度中所表现出来的性格特征，是性格的最重要组成部分。(2)性格的理智特征，是指人在感知、记忆、思维等认知过程中所表现出来的性格特征。(3)性格的情绪特征，是指人在情绪情感活动中经常表现出来的强度、稳定性、持久性以及主导心境等方面的特征。(4)性格的意志特征，是指人在自觉调节自己行为的方式与控制水平、目标明确程度以及在处理紧急问题方面所表现出来的性格特征。

二、性格的类型

性格的类型是指一类人身上所共有的性格特征的独特组合。按照一定标准对性格进行分类有助于揭示性格的本质。具有代表性的分类方法主要有以下几种：

（一）以心理机能来划分

英国心理学家培因（A. Bain）和法国心理学家李波（T. A. Ribot）依据智力、情绪、意志三种心理机能何者占优势，将性格划分为理智型、情绪型、意志型。理智型者以理智来支配自己的行动,行为表现稳定、谨慎。情绪型者不善于思考,凭感情办事,但情绪体验深刻。意志型者目标明确,主动积极,具有自制力。除了上述三种典型类型,还有一些中间类型,如理智—意志型等。

(二)以个人心理活动倾向性划分

瑞士心理学家荣格(C. G. Jung)根据个人心理活动倾向性将性格划分为外向型和内向型两大类。外向型者,活泼开朗,喜欢交际,环境适应能力较强;内向型者,处事谨慎,交际狭窄,环境适应能力较弱。在现实生活中,极端的内、外向型人很少见,一般都属于中间型,即在某些情境中内向,在某些情境中外向。

(三)以个人独立性程度划分

美国心理学家威特金(H. A. Witkin)根据场独立性和场依存性的特点,将性格分为独立型和顺从型。独立型的人善于独立思考,不易受外部因素干扰,能够独立地发现和解决问题,但有时会把自己的意见强加于别人。顺从型的人易受外部因素干扰,容易不加分析地接受别人的意见而盲目行动,应变能力较差。

(四)以社会生活方式划分

德国哲学家、教育家斯普兰格(E. Spranger)根据人的社会生活方式以及由此而形成的价值观把人的性格分为六种。(1)理论型,这种人能自制、好钻研、求知欲强,善于把自己的知识系统化、条理化,但往往脱离实际生活。(2)经济型,这种人追逐利益,总是以经济的观点来判断人和事物的价值。(3)审美型,这种人追求艺术美的体验,不大关心实际生活,一切从美的角度评价事物价值。(4)宗教型,这种人有坚定的宗教信仰,相信生命的永恒,注重各种神秘的体验。(5)权利型,这种人具有强烈的支配欲和权力意识,总想指挥别人。(6)社会型,这种人以为社会、为他人谋福利作为自我实现的目标,乐于奉献自我。在现实生活中,纯粹属于上述某种类型的人很少,绝大多数都是各种类型的混合。

三、小学生性格发展的特点

心理学家把性格发展分成形成期(5—11岁)、定型期(12—17岁)、成熟期(18—55岁)、更年期或老年期(56岁以上)四个阶段。小学生处于性格的形成期,性格发展水平随年龄的增长而逐渐升高,但其发展速度表现出不平衡、不等速的特点。具体而言,小学二年级至四年级,学生的性格发展较慢,为性格发展的稳定时期;小学四年级至六年级,学生的性格发展较快,为性格快速发展时期。这主要是因为小学高年级学生已适应了以学习活动为主的学校生活,集体活动范围逐步扩大,同伴交往日益增加,教师、集体、同伴对学生性格的影响越来越直接,使其性格特点日益丰富和发展起来;到小学六年级,学生开始步入青春期,青春期身心的巨变将对学生的性格发展产生深刻

的影响。因此,小学六年级是学生性格发展的关键期。

以上是小学生性格发展的一般趋势,但各方面的性格特征在发展过程中不尽相同,各有特点。在性格的态度特征方面,小学低年级学生会表现出明显的不稳定,到了高年级,随着自我意识的发展,稳定性大大提升,并逐步形成稳定的性格特征。在性格的理智特征方面,小学二年级至四年级为稳定发展期,小学四年级至六年级为迅速发展期。整个小学阶段,小学生的求知欲都在不断发展,六年级达到高峰;而灵活性在整个小学阶段发展水平都比较低,发展比较缓慢,各年级间没有明显差异。高华等人(2000)研究小学二、四、六年级学生发现,他们在好奇心上得分有显著差异,说明小学生的好奇心发展迅速;小学二年级学生进取心发展迅速,进入四年级后则发展缓慢,但较之二年级有很大进步,女生的进取心胜于男生。但二、四、六年级小学生在独立性上差异不显著,说明小学生在独立性上发展不够,依赖依然严重。小学生的自制力和坚持性都呈下降趋势,原因可能是随着年龄增长,小学生对外部控制因素(教师、家长)的依赖逐渐减少,但其内部控制能力又未发展起来,无法调节和控制自己的行为。小学生的果断性没有显著的年级差异,发展比较缓慢。

在性格的情绪特征方面,刘明(1990)和邓春暖(2006)研究发现,小学生性格的情绪特征不断发展,情绪的强度和持久性发展很快,并在六年级出现高峰。也有研究发现,小学生的情绪稳定性在各年级间无显著差异。

四、性格对小学生的影响

性格对小学生的影响是多方面的。很多研究都表明,性格与小学生的身体健康密切相关。赵海萍等人(2004)、马迎教(2009)研究发现,外向性格的儿童较内向性格儿童易受伤害,且性格孤僻的儿童也较易受伤害。窦东梅、王培席(2015)研究发现,不同的性格类型与不同的非故意伤害类型之间存在对应关系,性格为中间型与非故意交通事故可能存在联系,性格为外向型与非故意跌落伤存在联系,性格为内向与非故意动物咬伤存在联系。

性格也会影响小学生的学习。张锋(2000)的研究发现,小学生的学业成就与其性格特征有显著相关,性格因素中的进取性、知识性、敏捷性、自觉性和责任感这五个因素与学业成就的相关最为明显。付春江等(2004)的研究也显示,学习成绩好的小学生性格偏外向且情绪稳定,成绩差的小学生性格偏内向且情绪不稳定。

性格还会影响小学生的人际交往。宋广文和李寿欣(1991)的研究指出,学习认真踏实、成绩较好、责任心强、愿意帮助别人的学生,人缘关系最好。常湘竹(2007)的调查显示,脾气粗暴、性格内向的小学生,易出现同伴交往问题。性格对小学生的生活满意度也有影响。杨红丹(2012)的研究发现,小学生的爱、领导和谨慎等性格优点都与生活满意度密切相关,并且可以在一定程度上预测生活满意度。

五、小学生良好性格的培养

小学生正处在性格的形成期,具有很强的可塑性,这是良好性格培养的前提。性格的养成是先天素质与后天环境共同作用的结果,家庭、学校、社会对小学生性格发展都具有重要影响。因此,除了家庭,小学教师也要重视学生良好性格的培养。

(一)在认知教育中培养学生的良好性格

认识决定着行为的态度,是行为的指导。在小学生的性格教育中,教师要丰富学生的知识,开发学生的智力,提高认识能力、以知育性。小学教师在传授学生知识的同时,要对学生进行正确人生观、世界观、价值观的引导,在此基础上塑造良好性格;要引导学生多阅读优秀文学作品及名人传记,观看优秀影视作品,通过其中人物正面形象的性格魅力,潜移默化地影响自身。

(二)在实践活动中培养学生的良好性格

小学生的性格总是在生活实践中产生并表现出来的。小学教师应该有目的、有计划地组织学生参加各种形式的实践活动,在活动中塑造小学生良好的性格。例如,通过运动会、夏令营、冬令营等活动培养学生的集体责任感;通过书法、音乐、绘画等艺术活动培养学生的坚忍和耐性;通过社会公益活动培养学生的同理心等等。在活动中,教师要对学生多鼓励欣赏,少批评指责,要引导学生相互学习和自我教育。

(三)通过班集体培养学生的良好性格

班级是学生进行集体活动的基本场所,是与学生的学习和发展息息相关的微观环境,班集体的教育力量具有班主任和任课老师无法替代的作用。因此,教师要从建立良好班集体入手,采取民主的管理方式,尊重、关心、爱护每个学生,营造良好的班风。鼓励学生在班集体的活动中互帮互助、团结友爱,积极向上,通过班集体的教育力量来塑造学生的良好性格。

(四)教师榜样示范培养学生的良好性格

小学生往往把教师当作自己学习的榜样,教师的一言一行都受到学生极大的关注。一名性格友善的教师,往往会引导学生也形成与之相同的友善性格;而一名性格粗鲁的教师,往往也会教育出同样性格粗鲁的学生。因此,教师要热爱尊重学生,多与学生进行情感的交流与沟通,这些良好的教师示范可以使学生感受到教师的温暖,并促使学生形成友爱、关心尊重他人的良好性格。

复习巩固

1. 什么是性格？小学生的性格发展有什么特点？
2. 小学生良好性格培养的途径有哪些？

本章要点小结

1. 个性，也称人格，指一个人的整体精神面貌，即具有一定倾向性的心理特征的总和；具有统合性、稳定性、独特性、功能性特点；包括个性倾向性系统、个性心理特征系统、自我意识系统三个系统。影响个性发展的因素有遗传因素、家庭因素、学校因素、社会因素。

2. 自我意识是个体对自己作为客体存在的各方面意识，是个体对自我，以及自我与周围世界关系的意识。小学生的自我意识发展处于客观化时期，随着年龄增长而不断发展，但不是直线的、等速的。

3. 气质是个体表现在心理活动的强度、速度、灵活性与指向性等方面的一种稳定的心理特征。小学生的气质发展表现出随年龄增长反应强度下降、坚持性增强的倾向，发展的速度渐趋缓慢，逐渐平稳。

4. 性格是个人对现实的稳定的态度和习惯化了的行为方式。小学生处于性格的形成期，性格发展水平随年龄的增长而逐渐升高，但其发展速度表现出不平衡、不等速的特点。

关键术语表

人格	personality
自我意识	self-consciousness
气质	temperament
性格	character

复习题

一、单项选择题

1. 俗话说"人心不同，各如其面"，说明个性具有（　　）。
   A. 共同性　　　　　　　　B. 独特性
   C. 稳定性　　　　　　　　D. 可变性

2. 小学生的自我意识发展处于（　　）。
   A. 原始自我期　　　　　　B. 自我中心期
   C. 客观化时期　　　　　　D. 主观自我时期

3.小红活泼好动,善于交际,思维敏捷,易接受新事物,兴趣广泛,注意力容易转移,她的气质类型属于(　　)。

A.多血质　　　　　　　　B.胆汁质

C.黏液质　　　　　　　　D.抑郁质

4.小明热爱学习,关心同学,助人为乐,组织班级同学认真学习,他的这些品质属于性格里面的哪种特征?(　　)

A.态度特征　　　　　　　B.理智特征

C.意志特征　　　　　　　D.情绪特征

二、多项选择题

1.个性结构包括(　　)。

A.个性心理过程系统　　　B.个性倾向性系统

C.个性心理特征系统　　　D.自我意识系统

2.按形式划分,自我意识可以分为(　　)。

A.自我认识　　　　　　　B.自我体验

C.自我调控　　　　　　　D.自我描述

3.气质会影响小学生的(　　)。

A.学习成绩　　　　　　　B.身体健康

C.心理健康　　　　　　　D.行为

4.小学生良好性格培养的途径有(　　)。

A.在认知教育中培养学生的良好性格

B.在实践活动中培养学生的良好性格

C.通过班集体培养学生的良好性格

D.教师榜样示范培养学生的良好性格

三、判断对错题

1.个性心理特征系统是指个体在发展过程中形成的比较稳定的心理特点,包括能力、气质和性格等。(　　)

2.小学生自我概念的发展有着非常明显的年龄特征,自我概念内容中的社会性随年级的升高而减少。(　　)

3.气质本身没有好坏之分。(　　)

4.小学生性格发展水平随年龄的增长而匀速升高。(　　)

第六章　小学生的学习与学习动机

通过本章的学习，你应该了解学习的含义及类型，了解小学生的学习特点，领会什么是小学生的学习动机，小学生的学习动机有哪些不同的类型，知道如何理解和掌握小学生的学习动机，小学教师在教学实践中如何培养和激发小学生的学习动机这些问题。

第一节　小学生的学习

学习作为小学生的主要任务,是小学生最重要的活动之一。掌握小学生的学习特点,认识小学生的学习动机,有助于教育者更有效地指导小学生的学习。

一、学习的涵义

学习是生活中的一种常见现象。通常心理学家将学习分为三个层次来进行探讨。

(一)人与动物的学习

人与动物的学习是指有机体在生活过程中由于反复经验而产生的行为或行为潜能的较为持久的变化。我们可以从以下几个方面去理解:一是学习是人类和动物都普遍存在的现象。无论是低等动物还是高等动物,无论是婴儿还是成人,学习始终贯穿着整个生活,帮助有机体来适应复杂多变的环境。二是学习是有机体因反复经验而习得的过程。比如鸟学会飞行,狗学会寻找食物,人类学习写字、计算、体操等。那些没有通过有机体自身经验而发生的变化,比如生理成熟、机体损伤等不能称之为学习。三是学习会使行为或思维发生相对持久的变化。因为学习产生的变化可能发生在能直接观察到的行为上,比如学会骑车,学会写字。也可能发生在难以观察到的思维上,比如审美水平的提高,思想品德的升华。且学习产生的变化相对持久,而因为疲劳或者药物而使机体产生的一时的变化不能称之为学习。

(二)人类的学习

人类的学习是指人在社会实践中,以语言为中介,主动掌握历史累积知识经验的过程。人类学习和动物学习的区别在于:(1)人类的学习除了要获得个体的行为经验外,还要掌握人类世代积累起来的社会历史经验和科学文化知识。(2)人的学习是在改造客观世界的生活实践中,在与其他人的交往过程中,通过语言的中介作用而进行的。(3)人的学习是一种有目的的、自觉的、积极主动的过程。

(三)学生的学习

学生的学习是指在教师指导下,有目的、有计划、有组织地掌握系统的科学文化知识、技能和社会经验的过程。学生的学习通常是在学校中进行的,以接受间接知识经验为主,具有全面性。不仅包括知识技能的学习,还包括行为习惯、人格品质等方面的培养。本章中所说的学习主要是指学生的学习。

二、学习的类型

心理学家往往从不同的角度,把学习分为不同的类型。其中比较著名的分类有下面几种:

我国教育心理学家冯忠良依据学习内容的不同,将学习划分为三种:(1)知识的学习。指学生对知识的理解、掌握和应用的过程。主要解决的是学生是否知道,以及知之深浅的问题。(2)技能的学习。指学生通过学习或练习获得动作经验的过程。技能又分为心智技能和操作技能,主要解决的是学生是否会做以及熟能生巧的问题。(3)社会规范的学习。又叫行为规范的学习,是一种将外在于主体的行为要求转化为主体内在行为需要的内化过程。包括社会规范的认识、执行及主体对此的情感体验。主要解决的是学生树立正确的人生观和价值观,掌握社会的道德规范等问题。

美国心理学家奥苏贝尔,依据学习的形式与性质,提出了二维学习分类。一是根据学习的方式,将学习分为接受学习和发现学习。接受学习是指教师直接将学习的内容以确定的形式传授给学生。发现学习指教师并不直接传授知识,而是提供一种问题情境。教师以促进者的角色,引导学生独立思考探索,发现知识。二是根据学习材料与学习者原有知识的关系,将学习分为机械学习和有意义学习。意义学习是指将符号所代表的新知识与学习者认知结构中已有的适当观念建立起非人为的和实质的联系。机械学习是指学习材料不能与学习者原有认识结构建立联系,或者学习者缺乏意义学习的态度,靠死记硬背进行学习。需要注意的是,奥苏贝尔的有意义学习与机械学习、发现学习与接受学习两个维度的每一个方面都不是绝对的,在它们之间存在过渡的形式(见图 6-1)[①]。

[①] 皮连生.教育心理学(第四版)[M].上海:上海教育出版社,2011:48.

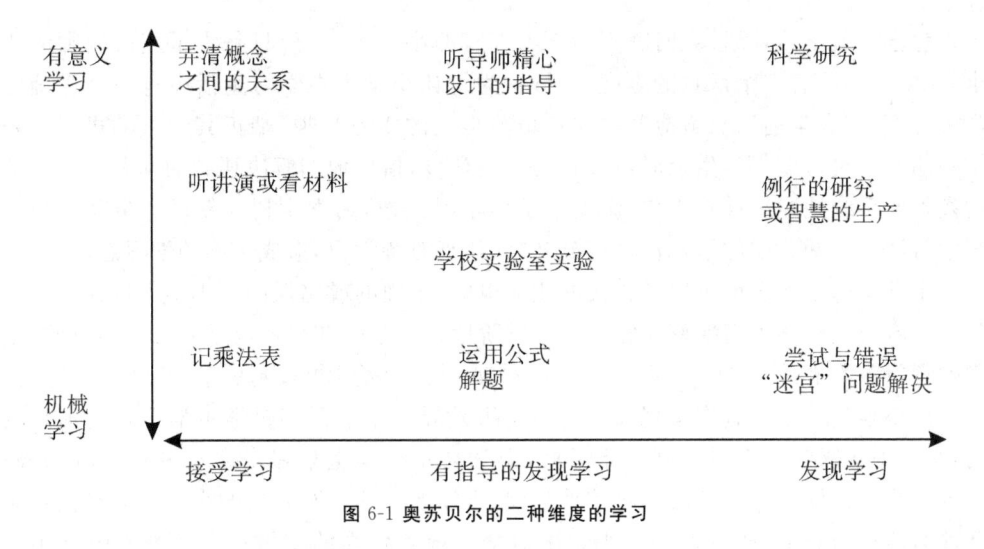

```
有意义          弄清概念              听导师精心              科学研究
学习            之间的关系            设计的指导


                听讲演或看材料                               例行的研究
                                                            或智慧的生产

                                    学校实验室实验


                记乘法表              运用公式              尝试与错误
                                     解题                  "迷宫"问题解决
机械
学习
                接受学习            有指导的发现学习          发现学习
```

图 6-1 奥苏贝尔的二种维度的学习

美国教育心理学家加涅依据学习结果的不同，将学习划分为五种类型：(1)言语信息学习。指学生通过学习后能用语言表达知识，有陈述观念的能力。例如，能够说出"等边三角形"的定义，能够表达出"心理健康"的含义。(2)智慧技能学习。指学生学习后具有运用概念和规则办事的能力，可以使用符号与环境相互作用的能力。例如，小学生在学习数学后，可以运用计算公式进行商品货币交易。(3)认知策略学习。指获得内部组织起来的、用于调节控制学生认知活动的特殊认知技能，表现为调节和控制自己的注意、学习、记忆、思维和问题解决过程。例如，心理学家艾宾浩斯提出了记忆的遗忘曲线，学生如果从遗忘曲线中掌握了遗忘规律并加以利用，从而提升自我记忆能力，这就是一种认知策略。(4)动作技能学习。指学生通过练习获得的、按一定的规则协调自身肌肉运动的能力，是一种平稳而流畅、精确而适时的动作操作能力。例如，弹琴、游泳、跳绳等。(5)态度学习。指学生习得的、影响个体行为选择的内部状态，是一种对人、对己、对事、对物的反应倾向。例如，学生在学习中勤奋努力，在生活中对同学热情友好，都是一种态度。这五种学习又分为三个领域，言语信息、智慧技能及认知策略的学习属于认知领域，动作技能的学习属于动作技能领域，态度的学习属于情感领域。

三、小学生的学习准备

入学学习是小学生生活中的一个重大转折。从幼儿园进入小学意味着小学生从过去的以游戏为主导活动转变到以学习为主导活动。如果小学生做好了充分的心理准备，就能顺利适应小学生活。这些心理准备主要包括以下几方面：

(一)学习态度的准备

新入学的小学生对学习的态度是多种多样的。有的小学生认为学习和游戏一样，

可以想学习就学习,不喜欢时就不用学习。有的小学生学习,只是为了完成教师的要求,对学习却没有一个认真的态度。所以,为了让小学生在学习生活中有一个正确的学习态度,在入学前家长就应开始注意培养学生的学习兴趣,端正其学习动机。在入学初期教师要帮助小学生及时适应新的学校环境,指导他们解决遇到的问题。在入学后教师要系统地组织教育工作,激发小学生学习兴趣,为学生树立榜样。帮助小学生将学习活动与幼儿园的游戏活动区分开来,认真对待学习,形成正确的学习态度。

小学生的学习态度可以是积极的或消极的,正确的或错误的。小学生持什么样的学习态度与其立场和需要密切相关。小学阶段是小学生初步形成学习态度的时期,是影响学习效果的一个重要因素。研究发现(张英彦,1998;赵鹏程,2006;施连震,2018),小学生的学习态度呈现出一定的年级差异。小学低年级学生学习态度水平较高,小学中年级学生学习态度趋于平稳,小学高年级学生学习态度水平有下滑趋势。这可能是因为低年级的学习内容较易掌握,再加上大部分刚入校的小学生会对教师无条件的信任与服从,使得低年级小学生对学习抱有较高的积极性。而进入中高年级后,小学生对教师的服从开始有了一定的选择性,学习内容开始变得复杂、抽象,学生感受到了更多的学习困难,所以学习态度发生了变化。

还有研究表明(陶德清,2001;靳玉乐,2015),小学生的学习态度呈现出一定的性别差异,女生的学习态度水平普遍优于男生。这可能与不同性别学生的发展水平有关。学龄期女生认知水平的发展略早于男生,使得她们能更好地理解学习目的,进而在学习自我约束上强于男生。相对于男生而言,女生表现出更多的顺从性,更愿意按照教师及家长的要求学习,具有了更多的学习主动性。因此,小学女生的学习态度普遍比男生端正。

(二)学习习惯的准备

良好的学习习惯能帮助小学生更快地适应学校生活,取得更好的学习效果。家长在学生入学前就应提前帮助其养成规律的作息习惯。学校的作息制度与幼儿园区别很大,不能随意迟到早退,每天必须完成一定的学习任务。因此,培养学生良好的生活习惯,按时作息,按时完成作业,能帮助小学生尽快适应新的学习生活。

小学阶段是培养小学生良好学习习惯的最佳时期。从入学第一天开始,教师就应有计划地培养小学生良好的学习习惯。例如,要求学生遵守学校学习规则、纪律;教会学生上课专心,上课不能随意说话;培养学生养成课前预习、积极思考、课后复习等学习习惯。教师对刚进入学校的小学生要耐心训练指导,对其提出的要求应该具体不笼统,并长期坚持,使学生逐步养成良好的学习习惯。

(三)学习能力的准备

升入小学的学生,认知能力已经有了一定程度的发展,通过家长和教师的帮助就能逐步完成学校的各项学习任务。积极培养和促进学生认知能力的发展水平,是帮助其顺利过渡到学龄期的一个重要条件。因此,小学生应做好以下学习能力的训练:第一,培养学生的语言能力。帮助学生发展良好的人际沟通及语言表达能力,为小学的语言学习打下良好的基础。第二,训练学生的感知能力及注意的稳定性,提高观察水平,以适应学校教学要求。第三,充分发展学生的具体形象思维,促进抽象逻辑思维能力的萌芽,培养学生的想象力与创造性,为入学后的各科知识的学习打下心理基础。第四,学会使用记忆策略。初入学的学生还没有自己的学习方法,学习过程中他们更多的是采用机械记忆,缺乏策略。例如,在语文学习中,他们更倾向于逐字逐句背诵,而不善于归纳总结进行意义记忆。因此,教师还要注意指导学生运用记忆策略。

复习巩固

1. 学习的类型有哪些?
2. 小学生的学习准备包括哪些方面?

第二节 小学生的学习动机

学习动机是小学生学习活动的重要驱动力量,可以激发并维持小学生学习活动。教师应充分了解小学生学习动机的原理及规律,发挥小学生学习动机的作用,促进他们更好地学习,提高学习效果。

一、学习动机的含义

学习动机是激发个体进行学习活动,并指导其行为朝向一定学习目标的一种内部心理状态。学习动机是推动小学生学习行为的直接动力。小学生的学习活动主要由学习动机支配。他们的学习动机一旦形成,就会贯穿学习活动的全程。学习动机与学习活动相互影响和制约。学习动机能够加强并促进小学生的学习活动,而学习活动可以提高或激发小学生的学习动机。

二、学习动机的类型

小学生的学习动机是在社会生活条件和教育的影响下逐步形成的,不同社会和教育对小学生的学习有不同要求,所以反映在小学生头脑中的学习动机是复杂多样的。根据不同的划分标准,小学生的学习动机主要分为以下几种类型(见表6-1)。

表 6-1　学习动机的类型

分类标准	动机种类	主要特征
动机来源	内部动机	学习动机的产生不是来自外界的诱因、压力或奖惩,而是来自小学生的好奇心、兴趣和求知欲
	外部动机	学习动机由外部诱因、压力或奖惩引起。如小学生学习是为了得到奖品、取悦于教师、避免父母的惩罚等
动机层次	高尚动机	学习动机与国家富强、家庭幸福、个人发展相联系。如小学生意识到肩负着建设祖国的重任而努力学习
	低级动机	学习动机与利己主义相联系。如小学生学习是为了获得好分数,得到名誉地位,满足虚荣心等
动机地位	主导性动机	在学习活动中居于支配地位作用的动机。通常小学生的主导动机是为了得到父母、教师的表扬,取得优异学习成绩
	辅助性动机	在学习活动中居于从属地位、发挥辅助作用的动机。小学生的辅助性动机可能有几个,各自发挥着不同的作用
动机作用	近景性直接动机	学习动机与直接的兴趣爱好相联系,该动机不够稳定持久。如小学生对教师生动形象的讲解而引发的学习动机
	远景性间接动机	学习动机与社会与个人意义相联系,该动机稳定而持久。如小学生为了祖国强大而努力学习

三、学习动机的理论

不同的心理学家往往以不同的理论为依据,对学习动机提出了不同的理解和看法,从而形成了学习动机理论的多样性和复杂性,主要有以下几种学习动机理论。

(一)需要层次理论

人本主义心理学的主要创始人马斯洛的需要层次理论在众多动机理论中具有广泛影响。马斯洛认为,人类的动机由多种不同性质的需要组成,各种需要之间又有先后顺序和高低层次之分。马斯洛将人类的需要分为下面七个层次(见图 6-2):

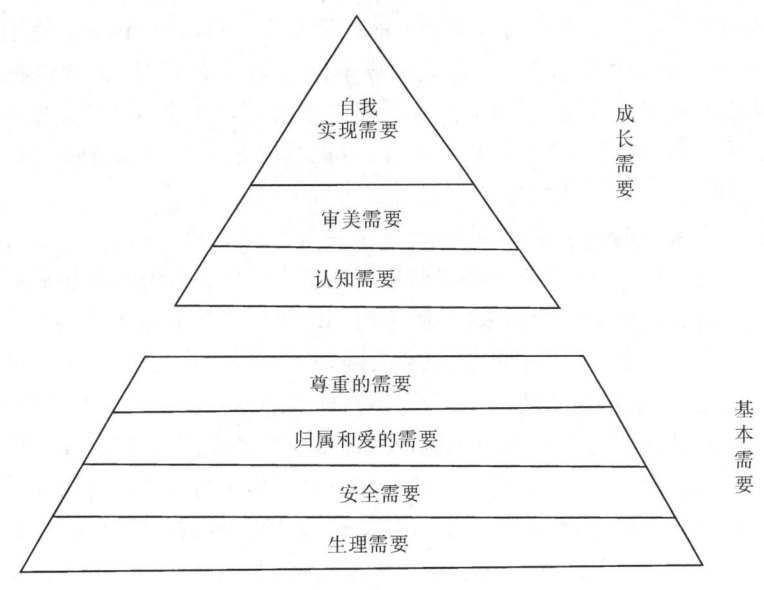

图 6-2 马斯洛需要层次理论

马斯洛将前四种需要解释为基本需要,即人类生存所必需的,包括生理需要、安全需要、归属和爱的需要、尊重的需要。这些需要的弹性较小,是刚性需要,人类必须得到一定程度的满足后,才会产生成长的需要。后三种是成长需要,即对人类发展自我、追求自我价值、获得成功的需要,包括认知需要、审美需要、自我实现需要这些需要弹性较大,不容易得到完全满足。马斯洛认为,高级需要是建立在低级需要基础之上的。

根据马斯洛的需要层次理论,家庭、学校和社会应为小学生创造良好的成长环境,使他们的基本需要得到满足,并促进小学生逐渐产生成长的高级需要。

(二)成就动机理论

最早研究成就动机的是美国哈佛大学的心理学家墨里。墨里将成就动机解释为:一种努力克服障碍、施展才能、力求尽可能又快又好地完成某事的愿望或趋势。麦克里兰和阿特金森接受了墨里的思想,并将其发展为成就动机理论。该理论的特点是用数量化的形式描述人类的成就动机。他们认为,人类的成就动机是在成就需要基础上产生的,激励着自己在重要或有价值的工作中力求获得成功。如小学生想成为学习的佼佼者就是成就动机的表现。

麦克里兰认为,成就需要高的人倾向于独自承担责任,在完成任务中获得满足感。同时,成就动机的高低影响个体对职业的选择。成就动机高的人倾向于选择具有开创性的职业,而成就动机低的人倾向于选择风险小的职业。

阿特金森将麦克里兰的理论进一步深化。他认为,个体的成就动机包含两部分,一是追求成功的动机,即指人们追求成功和由成功带来的积极情感;二是避免失败的动机,指人们避免失败和由失败带来的消极情感。

根据这两部分动机在成就动机中所占的强度不同,可以把个体分为追求成功者和避免失败者。追求成功者往往会选择成功概率约为50%的任务,因为这种任务能给他们提供现实的挑战。反之,避免失败者会倾向于选择容易或困难的任务。因为选择容易的任务可以免遭失败,选择艰难的任务,可以借口任务太难而逃避失败带来的负面情绪。

认知心理学家奥苏贝尔认为,成就动机是一种复合动机,由三种内驱力组成。一是认知内驱力,指学生的一种要求了解和理解的需要,以及系统阐述并解决问题的需要。它是从好奇的倾向中派生出来的,属于内部动机。学生对某个学科的认知内驱力不是天生的,而是依赖于学习经验,通过在实践中不断取得成功,逐步形成的。认知内驱力是一种最稳定、最重要的动机,因为它是指向学习本身的。二是自我提高内驱力,即学生因自己的胜任能力而赢得相应地位的需要。它把成就看作是赢得地位和自尊心的根源,属于内部动机。小学生由于担心学业失败伤害自尊心而努力学习就属于这种动机。三是附属内驱力,指学生为了得到家长、教师等成人的赞许认可的一种需要。它取决于学生与家长、教师、成人在感情上的依附性,并能够从他们的赞许认可中获得派生地位。所谓派生地位不是由学生的成就水平决定的,而是从家长、教师不断给予的赞许认可中引申出来的;享受到这种派生地位的学生,会有意识地使自己的行为符合家长、教师的标准和期望,获得他们更多的赞许。这三种内驱力会随着学生的年龄、性别、学习年限、学业成就以及人格特征等因素的变化而变化。

(三)强化理论

以桑代克、斯金纳为代表的行为主义心理学家用强化理论来解释学习动机的形成或激发。行为主义一直把学习的产生视为外在因素控制的过程,忽略学习者内部的自主性。他们认为,动机是由外部刺激引起的一种对行为的冲动力量。强化是引起动机的重要因素。强化可以使人在学习过程中增强某种反应发生的概率,使刺激与反应之间的联结得到加强和巩固。学生的学习行为是为了获得某种报偿。如果学生的学习活动得到教师赞赏、父母奖励、同学钦佩等就会产生较强的学习动机;反之,学生没有获得优良的学习成绩,受到家长责骂、同学嘲讽挖苦等,其学习动机就会降低,甚至还会产生逃避性的学习动机。因此,在教学活动中,教师要善于正确运用强化原理,提高学生的学习动机。

(四)归因理论

归因理论是由美国心理学家海德提出来的。他认为,人们具有理解世界和控制环境的两种需要,满足这两种需要的基本手段就是了解人们行动的原因,并预言人们将如何行动。人们做完一项工作后,往往喜欢寻找自己或他人之所以成功或失败的原因。韦纳认为,人们在分析成功或失败的原因时,一般归结为以下六个方面:(1)能力,个体评估自己对某项工作是否胜任;(2)努力,个体反省检讨自己在工作中是否尽力而为;(3)工作难度,个体凭经验判定某项工作的困难程度;(4)运气,个体认为工作成败是否与运气有关;(5)身心状况,个体的身心状况是否影响工作成效;(6)其他,指有关的人与事对成败的影响,如教师帮助,考试是否公正等。韦纳又按各因素的性质,将它们归入三个维度:因素来源——当事人认为其成败因素的来源;稳定性——当事人认为影响成败的因素在性质上是否稳定;可控制性——当事人认为影响成败的因素是否能够由个人意愿所决定(见表6-2)。

表 6-2　韦纳成败的归因理论

归因类别	因素来源		稳定性		控制性	
	内在	外在	稳定	不稳定	能控制	不能控制
能力	V		V			V
努力	V			V	V	
工作难度		V	V			V
运气		V		V		V
身心状况	V			V		V
其他		V		V		V

归因理论对教育实践活动的指导意义在于:教师可以根据小学生的自我归因,预测其学习动机。如果学生将成功归因为自己的能力、努力,将继续加油学习;反之将成功归因于运气,将心存侥幸,幻想奇迹再次发生,学习动机不会提高。

按照韦纳的观点,凡是小学生将成败因素归因为内在的、可控的因素是积极归因;反之则是消极归因。如果小学生将学业成败归因于自己能力不足、运气不好、学习难度太大,久而久之就会形成习得性无助感,缺乏尝试成功的勇气,这对学生的发展极为不利。另外,教师反馈是影响小学生归因的重要因素。尤其是对缺乏自信、依赖较强的学生,要想提高他们的学习动机,教师给予积极鼓励的反馈比其他方法更为有效。

(五)自我效能理论

自我效能感是美国心理学家班杜拉提出来的。他认为,人的行为受行为的结果因素(强化)和先行因素(期望)影响。期望包括结果期望和效能期望两种。前者是指个体对自己某种行为会导致的某一结果的推测。个体预测到某一行为将会导致特定的结果,该行为可能被激活或选择。例如,小学生认为上课积极发言会获得教师的重视和表扬,就会争取积极发言。后者是指个体对自己能否进行某种行为的实施能力的推测和判断。自我效能感是指人们对自己是否能够成功地进行某一行为的主观判断。当个体确信自己有能力进行某一活动时,就会产生较高的自我效能感,并从事该行为。例如,学生知道通过练习能够提高学习成绩,有能力掌握所学知识时,就会积极学习。

班杜拉等人研究发现,自我效能感主要有以下作用:(1)决定人们对活动的选择及对活动的坚持性。自我效能感高的人,倾向于选择富有挑战性的活动并能坚持到底。(2)影响人们在困难面前的态度。自我效能感高的人敢于面对困难,战胜困难。(3)影

响活动时的情绪。自我效能感高的人往往情绪饱满，将注意力集中于问题情境的解决，并被激发出更大的努力，促进胜任能力的发展。

四、学习动机的作用

学习动机决定着小学生学习的方向和进程，影响着学习的数量和质量，以及学习效果的好坏。学习动机和学习效果在一般情况下是一致的，往往有什么样的学习动机就有什么样的学习效果。但学习动机与学习效果之间并非总是一致。如有的小学生学习动机端正、学习刻苦努力，但学习效果却不理想。可见，学习动机只是影响学生学习效果的众多因素之一。学生的学习效果还要受许多因素的影响，如教师教学水平的高低、教材的难易程度、学校的管理情况、学生的智力以及努力等。

通常人们认为，学习动机越强对学习活动的影响越大，学习效果越好，事实并非如此。如有的学生由于求胜心切、害怕失败，往往会因情绪过分紧张导致考试怯场，记忆和思维活动水平降低，影响考试正常发挥。只有当学习动机处于最佳水平，学习活动才会产生最佳效果。学习动机的最佳水平往往因学习内容的不同而不同。当学习内容较容易时，学习效率会随着学习动机强度的增强而提高；当学习内容较困难时，学习效率会因学习动机强度的增加而降低；学习中等程度的学习内容，往往需要中等强度的学习动机。这条规律是美国心理学家叶克斯与多德森通过动物实验发现的，所以称为叶克斯—多德森定律（见图6-3）。

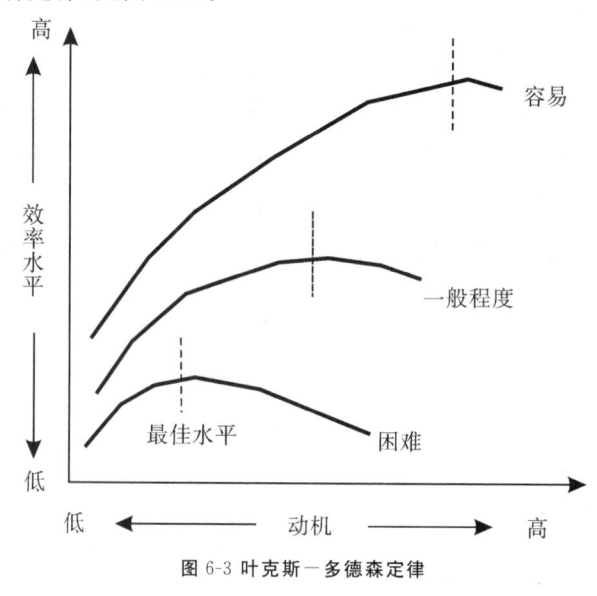

图6-3 叶克斯—多德森定律

学习动机对学习效果有影响，学习效果也会对学习动机产生重要作用。如学生在学习活动中取得成功，学习积极性会大幅提高，学习动机也会随之增强；反之，如果在学习中遭遇失败,学习积极性会受到消极影响,学习动机随之减弱。因此,学习动机与学习效果的关系是相互依存,互为因果。虽然学习动机是影响小学生学习效果的一个重要因素,但不是全部。教师培养和激发小学生的学习动机很重要,但改善影响小学生学习动机的其他因素也同样重要,这是教师不能忽视的工作。

> **复习巩固**
>
> 1. 学习动机的含义是什么?
> 2. 学习动机有哪些分类?
> 3. 学习动机的理论有哪些?

第三节 小学生学习动机的影响因素

小学生的学习动机受到诸多因素影响,在这些因素影响下,小学生形成具有各自特点的学习动机。一般来说,小学生学习动机的影响因素主要包括两大方面。

一、小学生学习动机的外部因素

(一)社会环境

学习动机是社会要求在学生头脑中的反映,社会环境制约着小学生学习动机的形成,对其产生重要影响。

1. 社会舆论的影响

一个国家对科学文化的要求通过社会舆论对学生学习动机的形成产生重要影响。社会舆论是指人们共同关心、有争议问题上多数人意见的总和。舆论是一种社会力量和社会压力,它对个体的行为有指导作用。正确的舆论能激发小学生积极的学习动机,坚定他们的学习信念;反之,错误的舆论则会降低小学生的学习动机,使他们不愿读书,厌恶学习。我国社会多次流行的"读书无用论"的思潮,曾使一些小学生学习动机不强,不愿读书而逃学或辍学。随着我国改革开放的不断深入,人们对知识的重要性产生了新的认识,逐渐形成了知识就是力量、知识就是经济、知识就是财富的观念,人们也更加相信"人才是第一资源",这些对小学生的学习动机起着正确引导激发的作用。由此可见,社会舆论对小学生学习动机的形成有重要影响。

2. 城乡教育的差异

城乡教育差异对小学生学习动机形成也具有重要影响。我国一些研究发现(王有

智,2003;朱海雪,2013)城市小学生学习动机的强度明显高于农村小学生,并且差异显著。这可能是由于城乡教育资源分布的不平衡以及社会文化环境的差异所致。城市小学较之于农村小学有更好的学习条件和资源,有更强的师资力量和教学水平,学习的内容也更加全面丰富。城市里的人教育意识强烈,追求上进的文化氛围较为浓厚,这种环境下城市中的小学生也会较早地意识到知识的重要性。而在农村,特别是较偏远的地方,情况却大不相同。农村的留守小学生较多,他们往往家庭情况较差且由祖辈隔代教育,教育观念相对落后,也意识不到学习的紧要性。这些都对农村小学生学习动机的形成有消极影响。

(二)学校环境

学校是实施教育的专门机构。学校通过有目的、有计划的教育,激发和培养小学生的学习动机,发挥学习动机对学习的积极影响。学校教育在小学生学习动机形成和发展中起主导作用。

1.教师的作用

在学校教育中,教师是对小学生学习动机影响最大的因素。首先,教师的榜样作用是小学生学习动机形成的直接诱因。教师对小学生的影响是潜移默化的。教师治学严谨、学而不厌,以极大热情和兴趣从事教学科研,就会对小学生的学习动机产生积极影响;反之,教师对工作厌烦或冷漠,不思进取、不愿学习,会对小学生的学习动机产生消极影响。其次,教师是培养和激发小学生学习动机的实施者。教师只有兼顾到小学生之间的差异,运用合理的奖惩手段,做到因材施教,才能帮助学生提高学习兴趣,形成良好的学习动机。另外,教师期望也与小学生的学习动机有着密切的联系,对小学生的学习动机发挥着潜在的影响(李颖,2018)。教师如果对学生报以积极的学习期望,鼓励爱护学生,学生就会勤奋学习,产生较高水平的学习动机。

拓展阅读

教师期望效应

1968年美国心理学家罗森塔尔教授实施了一项震撼教育界的实验。他带着一个实验小组走进一所普通的小学,对小学一年级至六年级学生进行了一次预测未来发展的智力测验,然后在各班随机抽取了部分学生,并向教师宣称这些学生是学校中最有发展潜能的学生,并再三嘱托教师在不告诉学生本人的情况下注意长期观察。几个月后,当他们再次回到该小学时,惊喜地发现,这些被随机抽取的学生不但在学习成绩和智力表现上均有明显进步,而且在兴趣、品行、师生关系等方面也都有了很大的变化。这一现象被称为"教师期望效应"也叫"罗森塔尔效应"。

> 1974年美国心理学家布鲁非和古德对"教师期望效应"进行了详细分析,他们认为期望效应产生的过程是:教师对不同的学生有不同的态度和期望,并采取不同的教育方法,学生对教师的不同态度和行为产生不同的反应;教师的期待得到加强和印证;学生学习成绩沿着教师的期望而提高或降低,最终在学年考试中表现出教师期望的实现。
>
> 1975年美国教育学家布劳恩进一步分析了效应产生的原因和过程。在原因方面布劳恩提出了身体特征、性别、学习成绩、社会经济地位等因素。在过程方面布劳恩认为根据上述种种原因,教师产生一种主观印象,在认识、情感和行为上就会有相应的反应,首先是对学生进行优差分组,认为某些学生优秀或笨拙,产生不同的期望。随之表现出与学生的接触量不同,赞扬和批评的量不同,激励和暗示的量不同,给学生作业的难度不同。对成绩好的学生提问多,表扬多,题目难度较大,反之则较少。由此可见,这个过程中教师形成期望往往是根据来自各个方面的信息,并加以过滤、评价、整合,对不同的学生形成不同的期望。这个过程既受到教师自身的生理、心理、经验以及对学生的了解程度等主客观因素的影响,也受到来自学生的各种信息的影响。

2. 校园文化的影响

校园文化包括物质文化和精神文化两个方面。校园文化作为一种无形的教育力量,具有隐性教育作用,对小学生学习动机具有重要影响。研究发现(赵可云,2018),校园的硬件设施、校风学风、班级结构等对小学生的学习动机均有显著的正向影响作用。

校园物质文化是校园文化的物质基础,包括校舍布局和各种教育设施,如教室、图书馆、名人雕塑等。校园物质文化对小学生学习动机的影响是潜移默化的。例如,整洁优美的校园可以为小学生提供优良的学习环境,图书馆可以为学生探索新知识提供便利,名人雕塑可以激励小学生对科学知识的探索,这些都在不同程度上满足小学生的需要,激发其求知欲,对学习动机具有重要作用。

校园精神文化是学校精神面貌的反映,包括学校教育制度、校训、校风、班风、文化活动等。校园精神文化对小学生学习动机的影响更大。例如,良好的学校教育制度、校风、班风可以陶冶小学生情操,引导其树立正确学习目标;学校的宣传栏可以宣传各种科学文化知识和好人好事,丰富的校园文化活动可以拓展小学生的知识和能力,产生对学习的兴趣,激发小学生的学习动机。

(三)家庭环境

家庭环境是学生成长中最重要和最基本的环境。家长的价值观及对学习的态度极大地影响着小学生的学习动机。

1. 父母的期望

父母的期望是影响学生发展成长的重要家庭因素。研究表明(Davis,2005；Pearce,2006),相较于低水平的父母教育期望,高水平父母教育期望的学生学业成就更好,能达到更高的教育水平,这些父母会投入更多时间到学生的教育中,创造良好的学习条件,督促子女学习,促进其产生较高的学习动机。但值得我们注意的是,有进一步研究发现(龚婧,2018),父母期望子女的学业成绩在满分以下时,父母期望越高子女成绩越好;但当父母期望子女学习成绩为满分时,子女学习成绩反而呈下降趋势。这就意味着如果家长对子女的期望脱离实际,可能会增加子女的心理负担,使其不能充分发挥学习潜能,影响其学习动机的形成和维持。

2. 父母的教养方式

父母教养方式是父母在抚养和教育子女过程中采取的手段和方法。一般来说,父母教养方式可分为专制型、民主型、溺爱型和忽视型等四种类型。专制型、溺爱型和忽视型的父母教养方式与子女学习动机呈负相关,民主型父母教养方式与子女学习动机呈正相关。因为专制型父母教养方式要求子女按家长意愿做事,束缚了子女的发展空间,降低了其学习动机;溺爱型父母教养方式使子女在父母庇护下成长,当子女遇到困难时往往求助于父母,不力求自己解决,造成学习动机水平不高;忽视型父母教养方式则对子女的教育不闻不问,子女在成长过程中遭遇困难无人帮助,因此,学习动机水平较低;民主型父母教养方式给予子女充分自由,必要时给予指导和帮助,尊重子女,重视子女独立能力的培养,因此,子女的学习动机水平较高。

3. 父母的文化程度

父母的文化程度决定了其学习态度和所能营造的家庭氛围。父母的好学态度以及良好的家庭氛围对小学生的学习具有促进作用。文化程度较高的父母,一般都热爱学习,喜欢读书和进修,他们能有意识地在子女面前树立学习榜样,并影响小学生智力的发展(王烈,2000),促进小学生学习动机的形成。而父母自身修养和知识的欠缺,会在辅导子女学习方面比较费劲,也更容易导致学生学习困难(林国珍,2004),阻碍学生良好学习动机的形成。

二、小学生学习动机的内部因素

(一)年龄特点

研究表明(朱晓红,2001),学生的学习动机会随着年级不断增高而呈现由较低级的外部动机向更高级的内部动机转化的趋势。低年级小学生的学习动机主要以获得奖励、得到长辈认可等外部或直接动机为主,学习动机的作用较微弱和短暂。高年级小学生逐步产生求知、自我提高的内部或长远的动机,学习动机的作用逐步稳定和持久。随着小学生年龄和知识经验的增长,他们与社会需要相联系的动机越来越占支配地位,并逐步成为主导性动机。教师应充分了解小学生不同年龄的学习动机,采取正确教育教学方式,培养和激发其学习动机。

(二)需要层次

小学生需要的形成和转化是影响学习动机形成的重要因素。每个小学生的成长环境各不相同,形成了他们各自不同的需要。小学生有的需要是正确或合理的,如获得尊重、理解的需要。有的需要则是不正确或不合理的,如不做作业就要求看动画片。正确或合理的需要有利于学生学习动机的培养和激发,不合理的需要则会阻碍学生学习动机的形成。因此,教师应注意加强小学生需要的正确引导,促进学生形成良好的学习动机。现有研究也发现(瞿正万,2005),我国小学生心理需要的内容和层次会随着社会的进步而发展,且高层次心理需要呈现增高趋势。

(三)志向水平

志向水平是小学生理想的直接反映,制约着其学习动机和学习目标的形成。如果小学生有较高的志向水平,学习目标是现实可行并通过努力可以达到的,便会增强学习动机,勤奋学习,不断进步。相反,如果小学生的志向水平低下,学习目标模糊,往往对学习缺乏兴趣,害怕困难,知难而退。因此,教师应根据小学生的特点,帮助他们设置合理的学习目标,维持他们较高的志向水平,促进其学习动机的发展。

(四)成败经验

许多研究表明,小学生学习动机水平与成败经验有关。美国心理学家西尔斯曾把小学四、五、六年级的学生分成三组:第一组为成功组,被试平时的学习成绩就是最好的,对学业成就很有信心;第二组为失败组,由学习成绩差的被试组成,由于他们屡遭失败对学业成就没有信心;第三组为混合组,有语文、数学一门优秀,另一门较差的学生组成。实验内容是让三组被试做解释词义和解答数学应用题的测验。正式测验之前,先让被试根据自己的过去经验估计自己能完成多少测验题以及完成所需的时间,然后进行测验。结果表明,成功组的抱负水平较高,他们的成就目标符合实际情况;失败组的抱负水平较低,他们的成就目标甚至低于实际水平;混合组的抱负水平则高低不同。由此可见,学生的成败经验对其学习动机有重要影响。成功的经验能增加学生的自我效能感,提高其学习动机水平,失败的经验则会降低其自我效能感,降低学习动机。

除上述几点以外,由于每个小学生的认知方式、兴趣爱好、性格等各不相同,其学习动机的强度和水平也会有所差异,教师应充分了解小学生的个别差异,根据其差异,采取不同措施激发其学习动机,促进小学生的学习。

> **复习巩固**
>
> 1. 影响小学生学习动机的外部因素有哪些？
> 2. 影响小学生学习动机的内部因素有哪些？

第四节 小学生学习动机的培养和激发

学习动机的培养是使小学生从还没有形成学习动机到产生学习动机的过程。学习动机的激发是在教学情境下，利用一定的诱因，将小学生已形成的学习需要由潜在状态转变为活动状态，形成学习积极性的过程。两者既有区别又有联系，教师应采取有效手段来培养和激发小学生的学习动机。

一、小学生学习动机的培养

小学生的学习动机是通过教育和环境的影响逐步形成的。小学生学习动机的培养主要有以下几种方法：

（一）重视小学生学习成就动机训练

学习成就动机是在一定社会、教育条件下形成，通过一定训练培养和提高的。对小学生学习成就动机训练一般分为以下几个步骤（见表 6-3）。

表 6-3 成就动机的训练步骤

阶段	训练内容
意识化	通过对小学生的讲授、谈话、讨论，使他们意识到成就动机的重要性，注意到与成就动机有关的行为
概念化	通过多种方法，使小学生理解和成就动机有关的概念，如目标、风险、努力、勤奋、挫折等，并搞清这些概念与成功之间的关系
体验化	通过创设活动情境，主题班会等，使小学生体验成功，获得成就的经验和感受
练习	通过多次练习重复，不断加深小学生对成功的理解和体验
迁移	促进小学生将学到的对成就动机的理解、体验、行为策略应用到其他场合，能够举一反三，触类旁通
内化	小学生将成就动机转化为自身的需要，逐渐成为自己价值观的一部分，能够指导自己的学习，知道如何获得成功

(二)通过归因训练,帮助小学生学会正确归因

小学生的归因倾向是后天形成的,教师的反馈是影响小学生归因的重要因素。教师对小学生学习情况和学业成绩的归因要实事求是,避免产生对好学生的"光环效应",对差生的偏见。教师要了解学生的归因倾向,对学生的归因进行训练,教会他们学会正确归因,促进其学习。教师训练学生归因的方法主要有下面三种(见表6-4)。

表 6-4 训练小学生归因的方法

方法	训练过程
观察学习法	小学生观察归因榜样,模仿榜样的归因,从而学会正确的归因。这种方法较适合小学低年级的学生
团体讨论法	把学生分为小组讨论学习成败的原因,集思广益,教师指出学生归因的误差,引导他们做出符合实际的正确归因。这种方法适合小学高年级的学生
强化矫正法	教师结合教学内容,根据学生的归因情况,进行奖励与批评,使学生形成比较正确的归因

(三)引导小学生形成积极正确的自我概念

正确自我概念的标志是具有自尊心。人本主义学家罗杰斯认为,自尊心是经由自我评价之后自我接纳时的自我价值感。教育心理学家古柏史密斯认为,自尊心的满足必须具有三个条件:(1)重要感,指个人觉得他的存在是重要和有意义的。小学生的重要感主要来自父母的关爱、教师和同学的认同。(2)成就感,指个人在具有挑战性的工作中表现出成就,达到预期目标时所产生的满足感。小学生在学业上的成就感是形成正确自我概念的关键。(3)有力感,指个人觉得自己有处理事务与适应困境的能力。小学生能够应付学习任务的压力,独立完成作业,就会产生有力感。有力感是使学生敢于面对困难接受挑战的重要心理特征,也是克服困难获得成功的重要因素。因此,教师应创设各种条件,教育小学生正确认识自我,发现自己的长处与短处,积极培养小学生的重要感、成就感和有力感。例如,教师要接纳和关爱每个学生,减少或杜绝对差生的偏见,根据学生的个体差异,因材施教,使其获得成功经验,促进小学生形成积极的自我概念。

二、小学生学习动机的激发

为了使小学生具有较高水平的学习动机,就需要将他们的潜在学习动机激发为活跃的学习动机。只有充分激发小学生的学习动机,才能促进搞好学习,提高学习效果。主要有以下几种方法:

(一)创设问题情境,激发小学生的求知欲

创设问题情境是激发小学生兴趣和求知欲的有效方法。创设问题情境是在教学

内容和小学生求知心理之间制造一种不协调,把小学生引入一种与问题有关的情境过程。这个过程就是不协调——探究——深思——发现——解决问题的过程。教师设置的问题情境要符合小学生的认知水平和知识基础,在他们心理上造成悬念,从而使他们的智力活动达到最佳状态。教师通常通过实验演示、趣味故事叙述、生动的描述、利用教学内容所包含的矛盾事实等方式来设置问题情境。

(二)正确运用奖励与惩罚

奖励与惩罚是对小学生学习动机的一种强化方式。它可以提高小学生的认知水平,激发他们的学习动机。但在运用奖惩手段时要注意:(1)实事求是。教师对小学生的表扬或批评必须坚持实事求是、客观公正的原则,避免副作用的产生。对小学生的过度批评会使他们丧失学习信心,挫伤学习积极性,甚至形成学习无助感;滥用表扬则会滋生小学生的骄傲情绪,放松努力,导致学习动机的减弱。(2)多用表扬、少用批评。心理学家赫洛克曾研究了奖励和惩罚对学习动机的影响,发现表扬和奖励比批评和指责更能激发小学生的学习动机。因此,在实际工作中,教师要多用表扬,少用批评,尤其是对学习困难的小学生,更要善于发现他们的闪光点,及时给予表扬,帮助他们树立学习的信心。(3)有针对性地进行表扬和批评。不同的强化方式对不同的小学生产生的效果不同。对成绩差的小学生,表扬更起作用;对自卑、内向者应表扬多于批评,对自傲者则应批评多于表扬。因此,教师在表扬和批评小学生时应考虑小学生的个别差异,有的放矢,方可起到事半功倍的效果。

(三)及时给予正确有针对性的反馈

美国心理学家罗斯和亨利曾用实验证明反馈对学习的影响。他们将一个班的小学生分为三组,每天接受测验。第一组每天都知道学习结果(及时反馈);第二组每周一次知道学习结果(有反馈);第三组不知道学习结果(无反馈)。实验进行8周后改变实验方法,将第一组和第三组的做法互换,第二组不变。时间也是8周。结果如下:前8周第一组进步最大,第二组次之,第三组无进步。后8周第二组平稳进步,第一组成绩急剧下降,第三组则骤然上升。实验结果表明,及时反馈对学习的影响是极其显著的。后来,美国心理学家佩奇针对教师评语对小学生学习的影响做了进一步研究。他把2000多名小学生分为三组,分别给以不同的评定。第一组无评语,即对学生的评定只打等级无评语,如对学生的成绩只打"A"或者"95分";第二组给予特殊评语,除标明等级外,还给予评语,但获得相同等级的学生评语是一样的。如甲等为"优秀,保持下去!"乙等为"良好,继续前进!"等;第三组给予顺应性评语,除标明等级外,根据小学生答案的特点给予适当的矫正或相称的评语,如"优秀,作业完成得很认真,知识点熟练""很好,描述生动感情细腻。"结果表明,不同的评价对小学生后期的学习影响显著,顺应性评语效果最好,特殊性评语次之,无评语最差。

由此可见,小学生在学习过程中,如果能及时得到教师正确且有针对性的反馈,就能及时看到自己的进步,发现自己的不足,提高学习热情,增加努力程度。

(四)适当组织学习竞争

竞争是激发小学生学习积极性和求胜心的一种有效手段。学习竞争能加强小学生的学习动机,激发他们的积极性,满足他们的成就需要。但学习竞争也会带来副作用。因此,教师在运用学习竞争方式时应注意以下几点:(1)不可滥用学习竞争。频繁的学习竞争会造成过度紧张的学习气氛,加重学生的学习负担,使胜利者骄傲自满,目中无人,或为了保住第一,循规蹈矩,不敢创新;使失败者丧失学习信心,形成自卑感。(2)强调团体学习竞争。团体学习竞争可以增强学生的协作精神,有利于集体主义精神的培养,使他们免遭失败造成的伤害。但教师要避免团体竞争的不利影响,如依赖思想、责任分散等。(3)提倡个人的自我学习竞争和团体的自我学习竞争。鼓励学生或集体不断提出新的学习目标,不断进步,力求发展,尽力做到"今天比昨天好,明天比今天更好"。(4)让学生在竞争中获得更多的成功机会。教师在组织竞争活动时,应考虑尽量让更多的学生获得成功的机会,以提高其自信心。

(五)注意内外学习动机的相互作用与转化

教师在激发小学生学习动机时,应注意他们内外动机的相互作用。虽然小学生的内部动机要优于外部动机,但是,外部动机作为内部动机的有益补充,是必不可少的。已有研究论证了依靠外部教育资源的有效设置来满足学生的基本需求,是促进动机内化的关键(于海峰,2011)。所以,教师要正确认识两者之间的关系,可以通过外部的力量,如表扬、鼓励、批评等,使学生的外部动机逐步转化为内部动机。当学生的内部动机逐步形成并稳定后,则应把学生的外部动机作为辅助手段,维持和巩固其内在动机。通过这种内外动机的相互作用和转化,才能有效激发小学生的学习动机,推动小学生持久稳定地学习。

(六)设置恰当的学习目标

美国心理学家洛克提出,目标本身就具有激励作用,他可以把人的需要转化为动机,使人的行为朝着一定的方向不断地努力,并且人在努力的过程中会不断调整修正自己的行为,以实现目标。许多研究也表明(王华,2005;胡艳,2018),设置适当的学习目标对激发学生的学习动机影响显著,且能较显著提高学困生的学业成绩。所以,在教育过程中,教师应该对小学生设置学习目标,让学生有努力的方向。同时要注意学习目标的难度要适合学生的能力,使学生通过努力可以达到。有了明确且适当的学习目标,才能够激发学生的学习动机,调动学生的积极性。

复习巩固

1. 培养小学生学习动机的方法有哪些?
2. 激发小学生学习动机的方法有哪些?

本章要点小结

1. 学生的学习是指在教师指导下,有目的、有计划、有组织地掌握系统的科学文化知识、技能和社会经验的过程。依据不同分类标准,可以把学习分成不同种类。

2. 小学生的学习准备包括学习态度的准备、学习习惯的准备和学习能力的准备。

3. 学习动机是指激发个体进行学习活动,并导使行为朝向一定学习目标的一种内在过程或内部心理状态。根据不同分类标准,可以把学习动机分成不同种类。

4. 不同心理学家对于学习动机理论的解释不同。比较有代表性的观点是需要层次理论、成就动机理论、强化理论、归因理论、自我效能理论。每种学习理论对于学习动机的解释都有其特点,对小学生学习动机培养和激发有不同启发。

5. 小学生学习动机形成的影响因素主要包括两方面:一是外部方面,主要有社会、学校、家庭三方面的影响;二是内部方面,主要有小学生的年龄特点、需要层次、志向水平和成败经验等。

6. 小学生学习动机的培养应注意:重视小学生学习成就动机的训练,通过归因训练、帮助小学生学会正确归因,引导小学生形成积极正确的自我概念。对小学生学习动机的激发应做到:创设问题情境,激发小学生的求知欲;正确运用奖励与惩罚;及时给予正确有针对性的反馈;适当组织学习竞争;注意内外学习动机的相互作用与转化;设置恰当的学习目标。

关键术语表

学习	learning
学习准备	learning preparation
学习动机	learning motivation
培养与激发	cultivation and stimulation

复习题

一、单项选择题

1. 美国教育心理学家加涅依据学习结果的不同,将学习划分为言语信息的学习、智慧技能学习、认知策略学习、动作技能学习和(　　)。

　　A. 接受学习　　　　　　　　B. 态度学习
　　C. 发现学习　　　　　　　　D. 意义学习

2. 根据学习动机的来源,可以将动机分为(　　)。

　　A. 内部动机和外部动机　　　B. 高尚动机和低级动机
　　C. 主导性动机和辅助性动机　D. 近景性直接动机和远景性间接动机

3. 根据韦纳的归因理论,把学习成功归因于努力程度,属于(　　)。
　A. 外在稳定不可控归因　　　B. 内在稳定不可控归因
　C. 外在不稳定可控归因　　　D. 内在不稳定可控归因
4. 影响小学生学习动机形成的外部因素包括家庭、学校和(　　)。
　A. 社区　　　　　　　　　　B. 同学
　C. 教师　　　　　　　　　　D. 社会

二、多项选择题

1. 我国教育心理学家冯忠良依据学习内容的不同,将学习划分为(　　)。
　A. 知识的学习　　　　　　　B. 技能的学习
　C. 社会规范的学习　　　　　D. 言语信息的学习
2. 马斯洛需要层次理论中的成长需要包括(　　)。
　A. 认知需要　　　　　　　　B. 归属和爱的需要
　C. 审美需要　　　　　　　　D. 自我实现需要
3、美国心理学家阿特金森认为个体的成就动机包含(　　)。
　A. 避免失败的动机　　　　　B. 追求成功的动机
　C. 自我提高内驱力　　　　　D. 附属内驱力
4. 影响小学生学习动机形成的内部因素有(　　)。
　A. 需要层次　　　　　　　　B. 年龄特点
　C. 志向水平　　　　　　　　D. 成败经验

三、判断对错题

1. 学习是人类和动物都普遍存在的现象。　　　　　　　　　　　(　　)
2. 小学生如果在学习活动中取得成功,学习积极性会提高,但学习动机不会改变。
　　　　　　　　　　　　　　　　　　　　　　　　　　　　　(　　)
3. 培养小学生学习动机时应注意对小学生进行归因训练,帮助其学会正确归因。
　　　　　　　　　　　　　　　　　　　　　　　　　　　　　(　　)

第七章　小学生陈述性知识的学习

通过本章的学习,你应该了解什么是知识,知识有哪些类型;什么是陈述性知识,陈述性知识有哪些种类;陈述性知识的学习过程是什么,其心理机制是什么,有哪几种同化方式,这些同化方式各有什么特点;如何促进学生对陈述性知识的理解与迁移。

第一节 概述

知识的学习历来是学生学习的重要任务之一。陈述性知识的学习,对于丰富学生的知识经验,提高学生的认知能力,形成各种技能是必不可少的前提和条件。帮助学生理解和掌握陈述性知识,加强陈述性知识的教学是教师的重要任务之一。

一、知识及陈述性知识的含义

知识(knowledge)是人们在日常生活中使用非常广泛的一个术语。在不同的学科领域,对知识有不同的理解,心理科学是如何解释知识的?20 世纪 50 年代以前,行为主义流派在心理学中占统治地位。行为主义着重关心有机体的行为变化,很少研究知识,认为研究知识是哲学家的专利,对知识的认识停留于哲学层面。因此,传统的心理学知识观受哲学的影响,认为知识是人们在改造世界的实践中获得的认识和经验的总和[①]。20 世纪 80 年代以后,现代心理学受信息论、计算机等其他学科的影响,对知识有了全新的认识,形成了新的知识观。但关于知识的定义,却一直存在学术争论。如加涅(R. M. Gagne,1985)认为,知识是用言语符号来标志某种事物或表述某些事实。有的研究者(Howard,1995)将知识定义为由信息构成的、存于长时记忆的表征。我国的心理学家一般认为,知识是个体通过与其环境相互作用后获得的信息。知识是个体为适应生活环境所拥有的一切信息。尽管心理学家对知识的解释不完全相同,但他们都认为知识是人类所拥有的信息,知识能通过书籍、计算机或其他媒介贮存。根据不同的分类标准,心理学家把知识分成不同的类型(见表 7-1)。

表 7-1 知识的分类

分类标准	知识类型	特 征
知识的来源	直接经验知识	个体通过亲身实践活动而获得的知识,如通过参观访问、调查获得的知识
	间接经验知识	个体通过书本和大众传媒等途径而获得的知识
知识的层次	感性知识	个体通过感觉器官直接获得的知识。这种知识主要是对事物的外部特征与外部联系的反映
	理性知识	个体通过思维活动而获得的知识。这种知识主要是对事物的本质特征与内部联系的反映

---

① 中国社会科学院语言研究所词典编辑室.现代汉语词典[M].北京:商务印书馆,1996:1467

续表

分类标准	知识类型	特　征
知识的范围	一般知识	个体具有的对一类事物的普遍知识,如生活知识
	特殊知识	个体对具体事物或专门事物的知识,如医学知识,动物学知识
知识传递难易	显性编码化知识	易于用言语传递,可以编码外显的知识,如文字、数据的陈述和处理
	隐含经验类知识	个体只能意会的内隐经验类知识,如观念、表象
知识的功能	陈述性知识	主要反映事物的形态、内容及变化发展的原因,说明事物"是什么""为什么""怎么样"的知识
	程序性知识	是用于具体情境的算法或一套操作步骤,说明"做什么"和"怎么做"的知识。如写字、打篮球

在本章,我们着重论述陈述性知识的学习。陈述性知识解决的是学生从无知到知到知之较多的过程。如学生从不了解什么是名词与动词、三角形的内角是多少度、圆周长与直径的比是多少,到了解并理解这些知识的学习过程。由于陈述性知识通常可以用言语进行清楚的描述,因此,有的心理学家也把它称为描述性知识。

二、陈述性知识的类型

不同心理学家对陈述性知识有不同的分类。其中具有代表性的是下列心理学家的分类。

加涅视陈述性知识为言语信息,把它由简到繁分为三类:(1)符号(labels),指各种事物的名称或标记。(2)事实(facts),指表明两个或两个以上事物之间关系的言语陈述。如"北京是举世闻名的游览胜地,有故宫、长城等名胜古迹"。(3)有组织的知识,指由多个事实联结成的整体。如学习我国地形地貌特点的知识。

布鲁姆从教育目标分类学和测量学角度,把陈述性知识分为十二类:(1)具体知识,指对具体的、独立的信息的回忆。(2)术语知识,指言语和非言语的对某个物体的称谓。(3)具体事实知识,即日期、事件、人物、地点等方面的知识。(4)处理具体事物的方式和方法知识,指有关组织、研究、判断和批评的方式和方法的知识。(5)惯例知识,指对待和表达各种现象和观念的独特方式的知识。(6)趋势和顺序知识,指有关时间方面的各种现象发生的知识。(7)分类和类别知识,指有关类别、组织及排列的知识。(8)准则知识,指检验、判断各种事实、原理、观点所依据的准则知识。(9)方法论知识,指在某一学科领域使用的以及在调查特定问题和现象所使用的探究方法、技巧和步骤的知识。(10)学科领域中的普遍原理和抽象概念知识,指把各种现象与观念联系起来的主要体系和范式的知识。(11)原理和概括知识,指对各种现象观察的结果进行概括的特定抽象概念方面的知识;(12)理论和结构知识,指为某种复杂现象、问题或领域提供一种清晰、完整、系统的观点的重要原理和概括及其相互关系方面的知识。

奥苏贝尔(D. P. Ausubel)把陈述性知识分为以下三类:一是代表性学习(representational learning)。指学习单个符号或一组符号的意义,或者说学习它们代表什么。代表性学习的主要内容是词汇学习(vocabulary learning),即学习单词代表什么。如狗的英文单词是 dog。二是概念学习(concept learning)。指掌握以符号代表的同类事物或性质的共同的本质特征。如掌握鸟是"有羽毛、卵生"的动物本质特征,而与它的大小、形状、颜色、是否会飞等特征无关。三是命题学习(propositional learning)。指学习某个句子的意义。一类是非概括性命题,它只是表示两个以上特殊事物之间的特征关系,如"香港是中国的特别行政区",这个句子里的"香港"代表特定城市,"中国的特别行政区"是一个特殊对象的名称。另一类是概括性命题,它表示若干事物或性质之间的一般关系,如"圆的直径是半径的两倍",这里的倍数关系是普遍关系。命题学习实际上是学习若干概念之间的关系。学生必须先了解组成命题的有关概念的意义,才能获得命题的意义。例如,学生没有获得"直径""半径"和"倍"的概念,便不能学习"圆的直径是半径的两倍"这个命题。命题学习必须以概念学习为前提,比一般的概念学习更复杂,水平更高。

上述心理学家对陈述性知识的分类有许多相似之处。如"符号"与"术语知识"与"代表性学习"相似。但也有不同的地方。加涅只是粗略地区别了陈述性知识的种类,布鲁姆则详尽阐述了陈述性知识的类型,以使教师在教学中能够操作和应用。奥苏贝尔在对该陈述性知识分类的基础上,揭示了其内在的心理机制。他们的研究,有助于我们更全面地认识陈述性知识。

三、陈述性知识的表征

知识的表征(representation)是指知识在头脑中的储存和转化的方式。现代认知心理学认为,陈述性知识主要是以命题、命题网络和图式等方式在头脑中表征的。

(一)命题

在心理学中,命题是语词表达意义的最小单元。命题一般由两个成分构成:论题和关系。论题是命题的话题,通常用名词或代词来表示;关系要制约话题,通常用动词、形容词、副词和关联词等来表示。如"小张在教室里看书"。可以分解为以下两个更简单的句子:①小张在教室里;②小张看书。这两个句子各表达一个命题。句子①中的话题是"小张"和"教室",关系是"在……里"。句子②中的话题是"小张""书",关系是"看"。认知心理学家常用以下方法来表示命题,用一个圆(或椭圆)表示一个命题,用箭头将命题的话题和关系联系起来。如上述"小张在教室里看书"中包含两个命题,用上述方法表示如下:

```
命题1(简称P1)                    命题2(简称P2)
    在……里                           看
      ↑                              ↑
小张 ←─○─→ 教室              书 ←─○─→ 小张
```

(二)命题网络

如果若干个命题具有共同成分,通过这种共同成分,可以彼此联系组成命题网络。如上面两个命题中有共同成分"小张",通过它可以把两个命题联系起来:

命题由句子表达,但命题不等于句子。命题涉及的是句子表达的意义。实际上,人们在长时记忆中保持的不是句子,而是句子表达的意义。现代认知心理学家运用自由回忆法以及反应时法,证实了命题网络是知识表征的重要方式,而且它们通常是按一定层次结构进行储存的。一般来说较为抽象、概括的知识处于高层,较为具体的内容处于底层。如科林斯和奎廉(Couins, A. M. and Quillin, M. R. 1969)的一个经典实验发现了有关动物、鸟、鱼方面的知识是按图7-1的层次结构在人们头脑中组织和储存的。

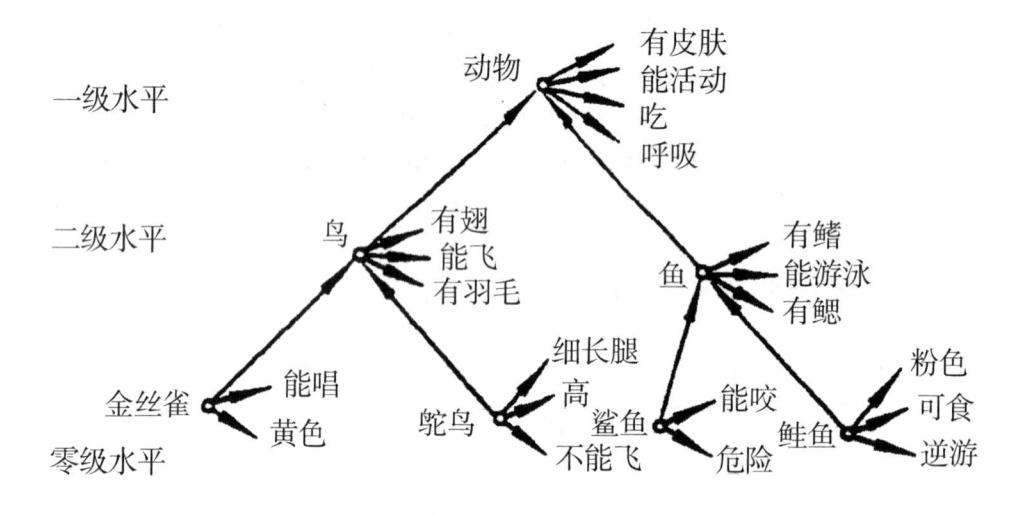

图7-1 信息按层次组织的网络

科林斯和奎廉通过反应时测定发现人们对"金丝雀会唱歌吗?""金丝雀会飞吗?""金丝雀有皮肤吗?"三个概括水平不同的问题的反应时依次增长。同样,人们对"金丝雀是金丝雀吗?""金丝雀是鸟吗?""金丝雀是动物吗?"三个问题的反应时也依次增长。由于在这种储存中"金丝雀是金丝雀"相对于"金丝雀是动物"来说,所表达的关系较近,所以反应时较短。同样"金丝雀会唱歌"的反应时较"金丝雀有皮肤"要短。他们的研究结果支持了知识信息以命题网络的形式分层次进行组织的假设。

(三)图式

认知心理学家安德森(J. R. Anderson)认为,命题对于表征小的意义单元是合适的,但对于表征已知的、有关一些特殊概念的、较大的有组织的信息组合,命题就不合适。如"房子是人们的居住场所"这一命题表征,则不足以表征与人有关的房子的全部知识,对于"房子"我们还知道如下的事实:

房子是一种建筑物。

房子有房间。

房子用木头、砖头或石头盖成。

房子供人居住。

房子通常为方形和三角形。

房子一般是40平方米～150平方米之间。

我们仅罗列房子的这些事实并没有把握房子相互联系的内在结构。事实上,人们对于某个主题的知识(如上述房子的知识)往往具有综合的性质。为了探讨人们的大多数知识具有这种综合性的事实,认知心理学家提出了图式(schema)的概念。

鲁梅哈特和诺曼(D. Rumelhart & D. A. Norman,1983)认为,图式是表征记忆中业已贮存的有关概念的资料结构。安德森(J. R Anderson)指出,图式是对范畴的规律性做出编码的一种形式。这些规律性既可以是知觉性的,也可以是命题性的。大多数心理学家则普遍认为,图式是人们对客体和事件有关属性组合的知识储存方式。图式按其表征对象的不同,主要分为三类:第一类为客体分类的图式。如有关动物、植物、种族、性别、职业等的分类。第二类为时空知识的图式。如有关季节、学期、年龄、成长等时间历程和空间位移的知识。第三类为事件或做事的图式。如看电影、参加舞会、到餐馆进餐等。如房子的部分图式如下:

上位集合:建筑物

组成部分:房间

材料:木头、砖头、石头

功能:供人的居住

形状:方形和三角形

大小:40平方米～150平方米。

从上述图式中,我们看到房子的一些特征,如房子供人居住的特征基本上是属于命题性的,而另一些特征,如房子的形状及面积则基本上属于知觉性的。所以,图式是一种组织化的认知结构,是对同类事物的命题或知觉共性的编码方式。

加涅认为图式具有三方面的特征:第一,图式含有变量。如房子的面积、建材等许多属性是可以改变的。第二,图式可以按层级组织,嵌入到另一个图式中。如房子的图式中包含有墙壁、房间等子图式,而房子又是建筑物的子图式。高一层次的图式可以包容低一层次的图式。第三,图式能促进推论。如从房子的图式可以推论出房子有

屋顶、有墙壁等特征。应该注意的是，图式不仅用于陈述性知识，而且包含着如何做的程序性知识。

四、陈述性知识的学习过程

小学生对陈述性知识的学习，一般分为三个阶段：

（一）陈述性知识的理解

在这个阶段，学生在教师指引下，通过吸收新知识，并与原有的知识相互作用，使新旧知识形成联系，使新知识进入原有的知识体系中，从而获得新知识的意义。检测学生对陈述性知识理解的标准，一是转换，指将学习材料从一种形式转化为另一种形式，如将计算题转换为应用题。二是解释，指对学习材料的含义、原因等加以说明，如对古诗的解释，对下雨原因的说明。三是推论，指超越文字信息本身对其结果做出推断。如推断寓言故事的寓意、诗歌表达的哲理。

（二）陈述性知识的巩固

在这个阶段，学生获得的陈述性知识贮存于知识体系中，通过复习而得到巩固。检测学生对陈述性知识巩固的标准主要是记忆，尤其是再认和回忆。再认是当刺激物再次出现时，能够把它认出来；回忆是当刺激物不在时，能够回想起来。回忆由于线索较少，比再认困难。

（三）陈述性知识的迁移

在这个阶段，学生能够根据所获得的陈述性知识去解决问题，促进陈述性知识向程序性知识的转化，学以致用。学生是通过对陈述性知识的应用而实现陈述性知识迁移的。检测学生陈述性知识迁移的标准是，能否运用所学知识解决类似或变化的问题，提出解决问题的设想和方法。

复习巩固

1. 什么是知识和陈述性知识？
2. 陈述性知识的表征是什么？
3. 陈述性知识的学习分为哪几个阶段？

第二节　陈述性知识的理解

理解是指学生运用已有的知识经验去认识事物的种种属性、联系，直至认识其本质、规律的一种思维活动。如小学生理解字、词、句、篇的意义，弄清数学公式的计算法则等。理解是学生学习陈述性知识的关键，没有理解，就谈不上对陈述性知识的巩固与迁移。

一、陈述性知识理解的本质

美国心理学家奥苏贝尔（D. P. Ausubel）认为，陈述性知识的理解从本质上讲，是使学生获得新知识的意义。他通过有意义学习理论来给以解释。有意义学习指符号代表的新知识与学习者认知结构中已有的适当观念建立非人为的和实质性的联系。"非人为的联系"指新知识同原有旧知识的联系必须符合知识的内在逻辑联系。如教师给学生讲授扇形要联系圆的知识，"实质性的联系"指不同的符号表达的是同一认知内容。如"三条边相等的三角形是等边三角形"与"等边三角形有三条边相等"描述的是一回事，其关键性本质特征未变。新旧知识是否建立起非人为的和实质性的联系，是划分机械学习与有意义学习的标准。

奥苏贝尔认为，学生的认知结构在抽象性、概括性和容纳性等方面是按照一定的层次和条件组织起来的。新知识的学习依赖于学生认知结构中原有的适当观念，即学习者已形成和掌握的表象、概念、原理和命题，原有的观念为新知识的学习提供了固定点的作用，新意义的获得是通过新知识与起固定作用的观念进行相互作用而获得的，其结果是旧知识发生了变化或得到改造，新知识获得了实际的心理意义，从而促使学生的认知结构不断发展。

二、陈述性知识理解的种类

根据陈述性知识的性质和任务，可以把学生对陈述性知识的理解分为以下几种：

1. 言语的理解。指学生听懂教师的口头言语或读懂书面文字表述的意义。如对字、词、句、段、篇意义的理解。言语理解是学生理解陈述性知识的前提条件。

2. 事物内部结构的理解。指学生弄清事物内部的组成要素及其相互关系。如弄清青蛙、鱼等动物的组成部分，弄清所学课文的结构等。

3. 事物类属的理解。指学生弄清事物的类属关系。如动物与哺乳动物之间的关系。

4. 因果关系的理解。指学生弄清事物的因果关系。如对刮风、下雨、雷电等自然现象产生原因的理解。

5. 逻辑关系的理解。指学生弄清事物之间的逻辑关系。如弄清概念之间的从属、交叉、并列关系、文章的论点与论据的关系等。

6. 事物意义的理解。指学生从不同角度去揭示事物的作用和影响，从而认识其意

义。如对小学开设心理健康教育课程意义的理解。

三、陈述性知识理解的心理机制

机制原指机器的构造和动作。心理学通过类比借用此词。在这里心理机制是指对陈述性知识获得的认识已从现象的描述进到本质的说明。关于陈述性知识获得的心理机制问题,心理学家通常用同化理论来解释陈述性知识理解的心理机制。同化(assimilation)一词来源于生理学,意思是指有机体吸收食物并使之转化为原生质。同化在心理学的基本意义是学习者接纳、吸收和合并知识并转化为自身的一部分。最早把同化一词运用于心理学的是德国教育家赫尔巴特(J. F. Herbart),他用同化的概念来解释知识的学习。他认为,学习过程是新观念进入原来观念内,使原有观念得到丰富和发展,从而吸收新观念做好统觉的过程,即新旧观念的同化过程。瑞士著名心理学家皮亚杰(J. Piaget)发展了赫尔巴特的同化思想,他认为,个体已掌握的知识经验是学习新知识的基础和关键,个体通过同化和顺应(accommodation)两种方式把新旧知识联系起来进行学习。同化是指新知识纳入原有的认知结构而引起认知结构发生量变的过程。如小学生学会了加法再学乘法,知道乘法是相同加数连加的简便运算。顺应是指新知识的纳入使原有的认知结构得到调节和改造而引起认知结构发生质变的过程。如小学生学习了数学的负数知识以后,以前头脑中形成的数只有大小而没有正负方向的认知结构发生了改变,认识到数不仅有大小之分,而且有正负方向之分。

美国心理学家奥苏贝尔(D. P. Ausubel)继承和发展了皮亚杰的认知同化论思想。他认为,学生的认知结构在抽象性、概括性和容纳性等方面是按照一定的层次和条件组织起来的。新知识的学习依赖于学生认知结构中原有的适当观念,即学习者已形成和掌握的表象、概念、原理和命题,原有的观念为新知识的学习提供了固定点的作用,新意义的获得是通过新知识与起固定作用的观念进行相互作用而获得的,其结果旧知识发生了变化或得到改造,新知识获得了实际的心理意义,从而促使学生认知结构的不断发展。于是他提出了有意义学习理论。

奥苏贝尔的有意义学习,指符号所代表的新知识与学习者认知结构中已有的适当观念建立非人为的和实质性的联系。"非人为的联系"指新知识同原有的旧知识的联系必须符合知识的内在逻辑联系。如教师给小学生讲解扇形要联系圆的知识进行讲解,而不能联系其他毫不相干的知识。"实质性的联系"指不同的符号表达的是同一认知内容。如"三条边相等的三角形是等边三角形"与"等边三角形有三条边相等"陈述的是一回事,其关键性本质特征未变。奥苏贝尔认为,新旧知识是否建立这种非人为的和实质性的联系,是划分机械学习与有意义学习的标准。陈述性知识的学习从本质上讲就是使学习者获得或理解知识的意义,而意义的获得则是个体的认知结构与外界刺激交互作用情况下的同化过程。他认为,同化是一个促使知识从一般到个别,由上位到下位逐渐分化和横向的相互作用的过程。同化不仅是知识的量变过程,而且还是知识发生质变的过程。同化有三种模式:

1. 下位学习

下位学习指学习者认知结构中原有的观念在包摄和概括的水平上高于新知识,因而新旧知识之间构成一种类属关系,所以下位学习又称类属学习。

下位学习主要有两种:(1)派生类属学习。即新知识是学习者认知结构中原有观念的特例或证实。如学生已掌握"水果"的概念,学习的新概念是"荔枝",教师只要告诉学生"荔枝也是一种水果",学生就懂得了荔枝具有水果的本质属性。原有概念(水果)的本质属性并没有发生改变。(2)相关类属学习。即新知识纳入原有的观念后,原有的观念得到进一步扩展、深化。如学生已形成自然数的概念,再学习新概念"负数",当"负数"纳入原有数概念后,原有数概念扩展为"有理数"。

上述两种下位学习的内部条件是学生认知结构中已具备相关的上位观念。外部条件是由教师或教科书呈现新知识。学生的思维过程主要是区分新知识与同化它的原有知识之间的异同。下位学习模式遵循从一般到特殊的过程,属于接受学习。这种下位学习过程不断进行,使知识不断分化与精确化,不断产生新层次。以这种形式学习新知识效率最高。因为这种比较广泛和一般的知识在认知结构中一旦比较牢固地形成后,就能用来解释与此相关的新知识,有利于理解新知识的意义。

2. 上位学习

上位学习指学习者的认知结构中已经形成了若干观念,在此基础上学习包摄程度更高的知识,这种学习又称总括学习。如学生学习猫、狗、猪等概念后,概括出这类动物的共同特征"胎生""哺乳",从而获得"哺乳动物"的概念。

上位学习遵循从具体到一般的归纳概括过程,属于发现学习。上位学习的内部条件是学生认知结构中已经具备相应的概念、命题或规则等下位观念,外部条件是由教师或教科书呈现的结论或反馈信息。学生对已学过的知识进行归纳或综合时,就十分需要这种学习。这种学习模式对学生获得基本概念和一般性原理和规则具有重要意义。

3. 并列结合学习

当新知识与学生认知结构中原有观念既不是下位关系,也不是上位关系,而是并列或类比关系时,便产生并列结合学习。如教师向学生讲解心理健康教育课程中的阳光心态这个概念,学生不易理解,但学生对太阳的感受却是熟悉的,教师可以利用学生对太阳的感受经验进行类比,帮助他们理解阳光心态的概念。

并列结合学习的条件是新知识与原有的知识有一种一般的吻合性或处于同一层次,因而新知识可以被原有的知识同化。学生可以利用自己已掌握的知识来理解新知识,使自己的知识得到广泛的学习迁移。由于并列结合学习缺乏最适当的起固定作用

的旧知识,学生只能利用一般的非特殊的有关知识起固定作用,因此,对学生而言,学习这种知识比较困难。

四、陈述性知识理解的条件

陈述性知识的获得过程,是以文字或其他符号表征的意义同学习者认知结构中原有相关的知识相联系并发生相互作用以后,转化为个体的心理意义的过程,即陈述性知识理解的过程是材料的逻辑意义与学生认知结构中的原有知识相互作用,从而产生个体的心理意义的过程。这个过程能否顺利完成,必须依赖一定的外部与内部条件。

陈述性知识学习的外部条件:学习材料应该具有逻辑意义,应在人类学习能力范围之内。即学习者在心理上具有理解它的可能性,否则只能产生无意义或机械的学习。这里衡量学习材料是否具有逻辑意义的标准是心理学的标准,逻辑上有意义的材料并不一定完全符合客观实际。

陈述性知识学习的内部条件:首先,学习者必须具有意义学习的心向。心向指学习者能够积极主动地把新旧知识加以联系的倾向性。即善于将新知识同化于原有的认知结构中。其次,学习者原有的认知结构中必须具有同化新知识的适当观念,这些观念提供同新知识相联系的可能性。在具备了这些条件的情况下,新旧知识之间才能进行同化。

五、陈述性知识理解的途径

根据上述陈述性知识理解的条件,教师要帮助学生理解陈述性知识要注意以下几点:

(一)呈现的学习材料要具有逻辑意义

心理学的研究发现,有逻辑意义的学习材料便于学生理解。有的学生之所以出现呆读死记的机械学习,原因之一是教师没有把学习材料组织好,随意呈现一些毫无关系的事实、原理或命题或学习材料,虽然这些有一定的逻辑意义,但由于教师缺乏对学习材料结构的明确说明和交代,使学生不得要领。为此,教师要善于组织清晰、有明确意义的学习材料。

(二)调动和保持学生理解学习的心向

陈述性知识的理解是一个积极主动的过程。教师要注意调动和保持学生理解学习的心向。也就是说,教师要培养学生在学习新知识时,有意识地把新知识与自己原有的知识联系起来思考,发现新旧知识之间的差异性与共性,以及两者之间的内在关系,积极主动地利用原有的认知结构来同化新知识,从而真正地理解新知识。

（三）根据学生的知识储备确定教学起点

学生贮备的知识经验，不仅是过渡到新知识的桥梁，而且是理解新知识的基础。因此，教师在教学中要根据学生知识经验的贮备状况确定教学的起点，遵循从已知到未知、循序渐进的原则，注意新旧知识的对比与过渡，以激活原知识，促进学生对新知识的理解。

（四）运用直观材料或实际操作

小学生的思维具有直观性和形象性的特点，正处于形象思维向抽象逻辑思维发展的过渡阶段，他们需要借助直观材料或感性经验来理解抽象的知识。所以，教师在教学中，要多使用直观材料，如实物、图片、教具、多媒体、案例以及生动形象的语言，或通过让学生实际操作，如看一看、量一量、做一做、摸一摸等，帮助他们理解抽象的知识。

（五）提供丰富多彩的变式

变式指不断变换提供给学生的直观材料或事例的呈现形式，以突出事物的本质特征。学生所学的概念或规则，有的本质属性易于直接观察、分辨和掌握。如大小、形状、颜色等。有的本质属性则比较隐蔽、抽象，不易直接感知，难以掌握。为了使学生更好地理解所学知识，教师在教学中，要启发他们从非本质属性中把本质属性揭露出来，这就需要使用变式的方法。例如，教师讲授"垂直"的概念，除了让学生观察水平位置与铅直位置的垂直外，还应让学生观察其他方向的垂线，防止学生产生错误的理解。变式的有效性不是越多越好，关键是要注意其典型性、正确性，能帮助学生摆脱感性经验的片面影响，更好地领会掌握知识。

（六）科学地进行比较

有比较才有鉴别，比较是学生认识事物的必由之路。教师常常通过比较的方法使学生更确切地了解知识之间的异同，更好地掌握知识。教师在应用比较法时要注意以下几点：(1)要确立比较的标准。事物的本质是多种多样的，采用不同的比较标准往往会得到不同的结论。教师要根据教科书的有关概念和法则来确定比较的标准。(2)采用正确的比较方法。比较的方法通常有两种：一是同时对比法。即对相似、相近、相反、相关的事物同时比较，通过比较找出共有的本质特征，舍弃彼此差异的特征，防止知识间的混淆与割裂。如教师对英语清浊辅音的比较。二是前后对比法。即对事物的历史形态或发展变化进行比较。如教师对中国改革开放前后的比较。

（七）启发学生学会概括

知识的系统化是客观事物内在逻辑在人脑中的反映，是人认识世界的不断深化。如果学生对所学的知识缺乏系统化，就会妨碍他们对所学知识的理解和深化，影响他们学习新知识。所以，教师要注意调动学生思维的积极性，指导学生学会概括，让他们去归纳和总结所学的知识，使他们能够更好地理解和掌握所学的知识。

复习巩固

1. 陈述性知识理解的本质是什么？
2. 陈述性知识理解的心理机制是什么，有哪几种同化方式？
3. 陈述性知识理解的条件是什么？
4. 如何促进学生对陈述性知识的理解？

第三节 陈述性知识的迁移

学生在学习中能否做到举一反三、触类旁通，能否运用所学的知识来学习新知识和解决问题，这实质上是学习迁移问题。从某种意义上说，教育的首要任务是让学生学会迁移。因为教师教给学生的知识总是有限的，而且有的知识会随着时间的推移而陈旧，如果学生学会了迁移，不仅学习的内容会更加广泛，而且适应新情境、解决问题的能力会更强。

一、学习迁移的含义及种类

学习迁移是指一种学习对另一种学习的影响。如小学生掌握了字词句，能连词成句，连句成段，连段成章；学习了加减乘除的概念后，能进行四则运算。学习迁移是小学生学习中普遍存在的现象。

根据学习迁移的特点，心理学把学习迁移分为下面几种：

（一）根据学习迁移的内容，分为知识、技能、情感及态度的迁移

例如，学生对加法的掌握有利于乘法的学习，这是知识的迁移。会跳舞的学生，学习体操更快，这是技能的迁移。当学生对任课教师产生好感后，会对其教学风格发自内心的喜爱，所谓爱屋及乌，就是情感的迁移。学生养成了认真学习的态度，凡事都认真对待，这是态度的迁移。

（二）根据学习迁移的效果，分为正迁移和负迁移

正迁移是一种学习对另一种学习的积极影响，有助于学生学习效率的提高。如阅读技能的掌握有助于写作技能的形成。反之，一种学习对另一种学习的干扰或阻碍，则是负迁移。如汉语拼音对学习英标会产生一定的干扰。

（三）根据学习迁移的方向，分为顺向迁移和逆向迁移

前者是指先前的学习对后继学习的影响。如学习汉语拼音对学习汉字的影响。

后者是指后继的学习对先前学习的影响。如学生学习了生物的概念后,对原有的动物、植物的概念发生了变化。

(四)根据学习迁移的水平,分为横向迁移和纵向迁移

横向迁移指处于同一抽象和概括水平的知识间的相互影响,即学习内容的逻辑关系是并列的。如加法的交换律到乘法的交换律。纵向迁移又称垂直迁移,指处于不同抽象、概括水平的经验之间的相互影响,如上位学习、下位学习。

(五)根据学习迁移的适合范围,分为特殊迁移和一般迁移

特殊迁移指习得的某种知识、技能对另一种学习有特殊的适应性和直接的影响。例如,学生对字、词、句的学习,有助于写作。一般迁移是习得的一般概念、基本原理、方法、策略或态度迁移到其他学习中。如学生对数学知识的掌握,有利于将来学习物理、化学等学科知识。

二、学习迁移的主要理论

学生为什么会产生学习迁移的心理现象,是什么原因造成的,不同的心理学家往往有不同的解释与理解。心理学对陈述性知识的迁移研究分为两个时期:第一时期,重视从学习活动的形式、学习活动的共同要素等方面研究陈述性知识的迁移;第二时期,重视用认知的观点与术语,从认知结构的重要性及认知结构的形成等方面研究陈述性知识的迁移。影响比较大的学习迁移理论主要有下面几种:

(一)形式训练说

该理论来自官能心理学,是一种古老的学习迁移理论。它认为人类的心理是由许多不同的官能(faculty)组成的,如观察力、注意力、记忆力、想象力、理解力、推理力等。这些心理官能在未经训练前是潜伏存在的,如同人体的肌肉一样,经过训练才能得到发展。学习迁移即心理官能得到训练的结果。他们把训练和改进心理的各种官能作为教学的重要目标,并认为学习的内容不甚重要,内容是容易遗忘的,其作用是暂时的,重要的是活动的形式。该学说由于缺乏科学的依据遭到了许多学者的反对。

(二)共同要素说

该理论由美国心理学家桑代克(E. L. Thorndike)和吴伟士(R. S. Woodworth)提出。他们认为学习迁移的产生是由于两种学习情境存在共同要素或共同成分。共同要素说对学习迁移具有重大的影响。例如:学生学习了"going"的"ing",就会拼"morning、playing、coming",而且记忆方便。但共同成分说在学习的迁移上有一定的局限性,它无法解释学习中存在的两种干扰现象——前摄抑制和倒摄抑制。这两种抑制都是由于两种学习材料的相似成分愈多,干扰影响愈烈。所以,共同要素说只能部分解释学习迁移现象,难以全部揭示学习迁移的实质。

（三）概括化理论

该理论由美国心理家贾德（C. H. Judd,1908）提出。他通过著名的"水下击靶"实验而得出概括化理论。他让一组儿童学习折光原理，另一组儿童不予学习，让两组儿童用镖枪投掷水下的靶子，起初射击离水面1.2英寸的靶子时，两组儿童的射击成绩大致相等，后射击离水面4英寸的靶子时，掌握了折光原理的一组儿童，其射击成绩在速度、准确性上都超过另一组儿童。贾德认为是这组儿童掌握了折光原理，把折光原理迁移于学习中的结果。于是他认为，两种学习之间的共同成分只是学习迁移产生的必要条件，概括出两种学习活动的共同原理是学习迁移产生的关键。后来有些心理学家做过类似的实验，证实了贾德的概括化理论，发现学生是否善于概括与教师的教学方法、学生的思维水平等有密切的关系。

（四）认知结构迁移理论

该理论由奥苏贝尔提出。他认为，学习者的认知结构是影响学习迁移的重要因素。一切有意义学习都是在原有认知结构基础上产生的。在有意义学习中，学生积极主动地使新知识与认知结构中有关的旧知识发生相互作用，利用旧知识理解新知识，结果旧知识得到充实或改造，新知识也获得了实际意义。这个过程实际上是陈述性知识迁移的过程。认知结构是影响迁移的关键因素。奥苏贝尔认为，认知结构的加强能促进新的学习与保持，教学的目标就是使学生形成良好的认知结构。

奥苏贝尔提出了影响迁移的三个主要的认知结构变量：(1)可利用性。即学生面对新的学习任务时，其认知结构中应具有吸收并固定新知识的原有观念，这样才能够产生有意义学习。(2)可辨别性。指学生新的学习任务与同化它的相关知识的可分辨程度。两者的分辨程度愈高，愈有助于迁移并避免因新旧知识的混淆而带来的干扰。(3)稳定性。指学生面临新的学习任务时，其认知结构中的原有知识的稳定程度。学生先前知识的掌握程度与后继知识的学习呈正相关。原有知识越稳定，越有助于迁移。奥苏贝尔曾进行过大量的有关认知结构变量影响学习效果的实验，结果表明如果在教学中使用"先行组织者"作为一种引导性材料，由于它要比学习材料本身具有更高的抽象、概括和包容水平，并且能与原有的认知结构相关联，所以，可以有效地促进迁移。奥苏贝尔的研究，代表了当代认知心理学从认知角度来解释迁移的主流倾向，随后有的心理学家对迁移的过程、原有认知结构的特性等进行了更为深入而具体的探讨。

三、促进陈述性知识迁移的途径

（一）科学编排和呈现教材

学生的认知结构是从教材的知识结构转化而来的。好的教材结构可以简化知识，有利于知识的迁移。教师要注意教材的有序性、概括性和实用性,这些都直接影响着学生知识的迁移。有序性指教材的呈现要符合学生的认知过程,要从已知到未知、从简单到复杂。概括性指教材中要有较高概括性、包容性和强有力解释效力的基本概念、原理和规则,它们是教材的中心,学生领会了这些知识,才能举一反三、触类旁通。实用性指教材的内容要考虑有用性。如成语、四则运算等知识具有较高的实用性,学生学会这些知识以后,能够进行广泛的迁移。

(二)加强基础知识教学,提高学生的概括能力

基础知识,即基本概念和原理,是知识结构的"骨干",是联系知识的中心,具有普遍意义。学生掌握的基础知识越多,越有可能产生广泛的迁移。因此,教师要重视对学生的基本概念和原理的教学,采取多种教学措施帮助他们理解这些知识,并在此基础上进行复习和练习,以达到熟练记忆和运用的目的。

贾德的概括化理论表明,儿童一旦学会把有关的原理概括化,就可以利用它去解决新问题。因此,教师在教学活动中,要重视培养学生的概括能力。如教师要引导学生概括课文的段落大意、中心思想,应用题的类型,使学生学会概括的方法,提高他们的概括水平。

(三)注重学生知识的综合贯通

注重知识的综合贯通指要促进学生对知识的融合运用。教师要引导学生把课堂知识迁移到各种学习情境中。如把数学课同实地勘测、生活费计算结合起来,把音乐、体育、美术的学习同合唱团、乐队、美术队、运动队的学习活动结合起来。教师要在教学中注意解决学生的四个"W"问题。即让学生清晰地意识到所学习的知识是什么(what),它的适用范围在哪里(where),怎样使用这些知识(how),在什么情况下使用这些知识(when)等一系列问题。学生只有把这些问题搞清楚了,才能把所学的知识综合贯通,形成良好的认知结构,学以致用。

复习巩固

1. 什么是学习的迁移,学习迁移包括哪些种类?
2. 学习迁移的主要理论有哪些,它们的主要观点是什么?
3. 促进陈述性知识迁移的途径有哪些?

本章要点小结

1. 在心理学界,不同的心理学家对知识有不同的解释。许多心理学家认为,知识是人类所拥有的信息。知识能通过书籍、计算机或其他媒介贮存。根据不同的分类标准,知识可以区分为不同的类型。

2.陈述性知识主要反映事物的形态、内容及变化发展的原因,说明事物"是什么""为什么""怎么样"等问题。陈述性知识的表征主要是命题、命题网络与图式。学生对陈述性知识的学习过程分为陈述性知识的理解、巩固和迁移三个阶段。

3.美国心理学家奥苏贝尔认为,陈述性知识的理解从本质上讲,是使学生获得新知识的意义。他通过有意义学习理论来给以解释。有意义学习指符号代表的新知识与学习者认知结构中已有的适当观念建立非人为的和实质性的联系。

4.心理学家通常用同化理论来解释陈述性知识理解的心理机制。美国心理学家奥苏贝尔认为,同化有下位学习、上位学习、并列结合学习三种模式。陈述性知识的理解必须依赖一定的外部条件与内部条件。

5.陈述性知识理解的途径主要是:呈现的学习材料要具有逻辑意义,调动和保持学生理解学习的心向,根据学生的知识储备确定教学起点,运用直观材料或实际操作,提供丰富多彩的变式,科学地进行比较,启发学生学会概括。

6.学习迁移是一种学习对另一种学习的影响。影响比较大的学习迁移主要有形式训练说、共同要素说、概括化理论等。奥苏贝尔认为,学生的认知结构是影响学习迁移的重要因素。认知结构指学生头脑中全部观念的内容和组织。认知结构具有可利用性、可辨别性和稳定性三个变量。

7.促进陈述性知识迁移的途径主要有:科学编排和呈现教材,加强基础知识教学,提高学生的概括能力,注重学生知识的综合贯通。

关键术语表

知识	knowledge
陈述性知识	declarative knowledge
表征	representation
心理机制	The psychological mechanism
学习迁移	Learning transfer

复习题

一、单项选择题

1.提出有意义学习的是下面哪一位心理学家( )。
A.皮亚杰　　　　　　　　B.奥苏贝尔
C.赫尔巴特　　　　　　　D.班杜拉

2.上位学习从本质上看是一种( )。
A.接受学习　　　　　　　B.发现学习
C.有意义学习　　　　　　D.合作学习

3.陈述性知识获得的心理机制是(　　)。
A.产生式　　　　　　　　B.内化
C.同化　　　　　　　　　D.顺从

4.学习者认知结构中原有的观念在包摄和概括的水平上高于新知识,新旧知识之间构成一种类属关系,这是(　　)。
A.上位学习　　　　　　　B.下位学习
C.并列结合学习　　　　　D.接受学习

5.生活中所说的"举一反三""触类旁通"是知识的(　　)。
A.感知　　　　　　　　　B.理解
C.迁移　　　　　　　　　D.应用

二、多项选择题

1.下面哪些因素属于认知结构变量(　　)。
A.可利用性　　　　　　　B.可辨别性
C.可接受性　　　　　　　D.稳定性

2.学习迁移理论主要有(　　)。
A.概括化理论　　　　　　B.共同要素说
C.认知结构迁移理论　　　D.有意义理论

3.陈述性知识的表征有(　　)。
A.命题　　　　　　　　　B.图式
C.同化　　　　　　　　　D.命题网络

三、判断对错题

1.陈述性知识获得的心理机制是产生式。(　　)
2.在陈述性知识的理解中,关键是知识是否能够被学生所理解或同化。(　　)
3.一切理解学习中都包含知识的迁移,而在机械学习中却没有迁移现象。(　　)
4.学习者的概括能力与迁移能力之间的关系呈正比。(　　)
5.在促进学生对陈述性知识的理解中,教师采用的变式越多,教学效果就越好。(　　)

第八章　小学生程序性知识的学习

　　通过本章的学习,你应该了解什么是程序性知识,它有哪些种类;心理学家是如何解释和理解智慧技能与动作技能的心理机制的,有哪些有关的理论;智慧技能与动作技能的形成有哪些特征与标志,如何培养和发展学生的智慧技能与动作技能。

第一节 概述

在教学中,教师不仅要把丰富的陈述性知识传授给学生,让学生知道"是什么""为什么"的问题,而且还要使学生形成程序性知识,知道"怎么办""如何做",去解决问题。教师教学的关键是使学生的陈述性知识转化为程序性知识,培养和发展学生的能力。

一、程序性知识的含义

程序性知识(procedural knowledge)是用于具体情境的算法或一套操作步骤(R. E. Mayer & J. R. Anderson,1987)。如学生写字、运算、绘画、打篮球、操作电脑等。程序性知识的本质是一套操作程序控制了人的行为,包括外显的身体活动和内在的思维活动。由于程序性知识与实践操作密切,解决的是"做什么"和"怎么做"的问题,是从不会做到会做到熟能生巧的过程,因此也叫操作性知识或过程性知识。我国习惯于把程序性知识称为技能(skill)。

程序性知识与陈述性知识既有区别又有联系。两者的区别表现在下面几方面:

从基本结构看,陈述性知识是符号所代表的概念、命题与原理表征的意义,掌握陈述性知识的关键是理解符号所表征的意义;程序性知识是对陈述性知识的应用,其基本结构是动作或产生式,形成程序性知识的关键是对操作方法的熟练掌握。

从输入输出看,陈述性知识是相对静态的,容易用言语表达清楚;程序性知识是相对动态的,不太容易用言语表达清楚。

从意识控制程度看,陈述性知识的意识控制程度较高,激活速度较慢,往往是有意识的搜寻过程;程序性知识的意识控制程度较低,激活速度较快。

从学习速度看,陈述性知识的学习速度较快,能在短时期内突飞猛进或积累,但遗忘也较快;程序性知识学习速度较慢,需要大量的练习才会达到熟能生巧的程度。程序性知识一般属于过度学习,因而保持比陈述性知识牢固。

从记忆储存看,由于陈述性知识具有结构化、层次化的特点,因而陈述性知识的储存呈现非独立的网络性,其迁移具有叠加扩充的特性;程序性知识的储存呈现独立的模块性,程序性知识的迁移具有序列转移的特性。

从测量角度看,陈述性知识通过口头或书面"陈述"或"告诉"的方式测量;程序性知识是通过观察行为,是否能做、会做的方式测量。陈述性知识与程序性知识的联系表现在:一方面程序性知识的形成以掌握陈述性知识为必要条件。学生掌握的陈述性知识越牢固,越有助于程序性知识的形成。另一方面,程序性知识一经形成又会促进学生对新的陈述性知识的掌握。

程序性知识的学习非常重要。教师教学的关键是把学生的陈述性知识转变化为程序性知识。首先,程序性知识的掌握,有利于发展学生的能力,提高学生的综合素质。长期以来,我国部分学生的能力不强,不善于应用所学的知识去解决问题,固然有多种原因,轻视学生对程序性知识的学习及运用是其主因之一。因为学生学习的各种陈述性知识是不能直接转化为能力的,必须通过程序性知识这个中介环节。如学生掌握了分数和小数的概念,必须通过练习,把分数划小数,或把小数划分数,才能解决问题。因此,教师只向学生传授陈述性知识是不够的,必须把陈述性知识的教学和程序性知识的训练有机结合起来,重视培养学生把陈述性知识转化为程序性知识的能力。其次,程序性知识的掌握有利于提高学生的学习效率,使之更好地学习。如学生掌握了读、写、算的程序性知识,在学习活动中就无须把大量时间精力耗费在注意辨认字形,考虑笔画等细节上,而把意识集中到学习任务的最重要方面,从而有助于解决问题。

二、程序性知识的种类

按程序性知识的性质和特点,可以把它分为智慧技能和动作技能二大类。

(一)智慧技能

智慧技能(intellectual skills)也称心智技能。我国心理学界认为,智慧技能是借助于内部言语在头脑中进行的智力活动方式,抽象思维因素占据着最主要的地位。并按智慧技能的内容和概括化程度,区分为一般智慧技能和特殊智慧技能两类。一般智慧技能适合于普遍的领域,如学生掌握的观察、记忆、比较、分析、抽象、概括和解决问题的程序性知识。特殊智慧技能适用于专门领域,如学生利用偏旁结构记忆生字的方法。随着认知心理学的发展,以加涅(R. M. Gagne,1977,1985)为代表的西方心理学家认为,智慧技能是将已习得的知觉模式、概念、规则运用于实际情境,顺利完成任务的能力。并按其复杂程度将智慧技能分为五个层次:(1)辨别。能区分刺激物的特征,发现事物之间的差异。如区分大和小、人与入等。(2)具体概念。能列举事物的名称。如能识别各类轿车的共同属性,并赋予其类别术语。(3)定义概念。能理解以命题或公式表达的事物的本质属性。如能理解哺乳动物的本质特征。(4)规则。能按规则进行操作,做出正确的反应,如使用标点符号的规则写一篇作文,使用四则运算的法则进行加减乘除的计算。(5)高级规则。能用简单规则解决较复杂的问题。如运用$V=IR$的公式来对串联、并联电路的V、I或R求解。另外,认知心理学家根据自动与受控维度,区分为受意识控制的智慧技能和自动化的智慧技能。前者如学生对作文的选题、审题、立意、确定中心等一系列步骤,这些步骤受学生的意识控制。后者如学生说话时,一般只注意说话的内容,对词与词之间的读音和搭配往往是自动进行的,一般不需要有意识注意。以上对智慧技能的划分,只是指出了每一维度的两极情况。介于这两极之间,有许多非典型的中间类型。

尽管不同的心理学家对智慧技能的解释不尽相同,但他们的看法中却蕴藏着某种内在的一致性。第一,他们都认为智慧技能不是单一因素构成,是复杂因素构成。第二,智慧技能也是一种操作方法,其发展从低级到高级,从简单到复杂。

(二)动作技能

动作技能(motor skills)也称运动技能。不同的心理学家有不同的解释。例如,克伦巴赫(J. Cronbach,1977)认为,动作技能是习得的,能相当精确且对其组成的动作很少或不需要有意识地注意的一种操作。加涅认为,运动程序性知识是协调运动的能力,或者与运动的选择有关,或者与运动的顺序有关。我国的传统动作技能概念来自苏联,认为动作技能是依靠肌肉骨骼与相应的神经系统活动实现的活动方式。根据现代认知心理学研究成果,我国心理学家皮连生(1994)把动作技能定义为:在练习的基础上形成的,按某种规则或程序顺利完成身体协调任务的能力。

尽管心理学家对动作技能的定义不尽相同,但都认为动作技能的构成包括三种成分:(1)动作或动作组。动作并非动作技能,只有当人们用一组动作去完成一项具体任务,如用一组舞蹈动作去表达舞蹈的内容与情感,才是动作技能。像走路、穿衣、吃饭、摇头、打哈欠等不是动作技能。(2)体能。主要包括耐力、力量、韧性、敏捷性等。(3)认知能力。包括视觉、听觉、触觉、动觉等多种知觉能力,其中手脚协调、身体平衡对完成动作技能意义更大。知觉能力的完全丧失或部分缺陷往往难以完成动作技能。此外,学习者还需要理解和记住训练的项目,富有想象力和创造性地解决问题等。因此,我们认为,动作技能是在练习的基础上,由一系列实际动作以合理、完善的程序构成的操作活动方式。动作技能本质是必须体现为按一定的关系组织起来的成套实际动作,是动作的连锁化。即程序性知识一旦形成,只要动作刺激出现,就能自动地完成一系列的动作反应过程,表现出迅速、准确、协调、流畅、娴熟的特点。

按动作是否连贯,分为连续与不连续的动作技能。如开车、打字、滑冰等属于连续的动作技能,是刺激—反应的一长串联结系统。射箭、举重等属于不连续的动作技能,其刺激—反应的序列短,反应比较精确,便于计数。按动作过程中外部情境是否变化,分为开放性与封闭性的动作技能。如打球、开车、滑冰需视外部情境的变化而调整动作,需要随机应变,属于开放性的动作技能;射箭、写字是在预先确定的较静态的环境中进行,动作的灵活与变通性不大,属于封闭性动作技能。此外,还可以根据动作技能的反馈条件,把动作技能分为内循环和外循环的动作技能。内循环的动作技能是一种完全依赖内部肌肉反馈的程序性知识。这种动作闭着眼睛也能完成,如在黑板上徒手画圈。外循环的动作技能在某种程度上受客观外界环境的控制,不可能仅靠肌肉的反馈动作加以矫正,如踢足球、骑自行车等,操作者必须获得某些"监控程序"才能完成。

上述动作技能的分类既有交叉,又有重叠,但不能彼此替代,因为每种分类法强调的侧面不同,对学习者而言所需要的陈述性知识和策略也不同。

三、智慧技能与动作技能的关系

智慧技能与动作技能的区别表现在下面几点:

(一)活动对象不同

智慧技能的活动对象是头脑中的映象,不是客体本身,具有主观性和抽象性,从外部难以觉察头脑中的内隐思维过程。动作技能的活动对象是物质和具体的,如打字、射击,表现为外显的骨骼和肌肉的操作。

(二)活动结构不同

智慧技能是借助于内部言语实现的,可以高度省略和简缩,甚至使人觉察不到操作的过程。例如,熟练掌握了应用题计算的学生,常常把推论的步骤省略了。动作技能是系列动作的连锁,因而其动作结构必须从实际出发,符合实际,不能省略和简缩。如学生做体操,必须按照教师的要求完成每一节具体的动作。

(三)活动要求不同

智慧技能要求学习者掌握正确的思维方法,即获得产生式或产生式系统。动作技能要求学习者掌握一套刺激—反应的联结。

动作技能与智慧技能又是相互联系的。动作技能是智慧技能形成的最初依据,智慧技能的形成常常是在外部动作技能的基础上,逐步脱离外部动作而借助于内部言语实现的。如学生心算、写作文等智慧技能,是从依赖数小棍或手指,依赖笔算、看图说话,逐渐脱离外部动作;如动手和动口,是依赖内隐的思维操作活动而实现的。反之,智慧技能往往是外部动作技能的支配者、调节者,复杂的动作技能总是包含有一系列的认知成分,需要学生智慧活动的参与,手脑并用才能完成。

复习巩固

1. 什么是程序性知识,分为哪几种?
2. 为什么说教学的关键是把陈述性知识转化为程序性知识?
3. 陈述性知识与程序性知识的关系如何?
4. 智慧技能与动作技能有哪些区别与联系?

第二节 智慧技能的形成

智慧技能是心理学家十分重视研究的课题,对智慧技能的解释与理解,出现了多种不同的理论。这些理论各有千秋,取长补短。

一、智慧技能的理论

(一)智慧活动按阶段形成的理论

苏联著名心理学家加里培林认为,智慧活动是外部的、物质活动的反映,是外部物质活动向反映方面——向知觉、表象和概念方面转化的结果。这种转化要经过一系列的阶段实现。基于此,他提出了智慧活动按阶段形成的理论,并进行了长期大量的实验,概括出智慧活动形成的五个阶段:

1. 活动的定向阶段

这是智慧活动准备阶段。在该阶段,学生要了解熟悉活动的任务,知道做什么和怎么做,在头脑中构成活动本身和结果的表象,对活动进行定向。在这一阶段,教师应向学生提供活动的样本,指出活动的操作程序及关键点。以进位加法教学为例。它的定向是在演示这种演算时,使学生知道演算的目的是求两个数量之和,知道运算的客体是事物的数量,运算的关键点是进位,为什么要进位以及如何进位等。

2. 物质活动或物质化活动阶段

在这个阶段,学生借助于实物或实物的模型、图表、标本等进行学习。如学生练习加法时,利用小石子、小棍、手指来完成计算活动。学生审题、解题时,教师要求他们用文字、图表等形式列出题目的条件、问题,来培养学生的智慧活动。加里培林认为,这一阶段在智慧活动的形成上具有重要作用。他认为,只有物质或物质化的活动形式才是完备的智慧活动的源泉。因为在很多情况下,物质化的形式是最易理解和最方便的教学手段。特别是当学生所学习的对象超出他们的感性认知的范围,他们难以理解时,利用物质化的东西,显得更为重要。

此阶段的关键,一是展开,二是概括。展开即把智慧活动分为大大小小的操作单元,全部展示给学生观察了解。如学生学习 9 加 2 的进位加法时,教师可结合实物的演示,把运算步骤分为可操作的想、分、算三个环节,见图 8-1 所示。

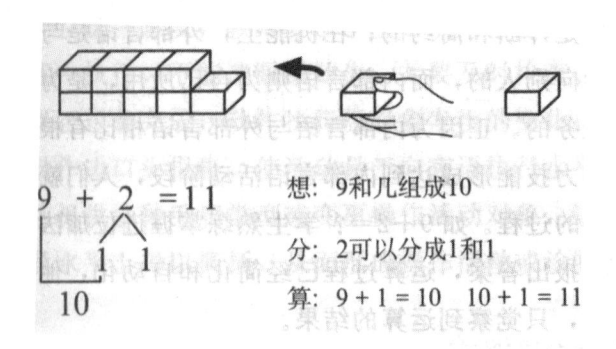

想：9和几组成10
分：2可以分成1和1
算：9＋1＝10　10＋1＝11

9＋2＝11

图 8-1　9 加 2 智力活动过程

展开是智慧活动进行压缩的基础,展开工作做得越好,以后的压缩越容易。所谓概括是指在学生初步掌握展开的外部操作的直观水平上,形成关于智慧活动的较为概括的表象,要求学生把操作与言语结合起来(即边做边说),以促使智慧活动向第三阶段转化。

3. 出声的外部言语活动阶段

在这个阶段,学生的智慧活动已摆脱了实物或实物的替代物,代之以外部言语为支持物。如学生进行加法运算,不再借助于小棍、手指,而是用言语表现"数位对齐,个位对个位"的运算过程(即口算)。本阶段是外部的物质活动向智慧活动转化的开始,是智慧活动在形式上发生质变的重要阶段。

4. 无声的"外部"言语阶段

这一阶段的特点在于学生智慧活动的完成是以不出声的外部言语来进行的,即只看见学生嘴动听不到声音,如学生心算。与前一阶段相比,此阶段似乎很简单,只是言语减去声音而已。其实不然。它要求学生对言语机制进行很大改造。即把出声言语时眼、口、耳、脑的协调活动,转变为眼、脑的同时活动,因而这种言语形式要求学生进行专门的练习。

5. 内部言语活动阶段

这是智慧活动形成的最后阶段。其主要特点是智慧活动的压缩和自动化,智慧活动似乎不需要意识的参与,脱离了自我观察的范围,无论在言语的结构与机制上都发生了重大变化。在结构上,外部言语必须符合语法,要连贯流畅、清晰易懂,而内部言语常常被压缩得不合语法,可以用一个词或词组代替一个句子或想法,是片段和简约的;在机能上,外部言语是与他人交际的手段,是指向他人的,而内部言语则为自己所用,是为调节智慧过程进行服务的。正因为内部言语与外部言语有根本区别,所以,一旦智慧技能形成达到内部言语活动阶段,学生就觉察不到自己智慧活动的过程。如学生熟练掌握进位加法的运算技能后,会一口报出 9＋2＝? 的答案。此时的运算过程已经简化和自动化,学生已觉察不出运算的过程,只觉察到运算的结果。

加里培林关于智慧活动按阶段形成的理论,对于我们了解智慧技能的实质和形成规律无疑具有启发意义。尤其对教师培养和训练学生的智慧技能具有不容忽视的指导作用。然而,这一理论也存在一些问题。如阶段的划分不尽完善、合理,特别是后面三个阶段实际上描述的是智慧技能"内化"的三种水平,而且都是借助言语来实现的,所以,有的阶段可以合并或省略。另外,如何建立有利的教学条件促进阶段之间的转移,有待进一步的实验和研究。

(二)产生式系统理论

现代认知心理学家通过计算机模拟,提出了产生式理论。认为程序性知识以产生式(production)储存。产生式这个术语来自计算机科学。信息加工心理学创始人西蒙(H. A. Simon)和纽厄尔(A. Newell)认为,人体和计算机一样,都是"物理信号系统",其功能都是操作符号。计算机之所以具有智能,能完成各种运算和解决问题,是由于它储存了一系列以"如果…那么…"(if…then…)形式编码的规则的缘故。人经过学习,头脑中也储存了一系列以"如果…那么…"形式表示的规则。这种规则称为产生式。

产生式由条件(condition)和行动(action)两部分组成。产生式的基本原则是"如果条件为 X,那么实施行动 Y",即当一个产生式的条件得到满足,则执行该产生式规定的某个行动。例如,识别哺乳动物和等边三角形的产生式(见表 8-1)。

表 8-1 识别哺乳动物和等边三角形的产生式

Production 1: 如果一个动物是胎生的,且这个动物能够哺乳,那么这个动物为哺乳动物
Production 2:如果已知一个图形有三条边,且这三条边相等,那么这个三角形是等边三角形

通常解决一个简单问题需要一个产生式,解决复杂问题则需要若干产生式,这些产生式组成了产生式系统。所谓产生式系统,是人所能执行的一组内隐的智力活动。例如,解决"1/4+1/5"这样问题的产生式系统(见表 8-2)。

表 8-2 解决"1/4+1/5"问题的产生式系统

Production 1: 如果求两个分数的和,且分母不同,那么先求出两个分数的最小公分母
Production 2: 如果求两个分数的和,且已知最小公分母的值,那么以公分母的值分别作为两个分数的分母,两个分数的分子扩大与其分母扩大相应倍数
Production3:如果求两个分数和,已知两个分数的分母相同,那么直接将两个分数的分子相加,分母不变

程序性知识的学习"本质上是掌握一个程序,即在长时记忆中形成一个解决问题的产生式系统,以后若遇到同样类型的问题,就可以按照这一产生式系统的程序,一步

一步地做下去,直至解决问题"。① 现代认知心理学家所提出的产生式系统理论,为揭示程序性知识的表征和获得的心理机制提供了新的思路,为程序性知识的教学提供了便于操作的科学依据。产生式理论把智慧技能分为下面两种:

1. 模式识别学习

模式识别学习(pattern recognition)指学习者对某一特定内外刺激模式进行辨认和判断。模式识别具有两种不同的水平:低级水平的模式识别主要是识别事物的外部物理或化学的特征。如识字、听声音、辨别味道等。高级水平的模式识别是识别同类事物的共同本质特征。通过模式识别,我们才能对事物加以分类和判断。模式识别与陈述性知识的运用不同。如"什么是哺乳动物?"可以用"哺乳动物是胎生和靠母体的乳腺分泌乳汁哺育的动物。"这一陈述性知识来回答。而对于识别"下面图形中哪些动物是哺乳动物?"的问题,则需要运用模式识别的程序性知识来解决。

模式识别学习的主要任务是学会把握产生式的条件项,其心理机制是概括和分化。概括(generalization)指学习者对同类刺激模式中的不同个体做出相同的反应。如学生根据哺乳动物的关键特征:胎生和哺乳,以此判断猫、狗、猪、羊等动物为哺乳动物。概括实质上是在同类刺激模式中抽取出共同的特征,经由概括而形成的模式识别的产生式中,所有的条件项均不可缺少。美国心理学家安德森等人(1980)把概括看成是产生式的变化,当具有相同动作的两个产生式同时在工作记忆中被激活时,就会自动出现概括。我国心理学家皮连生则认为,"概括相当于奥苏贝尔的上位学习。在上位学习中,学生从识别个别的例子到形成概念的过程也就是排除同一类别的例子的无关特征,概括出它们的共同的关键特征的过程"。②

分化(discrimination)指对不同类的刺激具有不同反应。如教师要求学生判断"鱼"的本质特征,学生通常只注意"鱼生活在水中,有鳞和鳍"这一条件,但当教师指向鲸鱼图片时,许多学生才意识到判断"鱼"必须加上"用鳃呼吸"这一必要条件。鲸鱼虽然也生活在水中,由于其主要特征是胎生和哺乳,因而鲸鱼应归类为哺乳动物。由此可见,分化的主要作用是导致产生式条件项的增加,使产生式的适用范围缩小,有利于提高模式识别中辨别和区分的准确度,避免将"不是"判断为"是"。

2、动作步骤学习

动作步骤的学习(action sequence procedures)指学习者学会顺利执行完成一项活动的一系列操作步骤。如学生学习两位数的乘法时,必须理解并记住两位数的乘法规则,根据其规则进行练习直到运算熟练,达到自动化程度。动作步骤的学习实际上是从陈述性的规则和步骤开始、动作步骤的执行则从模式识别开始,即只有对需要执行某一动作步骤的情境条件的模式做出准确判别,动作步骤的执行才能有效地解决

---

① 李伯黍,燕国材.教育心理学[M].上海:华东师范大学出版社,1993:182.
② 皮连生.智育心理学[M].北京:人民教育出版社,1996:147.

问题。

动作步骤的学习通过下面两个阶段来完成：

第一个阶段：程序化。程序化指动作序列从陈述性知识的表征转换为程序性知识的表征，不再依赖于陈述性知识而独立完成动作步骤的过程。这个过程包括两步：一是建立规则和步骤的命题特征。如学习分数加法时，学生通过阅读、教师讲解步骤，逐渐理解分数加法的陈述性知识规则并将它们正确地表征为命题，以供自己演算作为指导和提示。二是将动作步骤的陈述性知识转化为程序性的产生式表征，在执行动作步骤的过程中逐渐脱离陈述性命题的检索、提取和监控。如教师在分数加法的例题示范中，带领学生对照演算步骤逐一进行演算，学生模仿教师的演算，经过反复练习后，不再依赖教师或自己的逐步演示，顺利地依次自动执行每个操作步骤，熟练地完成分数加法。

第二个阶段：程序合成。程序合成是指把若干个产生式合成一个产生式，把简单的产生式合成复杂的产生式。如前所述"1/4+1/5"的三个产生式系统合并为一个产生式：即"如果求两个分数相加，且有两个分数，那么求出它们的最小公分母，然后用最小公分母除以第一个分数的分母。"程序合成有两大好处：一是减少了产生式的数量，二是减轻了记忆的负担，使学习者激活知识的时间更短，复杂的动作步骤更加流畅。

程序合成实际上是要求两个有关联的产生式同时进入工作记忆，第一个产生式的行为项成为第二个产生式的条件项，保留第一个产生式的条件项，将两个产生式的动作项合并为一个复杂的动作项，并通过大量练习使之成为巩固的产生式。需要指出的是，不是所有的程序都应合成在一起。有的程序合成可能会导致学习者的思维僵化或思维定式而缺乏解决问题的灵活性。只有基础的、变化较少的、能大量使用的产生式才能考虑使其达到合成程度。如基本的读、写、算等产生式。对于那些只在解决特殊问题时才需要合成的产生式，使其保持一定的独立性，将更有利于提高其运用的灵活性和变通性。

二、智慧技能形成的特征

根据国内外心理学家对智慧技能的研究，我们把智慧技能形成的特征概括为以下几点。

（一）智慧技能的对象脱离了支持物

智慧技能形成的初期，学习者必须借助具体、形象、直观和明显的支持物进行操作，如实物、出声言语、动作和表象等，而在最后阶段，内部言语成为智慧技能活动的工具，运用科学的概念和规则，成功解决问题。

（二）智慧技能的进程压缩

智慧技能形成的初期，智慧活动的展开是全面、完整和详尽的，而在最后阶段，整

个智慧进程已高度压缩,合理省略,思维变成了记忆,学习者以检索信息的方式解决问题,智慧活动达到自动化。

（三）智慧技能应用的高效率

智慧技能学习,是将一种"如何做"的规则程序系统地移植,从而形成智慧操作程序,即产生式系统。学习者一旦形成产生式系统后,就能举一反三、触类旁通,快速和高效地解决问题。

三、智慧技能的培养

智慧技能以陈述性知识为基础,是陈述性知识的运用。因此,对学生智慧技能的培养,应同知识教学结合起来。

（一）帮助学生形成条件化知识

智慧技能形成的关键是把所学陈述性知识与该知识应用触发条件结合起来,形成条件化知识(conditionalized knowledge)。即在头脑中储存大量的"如果…那么…"的产生式。

帮助学生形成条件化知识,教师在教学上要注意两点：

一是编制产生式样例学习。样例题"是一套通向问题解决的解题程序",[①]其中蕴含着"条件—行动"的产生式。样例学习是使学生通过学习或阅读样例题,从中找出解决问题的条件,根据条件采取行动,最终形成解决问题的产生式系统。例如,学生学习"9+2＝9+1+1＝10+1＝11"这样一个例题,就包含了这样的条件化知识：如果两个一位数相加的和超过10,那么将其中较小的一个加数分成两个数,分出来的一个数要和较大的一个数加起来为10。通过样例学习,学生能得到一个智慧技能习得所必需的信息或步骤,把一些无关的信息排除在知觉范围之外,从而减轻认知负担,促进学生对产生式"条件"的认知与概括,最终掌握一般的产生式规则。

二是向学生呈现与实际生活背景相似的知识,提高知识在解决实际问题中的可检索性和应用性。学生在样例学习中的知识有时会变成僵化的知识。僵化的知识只能在一个有限的背景中才能提取,应用时生搬硬套,不能举一反三。这是一种应用性缺陷。要克服这种缺陷,教师在教学中应注意理论联系实际,向学生呈现与实际生活相类似的知识,如教师给学生讲解的面积的概念与计算方法以后,让学生回家算一下自己家有多大的居住面积。把课堂教学与课外情景联系起来,以保持知识的可检索性和活跃性。

（二）丰富学生的知识背景

学生原有知识背景是程序性知识学习与应用的重要条件。如 M. 林德伯格要求

---

① 李伯黍、燕国材.教育心理学[M].上海：华东师范大学出版社,1993：202.

小学三年级学生和大学生记忆猫、狗等动物单词共30个,结果大学生比小学生回忆的数量多,大学生在记忆时应用了群集或归类的记忆策略。但当他们去记忆另外30个有关周末电视节目和儿童卡通人物的名字时,小学生比大学生回忆的数量多,小学生同样应用了归类的记忆策略。这一实验结果表明,大学生的动物知识远远超过小学生,他们能根据动物的种属关系去记忆,小学生只是随机记忆而已。所以,在第一种实验中大学生的记忆效果比小学生好。但在第二种实验中,小学生在这一领域的知识背景比大学生丰富,更易采用归类的记忆方式,所以小学生的记忆成绩比大学生好。由此可见,学生原有知识背景是程序性知识学习与应用的一个重要条件。

维因斯坦和斯通(C. E. Weinstein & Goan M. Stone,1994)指出,学习者应具备五种知识:(1)有关自我学习特长和倾向的知识,主要包括个体对自身学习长处和缺点、学习爱好、最佳学习时间、学术倾向等方面的认知与了解;(2)不同类型学习任务的知识;(3)获取、整合、运用所习得的策略和技巧知识;(4)原有领域内容知识,可通过原有知识以直接或类比的方式从新知识中获得意义;(5)对各类知识适用的当前或未来情境的知识。此外,学习者还须知道如何用这些不同类型的知识来满足学习目标、监控学习过程、灵活调节当前正在进行的学习活动,如何运用自我评估或自我监测决定是否达到预期目标。所以,教师必须确保学生已具备所需要的知识背景,才能形成和提高学生运用程序性知识的能力,提高学生的智慧技能。

学生在学习新知识时,教师不妨先进行任务分析(task analysis)或进行诊断性评价,了解学生达到新的教学目标所需要的知识背景,并针对其知识背景不足的情况给予补充与扩大相应的知识经验,以加深他们的理解。在讲授教学难度较大、较抽象的新知识时,教师若能帮助学生回忆已学过的知识,或从实际经验出发,通过观察、演示,提供感性经验,帮助学生有效地应用旧知识去更好地理解新的、抽象的知识,就能达到良好的迁移效果。

(三)训练学生的言语表达能力

言语活动有利于减少学生思维的盲目性,帮助学生寻找新的更佳思路,引发执行的控制加工过程,使注意集中与问题的突出方面或关键因素,导致问题解决的成功率更高。言语表达水平可以相当程度地体现内部的思维水平,提高解决问题的速度和迁移水平,促使智慧活动内化。因此,教师在教学中应有意识地注意对学生言语表达能力的训练。教师可以指导或要求学生大声描述观察的内容、直观教具的操作过程以及思维过程和概括的结论,鼓励学生互相回答和相互讨论等。此外,教师还应该注意为学生创造一个民主、宽松融洽的课堂心理环境,使学生喜欢、愿意和敢于言语表达。

(四)科学地加强学生的练习

程序性知识的学习要从陈述性阶段过渡到程序性阶段,需经过大量的练习,练习是促使陈述性知识向智慧技能转化的必要条件。没有练习,陈述性知识只能储存在人脑的记忆中,无法实现程序化,更无法达到自动化的熟练运用。

首先，教师要做到精讲多练。"精讲"就是教师上课要突出重点、难点、讲关键、讲主干、讲方法；"多练"不是教师搞题海战术，而是通过变式、操作等学习活动，增加学生灵活应用知识的机会。我国教育的现状是，教师讲得太多，留给学生思考和练习时间太少。这就造就了部分学生"习得了知识，没有习得技能"，学生对智慧技能的学习仅停留在陈述性阶段，只能背诵一些概念、公式、定理，却不会使用。这势必会影响学生智慧技能的形成与发展，造成高分低能的现象。教师要减少课堂上讲课的时间，多留给学生一些思考和练习的时间。博格（W. Borg, 1972）采用微型教学法训练教师在课堂上尽量少讲，并鼓励学生参与课堂讨论。训练后，教师上课时间由70%下降为33%，三个月后再抽查，讲课时间为34%，三年以内都保持在这个水平。可见，只要教师深入钻研课堂教学技术，精心教学设计，精讲多练是能够做到的。

其次，练习形式多样，注意举一反三。为了防止练习的刻板僵化而导致学生产生负迁移现象，在练习中教师要注意变换练习形式。要通过大量变化的练习，使学生掌握其原理和规则，把所学陈述性知识转化为智慧技能，达到自动化。同时，要注意引导学生对练习的思路和方法的反思与总结。教师要有意识、有计划地指导小学生逐步概括出一类课题的共有特征和共有规则，例如，小学数学的归一问题、归总问题、和差问题、和倍问题、相遇问题等有何规律和特点、有哪些规则可以使用，教师要教给学生，让学生通过适当的练习来掌握。

练习要适量适度，循序渐进。练习量太少，不足以使智慧活动达到自动化。练习量太多，由于练习曲线有"高原期"，会使学生事倍功半，"练而无功"甚至有害，给练习带来负面影响。因此，练习要适度。适度是练习要从易到难、从简单到复杂地进行，练习要适合学生认知发展水平。

复习巩固

1. 加里培林智慧活动按阶段形成的理论的主要要点是什么？
2. 产生式系统理论是如何解释智慧技能学习的？
3. 智慧技能的形成有哪些特征？
4. 教师如何培养学生的智慧技能？

第三节 动作技能的形成

动作技能在学生的学习中司空见惯。如学生的体育课、音乐课、计算机课程、手工课、实验的操作等都需要动作技能。动作技能是如何形成的，动作技能的本质是什么？心理学家提出了不同的理论。

一、动作技能的理论

(一)行为派的理论

行为派的理论是建立在经典条件反射和操作条件反射基础上的。著名心理学家巴甫洛夫认为,动作技能是先行动作通过条件反射建立起暂时神经联系而变成后继动作的信号来实现的。比如,学生学做体操,总是先看着教师的动作去学,教师的第一个动作是学生的第一个动作的刺激,教师的第二个动作是学生的第二个动作的刺激……当学生学会体操以后,只要教师一声令下,或做出第一个动作,学生就可以连续地做下去。在这里教师的先行动作,成了学生后继动作的条件刺激。

行为主义心理学的核心概念是反应,因而他们用刺激—反应来解释人的行为,特别重视用强化概念来说明有机体行为的塑造、保持与矫正。他们认为,有机体的某种学习行为倾向完全取决于先前的这种学习行为与刺激因强化而建立的牢固联系,如果有机体的某些活动产生积极的后果,行为受到强化,那么有机体就会增加其反应,再次重复该行为,并逐步巩固下来,成为它的全部行为储备中的一部分。同时,这些活动便获得了习惯强度。以后,只要出现适当的环境刺激,活动便会自动出现。动作技能的学习本质上就是形成一套刺激—反应的相互联结系统。例如,儿童学习使用钥匙开门,就必须学会一系列的肌肉反应动作:首先要用手拿钥匙对准锁孔,然后确认插入的位置是否准确,还要将钥匙完全插入并按正确方向旋转,最后推门。如果最后环节上缺少强化物(打开了门),儿童使用钥匙开门的行为就会发生消退,整个联结也将随之消失。

(二)认知派的理论

认知心理学的核心概念是认知,因而认知心理学家在承认动作本身是一系列刺激—反应联结的同时,更强调动作技能的学习必须有感知、记忆、想象、思维等认知成分的参与。他们认为,在动作技能的形成中,学习者必须理解与某动作技能有关的知识、性质、功用,回忆过去学习过的,与眼前任务相关的动作行为,预期与假设解决问题所需要的反应和动作范式,形成目标意象和目标期望,把自己的反应与示范者的标准反应进行比较分析,进行归因,找出误差,采取对策监控、调节自己的反应。动作技能的水平越高,越是需要学习者有较高水平的认知。同时,他们提出一些认知理论模型说明动作技能的形成。例如,韦尔福德(Welford,1968)提出了运动技能形成的模型(见图8-2)。

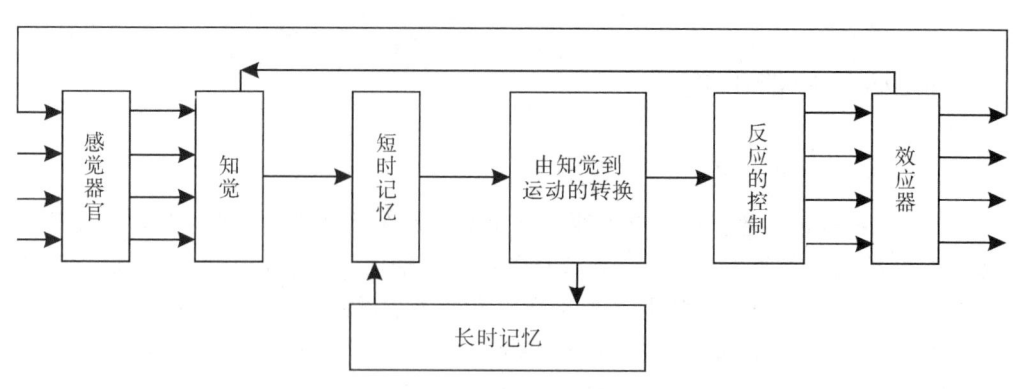

图 8-2　运动技能形成模型

这个模型分为三个连续的阶段：

1. 感觉接受阶段

在这个阶段，学习者面临着一定时间内输入多少信息的问题。信息量超载，会造成学习者负担过重，无法处理超负荷；信息量贫乏，会削弱学习者的警觉，降低操作标准。因此，学习者必须通过知觉对信息加以选择性注意，才能把重要的信息储存于短时记忆中。

2. 由知觉到运动的转换阶段

这一阶段有双重意义：既对感觉的输入做出反应，又激起效应器的活动。在这个模式中，反应取决于信号的传递和主体"做出决定"。技能的学习就是通过练习、训练，使学习者已有动作之间及它们与新学习动作之间达到同化和融合，从而缩短其反应。而效应器的活动能够通过提供反馈进一步矫正或加强反应，最后把经过长期练习而形成的运动程序图式储存在长期记忆中。

3. 效应器阶段

指转换完成后，大脑发出神经冲动沿着运动神经纤维传到相应的效应器官，产生动作。同时，动作的进行受到反馈的调节，形成一个反应环路。

韦尔福特的模式虽然划分为三个阶段，但事实上它是一个统一的整体。

二、动作技能形成的标志

动作技能形成的标志是熟练操作。所谓熟练操作指动作已经达到较高速度、准确、流畅、灵活自如，且对动作组成成分很少或不必有意识注意的状态。熟练操作可以借助专门仪器和设备，通过人们完成动作的速度性、准确性、协调性、反应时、应变性等指标来测量，也可通过熟练化操作所反应的特征来衡量。研究表明，熟练操作具有以下主要特征：

（一）意识调控减弱，动作自动化

在动作技能形成初期，各种动作都受意识支配调节。否则，动作就会出现停顿或错误。通过反复练习，一旦动作达到熟练程度，准确无误时，意识调控被自动化所取代，动作是无意识进行的。如熟练的电脑操作员，可以不看键盘迅速地打字。

（二）能利用细微的线索

在初步掌握动作技能时，学习者只能对那些明显的线索（如教练的提醒纠正等视听线索）发生反应，不能觉察自己动作的全部情况和错误。而动作熟练后，学习者能觉察到自己动作的细微差别，仅凭细微的线索就能改进调整自己的动作，做出恰如其分的反应。如优秀排球运动员可敏锐根据对方移动时的步伐、弹跳时的动作、手的动作，判定对方来球的速度、重量、球的落点而迅速选择扣球或拦网或吊球。

（三）动觉反馈作用加强

动作技能的反馈包括两类：一是外部反馈，即对反应结果的知悉；另一类为内部反馈，即是以肌肉活动本身的动觉刺激形式出现的。在初步掌握动作技能时，学习者主要依据外部的视觉反馈来调节自己的动作，而在动作技能的熟练期，学习者主要依据内部的动觉反馈来操作或调节自己的动作。如希金斯（J. R. Higgins）等的研究表明，熟练的专家甚至尚未等到肌肉信号的到来，便能预料到它给自己的肌肉发出了不正确的指令，在错误发生之前，能收回这个指令。

（四）形成运动程序的记忆图式

运动程序的记忆图式是指经过长期的练习而在长时记忆中形成的关于动作的有组织的系统性知识，它使完整的操作流畅地执行。拉斯罗（J. I. Laszla, 1967）做过一个在剥夺视觉、听觉、触觉和动觉条件下，用早已熟练了的手指敲桌子的技能去按打字机键的再学习实验，结果发现，运动技能的熟练程度达到某一阶段时，人的头脑中就会产生运动的指导程序（directing program），并以此程序来控制运动。

（五）在不利条件下能维持正常操作水平

检验动作的熟练程度，更重要的是应考察在不利条件下表现出来的操作水平。一般说来，越熟练的动作，越能在外界情况变化下或面临紧急情况时维持正常操作水平。如最优秀的飞行员能在遭遇飓风袭击的恶劣气候条件下，维持协调和准确的操作，保证飞机安全飞行。

三、动作技能形成阶段

动作技能的形成是通过领悟和练习逐步掌握某种动作操作程序的过程。复杂运动技能的形成，一般要经历四个主要阶段。在不同的阶段，学习者学习的重点及表现出的特征不同。

（一）认知阶段

这是动作技能形成开始阶段。从传授者角度看,主要是讲解与示范;从学习者角度看,主要是理解学习任务,形成目标表象(goal—image)和目标期望(goal—expectancy)。目标表象是指学习者了解和认知动作的要求,记住有关动作的知识及事项,在头脑中形成动作的完整表象,以此作为实际操作的参照。目标期望是指学习者根据以往成功与失败的经验,以及自己的能力和任务的难易程度,对自己所能达到的操作水平的估计,即明确自己能做得如何。例如,上体育课,学生通过视觉观察教师的示范,通过听觉倾听老师讲解的动作要领,并把教师的示范、讲解进行编码,形成体操表象,作为自己学习体操的指南,来调节控制自己做体操的动作方式。

在认知阶段,学习者认知的质量和学习时间,取决于对现有任务(即动作技能)的知觉和有关线索的编码,有助于此后在长时记忆中依据线索提取关于现有任务的知觉信息,以及从长时记忆中激活先前有关的信息,并有效地检索提取出来。

（二）分解阶段

在这一阶段,传授者把整套动作分解成若干局部动作,学习者则初步尝试,逐个学习。学习者由于初学,注意的范围狭小,记忆紧张,不善于注意的分配与转移,虽然分解后的动作较简单,容易掌握,但在前后两个动作的交替和过渡上则比较困难,因而导致学习者出现动作忙乱,紧张呆板,不准确不协调,顾此失彼等现象。如小学生初学写字时,往往头部过低,身体歪斜,握笔太紧,用力过大。

（三）联系定位阶段

该阶段重点是使适当的刺激与反应形成联系而固定下来,整套动作联为整体,变成固定程序式的反应系统。学习者首先要弄清刺激与反应之间的步骤,使之形成联系。其次,要增加练习次数和练习时间,加强动觉反馈,以提高动作的熟练性和准确性,提高动作质量。注意排除过去经验中的习惯干扰,防止负迁移产生。

（四）自动化阶段

这是动作技能的熟练期阶段。各个动作似乎自动流出,娴熟协调,得心应手,甚至出神入化,令旁观者眼花缭乱,叹为观止。如熟练的车技演员一边骑车,一边做出优美、复杂的动作。

四、动作技能的培养

动作技能的培养是一个动态过程。教师应将动作技能结构内容,依据其相互联系划分为不同的学习任务,然后分阶段采取相应教学措施进行有计划的培养。

（一）帮助学生理解任务性质和学习情境

学生要学习任何一种动作技能都必须首先理解任务的性质和学习的情境,这是培养动作技能的必要条件和内在原因。教师首先应使学生懂得掌握某种动作技能的重要性，形成强烈的学习动机，学生才会乐于接触，认真研究，力求掌握。其次，教师应向学生明确提出动作技能应达到的目标，向他们提出切实可行的期望，使学生明确"做什么"和"怎么做"，形成对自己的正确估计，能根据自己的能力与学习任务的目标而调控自己的练习过程。

（二）教师要正确地示范与讲解

教师的示范与讲解在动作技能的形成中具有导向功能，能引导学生做出规范性的动作。研究表明，指导者的示范与讲解不同，学习者的学习效果不同。如汤普森（L. Thompson）把儿童分为五组，在不同的示范方法下让其学习装配齿轮的七巧板，由于示范时，对各组儿童活动的要求不同，主施的言语指导不同，各组儿童独立完成拼装的效果呈现明显的差异（见表8-3）。

表8-3　不同指导方法的不同效果

组别	儿童在观察时的活动	示范者的言语解释	拼容易的七巧板所需的时间（分钟）	拼困难的七巧板所需的时间（分钟）
1	连续加2至100	无	5.7	25 *
2	说出示范者所演示的	无	3.1	22
3	静默观看	不完整的描述	3.5	16
4	静默观看	完整的描述	3.2	14
5	说出示范者所演示的	纠正儿童叙述中的错误	2.2	12

* 25名儿童中仅有三名完成了任务。

由表8-3可见，教师示范——学习者描述示范动作——教师纠正学生的错误（即第5组）是最有效的指导方法。

根据美国心理学家班杜拉观察学习原理，教师在示范之初要注意降低示范速度，分解示范动作，以便提高学生的注意力，使学生准确地把握动作结构与特点，更好地观察与模仿。

动作技能的学习以一定的认知活动为基础。教师在示范时，还应简明扼要地向学生讲解一些操作原理，特别是讲清动作概念，避免在动作技能学习中只重动作示范、忽视讲解作用而导致训练效果不理想，所授动作技能不能很好迁移的情况。

（三）加强学生的练习与反馈

任何复杂的动作技能都必须通过练习才能达到熟能生巧的程度。但练习不是单纯或简单机械的重复。练习时，学生必须调动感知、记忆、思维等多种认知成分的积极

参与,必须有效地改善形成动作技能的四个条件,即顺序、偶合、连贯和强化,练习才有价值。

首先,要采取多种练习方法。练习方法主要有以下几种:(1)实地练习法。即在实习基地学生依据所学知识从事实际操作,以形成动作技能的办法。(2)程序训练法。即运用程序教学原理,把学生的动作技能划分为若干阶段,要求学生由易到难,由简到繁,循序渐进地学习,教师不断给予强化与矫正,以提高动作效率的方法。(3)动作—时间分析法。即测量每个动作所需要的时间,排除无效动作,减少不必要的动作环节,取得最佳活动效率的办法。(4)心理练习法。即指身体不实际活动,而是在头脑内进行练习的形式。如里查森(A. Richardson,1967)曾评述了11个有关心理练习研究,包括打网球、倒车、投标枪、肌肉耐力、理牌、玩魔术等技能,他的结论是,心理练习与作业改进有一定相关性,如果将心理练习与身体练习相结合,其效果更佳。(5)集中练习与分散练习法。集中练习是指长时间地连续练习到掌握为止,而分散练习将练习的时间分为多次进行。一般说来,分散练习可以避免长时间练习所产生的抑制疲劳或厌烦情绪,效果较佳。

其次,要注意练习周期,克服"高原现象"。心理学的研究表明,在各种动作技能的形成过程中,会出现练习时而进步时而退步的波动起伏现象,甚至出现进步暂停或下降,难以有所提高的"高原现象"。出现这种现象的原因:一是成绩的提高往往需要以新的结构和新的方法代替旧的结构和旧的方法,缺乏新旧交替,成绩进步常常暂时停止。但新旧交替时会出现暂时不适应,成绩暂时下降。二是练习时间过长,练习兴趣下降,注意力分散,产生厌倦或疲劳等消极情绪所致。三是练习环境、练习工具或教师指导方式的改变等。要克服高原现象,关键是教师要帮助学生寻找原因,对症下药,要严格要求学生,改善练习方法和练习环境,利用他们对未来进步的憧憬,以增强其努力的信心和学习的兴趣。

最后,要提供恰当的反馈。通过反馈,学生才能辨别动作的正误,知晓自己动作是否达到要求。反馈可分为内部与外部、及时与延迟几类。采取何种反馈,应根据任务的性质、学生的学习进程而定。埃尔林(A. L. Irion,1966)研究了有关文献认为,若是连续的任务,如开车、滑冰等,及时反馈重要;若是不连续的任务,如徒手画一条规定长度的线段、投掷铅球等,则延迟反馈并不影响效果。

复习巩固

1. 行为主义是如何解释动作技能的,其主要观点是什么?
2. 认知派对动机技能理解的主要观点是什么?
3. 动作技能的形成分为哪几个阶段?
4. 教师如何培养学生的动作技能,要注意哪些问题?

本章要点小结

1. 程序性知识是用于具体情境的算法或一套操作步骤。程序性知识的本质是一套操作程序控制了人的行为，包括外显的身体活动和内在的思维活动。我国习惯于把程序性知识称为技能。

2. 苏联心理学家加里培林认为，智慧活动是外部的、物质活动的反映，是外部物质活动向反映方面——向知觉、表象和概念方面转化的结果，这种转化要经过五个阶段才能实现。产生式系统理论认为，程序性知识以产生式储存，并把智慧技能的形成分为模式识别学习和动作步骤学习两个阶段。

3. 智慧技能培养的主要方法有：帮助学生形成条件化知识，丰富学生的知识背景，训练学生的言语表达能力，科学地加强学生的练习。

4. 动作技能是在练习的基础上，由一系列实际动作以合理、完善的程序构成的操作活动方式。运动技能一般要经历认知阶段、分解阶段、联系定位阶段、自动化阶段才能形成。在不同阶段，学习者学习的重点及表现出的特征不同。动作技能培养的主要方法有：帮助学生理解任务性质和学习情境，教师要正确地示范与讲解，加强学生的练习与反馈。

关键术语表

程序性知识	procedural knowledge
智慧技能	intellectual skills
动作技能	motor skills
产生式	production

复习题

一、单项选择题

1. 学生的观察、记忆、比较、分析、解决问题的程序性知识属于（   ）。
   A. 动作技能   B. 智慧技能
   C. 操作技能   D. 思维技能

2. 一个人的开车、打字、滑冰等动作属于（   ）。
   A. 连续的动作技能   B. 不连续的动作技能
   C. 流畅的动作技能   D. 灵活的动作技能

3. 智慧技能的实现，必须借助于（   ）。
   A. 外部言语   B. 思维过程
   C. 书面言语   D. 内部言语

4. 模式识别学习的主要任务是学生学会把握（   ）。
   A. 产生式的条件项　　　　　B. 概念与规则
   C. 思维的法则　　　　　　　D. 原理的运用

二、多项选择题

1. 智慧技能与动作技能的区别表现在（   ）。
   A. 活动对象不同　　　　　　B. 活动结构不同
   C. 活动内容不同　　　　　　D. 活动要求不同
2. 产生式的是由下面哪两个部分组成？（   ）
   A. 条件　　　　　　　　　　B. 行动
   C. 方法　　　　　　　　　　D. 途径
3. 产生式理论把智慧技能分为下面哪两种？（   ）
   A. 模式识别学习　　　　　　B. 条件性知识学习
   C. 动作步骤学习　　　　　　D. 方法步骤学习

三、判断对错题

1. 学生的走路、穿衣、吃饭、摇头等一系列的动作都是属于动作技能。（   ）
2. 学生在进行智慧技能学习的时候不需要具体的对象作为支撑物。（   ）
3. 智慧技能必须从实际出发符合实际，不能省略和简缩。（   ）

第九章 小学生的学习策略

通过本章的学习,你要掌握学习策略的概念,学习策略的三因素说,小学生的常用认知策略和资源管理策略。也要知道在教学中,教师如何依据小学生的发展特点和学习内容,有效提高小学生运用学习策略的水平?

第一节 概述

使学生学会学习是世界各国学校教育的重要理念和共识。学生是积极的信息加工者、理解者和综合者,能使用不同的策略储存和提取信息,主动地使学习环境适应自己的需求和目标。学生学习策略的获得与改进是学会学习的核心。学习策略能够提高学生的学习效率,促进其学业获得成功。

一、学习策略的含义

什么是学习策略?至今为止,对学习策略的界定仍没有达成共识。概括现有的文献和研究,可以将学习策略分为四种:一是把学习策略视作学习活动或步骤。如梅耶(R. E. Mayer)认为学习策略是在学习过程中用以提高学习效率的任何活动,是学习者有目的地影响自我信息加工的活动。二是把学习策略视作学习的规则、能力或技能。如刘电芝(2001)认为学习策略是学习者在学习活动中有效学习的规则、方法、技巧及调控方式。它既可是内隐的规则系统,也可是外显的操作程序与步骤。莫雷(2002)认为学习策略是个人学习方法和对自己学习活动进行调节与控制以提高活动操作水平的技能。三是把学习策略视作学习计划。如陈琦(1998)认为学习策略就是学习者为了提高学习效果和效率,有目的有意识地制订的有关学习过程的复杂的方案。四是把学习策略视为学生的学习过程。尼斯比特(J. Nisbert)认为学习策略是与元认知相联系的、比具体学习方法更高一层的有组织的调节与控制活动。

综合以上学者的观点,我们认为学习策略是学习者为了提高学习效果和效率,有目的有意识地制订的有关学习的程序规则和调控方式。

首先,学习策略是学习者为了完成学习目标而积极主动地使用的。一般来说,学习者采用学习策略都是有意识的心理过程。学习时,学习者要分析学习任务和自己的特点,根据这些条件,采用适当的学习方法。其次,学习策略是有效学习所需要的。研究表明(马郑豫、张家军,2015;汤旧圆,2013;伍如昕,2011),学习策略是影响学生学业成就的重要因素,学生学业成就水平的高低是伴随着学习策略应用水平的高低而起伏的,学生学习策略水平高,他们的学业成就也相对较高。第三,学习策略是针对学习过程的。它规定学习时做什么不做什么、先做什么后做什么、用什么方式做、做到什么程度等方面的问题。第四,学习策略是学习者制订的有关学习的程序规则和调控方式。一般来说,不同的学习任务其学习策略是不同的,但对于同一种类型的学习任务,却存在着基本相同的学习策略。学习策略实际上是一套规则系统或技能构成,是学习术或学习技能的组合。

二、学习策略的类型

心理学家依据不同的标准,提出了多种学习策略的分类。

(一)学习策略的二因素说

里斯尼克和贝克(Resnick & Beck)认为学习策略由一般策略和调解策略两种因素构成。一般策略主要包括在参加与推理、思维有关的活动时所用的技术;调解策略主要包括完成一项具体任务时所用的某种特殊技术。凯里贝(Kirby)把学习策略分为微观策略与宏观策略两种。微观策略包括一些特殊的知识与技能,与认知执行过程关系更为密切,易受教育的影响而改变;宏观策略应用范围较广,主要是关于一些情感与动机因素,与学习者文化背景及风格差异有密切关系,难以通过教育的影响而改变。戴默勃(Dembo)根据信息加工和元认知理论,将学习策略分为认知策略和元认知策略,前者是对信息进行直接加工的有关方法和技术,后者指的是对信息加工过程进行监控和调节的有关方法和技术。

(二)学习策略的三因素说

迈克卡等人(Mckeachie,1990)根据学习策略涵盖的成分,把学习策略分为认知策略(包括复述、精加工、组织策略)、元认知策略(包括计划、监视、调节策略)、资源管理策略(包括时间管理、学习环境管理、努力管理和寻求他人的支持策略)。具体见图9-1。

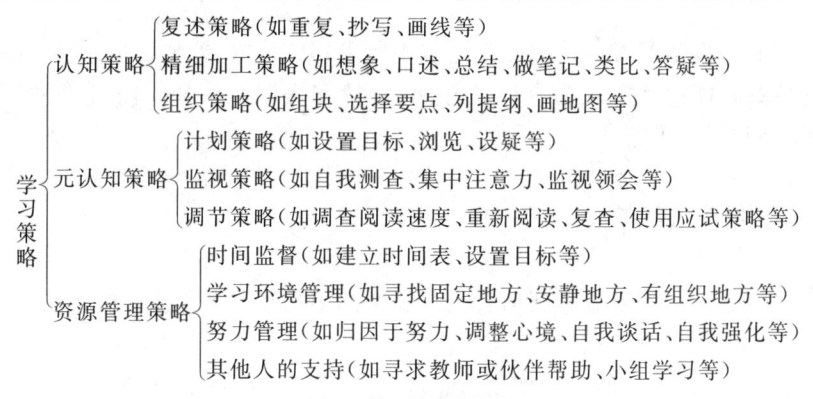

```
                  ┌ 复述策略(如重复、抄写、画线等)
        认知策略 ┤ 精细加工策略(如想象、口述、总结、做笔记、类比、答疑等)
                  └ 组织策略(如组块、选择要点、列提纲、画地图等)

                    ┌ 计划策略(如设置目标、浏览、设疑等)
学习策略 元认知策略 ┤ 监视策略(如自我测查、集中注意力、监视领会等)
                    └ 调节策略(如调查阅读速度、重新阅读、复查、使用应试策略等)

                        ┌ 时间监督(如建立时间表、设置目标等)
        资源管理策略 ┤ 学习环境管理(如寻找固定地方、安静地方、有组织地方等)
                        │ 努力管理(如归因于努力、调整心境、自我谈话、自我强化等)
                        └ 其他人的支持(如寻求教师或伙伴帮助、小组学习等)
```

图9-1 学习策略的构成

(三)学习策略的多因素说

温斯坦和梅耶(Weinstein & Mayer)将学习策略分为八种:简单学习任务的复述策略、复杂学习任务的复述策略、简单学习任务的精细加工策略、复杂学习任务的精细加工策略、简单学习任务的组织策略、复杂学习任务的组织策略、综合调节策略和情感策略。加涅根据学生的学习进程,把学习策略分为选择性注意策略、编码策略、记忆探求策略、检索策略和思考策略。

三、研究学习策略的意义

重视学习策略的科学研究对解决当前教学改革中存在的问题有重要意义。一是可以改进学生的学习,大面积提高学生的学习质量。特别是能促进或改进掌握不好学习策略的学生的学习成效,在一定程度上减少他们学习的困难。二是能更有效地促进教师的教。教师通过学习策略的教学,可减少教学和训练时间,达到减轻学生学习负担的目的。三是有利于实施对学生核心素养的培养。学生核心素养之一,就是要学会学习。信息时代,个人对学科知识的掌握是有限的,而掌握获取学习的策略才是至关重要的。

复习巩固

1. 如何理解学习策略?
2. 学习策略的三因素说是如何对学习策略进行分类的?

第二节 小学生的认知策略

认知策略是指学习者在认知加工过程中所采用的策略,即加工信息的一些方法和技术。这些策略能使信息较为有效地存储、保持和提取。认知策略可分为精加工策略、复述策略和组织策略。

一、精加工策略

精加工策略是指学习者把新信息与头脑中的旧信息联系起来,增加新旧信息之间的意义联系,从而帮助学习者将信息储存到长时记忆中去的学习策略。这实际上是一种理解记忆的策略,其目的在于建立信息间的联系。联系越多,提取信息的线索就越多,记忆的效果就越好。

心理学家研究发现精加工得越深入越细致,回忆就越容易。波布鲁(Bobrow,1969)曾让被试在两种情况下记忆简单的主语—动词—宾语语句:第一种情况下,句子是由主试编成现成的句子提供给被试的;第二种情况下,主试只向被试提供主语名词和宾语名词,要求他们自己用一个动词把二者连接起来,形成句子。学过这些句子之后,对被试进行测验。主试说出作为主语的第一个名词,要求被试说出作为宾语的第二个名词。结果表明,第一种情况下被试能回忆29%,第二种情况下能回忆58%。其原因可能是,在自己造句时,被试对两个名词的意义和彼此间可能的相互关系做过仔细的思索,他们在选定一种联结关系之前可能考虑过多种试探性的联结。这种额外的心理上的努力或深入的精加工会使这两个名词特别是它们之间的联结受到更多的推敲。下面是一些常用的精加工策略。

(一)记忆术

精加工的策略有很多,其中影响较大的是记忆术。记忆术是指为了便于记忆而将信息加以组织的技巧,记忆术能在新旧材料之间利用视觉表象、语音、语义等建立联系。这种记忆策略在记忆新名词术语、种类项目等信息时,非常有效。主要的记忆术有以下几种:

1. 位置记忆法

位置记忆法是学习者在头脑中创建一幅熟悉的场景,在这个场景中确定一条明确的路线,在这条路线上确定一系列特定的点,然后将要记忆的内容全部视觉化,并按顺序把路线上的各个点联系起来。回忆时,按这条路线上的各个点提取所记的项目。后来的研究发现,不仅是人们熟悉的场景,而且能引起具体形象的物体、人的身体、房间等都可以采用位置记忆法。记忆高手也用位置记忆法。2006 年世界脑力锦标赛的著名选手库克被问起如何记忆扑克牌时称,当他在记忆整副牌时常把每张牌与人物、动作和对象联系起来。例如,他把黑桃七想象成歌唱组合"命运之子",动作是在暴风雨中挣扎,对象为一条小船。梅花王后则想象成他的朋友亨里埃塔,动作是用手提包猛拍,对象是装满衣服的柜子。接着他把每张牌对应的想象场景串连成一条熟悉的思路,就像他穿过酒吧大厅一样。一旦需要回忆,他只要进行一次思维漫步,每个场景就会轻易地转换成牌面。位置记忆法对于记忆有顺序的系列项目特别有效。

2. 谐音法

谐音法是指利用不同字有相同或者相似的读音来提高学习效率的方法。比如记忆圆周率 π 可用"山巅一狮一虎"的谐音。谐音法能提高记忆效率,关键在于它的"一音双关性"。但谐音法不适合于有较强逻辑关系的材料,否则会适得其反。

3. 形象化

形象化是应用比喻、联想等方法,将无意义的材料转化成形象材料的一种记忆方法。如小学生在学习拼音字母 b 是玻(b),反 b 得(d),一门讷(n),二门摸(m),拐棍(f),伞把(t)就是使用该方法。

4. 比喻法

比喻法是运用修辞中的比喻,对学习材料进行处理,使其形象化、具体化的方法。如给学生讲述地球的结构时,有的教师用"鸡蛋"比喻:"地球大致分为地壳、地幔和地核三部分。地球就像鸡蛋,地壳好比是鸡蛋壳,地幔好比蛋白,地核好比蛋黄。"这样的比喻能促进学生对知识的理解。

5. 类比法

类比法是就两个或两类事物之间在某些属性上的相同或相似所做的一种类推。如小学教师常常用零下温度类比负数,帮助学生理解负数的含义。

6. 比较法

比较法是对两个或两个以上的事物的相同点与不同点进行分析的方法。如语文中的同义词或近义词的比较、形似字的比较、字母形状和读音的比较;数学中对乘法和除法、加法和减法等的比较。

7. 联想法

联想策略是指小学生由此事物推想到与之有联系的另一事物的学习策略。在学习中,学生可充分利用已有的知识经验,用相似、对比、接近、关系、配对等方式建立新旧知识间的联系。小学生在汉字学习中就可以大量运用联想策略。如学习"步"字,上面的"止"表示左脚,下面的"少"表示右脚,合在一起是一步,可以联想为一前一后的两个脚印;"海"字有三点水和"人""母"组成,由此展开联想,水是生命之源,人类的母亲(江平,2005)。

(二)记笔记

记笔记是学生应用广泛的一种精加工策略。记笔记对学习有多种好处。一是记笔记可以帮助小学生保持注意力,专心于教师讲课;二是记笔记有助于小学生记忆,为以后的学习和复习考试提供方便;三是记笔记可以提供所学知识的框架,促进小学生对新知识的精细加工和整合。

做笔记时,先要记下听讲的信息,然后是理解记下的信息。研究发现用自己的话做简要笔记和为了准备教别人而做笔记是很有效的,由于它需要对信息进行高水平的加工,所以效果较好。因此,学生在做笔记时,要有一定的心理加工,避免纯粹笔录式的笔记。

为促进小学生做笔记和复习笔记,教师在讲课时要注意:讲课速度要适中;重复复杂的主题材料;为学生提供做笔记的线索;在黑板上写出重要的信息;为学生呈现一套完整的笔记等。

(三)自提问法

自提问法指有针对性地提出问题,促进自我精读或深刻思考的方法。如心理学家训练小学生自我提问的问题清单有:"这个问题是什么?现在我打算干什么?关于这个问题目前我知道了什么?已经给了我哪些信息?这些信息对我有什么用?我的计划是什么?需要新的计划或方法吗?我的目标变了吗?下一步我做什么?"研究发现,通过训练小学生自我提问法,有利于他们明确学习目的、区分学习内容的重要性和控制自己的注意力,提高解决问题的能力。

(四)画线

画线是最常用的学习策略。通过画出学习材料中的重要和关键信息,不仅能使小学生快速找到和复习学习材料中重要的信息,还能使小学生加深对学习材料的理解,这是因为决定哪一句是最重要的句子需要较高水平的加工。使用画线策略时,学生一定要谨慎地使用画线,只画出重要的信息,而不只是一味地画。

在画线的旁边做注释是一种更为有用的方法。常用画线方法有:圈出不知道的词,标明定义,标明例子,列出观点原因或事件序号,在重要的段落前面加上星号,在混乱的章节前画上问号,给材料做注释,记下不同点和相似点,标出总结性的陈述,标出可能的测验项目等等。如小学生在学习汉字的过程中,对阅读材料中需要掌握的重点字词画线、做眉批、做重点号或使用不同颜色标记等。研究发现(李婷婷,2008),小学生高年级学生大多都会使用该学习策略,且成绩好的学生比成绩差的学生能够更熟练地使用画线策略。

二、复述策略

复述策略是指在工作记忆中为了保持信息而对信息进行反复重复的过程。在所有的认知策略中,复述策略是小学生使用最频繁的(马郑豫、张家军,2015)。研究者调查了小学生使用复述策略作为学习策略的情况。实验者分别给5岁、7岁、10岁的儿童看7张图片,然后提出要测验的3张,结果发现:随着年级的升高,能够复述的学生人数越来越多,其中5岁儿童占10%,7岁儿童占60%,10岁儿童达85%;使用复述策略的儿童能回忆出的内容也较多。[①] 使用复述策略时,需注意以下方面:

(一)排除干扰

心理学研究发现干扰是影响记忆的一个重要因素。心理学家彼特森(Peterson)曾做过一个实验,实验任务是让被试记住三个辅音字母。在实验中,每次给被试听觉呈现3个辅音字母如KBR,呈现字母后,立即听觉呈现一个3位数,如684,要求被试从这个数中迅速地作连续减3的运算并说出每次运算的结果,即要报告681、678、675等,直到主试发出信号再回忆刚才识记的3个字母。结果发现当延续时间为3秒时,被试能正确回忆80%;当延长到6秒时,正确回忆55%;当延长到8秒时,正确回忆10%。这个实验中要记住的内容很简单,但是为什么识记的效果这样差呢?原因就是干扰的影响。也就是说识记后的数学运算干扰了对字母的记忆。所以,心理学家认为造成遗忘的主要原因就是干扰,所以学习时我们一定要考虑到短时记忆的容量,在进行新的学习前要有吸收和重复旧知识的时间,尽量避免干扰。

(二)抑制和促进

前后两种学习材料之间存在相互影响,称之为迁移。如果这种影响是积极的,称之为促进(正迁移),如果影响是消极的就是抑制(负迁移)。当先前的信息对后来的信

---

① 赵恒泰.中小学生学习策略的发展特点与培养[J].天津师大学报(社会科学版),1994(6):32—37.

息产生了积极影响就是前摄促进,消极的影响就是前摄抑制;当后学的信息对先前的信息产生了积极影响就是倒摄促进,消极的影响就是倒摄抑制。倒摄抑制是最常见的一种抑制,所以在安排学习时,要尽量利用前后信息之间的促进作用,避免抑制作用。

在课堂教学过程中,教师要善于运用抑制和促进精心组织教学内容,把最重要的新概念放在教学的开始环节,在教学的最后对其进行总结。同样,学生在学习时,开始就要学习最重要的内容,最后再回顾一下。每次复习旧知识时,应在顺序上有所变化。

(三)科学复习

根据艾宾浩斯的遗忘曲线及有关的研究发现,遗忘的进程是不均衡的,遗忘有先快后慢的特点。学生学习的内容肯定是会部分遗忘的,关键是如何根据遗忘的规律科学复习。如何分配复习时间对记忆保持有重要的影响。在总的复习时间一定的情况下,连续进行的复习称为集中复习,间隔一定时间的复习称为分散复习。一般说来,分散复习的效果优于集中复习,这是因为分散复习有较多的时间间隔,可以使记忆联系得到巩固,有利于解除重复学习所产生的疲劳与厌倦,从而增强记忆效果。至于分散复习时间间隔的长短,应视材料的性质、数量、识记的巩固程度而定。

(四)过度学习

一般说来,一种学习材料如果学到恰能成诵之后还继续学习一段时间,这种材料就是过度学习材料。研究发现过度学习材料比刚好能背诵的材料保持的效果好。有人认为就保持效果与学习时间的综合效益而言,150%的过度学习最为经济。过度学习的次数少,达不到效果;过度学习的次数多,费时费力,效果却没有明显提高。所以,过度学习要适当。过度学习最适用于那些必须能准确回忆却没什么意义的操练性信息,例如,各门学科中的公式、英语单词的拼写。

(五)运用多种感官协同记忆

运用多种感官协同记忆,可在大脑中留下多方面的感觉印象,既能提高注意力,又能提升记忆效果。例如,边听边看、边说边写、边听边做、边想边动手等等。特瑞奇勒(Trechler)的研究结果表明,人们的信息获取中1%通过味觉,1.5%通过触觉,3.5%通过嗅觉,11%通过听觉,83%通过视觉。人一般可记住自己阅读的10%,自己听到的20%,自己看到的30%,自己看到和听到的50%,交谈时自己所说的70%,这表明多种感官的参与能有效增强记忆。

(六)积极的心向、态度和兴趣

心向、态度和兴趣也是影响记忆的一个重要因素,这些个性特征对记忆的方向、速度与巩固性有着重要影响。一般说来,凡是与学习者的兴趣、态度相符合的材料,记得快,记得牢;反之,记得慢,易遗忘。

(七)阅读与重现交替进行

阅读与重现交替进行,可以提高复习效率。这种方法有利于调动学习者的积极性，因为单调的重复阅读会使人厌倦，而两者的交替可以使学习者及时看到学习成绩，提高自信心。同时，也能使学习者及时检查复习的效果，抓住材料的重点与难点，合理支配自己的时间与精力。具体阅读与重现的时间分配见表 9-1。从表中可以看到重现的重要性。

表 9-1 阅读时重现的效果

时间分析	16 个无意义音节回忆百分数 立刻	16 个无意义音节回忆百分数 4 小时后	5 段传记文回忆百分数 立刻	5 段传记文回忆百分数 4 小时后
全部诵读时间	35	15	35	16
1/5 用于重现	50	26	37	19
2/5 用于重现	54	28	41	25
3/5 用于重现	57	37	42	26
4/5 用于重现	74	48	42	26

三、组织策略

组织策略是学习与记忆新信息的重要策略。其基本方法是将学习材料分成一些基本单元，将他们置于适当的类别之中，使每项信息和其他信息形成一个整体。也就是将经过精细加工提炼出来的知识点加以重建，形成更高级的知识结构的信息加工策略。心理学研究表明，人脑对于材料的记忆像一座图书馆一样，有组织的、有序的材料比杂乱的材料易于学习和记忆。鲍尔（Bower,1969）等人做过一个实验，要求被试识记 112 个单词，这些单词可以组织成像图 9-2 那样的分类系统。告诉实验组的被试如何将这些词组织到分类系统中去，然后给予四个等级的词让他们识记。控制组的被试也同样识记这些单词，但不告诉潜在的分类系统，实验结果表明，如果被试按照有组织的结构去识记单词，并在回忆中运用该结构，回忆单词的能力能得到极大的改进。实验组回忆出来的单词的数量是控制组的 2 至 3 倍。

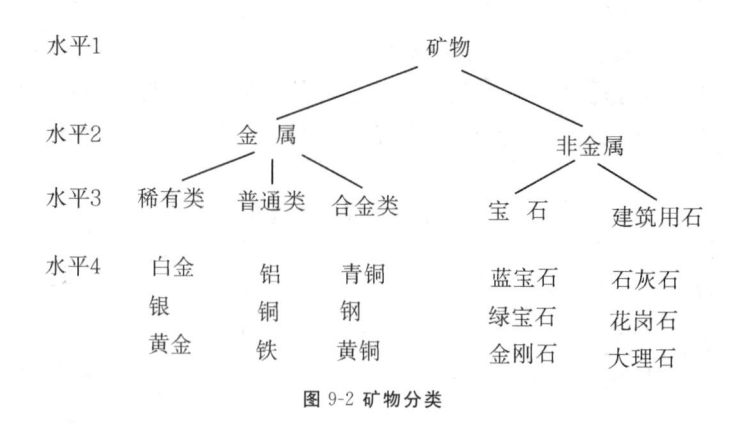

```
水平1                          矿物
                      ┌─────────┴─────────┐
水平2              金 属                 非金属
              ┌─────┼─────┐          ┌────┴────┐
水平3       稀有类 普通类 合金类       宝 石   建筑用石

水平4        白金    铝    青铜       蓝宝石   石灰石
             银     铜    钢         绿宝石   花岗石
             黄金    铁    黄铜       金刚石   大理石
```

图 9-2 矿物分类

研究者认为,记忆能力的增进,是组织的结果,因为学生可以用各类别的标题作为提取的线索,从而减少回忆时的负担。对于简单的陈述性知识,例如,在学习汉字中,有人按字音归类识字,有人按偏旁结构归类识字。对于复杂的陈述性知识,学生可使用列提纲、图形和表格等方法对材料进行组织。

(一)列提纲

列提纲是用简要的语词写下主要和次要的观点,也就是以金字塔的形式组织材料的要点,较具体的细节都包含在高一级水平的类别之中。教师可利用斯金纳提出的行为塑造技术来培养学生列提纲的能力。比如:(1)提供一个几乎完整的提纲,要求学生填写一些支持性的细节;(2)提供一个只有主题的提纲,要求学生填写所有的支持性细节;(3)提供一个只有支持细节,要求学生填写主要观点的提纲。也可以采用传统方法:向学生传授列提纲的技巧;要求学生独立完成列提纲;提供一个提纲范例,通过对比分析,说明学生提纲存在的问题;学生再次独立进行改进。

(二)图形

图形的形式有三种:系统结构图、流程图、模式图和网络图。学完某一学习材料后,对学习材料进行归类整理,将主要信息归成不同水平或不同部分,然后将这些复杂的信息形成一个金字塔形式的系统结构图,这样就容易理解和记忆了。流程图可用来呈现步骤、事件和阶段的顺序。流程图一般是从左向右展开,用箭头连接。模式图就是利用图解的方式来说明在某个过程中各要素之间是如何相互联系的。网络图如一棵倒置的知识树,把最概括的概念置于树干的顶端,把局部的概念置于支干。这种网络关系图越来越受重视,人们也称它为概念图。

(三)表格

表格的形式主要包括一览表和双向表。在列一览表时,学生首先要对材料进行全面的综合分析,然后抽取出主要信息,并从某一角度出发,将这些信息全部陈列出来。例如,学习中国历史时,可以以时间为主轴,将各朝代、主要的历史人物、历史事件全部展现出来,制成一幅中国历史发展一览图。双向表是从纵横两个维度罗列材料中的主要信息。

> **复习巩固**
>
> 1. 小学生的精加工学习策略包括哪些内容?
> 2. 使用复述策略时应注意哪些因素的影响?
> 3. 小学生的组织策略体现在哪些方面?

第三节 小学生的资源管理策略

任何学习都需要一定的资源作为支持,如学习的时间、付出的努力、他人的帮助等,都属于学习资源。资源管理策略是指学生管理学习中可用的环境和资源的策略,成功地使用这些策略可以帮助学生适应和调节环境,提高学习效率和质量。

一、时间管理策略

时间管理策略是指学生能根据学习的需要,妥善安排和计划学习时间。具体表现为:(1)统筹安排学习时间。为了完成自己的学习目标,每个学生都应当根据自己的总体目标,对时间做出总体安排,并通过阶段性的时间表来落实。(2)高效利用最佳时间。在不同的时间里,个体的体力、情绪和智力状态是存在差异的,即学习的最佳时间可能不一样。因此,学生在安排自己的学习时间时,应注意根据自己的生物钟安排学习活动,要根据学习效率的变化安排学习活动。(3)灵活利用零碎时间。学生可以利用零碎时间处理学习上的杂事,也可以用零碎时间看报纸杂志,拓展自己的知识面。

相关研究显示,多数学生的时间管理策略水平较低(任春华等,2006;杨柳青等,2008),主要表现为计划性较差,时间利用率低,常出现"前松后紧"的情况。相比较而言,成绩好的小学生使用时间管理策略优于成绩差的小学生,成绩好的学生能够较为合理地安排学习时间,成绩差的学生明显缺乏对时间的管理和掌控意识(李婷婷,2008)。鉴于此,教师应引导学生强化时间价值观,提高时间管理技能,学会分辨轻重缓急,学会制订切实可行的学习计划,有效提高学生的时间管理能力。

二、学习环境管理策略

舒适的环境可以改善学习者的情绪状态,提高学习效率。在学习环境的设置上,首先,要注意调节自然条件,例如:保证空气流通、温度适宜、室内光线明亮及色彩和谐等。其次,要设计好学习的空间,例如:空间范围、室内布置、用具摆放等。

国内外对学习环境管理策略的研究主要集中在两个方面：第一，创建学习场所。学生要根据自己的情况精心选择一个或两个固定场所专门用于学习，不能在这些场所开展其他活动。该策略的理论基础是条件作用，即如果某些行为在同一个地方频繁发生，这个地方就会成为发生这种行为的信号。研究该策略的学者还提出，选择固定的学习场所是排除外界声音干扰的有效方法。因为研究发现熟悉的声音往往会被个体潜意识地忽略，不会起干扰作用，但不熟悉的、生疏的声音难以忽略，干扰作用很大。小学生在学校里通常难以自主选择学习环境，但在家里小学生可以在家长的帮助下有意识创建适合的学习场所。第二，控制干扰。该策略要求小学生尽量选择视觉、听觉等干扰最小的地方学习。在这个选定的地方，视野中不要出现图画、玩具等吸引小学生的东西，尽量减少所有有可能引发小学生学习之外其他活动的事物。沃尔特和西伯特设计了一个有趣的故事情节来说明视觉干扰对学习的影响：一位正在自己房间里学习的学生，视野中突然出现了自己童年时的一张照片，这张照片使她回忆起过去的快乐时光；接着她又发现了一张自己喜欢的唱片，这使她不由自主地哼唱起了歌曲；紧接着她看到了一本自己还未读完的消遣杂志，她开始猜想还未阅读部分的内容；之后她又看到了一张好朋友的照片，她开始惦记起这位朋友；最后她放弃了学习，开始跟朋友打电话聊天（潘飞南，2003）。除视觉干扰外，噪音、音乐等听觉干扰，以及同伴等干扰因素都应尽量控制。

三、努力管理策略

努力管理策略是指学生对自身努力程度、学习兴趣、情绪等心理因素进行约束和调整，以激发和维持学习动机，实现学习目标的过程。我国学者研究认为（邱娟、钟志贤，2011），努力管理策略由目标、信念、动机、意志、内省和自我强化六个要素构成，各要素的具体内涵见表9-2[①]。

表9-2　努力管理的构成要素

构成要素	内涵界定
目标	指在时间和成本的约束下需要去实现的一种明确的、可衡量的成就，亦是个体对活动结果所预先设想或拟定的要求与标准
信念	是人们在一定认识基础上所确立的对某种思想或事物坚信不疑并身体力行的心理态度和精神状态
动机	指由目标或对象引导、激发和维持个体活动的一种内在心理过程或内部动力

---

① 邱娟,钟志贤.论努力管理的定义与构成要素[J].江西广播电视大学学报,2011(3):35－39.

续表

构成要素	内涵界定
意志	指把各种努力集中在学习目标和学习任务上，维护学习意图，坚定地执行学习决策
内省	指反省或反思，是个体积极监控、评价、比较和修正自身思维和行为的过程，目的在于建立一种监督自我的内在反馈机制，实现明晰的自我意识和有效的自我控制
自我强化	指个人的行为达到自己设定的标准时，以自己能支配的奖赏来增强、维持自己的行为的过程

努力是学生取得优异的学习成绩的必要因素，调查显示(高丽,2011)，小学生逐渐学会使用努力管理策略，五年级学生显著优于一年级学生，但总体而言小学生使用努力管理策略水平较低。为了提升学生使用努力管理策略的应用水平：第一，教师要让小学生明确努力在学习中的重要意义，在评价学生时也要把努力情况包括在内；第二，要结合学习实际对全体学生的努力进行鼓励，使学生获得努力且有收获的体验，激励学生在后续学习中更加努力；第三，通过向学生传授努力管理的方法和程序，帮助学生构建自己的努力管理策略库，以利于在学习过程中随时提取应用努力管理策略。

四、学习工具利用策略

学会学习是小学生的培养目标之一，而学会自学则是小学生学会学习的重要一环。在自学中，学习者不能仅满足于接受现成的知识，更重要的是要养成探究的意识。而要想搞清楚所学知识的来龙去脉，或者进行科学研究，学习者就要善于利用参考资料、工具书、图书馆、广播电视以及网络等途径获取信息。

(一)工具书的选择与利用

随着社会的发展，学科门类日趋精细，各类知识浩如烟海，因此，无论是在课堂上还是课后，学习者往往都需要查阅各类工具书，以扩展视野，活跃思维，完成学习。字典、词典就是小学生学习语文不可或缺的工具书。研究表明(李婷婷,2008)，小学生在语文学习中，成绩较好的学生能够适当利用字典等工具书辅助学习，成绩较差的学生明显表现出对工具书、参考资料利用不足的情况。

(二)学校馆藏资料的充分利用

现在很多小学都有自己的图书馆或者图书阅览室，馆藏书籍大多很有针对性，适合小学生借阅。多数城市也有图书馆，一般都馆藏丰富，包括大量的印刷型图书、电子图书及多种类的网络资源数据库，足以满足学习者学习和阅读的需要。因此，小学生一定要勤用和善用学校、社区、城市图书馆等馆藏资料，要充分了解馆藏资源和布局，

并掌握查找文献的方法，能够快速、高效地找到自己所需的资料。在选择这些参考资料时，一定要选择权威刊物刊登的文章和权威人士编写的书目，并注意选择研究视角多样化的资料。选好参考资料后，要有选择地阅读，关注与学习内容或者兴趣爱好有关的内容，而不是从头到尾整篇通读。

（三）广播、电视及网络资源的充分利用

小学生可以根据自己的学习情况或兴趣爱好，适当选择一些广播或电视节目，以扩充知识面，了解时事动态。随着科技的迅猛发展，网络在小学生生活和学习中的重要性日益彰显。通过网络，小学生可以了解国内外的各种信息，查阅各种资料，购买各种书籍。网络给学习者带来以往任何时代都无与伦比的信息资源的同时，也带来了很多的诱惑与选择，因此，小学生要合理规划自己的上网时间，提高甄别能力和自控能力，接受教师和家长的监督，以求高效、正确地使用网络资源。

五、社会资源利用策略

小学生要善于利用周围的社会性人力资源，要主动寻求老师的帮助，多与同学讨论问题，以加深对学习内容的理解。有关调查表明，多数学生会主动寻求学业帮助，并希望老师能常在课堂外进行学业指导。此外，学生也认为小组学习是一种很好的学习方式，并认为参加小组活动不仅能促进学习，还能锻炼自己未来工作中的组织和人际关系处理能力。

复习巩固

1. 小学生的资源管理策略包括哪些内容？
2. 时间管理策略主要体现在哪些方面？
3. 如何提升小学生努力管理策略的水平？

第四节　小学生学习策略的影响因素

小学生对学习策略的掌握和运用受多种因素的影响，认识和研究这些影响因素，有利于教师在"教"和引导学生在"学"的活动中有意识地控制或排除这些因素的干扰，对于加强学习策略训练的针对性，缩短学生的学习时间，提高学习效果起到非常重要的作用。

一、学习者因素

学生是学习的主体,学习策略的掌握和运用在很大程度上取决于学习者本身。

(一)年龄特征

小学生的认知能力随年龄的增长而增长。研究表明(杜艳芳,2010),小学生学习策略水平随年级增长,总体呈上升趋势,五年级小学生学习策略水平极其显著地优于三年级学生。梅耶将学习策略能力的发展划分为三个过程:儿童学习策略早期、过渡期和后期。学前期儿童处于学习策略早期,还不能自发地掌握学习策略,即使有时使用了某种学习策略,常常也是无意识的。小学时期学习策略发展处于过渡阶段,在教师和家长的帮助下,小学生逐渐积累了一些有效的学习策略,高年级小学生多数已能自发地掌握许多比较简单的学习策略,但他们还不能有效地运用这些策略来提高学习效率。如果小学教师能给予学生策略运用方面的清晰指导,小学生就能有效利用已有策略改进自己的学习。初高中学生已能在自己熟悉的知识领域,自发地形成策略。

以中小学生的年龄为横坐标,以各年龄阶段学生在各学习策略上的平均分为纵坐标,绘制出中小学生学习策略应用的年龄走势图(马郑豫、张家军,2015)(见图9-3)。

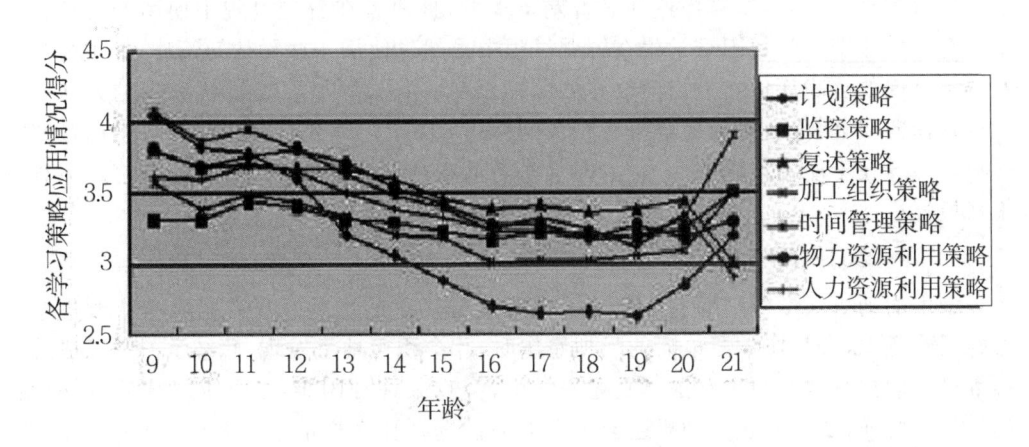

图 9-3 中小学学生学习策略应用的年龄走势图

从图9-3中可以看出,在9—12岁阶段(此时正处于小学高年级阶段),学生对于学习策略的应用整体上维持在一个较高层次的水平上。究其原因,主要是小学生阶段的学习是在很大程度上受到教师和家长的共同干预,为使学生在起步阶段获得较好的发展,家长和教师的帮助与督促会使学生制订明确的学习计划,加之人力和物力资源的综合利用,小学生能够较好地调配自己的学习时间,合理安排学习内容。但调查也发现,这一阶段的小学生自身的加工组织策略和监控策略处在所有学习策略的底层,而这恰恰是学生获得深层次知识的主要途径之一。加工策略的运用不如时间策略等

的使用水平,说明学生在学习过程中对内容与知识缺乏总结、概括能力,知识迁移能力也处于较低的水平。监控策略处于最低水平,可能是学生更多地受到接受式学习的影响,而较少反思、统合既得的知识结构,外在的知识没有转化为内在的个人知识。

从图9-3还可以看出,中小学学生对于学习策略的应用基本呈"U"型。需要指出的是,随着学生年龄的增长以及认知水平的发展,对于较为机械呆板的复述策略呈现出逐步下降的趋势;向教师和同学求助的策略,即人力资源利用策略也呈现出逐步减少的态势,这反映出学生对于学习中所遇到的问题,逐渐倾向于通过自身努力来解决[①]。

(二)学习能力

学习能力水平不同的学生在拥有和使用策略上也有巨大的差异。研究发现(刘电芝、黄希庭,2002):(1)学习困难的儿童缺乏策略,表现为他们不能抑制不必要的信息输入,不能有效地选择线索,不能适当地利用编码策略以及不能自发地产生解决问题的策略和评价使用策略的效果。(2)低水平的学习者由于缺少丰富的相关经验,难以获得及使用高级的、复杂的策略,中或高水平的学习者容易获得并容易从高水平的策略受益。(3)不同水平的学习者不仅在学习策略使用的数量与频率上有差异,特别是在质量上也有差异。如牛卫华、张梅林(1998)的研究发现,优秀生的元认知策略数量上比学习困难学生多,差异均达到显著差异水平,且两者在解题过程中使用的元认知策略有本质区别。学习困难学生在解题过程中虽然也使用一些元认知策略,但主要是对任务难度的自我评价或是指向放弃做题,对解决问题帮助不大;而优秀生的元认知策略则指向问题解决,对问题解决有积极的指导作用。(4)不同水平学习者使用策略的根本差异在于使用策略的恰当性,即善学者懂得何时何地完成何种任务,使用何种策略最合适。

(三)动机强度

学生的动机强度对掌握和应用学习策略也有显著的影响。只有当学生有改进学习的明确意识,有掌握学习策略的强烈愿望时,才会积极地去发现、总结学习得以成功的策略。同样对学习知识有浓厚兴趣的学生,会克服种种困难,去寻求尽快获取知识的手段。此外,学生的学习动机还会决定着他们选择什么样的学习策略,决定着他们使用这些策略的效果。

研究发现,学习策略与目标定向动机、成就动机都呈显著正相关。目标定向动机是指为达到某种好的目标、回避某种不好的情形而努力学习;成就动机是指为了追求成功或者获得表扬、避免失败或者批评而进行学习。在这两类动机的影响下,学生就会积极主动地学习、探索与总结一些比较好的学习策略,并把这些好的学习策略主动

---

① 马郑豫,张家军.中小学学生学习策略的调查研究[J].教育研究,2015(6):85-95.

运用到自己的学习过程中。①

(四)学业自我效能感

学业自我效能感是指个体的学业能力信念,即学习者对自己是否利用所拥有的能力或技能去完成学习任务的自信程度的评价,是个体对控制自己学习行为和学习成绩能力的一种主观判断。学业自我效能的高低决定了学习者面对新的任务或困难时,是抱着把它当作挑战加以迎接,还是当作困难加以回避的学习态度,是学习行为的一个强有力的预测指标和影响因素。有关研究表明,自我效能感不同的学习者具有差异明显的学习特征,他们既在学习任务定向、努力和焦虑等方面存在区别,也在学习策略掌握和运用、意志控制、学业信念等方面存在明显的不同(边玉芳,2003)。

二、教师因素

教为主导,学为主体。小学生的学习需要教师来引导,不同水平的师资、不同的教育理念会造就完全不同的人,因而教师因素也会影响到小学生学习策略的获得和运用(刘电芝,黄希庭,2005)。

(一)教师经验

教师的经验对小学生掌握学习策略起着至关重要的作用。第一,教师要善于识别主要的学习策略。在教学活动中,教师能清楚地认识到哪些学习策略对某一年龄阶段的学生至关重要,哪些学习策略对某类材料的学习是不可缺少的,从而能够根据学生的年龄特征和任务的需要,行之有效地教给学生适宜的学习策略。第二,教师要善于不断寻求新的学习策略。这样的教师能够及时获取新的研究成果,并及时提供给学生,使他们能够掌握更多的有效学习策略。第三,教师要善于选择适合的学习策略训练材料。若教师选择的训练材料能贴近学生的认知特点和所学内容,学生就容易理解和接受。第四,教师要有意识地提高学生学习和掌握学习策略的意识水平。学习策略的应用,涵盖了小学生对学习过程的计划、监控、反思等多个环节。良好学习策略的使用,有助于学生提升学习效能,取得较好的学业成绩,提高学习成就感,使学生成为独立自主的学习者。因此,教师要高度重视小学生学习策略的重要意义,有意识地采用多种方式加强学习策略的指导与建构。

(二)教学方法的恰当运用

学习策略是一种内隐性学习技能。教师要善于在教学中把内隐的学习策略外显化、展开化和程序化,便于小学生理解和掌握。能够恰当使用学习策略教学方法的教

---

① 汤旧圆.小学生学习动机、学习策略与学业成就的关系研究[J].长春教育学院学报,2013,29(6):50—51.

师，对学生的影响在于：第一，教师对教学过程有深入了解，因而能在关键环节给学生授以必要的策略；第二，教师在策略教学中能采用启发式教学，只在关键点上稍加点拨，让学生自己主动掌握和运用学习策略；第三，教师要能根据学生年龄特征、认知水平以及教学任务，采用多样化教学方法，提升教学效果。

（三）教学信息的反馈调节

反馈是一切信息交流系统的调控机制。反馈可分为外反馈和内反馈，外反馈是指来自学习者以外的反馈，如教师、家长的反馈；内反馈即学习者的自我反馈。弗拉维尔等（1970）研究表明，学生年龄越小，自我反馈能力越差，小学儿童对自己学习策略的掌握的运用情况难以清楚了解。因此，来自教师的及时、多次、准确的反馈对小学生学习策略的掌握尤为重要，这样的反馈能让学生及时知道自己的进步与不足，准确地调节学习过程。

复习巩固

1. 影响小学生学习策略的学习者因素有哪些？
2. 影响小学生学习策略的教师因素有哪些？

第五节　提高小学生学习策略的途径

小学生掌握合适的学习策略，是实现其高效学习的关键。小学生正处于从不会使用学习策略过渡到能够熟练掌握学习策略的时期，因此，教师在教学中，要能够根据小学生的身心发展特点，遵循一定的教学原则，采用恰当的教学方法，将合适的学习策略传授给小学生，有效提高小学生使用学习策略的水平。

一、选用适用的学习策略教学模式

如何把学习策略教给学生，促使学生在较短时间内掌握学习的方法与技术，已成为学习策略研究的重点。从目前国内外学习策略的教学实验研究来看，根据学习策略课是否与学科内容相结合，可分为三种教学模式，每种教学模式各有其优缺点。

（一）通用学习策略教学模式

这种教学模式不涉及任何特定知识，通过单独开设专门的学习策略课程，专门讲授学习策略的有关知识。这种策略训练的基础在于学习策略本身具有一定的概括性和抽象性，如记忆术、编码策略、复述策略等信息加工过程中的一些策略，这些策略能够从具体的学习内容和情景中脱离出来,形成独立于具体认知任务和学习任务的策略方法。这种模式的优点是使学习者较易掌握科学系统的学习策略,有助于提高学习效率。不足之处在于,尽管研究者已经总结和提炼出了很多有效的学习策略,但是通过这种模式掌握的学习策略,较难直接应用到学习实际中。这类训练模式因训练时不与专门知识相结合,容易与小学生的学习实际相脱离,不少小学生难以主动在相关的学习活动中应用,导致对小学生特定知识领域的学习帮助不很明显。

国内研究者(张履祥、钱含芬,2000)在小学四年级开设为期一学年的学习策略训练课。以课题组编著的《学习策略训练》为教材,内容包括:课堂学习策略、巩固记忆策略、解题思维策略、创造学习策略和总结考试策略等 6 个单元。每单元训练 6 课时,共 30 课时。实验周期为 1 学年。实验结果表明:实验班学生学习能力显著提高,语文学习能力和数学学习能力都显著提高;智力中差生和学习中差生的训练效果较好。该研究表明,在小学开设学习策略训练课具有可行性和必要性。[①]

(二)学科学习策略教学模式

这类学习策略的教学与特定学科的学习内容相结合,在具体学科知识的学习过程中使学生掌握学习策略。如在英语教学中,传授英语阅读理解策略、写作策略;在语文教学中,传授记笔记策略、列提纲策略等。国内研究者(冯文慧,2012;杨芸,2012),运用学科学习策略教学模式,对学生的英语词汇学习进行学习策略的教学实验。在教学中,教给学生一些有效的词汇学习策略,如通过发音和拼写学习词汇、通过构词法学习词汇、通过词组搭配学习词汇等,结果发现,对学生进行词汇学习策略的教学促进了学生的词汇学习,并且在一定程度上激发了学生对于英语学习的信心和兴趣。

结合学科教学的模式可以贯穿在整个教学活动过程中,它要求教师在教学前就应该结合有关的学习策略来进行备课、讲课、评课,这无疑对教师提出了更高要求。这种教学模式由于学习策略与学科学习密切结合,因此对小学生学习效果的影响是明显的。其不足之处在于,这类训练模式由于学习策略与具体学科内容联系紧密,学生掌握的策略对其他学科用处不大,不便于学生把学到的学习策略迁移到其他学科的学习中。

(三)交叉式学习策略教学模式

这种教学模式是为了克服前面两种策略训练模式的不足,吸取它们的长处。此模式往往是先独立地教学生学习策略,包括学习策略的意义、适用范围及具体操作程序等。在此基础上,将学习策略与具体的学科内容结合起来,根据具体的学习情景,要求并促进学生把所学的策略运用于具体的学习活动中。如于志浩(2009)采用整合式外语学习策略培训模式,即整合短期策略集训、融合式长期集训和个别辅导等模式,对学生进行为期一年的学习策略培训,结果发现,该培训模式能够提高学生的英语综合成

---

① 张履祥,钱含芬. 小学生学习策略训练效应的实验研究[J]. 心理科学,2000,23(1):103—104.

绩,提高学生的自我评价能力和自我调控能力,进而达到培养和提高学生的自主学习能力的目的。

这类训练模式虽然吸收了上述两种模式的长处,避免了它们的短处,可以取得满意的教学效果。但同样存在不足,比如在实际教学中可能存在一定的难度,能否在现实的教学中实现等。

二、采用高效的学习策略教学方法

(一)学习策略的选择定向

学习策略包括不同的要素、不同的层次,这些不同策略的有效性和可教程度也不尽相同,而且由于教学时间和条件的限制,我们也不可能教给学生所有策略,因此,如何选择并确定教哪些策略,即学习策略选择定向是策略教学中的一个重要问题。

彼得逊(P. L. Peterson,1983)认为,教师进行学习策略的教学训练时,必须解决的主要问题有:(1)应当教哪些策略,应教给谁?(2)为了使教学有效,在策略教学中必须包括哪些成分?(3)在课堂教学中如何进行策略教学?(4)在策略训练之后,策略的使用是否能保持和迁移到其他类似的情境?由此可见,策略训练的关键是要解决选择教哪些策略的问题。对于如何选择有效的学习策略,托马斯和罗瓦(Thomas & Rohwer,1986)提出了下面的一些原则:(1)特定性,学习策略一定要适合学习目标和学生的类型;(2)生成性,学习策略能要求学生对学习材料进行重新加工,产生某种新东西;(3)有效的监控,学生应当知道何时、如何应用学习策略以及报告出正在使用的学习策略;(4)个人效能感,教师要给学生机会使之感觉到学习策略的效力。

鉴于上述观点,我们认为在学习策略的选择定向中应主要遵循以下原则:

1. 实用性与理论性相结合。选择策略,既要考虑这些策略的潜在作用及训练它们所需要花费的努力程度,又要能够用一定的理论说明它们如何起作用和怎样起作用。

2. 具体性与一般性相结合。一般说来,教学所选择的策略既要有一定的针对性,适用于特殊的内容,也要有一定的概括性,适用于较多的方面。这样的策略既能促进特定学科的学习,也会在一定的条件下促进其他有关学科的学习。这类策略的教学可起到一箭双雕的作用,不仅利于特殊学科的学习,也可促进迁移。

3. 有效性与可教性相结合。选择的策略必须是问题解决中的重要策略、常用策略,并能对这些策略的结构进行分析,能确定其心理成分及其联系与顺序,使策略教学的步骤能具体化、操作化,具有便于教学的特点。

拓展阅读

PQ4R 方法

一个最有效的能帮助学生理解和记忆的学习技术是 PQ4R 方法,这是由托马斯和罗宾逊(Thomas & Robinson,1972)提出来的,它是在罗宾逊(F. R. Robinson,1961)早期版本 SQ3R 的基础上改进的。PQ4R 分别代表预览(Preview)、设问(Question)、阅读(Read)、反思(Reflect)、背诵(Recite)和回顾(Review)。有研究表明,PQ4R 方法对年长的儿童有效。PQ4R 程序的进行可使学生集中注意力有意义地组织信息、使用其他有效的策略,诸如产生疑问、精细加工、过一段时间后复习等。

PQ4R 技术可以这样具体地使用:

1. 预览

快速浏览材料,对材料的基本主题和副主题有一个了解。注意标题和小标题,找出要读的和学习的信息。

2. 设问

阅读时自己问自己一些问题。根据标题用"谁""什么""为什么""哪儿""怎样"等疑问词提问。

3. 阅读

阅读材料时,不要泛泛地做笔记,试图回答自己提出的问题。

4. 反思

通过以下途径试图理解信息并使信息有意义:把信息和已知的事物联系起来;把课本中的主题和主要概念及原理联系起来;试图消除对呈现的信息的分心;试图用这些材料去解决联想到的类似的问题。

5. 背诵

通过大声陈述和一问一答,反复练习记住这些信息。可以使用标题、画线的词和对要点所做的笔记来提问。

6. 回顾

积极地复习材料,主要是问自己问题,只有肯定答不出来时,才能重新阅读材料。

(二)学习策略的课堂教学

依据学习策略的性质及习得、内化规律,我们将学习策略的课堂教学划分为四个步骤。

1. 学习动机的激发

学习是认知与情感相互作用的有意识活动。浓厚的学习兴趣、强烈的学习动机等积极情感可以调动学生参与学习策略教学的积极性和主动性,从而为学习策略教学的高效运行做好心理上的准备。在积极的情感背景下,学生的认知活动多采用交替、网络式策略,注意范围广,对学习有较多的归纳、整理,对学习内容的记忆也表现出更多的再编码和精加工。因此,在进行学习策略的课堂教学时,教师首先要用多样的方法或手段,如让小学生看到策略的效果,认识到学习策略的重要性等,激发和调动小学生的学习兴趣与动机,使小学生产生乐于学习的心向,积极主动地投入到学习策略教学的活动中来。

2. 学习策略的示范

激发起小学生策略学习的动机后,就要进入策略学习的过程。在进行策略课堂教学时,教师要向学生呈现有关学习策略的陈述性知识,如"学习策略是什么""学习策略有哪些类型""不同学习策略的使用条件及最有效的适用范围"等。教师要深入浅出地详细讲授策略的运用过程,教师要选择较多的恰当事例说明该学习策略应用的多种可能性。同时,教师要尽可能详尽展示自己的内隐思维过程,使学生充分体会到策略运用的过程与有效性。这样不仅能使学生对学习策略形成一种完整的、概括化的认识,为后继学习做好充分的认知准备,也为学生有效内化学习策略打下良好的基础。

3. 学习策略的理解

学习策略呈现之后,教师要通过安排适量的练习来深化策略教学,促成学习策略由陈述性知识向程序性知识的转化,即实现"是什么"向"怎么用"的转化,以使学习策略成为学生长期贮存的一种技能。在设计练习时教师应注意:第一,练习材料要适合小学生的认知特点和学科特点,多使用分组教学或个别教学。第二,练习材料要具有典型性,既能充分说明所训练的学习策略,又能激发学生的学习兴趣。第三,练习方式要多样化,以促进学生掌握的策略产生迁移。第四,在练习时,教师要适时进行示范,并及时对结果进行评价,提供反馈,以帮助学生对学习策略的学习进行有效监控,加深对策略的理解,使学生体验到学习策略的有效性,增强学生对学习策略运用的灵活性和自觉性。

4. 学习策略的内化

一些研究表明,学生在独立解决问题或完成任务时,不会自动使用在教师的指导帮助下而学会的学习策略。这说明,虽然学生在教师的帮助下,能够在特定的材料中理解和使用学习策略,但这并不能说明学生已学会举一反三,触类旁通。因而,教师还必须通过进一步的练习来加强学生对学习策略的理解,使学生真正内化学习策略,形成灵活使用学习策略进行自主高效学习的能力。教师应特别突出学生作为主体的能动性,引导学生运用自我评价和内在反馈机制对学习策略的效果及目标达成状况进行及时的反馈和评价。加泰勒(Ghatala,1985)在研究中发现,经过对学习策略的有效性进行自我评价训练的学生,能长期运用训练过的学习策略,并能迁移到类似的情境中。由此可见,加强小学生对学习策略运用的自我评价和反馈,可使小学生对学习策略适用条件、范围的理解不断加深,增强其运用策略的自觉性,并在不断反馈、评价和反思总结中,找到与自己的个性特点相符合的学习策略,真正做到学习策略的内化,学会自主高效地学习。

(三) 策略教学有效性的条件

学习策略的教学实施还处于探讨阶段,尚有很多理论和实践问题没有解决。策略教学的有效性也一直是个争论的话题。因此,在学习策略教学中,要保证策略教学的有效性,需要对以下几个方面给予必要的关注。

1. 策略教学应符合学生的知识能力状况

研究表明,影响学习策略掌握的主要因素之一是学习策略的难度。策略太复杂,小学生不容易掌握。所以,策略教学应考虑学生学习的准备状态,符合学生的知识和能力状况。小学生主要学习一些简单基础的学习策略,如画线、记笔记、归类、时间管理等。

2. 采用灵活多样的教学方法

学习策略的教学方法有发现法、观察法、有指导的参与法、专门授课法、直接解释法等。每种方法的选择应根据不同的学习对象及策略的内容来确定。教师在策略的教学中,必须能提供学习策略的具体详尽步骤、能依据每种策略选择较多的恰当事例说明其应用的多种可能性,使学生能形成概括化的认识。

3. 科学安排策略教学的顺序

教师在教给学生多种策略时,应遵循先易后难,循序渐进的原则。先教给小学生基础的,应用范围较广的策略,再教给学生特殊的,应用范围较窄的策略,使学生的学习策略具有逐渐累积的性质。例如,在小学数学教学中,应先教给学生应用范围较广的简化法、图解法,再教学生应用范围较窄的消元法、假设法。

4. 策略训练不宜密集进行

策略训练的实践证明,策略教学不能密集进行,不能在短时间内采用大量练习的突击办法。较有效的方法是:第一,适当延长教学时间,使学生有充分时间消化理解所学的策略。第二,学生在一定程度上掌握某种策略后,训练不应停止,而应继续进行。在新策略的训练中,要注意安排一些与学过的策略有某种联系的例题、习题,使学过的策略不断得到巩固运用。第三,每次训练只能围绕学习策略的一个方面进行,切忌贪多。

5. 训练学生大声复述所使用的学习策略

教学任务完成后,教师应及时地让学生大声复述所使用的学习策略,让学生相互评价、纠正所学的学习策略,促进学习策略的内化。

6.促进学习策略的迁移

学习策略能否迁移,是策略教学成功与否的重要标准。如何促进学习策略的迁移呢？第一,提供足够的练习与反馈,使学生能及时了解自己对学习策略的使用效果,矫正其在学习策略使用过程中的种种问题,增加其运用学习策略的自觉性,使之达到自动化的程度。第二,鼓励学生在不同情境中运用学习策略,使其能够形成学习策略的概括化知识,发现学习策略的共同点与差异点,有利于学习策略的迁移。第三,引导学生评价学习策略训练的有效性。学习策略教学的研究表明,学生只记住策略的知识,并不能主动改进他们的学习。只有当学生有改进自己学习的强烈要求时,获得的策略知识才会发生作用。而产生使用策略的动力来源于学生对学习策略的有效性的及时评价,只有意识到策略的有效性,学生才会最终接受学习策略,并内化成自己的知识,进而使其指导自己的学习过程。因此,教师应引导学生有意识地评价学习策略的价值,从而增强运用策略的动机。第四,引导学生生成新的策略。策略教学不仅要使学生掌握现有的对学习有效的策略,而且要引导学生在现在策略知识的基础上,发现新的策略、生成新的策略,以促使学习能力的不断提高。这既是策略教学最重要的目标,也是学生学习的重要目标。

复习巩固

1、学习策略教学的常用教学模式有哪些？
2、教师如何保证策略教学的有效性？

本章要点小结

1.学习策略是学习者为了提高学习效果和效率,有目的有意识地制订的有关学习的程序规则和调控方式。迈克卡等人根据学习策略涵盖的成分,把学习策略分为认知策略(包括复述、精加工、组织策略)、元认知策略(包括计划、监视、调节策略)、资源管理策略(包括时间管理、学习环境管理、努力管理和寻求他人的支持策略)。

2.精加工策略是指学习者把新信息与头脑中的旧信息联系起来,增加新旧信息之间的意义联系,从而帮助学习者将信息储存到长时记忆中去的学习策略。常用的精加工策略:记忆术、记笔记、自提问法、画线。

3.复述策略是指在工作记忆中为了保持信息而对信息进行反复重复的过程。使用复述策略时,需注意以下方面:排除干扰;抑制和促进;科学复习;过度学习;运用多种感官协同记忆;积极的心向、态度和兴趣;阅读与重现交替进行。

4.组织策略是将经过精细加工提炼出来的知识点加以重建,形成更高级的知识结构的信息加工策略。体现为列提纲、图形和表格。

5.资源管理策略是指学生管理学习中可用的环境和资源的策略,成功地使用这些

策略可以帮助学生适应和调节环境,提高学习效率和质量。主要包括:时间管理策略、学习环境管理策略、努力管理策略、学习工具利用策略和社会资源利用策略。

6. 影响小学生学习策略的因素主要体现为:第一,学习者因素,包括年龄特征、学习能力、动机强度和学业自我效能感。第二,教师因素,包括教师经验、教学方法的恰当运用和教学信息的反馈调节。

7. 提高小学生学习策略的途径:采用高效的学习策略教学方法和选用适用的学习策略教学模式。

关键术语表

学习策略	learning strategy
认知策略	cognitive strategy
精加工策略	elaborative strategy
复述策略	rehearsal strategy
组织策略	organizational strategy
资源管理策略	resource management strategy

复习题

一、单项选择题

1. 学习者为了提高学习效果和效率,有目的有意识地制订的有关学习的程序规则和调控方式,属于(　　)。
   A. 学习迁移　　　　　　B. 学习策略
   C. 学习计划　　　　　　D. 学习动机

2. 将学习策略的教学与特定学科的学习内容相结合,在具体学科知识的学习过程中使学生掌握学习策略,是下面哪种学习策略的教学模式?(　　)
   A. 通用学习策略教学模式　　B. 交叉式学习策略教学模式
   C. 专项学习策略教学模式　　D. 学科学习策略教学模式

3. 利用不同字有相同或者相似的读音来提高学习效率的方法是(　　)。
   A. 谐音法　　　　　　　B. 形象化
   C. 比喻法　　　　　　　D. 联想法

4. 根据艾宾浩斯的遗忘曲线及有关的研究发现,遗忘的进程是不均衡的,遗忘有(　　)的特点。
   A. 先快后慢　　　　　　B. 先慢后快
   C. 前后等速　　　　　　D. 没有规律

5.用简要的语词写下主要和次要的观点,也就是以金字塔的形式组织材料的要点,较具体的细节都包含在高一级水平的类别之中,这是下面哪种学习策略?( )
A.图形　　　　　　　　B.表格
C.列提纲　　　　　　　D.思维导图

二、多项选择题

1.迈克卡等人根据学习策略涵盖的成分,把学习策略分为( )。
A.认知策略　　　　　　B.复述策略
C.元认知策略　　　　　D.资源管理策略

2.小学生在使用复述策略时,需注意下面的什么问题( )。
A.排除干扰　　　　　　B.科学复习
C.积极的心向与态度　　D.阅读与重现交替进行

3.运用时间管理策略时,应做到( )。
A.统筹安排学习时间　　B.灵活利用零碎时间
C.无须规划时间　　　　D.高效利用最佳时间

4.学习策略的课堂教学划分为下面的哪些步骤?( )
A.学习动机的激发　　　B.学习策略的示范
C.学习策略的理解　　　D.学习策略的内化

5.影响小学生学习策略的学习者因素主要体现为( )。
A.年龄特征　　　　　　B.学习能力
C.动机强度　　　　　　D.学业自我效能感

三、判断对错题

1.学生学习策略的获得与改进是学会学习的核心。　　　　　　　　( )
2.做笔记时,就是要把老师板书的所有内容原样记下来。　　　　　( )
3.学生学习的学习策略能够迁移,是策略教学成功的重要衡量标准。( )
4.学习者自身因素是影响小学生学习策略的唯一因素。　　　　　　( )

第十章　小学生的学习困难

通过本章的学习,你应该了解小学生学习困难的含义是什么,学习困难的类型有哪些,如何对学习困难学生进行诊断,学习困难研究有什么意义?有哪些因素影响小学生的学习困难?如何应对小学生学习困难,有哪些教育对策?

第一节 概述

学习困难是小学教育面临的一个比较严峻的问题。学习困难不仅使学生学习成绩落后,产生自卑、焦虑心理,而且常常导致他们产生一系列的心理行为问题、社会和情绪障碍。因此,小学教师有必要深入了解小学生的学习困难。

一、学习困难的含义

学习困难(Learning Disability,LD)于20世纪60年代由美国学者S. Kirk提出后,在世界范围内引起广泛关注,诸多领域与学科对学习困难进行了研究,也出现了相近的术语,例如"学习障碍""学业不良""学习失能"等等。

国内外不同的学者对学习困难的定义和理解不同。美国学者柯克(S. Kirk)率先指出,学习困难由于可能的大脑功能异常或情绪行为困扰等因素,造成儿童在听说读写算术或其他学科中一方面及以上的落后、迟缓,此问题并非听力、视力、智力、教学等方面的因素造成的,该定义的提出为学习困难的界定奠定了基础。

美国学习障碍委员会(NJCLD)经过多次讨论,1997年形成了对学习困难的定义:学习困难是一系列失调的症候群,表现在听、说、读、写、推理或数学能力获得的显著困难。这些困难是内在性的,一般认为是由中枢神经系统功能障碍引起的。即使一种学习困难伴有其他残疾情况(如感觉受损、心理障碍、社交和情绪障碍)或环境影响,但这些情况并不是导致学习困难的直接原因。苏联教育家巴班斯基认为,学习困难学生是指需要花费更多时间和精力在学习上才能在某一领域达到及格水平的学生。他们通常具有不善思考、注意力不集中、不善语言逻辑思维等特征。

国内学者也在近几十年中对"学习困难"这一概念展开了多方面的阐述。我国心理学家杨心德(1996)对学习困难学生的定义是:智商表现正常,但学习效果却远远达不到教学目标要求的学生。邵瑞珍(1990)等认为,学习困难学生的智商一般在100左右,他们的问题并非在于智力落后,而是由于一些有待弄清的原因使得他们在学习上存在相当大的障碍,成绩上明显赶不上同龄人。我国上海教育科学研究所成立了学习困难学生研究课题组,对学习困难学生实施跟踪辅导。他们认为,学习困难学生的智力不存在明显落后或缺陷,然而他们的实际学习效果却难以达到我国教学大纲的标准,不仅表现在考试分数远落后于同龄人的平均水平,而且还出现主要科目持续不能及格。而这种学习困难,既不是由身体缺陷所致,也不是智商低下所致,这些孩子的智商均在正常范围之内(即IQ在90以上),足够保障其完成学习要求,但实际上却远未达到。

虽然上述学者对学习困难的解释和定义有一定的差异,但他们都认为学习困难并不包括智力障碍、感官障碍、情绪障碍或教学不适、不良社会环境造成的学习困难。在本章中,我们认为小学生学习困难是指小学生的注意、记忆、听觉理解、口头表达、阅读理解、书写、数学运算等方面表现出显著的落后,学习成绩达不到教学的要求。

学习困难的诊断是一项复杂的工作,人们一直在探索合适的诊断方法。下面是几种目前较有影响力的诊断方法:

(一)智力—成就差异模式

智力—成就差异模式由美国教育办公室提出,认为学习困难作为一个不能预期的困难,不是由于心智缺陷、感觉障碍、情绪障碍或者文化和经济的干扰造成的。确定学习困难学生的条件有两点:一是接受了合适的教育,但不能达到与其年龄和能力相一致的成绩水平。二是在口语或书面表达、听力或阅读理解、基本阅读技巧、数学运算和推理这些方面中至少有一项学业成绩和智力水平之间存在严重差异。此后,人们逐渐接受了智力—成就差异模式。目前我国对学习困难学生的鉴别大多采用这种方法。

使用智力—成就差异模式鉴别学习困难时主要有四种方法:(1)年级水平离差法,即比较学生学习成绩水平与其实际年级位置之间的差异,这种方法用所处的年级水平代替能力的高低,但误差较大,是不准确的。(2)期望公式法,即从智力测验得到的智龄或智商中推算出期望成绩,计算实际成绩和期望成绩之差,若差值达到某个程度,确定为学习困难。(3)标准分比较法,即把智力测验和学业成就测验的分数分别转化为标准分后,进一步进行差异检验,如果两者差异达到1—1.5个标准差,可以推断为学习困难。这种方法体现了差异模式的思想,是相对科学的,也是使用最多的方法。(4)回归分析法,即通过回归方程预测期望达到的成绩水平,然后与实际成绩进行差异Z检验。这种方法考虑到了测量的误差,测验分数的回归效应以及智力和学业成绩之间的不完全相关,能更准确比较智力与学业成绩之间的差异,但这种方法不易理解,计算繁杂,使用较少。

(二)干预—反应模式

干预—反应模式是使用问题解决和基于研究的方法来诊断和处理学生的学习困难。包括高质量的课程指导、普遍筛查、持续的过程控制、研究性干预和精确的指导性干预。

干预—反应模式是多层级的,最常用的是三层。第一层干预通常被认为是预防层,涉及整组指导和普遍筛查。这一层用于对基本技能领域问题的核心教学干预,像阅读、数学和行为方面的问题,或者教师在常规教育班级背景下承担更有目标性的干预。它可以满足大约80%的学生的需要。第二层,涉及大约15%的学生,使用目标导向的小组干预。在这一层里,除了所有学生都接受初级指导,高危的学生还要接受更强烈的、基于研究的干预,并且有紧密的过程监控。第三层,是最强烈的干预安排计划,涉及高强度的、长期的个性化指导和经常性的过程监控,满足大约5%的学生的需

要。随着层级上升干预强度增加,处在高层级的学生在完成任务要求之后可以回到较低层级,接受较低层级的干预,直至回归普通教育。

(三)动态评估模式

动态评估以苏联心理学家、教育家维果斯基的"最近发展区"理论为基础。最近发展区描述的是学生凭借成人或同伴的帮助能做的与自己独立所做的事情之间的差距。这个概念强调了教学促进学生智力、能力发展的可能性和重要性。维果斯基认为,需要在动态评估中测查学生的最近发展区。因此,在评估学生的能力时,要评估其现有的水平,更要注重评估他们可能达到的发展水平,判明儿童发展的潜能,然后促进其发展。

动态评估的主要目的之一是根据学生的学习潜能区分低成就者,并排除影响智力表现的非智力因素,更加精确和全面地评估个体潜在的学习能力,根据评估对儿童做出定位和补救决定,它的核心是寓教于测。评估者可以对个体在整个学习过程中的表现进行监控,以便及时掌握个体的学习动向,精确了解其认知加工方面的缺陷,采取有针对性的干预和帮助策略。动态评估的方法大多采用了测验或评估的前测后测式,前测和后测的间隔是若干类型的指导。研究表明,动态评估和阅读理解的标准测验有显著相关。动态评估可能比标准阅读理解测验在鉴别低年级儿童阅读能力的个体内差异更好。

(四)全面的认知模式

全面的认知模式是以卡特尔-霍恩-卡罗尔的理论为基础的认知能力测验,可以对学生的一般智力、特定认知能力、学习能力、口头言语和成就进行评估,确定个体内的差异,从而得到更多的学生在认知能力层面、特殊能力层面的信息,确定具体的障碍所在,为进一步干预策略提供有效依据。

上述鉴别学习困难的方法各有利弊。例如,智力-成绩差异模式使用方便,但同时准确性比较低;干预-反应模式比较准确,但需要更多的时间和精力,实施不方便。因此,在对学习困难进行诊断时,需要针对具体情况选择合适的鉴别方法,或者综合几种方法,更全面、更准确地进行鉴别,然后才能对学习困难进行早诊断、早干预、早预防。

二、小学生学习困难研究的意义

我国基础教育阶段的学生普遍存在学习困难的现象。有研究发现,我国学习障碍的发生率约为 6.5%-17.8%。陈美娣等人(1999,2004)分别对城市化程度较高的浦东新区与城乡结合地区进行调查发现,学习困难学生的检出率分别为 10.81% 和 15.71%,这提示我们城市化程度高的地区学习困难发生率可能低于城乡结合地区。我国教育工作者从实践中发现学习困难是一个发展过程,学习困难学生占学生总数的比例会随年级的递升而递增。虽然小学阶段学习困难学生所占比率相对初中较少,但如果教师没有尽早发现并进行针对性的干预和转化,将有可能进一步加重学习困难,甚至造成不可逆转的情况,因此,对学习困难的研究迫在眉睫。

(一)有利于学习困难学生的身心健康

学习困难的学生一般表现为成绩差、没信心、对改变学习困难感到无能为力,如果能改变学生的学习困难,就能使学生摆脱痛苦,更加自信,促进学习进步,促进学习困难学生的身心健康。

(二)有利于促进亲子关系的发展

孩子学习成绩差是大部分家长最大的烦恼,很多家长不能为孩子的学习提供帮助,对孩子的教育感到无能为力,陷入教育无助的状态。家长为了解决孩子的学习困难,到处为孩子找补习班,产生了恨铁不成钢的想法,造成亲子关系紧张,甚至夫妻之间互相埋怨,影响夫妻关系。改变学生的学习困难,既能够帮助学生顺利完成学业,也能够帮助家长减轻心理负担,有助于促进亲子关系的发展、家庭和睦。

(三)有利于全面实施素质教育

素质教育是以提高中华民族素质为中心的国民教育。要提高整体国民素质,就必须关注到每一个学生。小学教育的对象是兴趣爱好、学习习惯、学习基础各不相同的学生。根据著名的木桶原理,决定一桶水的高度在于最短木板的高度,因此我们应该充分调动学习困难学生积极参与教育教学活动,培养他们良好的学习习惯,遵循学习规律,教给他们学习方法,发展他们的能力,以提高他们的素质。如果教师忽视了学习困难学生这一特殊群体,就谈不上教育教学质量的全面提高。因此,开发学习困难学生的潜力,重视对学习困难学生的关爱和帮助,具有重要的意义。

复习巩固

1. 什么是学习困难,如何理解?
2. 小学生学习困难的诊断方法有哪些?
3. 研究小学生学习困难的意义是什么?

第二节　小学生常见的学习困难

由于在现实中学习困难学生表现出较大的异质性,到目前为止,尚未对学习困难形成统一的分类标准。为了更好地给学习困难儿童提供辅助教学,我国将学习困难分为阅读、拼写、书写、数学困难等方面。

一、阅读困难

阅读困难是小学生学习困难的主要类型之一,通常分为获得性阅读困难和发展性阅读困难。前者是指由脑疾病或脑创伤引起的阅读困难,后者是指在个人智力、动机、生活环境和教育条件等方面与其他个体没有差异,也没有明显的视力、听力和神经系统障碍,但阅读成绩却明显低于相应年龄和智力学生的应有水平,处于阅读困难状态。

小学阶段的阅读困难学生主要体现在识字学习和阅读理解两个方面。阅读困难学生的字形表征不精确,认字与记字困难重重,以字形错误为主,刚学过的字就忘记,听写成绩很差,字义表征同样不精确,只知其字,不知其义,出现较多的组词错误,经常搞混形近的字,如把"视"与"祝"弄混,逐字阅读或以手指协助。阅读困难学生的字义理解能力较差,表现为学过的字或词在文章中出现时却不懂在文章中表达的意思;推论能力不足,表现为阅读完一篇文章却不知文章的主旨大意,摘要重点罗列不清,推论文章的逻辑能力较差;理解监控能力弱。阅读困难学生的高发率情况受到越来越多的教育工作者和研究者的重视。阅读困难学生在资源教室中进行补救教学,可以弥补差异,提高学生学习能力,提高学生生活适应能力。

二、拼写困难

拼写能力是一种复杂的过程,包括许多不同的技能。汉语拼写能力主要包括:会认字母、会拼音、会辨四声,会写字母和组成整个字的拼音,会听拼音写字或看字写拼音,会看拼音念出字或看到字读出拼音。对大多数学生来说,拼写比阅读更为困难。拼写困难是指拼写能力受损,语音拼读的准确性差。

拼写困难学生的一般表现主要是:一是在拼写字母时加入一些不需要的字母。如xin 看成 xing,或省略一些字母,如 xiang 看成 xian;用其他字母代替,如 shun 看成 shui;字母方向混淆,如 d—b,p—q,n—u,m—w;字母次序颠倒,如 huo 看成 hou。二是发音错误。有些学习困难学生在学习拼写时,经常把一些比较相似的音和字母如 ou—uo、ui—iu、p—q、b—d、f—t 等相混淆,在学习中经常发生错误;另外一种常见错误是平舌音,如 z、c、s 与翘舌音,如 zh、ch、sh 不分;前鼻音和后鼻音相混淆,如 qin—qing、xin—xing;L 和 n 分不清,如把"nai nai"读成"lailai";sh 和 ch 不分,如把"shu"读成"chu"。三是只会读字母,不会把字母连起来拼成一个字。如许多学习困难学生会读 ch,也会读 eng,但是不会读 cheng。

三、书写困难

书写困难是指学龄儿童在书写可辨性上存在严重缺陷的现象,是学习困难的主要类型之一。① 孟翔芝、刘红云、周晓林等人(2003)运用家长问卷调查发现,小学生中严重和轻度书写困难的比例分别为3.8%和8.6%,书写困难对于小学生学业成绩的影响随着年级的升高有逐渐增大的趋势。书写困难包括下面三类:

1. 动作型书写困难。即由于动作缺陷导致的书写困难。表现为:抄写、听写和自发作文中有困难,书写速度慢。汉字部件的位置和方向改变,伴有书写笔迹极端笨拙、潦草,无法辨认正确的字形等问题。

2. 阅读型书写困难。即由于语言缺陷引起的书写困难。表现为:语言产生和理解困难,词语使用困难,拼写困难和语法困难等,如笔画、偏旁的遗漏,添加或部分替代,甚至创造新字。分为形近替代,如"烦躁"写成"烦燥";同音替代,如"公园"写成"工园";近音替代,如"大桥"写成"大娇";近义替代,如"说"写成"讲";反义替代,如"大"写成"小";无关替代,如"高"写成"圆"等。选词不当、组句不能和语序混乱。

3. 空间型书写困难。即由于视空间知觉缺陷导致的书写困难。表现为:书写部位的定向困难,写出的字笔画正确,但位置错误。如笔画移位,偏旁分离,字距、行距过大,字或行倾斜,在纸张的一角或一边集中书写等。

书写困难的小学生通常给人笨手笨脚的感觉,书写时字迹潦草且不合比例,涂抹过多,抄写不整齐。对他们来说,写字是很吃力的事情。书写困难的儿童在完成需要手眼协调的任务时,经常出现错误,即便是临摹简单几何图形的能力都很差。有书写困难的小学生所写的作文一般都比较短,而且让人感到语言缺乏组织,内容没有吸引力。

四、数学困难

数学困难是指与数学学习有关的能力或技能的缺损而导致学生数学学习成绩明显落后于同年龄或同年级学生的现象。此类型学生最明显的表现,是他们在标准化数学测验上所得的成绩与其自身的年龄、智力、所在年级应有的教育水平的预期标准显著的不相符。而这样的表现并不是因为视觉或听觉神经系统问题、智力障碍等原因造成的。②

数学困难包括语义记忆数学困难、过程性数学困难、视空性数学困难三种类型。主要表现为计算困难、数数困难、数字数位概念不清、计算速度慢和准确率低、空间组织难、竖式计算对位困难、看不懂几何问题、推理困难、数字推理能力差、应用题理解困难等。

数学运算需要不同智力成分的配合,包括长时记忆(记公式、乘法表)、操作记忆

---

① 杨双,刘翔平,王斌,等. 空间书写障碍的个案研究[J]. 心理学报,2007(1):71—77.
② John W, Yumiko O. Mathematics and academic diversity in Japan[J]. Journal of Learning Disability,2004(1): 74—82.

(大脑运算上暂时记忆)、言语能力(用于理解文字题和思考推理题)、手眼协调(竖列运算书写工整)、注意力的控制等。Finlayson 和 Feldman 指出数学困难的小学生存在运动和视觉空间缺陷。[1] 与一般小学生相比,数学困难学生操作能力低于言语能力,在符号替代、算术、记忆广度等评估注意集中、处理速度等基本认知能力分测验中表现较差。数学困难学生数学学习能力的缺陷既存在一般性的工作记忆能力(即中央执行功能)不足,也存在特定的工作记忆能力(如语音加工能力)不足,且在数学问题解决中,中央执行功能比语音加工功能起着更重要的作用。[2] 近年来执行功能被认为是学习成绩的良好预测指标,数学困难学生存在执行功能缺陷,特别是策略转换和对优势反应的抑制能力不足。

复习巩固

1. 小学生阅读困难体现在哪些方面?
2. 小学生拼写困难的表现是什么?
3. 小学生书写困难主要有哪些类型?
4. 小学生数学困难的表现有哪些?

第三节 小学生学习困难的影响因素

为什么一些小学生会出现学习困难?心理学家进行了大量研究,发现其成因是多方面的,有学生的内部因素,如生理、心理方面的原因;也有外部因素,如学校、家庭、生活环境等方面的因素。

一、统觉失调

感觉统合失调也称感觉统合障碍。统觉失调表现为学生不能进行完整的、有效的组织,统合从外部环境中摄取的各种感觉信息,从而导致与环境的平衡失调。在小学生中感觉统合失调占有一定的比例。程玉兰(1999 年)的研究发现,学习困难学生的

---

[1] Siegel LS. Why We Do Not Need Intelligence Test Scores in the Definition and Analyses of Learning Disabilities[J]. Journal of Learning Disabilities,1989(8):514—519.

[2] Swanson HL,Sachse Lee C. Mathematical Problem Solving and Working Memory in Children with Learning Disabilities:Both Executive and Phonological Processes are Important[J]. Journal of Experimental Child Psychology,2001(3):294—321.

感觉统合失调率为59.63%,显著高于学习优良学生的8.4%,并且这种感觉统合失调的程度更为严重。闫国利、巫金根、王丽红等人(2013)以眼动仪为工具,采用移动窗口范式来考察小学五年级语文学习优秀生与学习困难学生的阅读知觉广度,发现优秀学生的阅读知觉广度大于学习困难学生。优秀学生的阅读知觉广度范围为注视字左侧一个汉字到注视字右侧三个汉字,而学习困难学生则为注视字左侧一个汉字到注视字右侧两个汉字。

二、认知能力障碍

认知能力是指人脑加工、储存和提取信息的能力,包括知觉、记忆、注意、问题解决的能力等。认知能力是小学生成功完成学习任务的最重要的心理条件。认知能力障碍指与学习记忆以及思维判断有关的大脑高级智能加工过程出现异常,从而引起严重学习记忆障碍,同时伴有失语或失用或失认或失行等改变的病理过程。学习困难学生的认知障碍主要有:

(一)注意障碍

注意是个体在认知加工过程中不可缺少的成分。学习需要注意的高度集中与参与。研究发现,学习困难学生在学习活动中表现出明显的注意缺陷,他们在学习活动中不能将注意力集中于学习的中心刺激,而是注意于更多的附加刺激,这使他们在学习中难以有效地接受知识信息,在对新知识加工的前期就产生了障碍。学习困难学生的注意问题有集中注意、决策以及注意的持久性差这三种类型。

(二)记忆障碍

记忆对于学习内容的储存、保持和提取非常重要。研究表明学习困难学生在记忆系统或记忆策略方面存在障碍。常见的小学生记忆障碍类型有下面几种。

1. 短时记忆障碍

短时记忆是使信息保持一个较短的时间,通常只有几秒或几分钟,并进行回忆的记忆。比如打电话时记住电话号码、遵循一些短的命令都是短时记忆的例子。学习困难学生由于短时记忆困难,记不住刚刚学过的内容,在学习中表现出边学边忘。爱尔伯特的研究发现,对再认词编码时,学习困难学生比一般学生需要更多的时间来搜索记忆,这就导致了他们的阅读速度低于其他学生。短时记忆中十分重要的加工是复述。信息经过复述才能储存。学习困难学生的复述频率或策略低于其他学生。格尔茨舍等人让学习困难学生读一篇短文,然后让他们复述短文内容,发现他们能确定故事的主题,却不能将短文内容分层次;他们能回忆故事梗概,但显得零乱而无结构。

2. 长时记忆障碍

长时记忆通常指使信息保持几小时或几天、几个月、几年,甚至是终生的记忆。通过长时记忆,人们的知识和经验不断丰富,能力不断提高。有长时记忆障碍的学习困

难学生表现为知识与经验缺少,不能把学过的知识与目前的信息进行联系。研究发现学习困难学生的长时记忆结构是完整无损的,缺乏的是编码和提取策略。托格斯等人比较了学习困难学生与一般学生的数字记忆广度,认为学习困难学生是编码、复述和提取能力上的困难。学习困难学生的记忆缺陷影响他们有序地组织知识、保持知识、提取知识,也影响他们理解知识以及运用知识解决问题。

3. 机械记忆障碍

机械记忆是指不通过理解,单靠重复来机械地记住某些事物的记忆。学习困难学生的机械记忆障碍表现为很难记住一些没有意义的事物,如人脸、无意义的图形、字母、抽象概念等。

4. 序列记忆障碍

序列记忆指以一定的次序回忆信息的记忆。如数数,记住一组词、一组数字、一个句子等。有序列记忆障碍的学习困难学生表现为次序颠倒、缺乏逻辑,同时在书写、阅读、写作或计算时会出现困难。

(三)问题解决障碍

问题解决是个体面临问题情境时如何运用信息与策略解决问题的能力,是一种重要的思维活动。梅尔特等人的研究发现,学习困难学生与一般学生相比,确定问题的能力较差,他们往往不知道要解决的是什么问题,不能有效地计划、监控解题步骤以达到目标,不能灵活地选择相应的策略,很少有运用策略的意识。胡兴宏等人的研究发现,学习困难学生在制定学习计划、采用有效识别方法、重点复习、利用工具书和课后复习五方面都明显比学习优良的学生要差,学习困难学生既不会在学习中运用这些策略,也不愿意在学习中运用这些策略。

三、情意障碍

情意障碍是个体在学习中的情感、态度、意志、动机等要素及其关系结构所出现的不协调乃至矛盾的倾向。情意系统障碍是学生学习困难从暂时性转向稳定性的重要标志。学习困难学生同一般学生相比,他们存在更多的情意障碍,如成就期望低,学习缺乏胜任感,抑郁、敏感、焦虑、懒散、畏学、厌学等等。

(一)学习动机

小学生很少对学习有直接的动机,小学生的学习动机往往是由父母、教师培养与促进的。尤其是父母在其中起着重要的作用。父母应该经常鼓励孩子好好读书,对孩子学习重视,赏罚分明,孩子的学习动机就强。那些对孩子学习功课漠不关心的父母,其孩子的学习动机不够,学习成绩相对差一些。调查发现,学习困难学生与正常学生相比,在学习动机上要差一些。雷坜等在研究学习成败与学习动机时发现:学业不良学生和非学业不良学生对学习成效的归因明显不同,与非学业不良者相比,他们较少把学习成败解释为内部因素,更多解释为是老师造成的。[①]

(二)学习兴趣

兴趣与动机相辅相成。小学生的学习兴趣与动机一样,大多受父母与教师的影响。但他们的学习兴趣更多受到教师的影响。教师上课的方法、对学生的注意与了解程度、对学生学习的期望等,对小学生的学习兴趣有很大的影响。教师上课生动有趣、关心学生、赏罚分明往往会引发学生的兴趣。

(三)情绪与情感

学习困难学生往往对学习有某些情绪或情感问题,常见的问题主要是:一是焦虑与恐惧。吴增强等人对学习困难学生的研究发现,有57.8%的学生是属于动力型学习困难,他们的焦虑水平明显高于学习优良学生,情绪反应较突出。二是逃避与回避。由于连续的失败,学习困难学生失去了对学习的自信,不愿意上学或逃学。三是对抗或抑郁。长期学习困难损害了学生的自信心,使得学生对学校、教师或家长产生敌视、对抗心理。

(四)个性与性格

小学生的某些个性与性格上的问题也可能引起学习困难,主要表现在:一是缺乏自信心。许多研究发现,学习困难学生往往认为自己学习困难是由于自己不够聪明,学习能力不强,缺乏自信心所致。二是意志品质薄弱。不良的意志品质是学生学习困难的重要原因。做事没有持久性、稳定性,遇到小问题便退缩,对自己的行为缺乏控制力,容易被外界事物所诱惑,缺乏责任感等不良意志品质,都会对学习产生不良影响。三是急躁与粗心。做事急躁不安,只求速度快,听课不认真,做作业马虎,都会影响学习进步,造成学习困难。四是适应能力差。有些学生由于个性上的问题,如内向、孤僻,行为幼稚,不愿意与教师和同伴接触、交往,在学校活动中退缩等,使其难以适应学校的生活和学习,造成学习困难。

复习巩固

1. 如何理解小学生学习困难的统觉失调?
2. 学习困难学生的认知能力障碍表现在哪几个方面?
3. 如何理解小学生学习困难的情意障碍?

[①] 杨心德.学习困难学生语义分类编码策略的研究[J].心理学报,1996(4):3-4.

第四节　小学生学习困难的教育对策

小学生学习困难存在的情况及问题是多种多样的,要解决这些问题,必须家庭、学校、学生本人多方面通力合作,共同努力。在这里着重提出下面的教育对策。

一、针对性地进行专业缺陷矫正

造成小学生学习困难的身体因素主要是轻微脑损伤和视力、听力障碍。针对这些情况,学习困难学生需要在专业的感统训练机构中由专业人员进行矫正,学校也可以在学校内附设这样的训练室帮助学习困难学生进行矫正,主要的训练项目有:

（一）感觉统合训练

感觉统合是指将人体器官各部分感觉信息输入组合起来,经大脑统合作用,完成对身体内外知觉做出反应。只有经过感觉统合,神经系统的不同部分才能协调整体工作,使个体与环境顺利接触。感觉统合观点最早是由美国心理学博士 Ayres 提出的。其本质是以游戏的形式让学生参加,以此丰富学生的感觉刺激。训练时,在感觉统合治疗师的指导下,同时给予儿童前庭、肌肉、关节、皮肤触压、视、听、嗅等多种刺激,并将这种刺激与运动相结合。在整合中促进脑细胞成熟和神经通路专门化,还可开拓新的神经专门化通道,促进学习困难学生的视觉、听觉和注意力等的发展。通过感觉统合训练,可以明显改善学习困难学生的神经心理功能,提高运动协调能力,改善厌学情绪,提高学习成绩。

目前有专门的感觉统合训练机构,因此,我们建议学习困难学生定期到相应的机构接受专门训练。同时,家长也可以在家中进行训练。主要内容包括:平衡木、羊角球游戏、身体滚动、接球游戏、熟透游戏、抓痒游戏等项目,还可以参与空中晃摇、摇小船、水中游戏、皮球亲密接触和爬山洞等训练活动。这些活动有的可以在家庭里进行,只需要简单的道具,方便可行。

（二）视觉训练

学习困难学生由于视觉障碍造成书写、阅读困难。专业教师可以对学习困难学生进行下列训练:

1. 视觉协调训练

教师可以通过让学习困难学生进行拼图游戏、绘画、剪纸和走迷津等操作任务以提高他们的手眼协调能力。这些游戏既可以通过图片进行,也可以通过电脑进行操作。教师还可以通过训练增加学生手腕和手指肌肉的灵活性来协调视觉运动,如要求学生在逐渐缩短的时间内用筷子把一盘花生米或黄豆、绿豆夹到碗里去，逐渐增加操作难度，使学生的技能越来越好。

2. 视觉追踪训练

最有效的是"钟摆运动"和"追太阳"游戏，可以提高学习困难学生的视觉追踪能力。具体做法是训练者用小木棍吊着一只乒乓球并做钟摆运动，要求学生的眼睛紧盯着运动的乒乓球中心的红色商标。而"追太阳"游戏主要是训练者用一面小镜子（或手电筒、激光笔等）把太阳光反射到黑板上，让学生也用小镜子制造光斑并去捕捉黑板上训练者制造出的运动光斑。

3. 视觉记忆训练

这一训练主要是为了提高学习困难学生视觉记忆和加工能力。要求学生先花1—3秒钟看一幅画，然后让他们说出画上的内容，最后再要求他们画出来。注意出示图画时要逐次增加复杂性，并要求学生尽可能多地反映出他所看到的事物。学习困难学生也可以在家里进行家庭训练，诸如做手工、择菜、折纸、干家务等，这些活动都有助于手眼的协调，使视觉和运动觉进行协调统一。

二、摒弃偏见，关爱学习困难学生

首先，教师要更新观念，摒弃偏见，应该相信学习困难学生并非无药可救，他们与其他学生的区别在于他们是"有特殊需求的学生"，只要教育矫治方法及时、恰当，他们完全有能力达到正常学生的发展水平。其次，教师应转变教育态度。很多研究和实践表明，学生学习困难的产生与教师的教学方法和教学态度有一定相关。因此，教师不能借口学生"笨"或"脑子有问题"来推掉教育的责任，而应遵循"因材施教"等教育原则，履行对全体学生的教育义务。第三，教师要真诚关怀学习困难学生。由于学习困难学生是有多种"特殊需求"的教育对象，教师应投入更多的时间、精力和情感，多一些耐心，少一些焦躁，真诚、坦率、晓之以理、动之以情、导之以行，让学生感受到教师的深切期望和关爱，建立起融洽的师生关系，促进学习动机的形成。

三、改进对学习困难学生的教学策略

针对学习困难学生改进的教学策略主要有下面两种：

（一）个别教育计划

个别教育计划最早出现在 1975 年美国国会颁布的《所有残疾儿童教育法》中，是根据残疾儿童的身心特点和实际需要而制定的针对每个特殊儿童实施的具体教育方案。它同样适用于学习困难学生。根据每个学生困难类型和程度的不同，教师应制定科学、可行的个别化教育计划和方案，实施形式多样的教育训练，帮助学生摆脱学习困

难。个别教育计划的实施要注意：(1)详细记录学习困难学生的动态资料，建立个人成长档案。其中包括各科历次考试成绩以及过去和当前的学习困难，尤其要关注认知、记忆、语言、推理、行为方面的问题，了解重大的生活事件、发育史、受教育史以及所接受的心理测试和家庭情况等。(2)确定合理可行的辅导目标。"最近发展区"理论要求教师必须增强目标的可操作性，每一个目标的制定都要有阶段目标和具体的辅导措施。(3)选用适合学生的教育指导任务和内容。教师应根据学生的困难类型及接受能力等，安排具体明确的辅导措施与方法。(4)注重教育辅导效果的反馈与评价。在每一次辅导结束后，教师就要根据预定的目标，对辅导过程和效果进行全面、客观的评价，及时予以调整与完善。

(二)加强课外辅导

加强课外辅导也可以在一定程度上改善学习困难学生的学习环境和条件，照顾到学习困难学生的个别差异，满足他们的学习需求。课外辅导包括：(1)心理辅导课。这是采用互动的活动方式去影响学习困难学生的心理健康。在师生的共同参与下，通过角色扮演、情境体验、行为训练等活动方式，促进学习困难学生自我认识和自我成长，调整他们的情绪变化。主要内容包括：成功体验的培养、正确归因训练、正确的自我认识、有效地控制情绪等。这些训练需要在专业心理教师的指导下有序进行，并根据实施情况，及时调整训练内容和方法。同时，个别心理咨询能够创造一个温暖的环境，增进学习困难学生对自己、对学业的正向行为态度，解决他们的焦虑、抑郁、排斥他人、自信心受挫等心理问题，加强其心理健康教育，调动他们的学习积极性，他们的学习成绩就会提高。所以要及时对他们进行心理咨询或心理治疗。(2)智能训练。包括多种智能游戏与训练。通过对学习困难学生周围世界的模拟活动，改善他们对客观世界和主观世界的整体认识，并按照学生的认识过程和学生智能活动的基本心理过程，安排多种智能活动和游戏，促进他们整个神经系统和大脑双侧半球的活动，协调学习困难学生手、眼、脑等器官的动作发展，提高注意力和元认知能力。

四、培养学习困难学生良好的学习习惯

养成良好的学习习惯，有利于建立稳固的生理和心理的"动力定型"。长期有规律地安排学习的学生，可以养成良好的学习习惯。这些好的学习习惯可以自动提醒自己做应该做的事，调动潜意识为学习服务。这样可以在不知不觉中，把许多事情做得轻轻松松，有条有理。培养学习困难学生良好的学习习惯的主要内容是帮助学习困难学生科学管理时间和养成常规学习习惯。要让学生明确时间的宝贵性和安排时间的重要性，学会全面、合理、高效地安排自己的时间，提高学习效率。

五、加强对学习困难学生的学习策略训练

在一般情况下,大多数学习困难学生具备基本的学习策略,而缺乏辅助性学习策略,教师可以对他们进行认知策略、自我管理能力、归因等学习策略训练,改变其学习状况。认知策略主要是指发现问题、解决问题的过程性思维。认知策略包括:复述策略,如重复、抄写、记笔记、划线等;精加工策略,如表达、总结、联想、记录、比较、解答等;组织策略,如画图表、选要点、列条目等等。弗雷尔等人选择了不会复述所学知识的低年级小学生进行认知策略训练,通过训练以后,他们的学习成绩得到提高。托格斯等帮助学习困难学生运用组块进行记忆,当学习困难学生学会这种记忆策略以后,他们的记忆能力得到了改善。还有的研究者通过认知－行为矫正技术来训练学习困难学生的自我调控行为,纠正错误,使他们的行为逐渐符合教学任务的要求,改善对学习任务的注意。美国堪萨斯大学的研究人员为学习困难学生专门设计了学习策略教程,实施结果显示,提高了学习困难学生在阅读理解、命题作文、听讲以及做笔记等方面的能力。蒙特杰的"解决数学问题的认知－认知变换模式"有助于提高学习困难学生解决数学问题的能力。这些都说明,通过对学习困难学生的学习策略训练,能改善他们的学习状况,使其学习获得进步。

自我管理是指作为有主观能动性的人对自己进行的管理。自我管理是人意识中的主观能动性的集中表现。为了促使学习困难学生形成自主学习的学习方式,教师应引导学习困难学生在学习生活中不断培养自我管理的能力。自我管理能力主要包括自我管理意识,比如注意力、自制力等;时间管理、目标管理、物品管理、情绪管理;自我管理策略,比如自我反省、树立榜样、自我克制、自我安慰等。还有的研究发现,教师对学习困难学生进行历史性推理指导和书写指导,结果学习困难学生能够对资料做笔记,甚至能对所看的资料写感想,自我管理能力较之以前发生很大变化。这说明,自我管理训练对学习困难学生的学习策略提高是有帮助的。

归因是指根据行为或事件的结果,通过知觉、思维、推断等内部信息加工过程而确认造成该结果之原因的认知。大量研究表明,学习困难学生往往把学习成功归因于外部的、不可控的、不稳定的因素,如运气、他人的帮助等,而将失败归之于自己能力不行。如何对学习困难学生进行归因训练,戴斌荣等(2003)提出了三种方法:团体训练法、强化矫正法和观察学习法。

六、帮助学习困难学生树立自信心

教师应善于发现和诱发学习困难学生的好奇心和求知欲,并把这些品质转化为兴趣,然后逐步把不稳定的兴趣变为随意的、稳定的兴趣,同时教师还要善于挖掘他们的

闪光点,让他们充分地展示自己在其他领域的才能,使其发现自己在某些方面的长处,从而树立起自信心。

学习困难学生学业成功与否,直接影响到他们整个自我意识能否健康发展。要想使学习困难学生树立起学习信心,必须让他们有成功的体验。教师要善于发挥学习困难学生蕴藏的优势,发现优点要及时鼓励,并创造条件让他们发挥长处,崭露才能,使他们觉得"自己并不笨","并不比别人差",从而打消自卑感,增强自尊心。在教学中对学习困难学生可实施"小步子"教学法,降低其难度,以适应他们的"现有发展区"向"最近发展区"过渡。对他们的期望和要求不能过多、过难和过高,要切合他们的心理、生理特点,知识水平,智力水平,让他们经过努力能够达到要求,使其及时看到自己的进步,体验到成功的喜悦,增强自信心,提高学习积极性。

七、改进家长教养方式,对家长进行专业培训

研究发现,独立性差是造成学生学习困难的重要原因。学生独立性的培养主要依靠家庭教育。目前我国由于独生子女较多,使得溺爱型家庭教养方式占的比例很大,溺爱会使学生养成很强的依赖性,从而影响学习成绩。因此,对家长进行培训,提高家庭教育的科学性,是对学习困难学生进行有效矫正的重要途径。对家长进行培训的主要内容包括科学的教育理念、造成学习困难的原因分析、专项训练技能培养等,相信在家长的大力配合下,学习困难学生的学习效果会有较大提高。

综上所述,学习困难学生的转化是一个系统的、逐渐的过程,不仅需要教师的耐心辅导,更需要学生自己的调节、控制,树立良好的心态,形成科学的学习方法,养成良好的学习习惯;也需要家庭、学校、社区给以更多关爱和支持,提供更为良好的外部环境。

复习巩固

1. 如何对学习困难的学生进行感觉统合训练?
2. 如何对学习困难学生进行视觉训练?
3. 从哪些方面改进小学生学习困难的教学策略?
4. 从哪些方面加强学习困难学生的学习策略学习?

本章要点小结

1. 小学生学习困难是指小学生的注意、记忆、听觉理解、口头表达、阅读理解、书写、数学运算、推理等方面表现出显著落后,学习成绩达不到教学要求。学习困难的诊断方法主要有智力—成就差异模式、干预—反应模式、动态评估模式和全面的认知模式。小学生学习困难研究有利于学习困难学生的身心健康,促进亲子关系的发展,全面实施素质教育。

2.小学生常见的学习困难有:(1)阅读困难,分为获得性阅读困难和发展性阅读困难,前者是指脑疾病或脑创伤引起的阅读困难,后者是指在个人智力、动机、生活环境和教育条件等方面与其他个体没有差异,也没有明显的视力、听力和神经系统障碍。(2)拼写困难,指拼写能力受损,语音拼读的准确性差。(3)书写困难,指在书写可辨性上存在严重缺陷的现象。(4)数学困难,指与数学学习有关的能力或技能的缺损而导致学生数学学习成绩明显落后于同年龄或同年级学生的现象。

3.影响小学生学习困难的因素有:(1)统觉失调,表现为学生不能进行完整、有效的组织,统合从外部环境中摄取的各种感觉信息,从而导致与环境的平衡失调。(2)认知能力障碍,指人脑加工、储存和提取信息的能力,包括知觉、记忆、注意、问题解决的能力等。(3)情意障碍,是个体在学习中的情感、态度、意志、动机等要素及其关系结构所出现的不协调乃至矛盾的倾向。

4.小学生学习困难的教育对策有:针对性地对学习困难学生进行专业缺陷矫正;摒弃偏见,关爱学习困难学生;改进对学习困难学生的教学策略;培养学习困难学生良好的学习习惯;加强对学习困难学生的学习策略训练;帮助学习困难学生树立自信心;改进家长教养方式,对家长进行专业培训。

关键术语表

学习困难	Learning difficulties
学习策略	Learning strategies
认知能力	Cognitive ability
情意障碍	Affective disorder

复习题

一、单项选择题

1.学生不能进行完整的、有效的组织,统合从外部环境中摄取的各种感觉信息,从而导致与环境的平衡失调是因为(　　)。

A.记忆障碍　　　　　　B.情意障碍
C.认知障碍　　　　　　D.统觉失调

2.由脑疾病或脑创伤引起的阅读障碍是(　　)。

A.连续性阅读障碍　　　B.发展性阅读障碍
C.获得性阅读障碍　　　D.短暂性阅读障碍

3.根据学习困难学生的学习情况及基础,按照因材施教的原则,采取循序渐进的方法,属于(　　)。

A.补救教学法　　　　　B.个别教学法
C.阶梯教学法　　　　　D.合作学习法

二、多项选择题

1. 小学生学习困难的主要类型是（　　）。
   A. 阅读困难　　　　　　B. 书写困难
   C. 拼写困难　　　　　　D. 数学困难

2. 学习困难学生的认知能力障碍主要有（　　）。
   A. 注意障碍　　　　　　B. 记忆障碍
   C. 阅读障碍　　　　　　D. 问题解决障碍

3. 影响小学生学习困难的因素有（　　）。
   A. 统觉失调　　　　　　B. 认知能力障碍
   C. 情意障碍　　　　　　D. 注意障碍

4. 影响小学生学习困难的情意障碍主要包括（　　）。
   A. 学习动机　　　　　　B. 学习兴趣
   C. 情绪与情感　　　　　D. 个性与性格

5. 学习困难学生的记忆障碍主要有（　　）。
   A. 短时记忆障碍　　　　B. 长时记忆障碍
   C. 机械记忆障碍　　　　D. 序列记忆障碍

三、判断对错题

1. 情意障碍是个体在学习中的情感、态度、意志、动机等要素及其关系结构所出现的不协调乃至矛盾的倾向。（　　）

2. 阅读障碍就是获得性阅读障碍。（　　）

3. 书写障碍是指学龄儿童在书写可辨性上存在严重缺陷的现象。（　　）

4. 拼写困难指的是书写困难和拼写能力受损。（　　）

第十一章 小学生心理健康教育

通过本章的学习,你应该了解心理健康的概念,小学生有哪些常见的心理问题,影响小学生心理健康的因素有哪些?心理健康教育的原则是什么?对小学生进行心理健康教育的内容有哪些?针对这些问题我们能采取哪些教育对策。

第一节 概述

心理健康对小学生的学习、人际关系、参与集体活动等诸多方面有重要的影响。拥有良好的心理健康水平是小学生学习、生活的基本保证，也是他们未来发展的重要条件。本章将对小学生心理健康教育的有关问题做系统探讨。

一、心理健康的含义

目前国内外对于心理健康并没有一个统一的定义。心理学家英格里希（H. B. English）认为：心理健康是指一种持续的心理情况，当事者在那种情况下能进行良好的适应，具有生命力，并能充分发展其身心的潜能；这乃是一种积极的丰富的情况，而不仅仅是免于心理疾病。社会学者玻肯（W. W. Bochm）的看法则是，心理健康就是合乎某一水准的社会行为，一方面为社会所接受，另一方面能为自身带来快乐。1946年，第三届国际心理卫生大会曾给心理健康做了这样一个定义：心理健康是指在身体、智能以及情感上能保持同他人的心理不相矛盾，并将个人的心境发展成为最佳的状态。我国心理学家叶奕乾（1996）认为，当所有的心理活动过程包括心理操作和心理适应过程以及两者的相互作用都处于正常状态时，个体心理才是正常健康的。2016年国家卫生计生委、中宣部等22个部门联合印发了《关于加强心理健康服务的指导意见》指出：心理健康是人在成长和发展过程中，认知合理、情绪稳定、行为适当、人际和谐、适应变化的一种完好状态。

由此可见，虽然人们所站的角度不同，对心理健康的理解有一定的差异，但都存在一些共同之处：心理健康是指在正常发展的智能基础上所形成的一种良好个性、良好处世能力和自我潜能最大发挥的心理特质结构。心理健康不仅停留在适应的层面，还包括了自我完善和积极发展。

二、小学生心理健康的标准

心理健康与生理健康相比，是一个非常复杂的问题。首先，心理健康和不健康之间没有绝对的界限，也不像躯体的生理活动，如体温、脉搏、血压、肝功能等那样明显，只需要通过各种检查，就可以得到相对精准的结果。其次，心理健康具有主观性，很难像生理健康那样有绝对的界限，所以要判定一个人的心理是否健康是比较困难的。最后，从不同的理论出发会得到不同的衡量心理健康的标准。有人以适应调节理论为依据，提出了心理健康的社会学标准；有人以特质理论为指导，提出了心理健康的个性化标准;有人以人本主义为前提,提出了心理健康的理性化标准。

美国学者坎布斯(A. W. Combs)认为一个心理健康、人格健全的人应有4种特质:(1)积极的自我概念;(2)恰当地认同他人;(3)面对和接受现实;(4)主观经验丰富,可供取用。马斯洛(A. Maslow)通过对近代人类历史上的名人,如贝多芬、富兰克林、林肯、罗斯福、爱因斯坦等的人生历程进行总结分析后提出了著名的心理健康16条标准:(1)了解并认识现实,持有较为实际的人生观;(2)悦纳自己、别人以及周围世界;(3)情绪与思想表达比较真实自然;(4)有较宽广的视野,以问题为中心,而不是以自我为中心;(5)有超凡脱俗的本质、静居独处的需要;(6)有自主的、独立于环境和文化的倾向性;(7)有永不衰退的欣赏力;(8)曾有引起心灵震动的高峰体验,浩瀚澎湃的心灵感受;(9)爱人类并认同自己为全人类的一员;(10)与为数不多的朋友建立深重的个人友谊;(11)有民主风格,尊重他人意见;(12)有高度德行,能区别手段与目的,绝不为达到目的而不择手段;(13)带有哲学气质,有幽默感;(14)有创见,不墨守成规;(15)对世俗,合而不同;(16)对生活环境有时时改进的意愿与能力。

我们根据小学生应具有的心理特征,社会对小学生的社会角色要求,结合小学生心理健康发展的特点,认为小学生心理健康的标准有以下几个方面:

(一)智力正常

智力指人认识事物和运用知识、经验解决问题的能力。智力是心理活动的认知功能表现,主要由注意力、观察力、记忆力、思维力和想象力组成。良好的智力是一个人正常生活、学习、实现自我价值的基础。虽然智力优秀者的心理不一定健康,但如果智力发展水平低下,将毫无心理健康可言。因此,智力正常是小学生心理健康的基础。

(二)情绪稳定

著名的心理学家艾森克(Hans Eysenck)认为,情绪稳定是心理学评判个体人格特质的指标之一。情绪稳定的小学生,能经常保持开朗乐观的心境,愉快、满意等积极情绪状态占优势,虽然他们也会有悲伤、忧愁等消极情绪体验,但一般不会长久;同时他们的情绪能随客观事物对象的变化而产生合理的变化,能依据不同的场合,适当地控制和表达自己的情绪。所以,情绪稳定是心理健康的一个重要指标。

(三)学习适应

学习是小学生的首要任务,也是社会赋予小学生的责任。心理健康的小学生通常喜欢上学,认为学习是一件令人愉快的事情,能从学习中获得充实感和价值感;对学习内容往往抱有浓厚的兴趣,刻苦认真,自觉完成学习任务,乐于克服学习上遇到的困难,学习效率高。

(四)自我认识清楚

自我认识主要是指正确地认识自己、评价自己和接纳自己。心理健康的小学生能顺利地从"自我中心阶段"转变,将自己同客观现实联系起来,主动从周围环境中寻求

评价自己的参照点,对自己的认识表现出一定的客观性。他们能体验到自己的存在价值,既能了解自我,喜欢接纳自我,也能看到自己的缺点和不足,积极进取,不断完善自己。

(五)人际关系和谐

人际关系可以反映小学生与人交往的情况。心理健康的小学生乐于与家长、老师、同学接触和交往,愿意融入集体中,喜欢在集体中生活和学习,觉得愉快和适宜,能够用集体的规范约束自己,与集体保持协调的关系,使自己的行为符合集体的要求。与人为善,宽以待人,与人友好相处。

(六)行为习惯良好

行为习惯良好是指心理行为应与年龄和角色相适应,认识、情感、言行、举止均应符合其年龄特点。心理健康的小学生一般有良好的行为习惯,对外部刺激的行为反应适中,不过度敏感,也不迟钝,很少出现盲目的冲动或举动,其行为表现同他们的年龄特征相吻合。

三、心理健康的衡量方法

心理健康的标准决定了心理健康的测量,基于不同的理论或者评判标准来测量的心理健康水平肯定是不一致的。一般采取以下几种方法来对个体的心理健康进行测量。

(一)常模比较法

常模比较法又称统计学法,是测量心理健康最为常用的方法。常模(norm)是指心理学家以大多数人的心理状态为指标,以大多数人的心理健康的常态分布为依据,编制出标准化的心理量表。常模比较法就是把不同个体测定的结果与常模进行比较,判定其心理健康的水平。如果个体与常模存在统计学差异即可将其划到正常心理之外,并根据差异的大小再分成不同的层次。常模比较法标准统一、使用方便,所以被广为使用,很多经典的心理健康测量量表,如症状自评量表(SCL—90)、卡特尔16种人格因素测验(16PF)、儿童社交焦虑量表(SASC)、Achenbach儿童行为量表(CBCL)等都是基于这种逻辑设计的。国内的张大均(2017)等也制定了小学生心理素质量表的全国常模[①]。

(二)社会适应判定法

社会适应判定法以个体行为的社会意义及社会适应性为出发点,以社会行为规范

[①] 张大均,陆星月,程刚,等. 小学生心理素质量表全国常模的制定[J]. 西南大学学报(社会科学版),2017(6):91—97.

为准则,考察个体的行为是否符合社会的要求,借以判定其心理健康水平。也就是说,一个人的行为符合社会规范,得到多数人认可就被判断为心理健康,反之则为心理不健康。此种衡量方法虽然在某些时候是正确的,但其局限性也非常明显,因为违反社会行为规范与心理异常是有区别的。违反社会行为规范的原因是多种多样的,由心理不健康而导致的违规只是其中的一个原因,并且社会规范也会随着时间的推移而发生改变。在实际的工作与生活中,社会适应判定法更多是用来进行初步的判断筛选。因为严格地说,社会适应判定法只是一种社会学标准,并不是心理学的方法。

(三)生活适应评定法

生活适应评定法以个体是否能够很好地适应生活为标准。如果个体能够与周围的环境保持和谐,并能根据环境条件的改变,有效地发挥自己的心理机能,通过适当的行为去适应或改造环境,达到满足自己生存和发展的需求,那么这个人的心理是健康的。这一标准最适合心理健康具有适应性的本义,但它在具体运用时易受评价者的主观影响,操作缺乏客观性。

(四)主观病痛法

这是依据个体的主观感受来判断自己的心理健康状况。人们在长期的生活实践中对自身的心理正常状态会有某种程度的认识,这便是衡量自身当前心理状况的内在依据。如果一个人觉得自己处于严重的焦虑不安、抑郁、情绪低落等状态,即可以说他心理异常。这种衡量方法在某些情况下可能有用,但由于它没有统一的外在标准,随意性很大,很难作为一个独立的正式衡量标准来用。

(五)症状判定法

症状判定法以个体是否存在某些生理和心理异常的症状为依据,对个体的心理健康状况进行判定,此方法临床上应用较多。使用此法取决于判定者对个体的生理和心理异常的多种症状的熟悉程度和进行多方面身心检查的细微程度。

以上的各种方法各有优劣,所以在实际应用中,都是将上述各种方法综合使用,相互参照,以得到较为科学和完善的结果。

四、小学生心理健康教育的意义

我国小学生的心理健康问题已经引起整个社会的重视。我国教育部明确指出:心理健康教育是提高中小学生心理素质的教育,是实施素质教育的重要内容。小学生正处在身心发展的重要时期,随着其生理、心理的发育和发展、社会阅历的扩展及思维方式的变化,他们在学习、生活、人际交往、自我意识等方面,会遇到各种各样的心理困惑或问题。因此,在小学开展心理健康教育具有重要的意义。

(一)学生发展核心素养的重要内容和途径

学生发展核心素养是学生应具备的、能够适应终身发展和社会发展需要的必备品

格和关键能力。学生发展的核心素养综合表现为:社会责任、国家认同、国际理解、人文底蕴、科学精神、审美情趣、身心健康、学会学习、实践创新。这九大素养相互影响,相互促进。

长期以来,我国对小学生的心理健康教育重视不够,这对小学生的发展是不利的。所以,要发展小学生核心素养就必须开展心理健康教育。心理健康教育要根据小学生身心发展的特点,积极地运用有关心理学的教育方法和手段,有目的、有计划、有步骤地培养小学生的心理素质,开发其潜能,并通过小学生的自我教育,使他们得到不断发展和完善。

(二)小学生自我发展的需要

任何年龄阶段的学生在发展成长的过程中都难免会出现一些心理上的困扰,带来一系列的适应问题。由于小学生年龄较小,其身心发展相对比较脆弱,难以承受父母、老师对他们的过高要求和学习压力,加之人际交往过程中产生的问题、社会上各种不良因素的影响,他们容易产生自卑、任性、烦恼、抑郁、焦虑等不良性格与情绪,出现种种心理上的问题或困扰,这些问题或困扰必然有害于他们的身心健康,阻碍其正常学习和发展。心理健康教育针对小学生的心理特点,可以预防他们心理问题的产生,并给予他们必要的学习和社会适应指导,帮助他们了解自我的心理特点,提高他们的心理健康水平,使其更好地学习和逐步适应社会。

复习巩固

1. 小学生心理健康的标准有哪些?
2. 心理健康的衡量方法有哪些?
3. 小学生心理健康教育的意义是什么?

第二节 小学生常见的心理问题及成因

小学阶段是一个特殊而重要的阶段,小学生处于快速发育期,在学习、生活、人际交往、自我意识方面都很容易出现各种心理和行为问题,这直接关系到小学生的成长成才,需要引起我们足够的重视。

一、小学生常见的心理问题

小学阶段是生理和心理发展的重要时期。许多中学生乃至大学生暴露出来的心

理问题,其实是从小学阶段就开始滋生的。小学生常见的心理问题主要表现在以下几方面:

(一)小学新生适应问题

儿童在进小学前的主要活动是游戏,进小学后的主要活动为学习。游戏饶有兴趣,儿童乐于参加。学习却带有强制性,不随儿童的意愿而改动。儿童进入小学后,生活方式发生了很大的变化。他们必须按时到校,遵守严格的学习时间和各种组织纪律,上课专心听讲,不能随意说话和走动。同时还面临着教师、家长对他们在学习上的要求,有作业的负担、考试成绩的压力,这些对他们的注意、记忆和思维都是一种挑战,其要求儿童必须学会付出个人意志努力,勤奋学习。同时面对新的环境、新的老师和同学,还要克服自己对老师和同学的陌生感和惧怕感,适应并融入集体生活之中。如果儿童不能顺利完成从幼儿园到小学的角色转换,必然会带来一系列的新生不适应问题。如想家恋旧心理难以排遣,有寂寞孤独感,不适应教师的授课方式和学校的规章制度等。李姝妍(2014)的研究发现,小学新生的学习适应表现相对较好,社会交往适应表现一般,生活自理适应表现最差,问题较多。这些适应问题经过一段时间的实践和干预后,可以得到好转。但仍有部分学生存在严重的适应困难[1]。这些心理问题对儿童今后的发展必然会造成不良影响。因此,教师必须了解小学新生的困难,帮助他们顺利地度过入学引起的心理转折和适应。

(二)学习问题

1.学习困难

学习困难又叫学习障碍或学习失能,是指个体在从事某些特定知识、技能的学习时出现重大困难,以致无法完成同龄人能够完成的学习任务。据研究,学习困难问题在小学2—3年级为高峰,占5%—10%。学习困难儿童的学习成绩明显低于同龄儿童,在学习上的困难主要表现在听、读、写、算等方面。如有的小学生把b当成d,或p当成q等;有的小学生有空间定向困难,不知道上下左右;还有的小学生难以用语言表达思想,与教师、同伴交流困难。但他们的学习困难不是由智力缺陷或缺乏教育机会所致的,而是由于大脑无法自我约束,大脑功能方面的缺陷造成的。孟万金、张冲(2016)编制了《中国小学生学习困难量表》,可以从听、说、读、拼写、写作、计算和思维等七个方面去测量中国小学生学习困难情况。

2.学习疲劳

学习疲劳是指学生由于长时间高度紧张学习,出现学习效率下降,学习兴趣降低的现象。它包括生理性疲劳和心理性疲劳。生理性疲劳主要源于肌肉与神经系统生理能量的消耗,代谢物的积累,表现为动作失调、感觉迟钝、力不从心等。心理疲劳是由心理因素,如缺乏兴趣、厌烦、懈怠等所导致的学习效率下降。

---

[1] 李姝妍.小学新生适应性问题研究[D].沈阳:沈阳师范大学,2014.

学习是一件艰苦的脑力劳动。研究发现,小学生的紧张学习持续时间过长,能量消耗过多,会导致大脑的工作能力下降,使小学生出现焦虑、烦躁、自信心缺乏、食欲不振、瞌睡等生理和心理疲劳反应。

3. 厌学

厌学是学生消极对待学习活动的反应模式。主要表现为学生对学习认识存在偏差,情感上消极地对待学习,行为上主动远离学习。近年来,家庭、学校和社会环境中多种不良因素的影响使小学生的厌学情绪有所增长。郭志芳等(2011)采用分层抽样问卷法对江西省5所城区小学四至六年级的小学生的厌学现状及影响因素进行了调查,结果发现小学生的厌学率为16.43%[1]。小学生的厌学主要表现为,对学习有一种说不出来的苦闷感,一提到学习就心烦意乱、焦躁不安,对教师或家长的学习要求有抵触情绪,学习成绩不好,甚至发生旷课、逃学或辍学现象。

(三) 行为问题

1. 多动症

多动症也称"儿童多动综合征",是指儿童表现出与其实际年龄不相称的,以注意涣散、活动过度和行为冲动为主要特点的行为障碍。这类行为障碍在8—10岁的小学生中比较常见。姜华等人(2000)的研究发现,6—11岁的小学生多动症的检出率为4%[2]。由于多动症经常影响学生学习成绩和班级纪律,所以受到了家长和教师的普遍关注。儿童多动症主要是由神经方面的障碍造成的。主要表现有:(1)活动过多。例如在课堂中坐不住,总是在椅子上来回挪动,甚至离开座位在教室里走来走去,无关活动过多,且杂乱、缺乏组织性和目的性。(2)注意力不集中。他们在有选择的集中注意和保持注意方面有困难,很容易被无关的刺激所吸引,注意力保持的时间短暂,做事经常是有头无尾,丢三落四。(3)情绪不稳定,任性冲动。多动症儿童缺乏克制力,不能耐心等待,想要什么非得立刻满足,经常未经考虑就盲目行动。

2. 品行障碍

品行障碍是指个体反复出现违反社会道德准则或纪律,侵犯他人或公共利益的行为,包括攻击性或对抗行为。在小学生中比较常见的品行障碍有欺负和说谎等行为。传统上我们习惯于把学生的品行问题划到思想品德教育方面。其实从心理学角度看待和处理品行问题更能有助于问题的解决,而且两者在许多方面能产生互补的作用。

(四) 情绪问题

1. 焦虑

焦虑是一种由紧张、不安、焦急、忧虑、恐惧交织而成的情绪。近年来,小学生的焦

---

[1] 郭志芳,范安平. 城区小学生厌学现状调查研究[J]. 上饶师范学院学报,2011,31(4):92—95.
[2] 姜华,顾立铭,古嘉琪,等. 浦东新区小学生多动症调查分析[J]. 中国学校卫生,2000,21(3):189—190.

虑问题比较普遍,主要体现在学习焦虑和考试焦虑方面。张媛芳(2002)研究了湖南省小学生考试焦虑情况,发现存在焦虑的学生占19.9%。娄阿利(2011)对沈阳市小学生的焦虑进行了调查,发现重度焦虑的学生占19.2%。张娟(2011)抽取了甘肃省3所小学,对即将参加小升初的学生进行调查,发现学生考前焦虑的总检出率高达72.2%。除了学习考试焦虑外,人际关系交往的困扰也是小学生焦虑的重要来源。林素兰(2018)对乌鲁木齐市小学生进行调查,结果社交焦虑的检出率为28.5%。

2. 抑郁

抑郁是一种持久的以心境低落为特征的神经症。主要表现为:认识上自我评价低,对前途悲观失望,自卑和自责;情绪体验上,以抑郁、悲伤、绝望为主要心境;意志行动上,精神不振,疲乏无力,不愿行动,不愿与人交往。

林素兰等(2018)采用儿童抑郁量表(CDI)对919名四至六年级小学生进行了调查,结果在全部调查对象中,抑郁检出率为11.2%,且呈现出随着年级增高抑郁水平也增高的趋势,四年级学生低自尊、低效感、人际问题因子分及抑郁总分均低于五、六年级学生。香港社会服务处也以问卷调查的方式,访问了1301名三至六年级的小学生,以儿童焦虑和抑郁量表修订版、华人家庭评估表等为工具,了解学生的情绪健康情况。调查结果显示,9.7%受访学生呈严重抑郁征。

3. 恐惧

恐惧是意识到危险或面临某些危险时产生的一种强烈的不愉快的情绪。小学生恐惧的内容多为失败和批评、未知事物、伤害小动物、危险和死亡、疾病等。如果儿童对某些不足以引起恐惧的事物也产生不可克服的恐怖,或对某些特定事物的恐怖强度、持续时间都远超出正常儿童的反应范围,便是一种异常现象。若除恐怖的情绪体验之外,再伴有出汗、呼吸困难、颤抖、恶心以及回避反应,而影响正常的活动时,便可称为"恐怖症"。

学校恐怖症是恐怖症的一种特殊类型。虽然在中国精神疾病分类和诊断标准中未单独提及此概念,但是在临床上对学校恐怖症的报告则相对较多。如林崇光等(2001)报告了45例,秦晓霞(2007)报告了32例。学校恐怖症是儿童对学校环境、教师或学习活动的一种强烈恐怖反应,他们不愿上学,对学校表现出明显的恐怖不安,或感觉有身体疾病。患学校恐怖症的儿童,智商大多数达到平均水平或许更高一些,但在校的学习成绩常常是落后的。

4. 自我意识问题

自我意识是个体对自己及周围人之间关系的认识和态度,包括自我认知和评价、对别人的认知评价等。小学生的自我意识问题主要表现在对自己能力的认知和评价上。在小学生的自我评价中存在一种有利化倾向,即倾向于对自己做有利的评价,出现"以自我为中心"。他们容易出现要么高估自己,如自负、盲目乐观、嫉妒他人;要么低估自己的倾向,如自卑、丧失信心、胆怯等。一般来说,女生比男生自卑,差生比优生自卑。

有调查发现,小学生在自我意识上也存在比较突出的自责倾向。他们经常认为自己不好,对自己所做的事抱有恐惧心理。自责倾向的根源是他们对失去心理依赖的不安或恐惧。当他们感受到被父母、教师、朋友抛弃时,或当父母、教师对他们过分严厉或专制,挫伤了他们的自尊心时,都会使他们出现自责心理。

二、小学生心理问题形成的原因

人的心理健康是一个极为复杂的动态过程,既受个体自身因素的影响,也受外界环境因素的影响。我们要从小学生的自身和社会环境两方面出发,来看待和分析小学生心理问题的形成。

(一)小学生的自身因素

1. 身心发展速度不均衡

一般来说,儿童生理发育快于他们的心理发展。如7—8岁儿童的大脑重量已达到1100克,接近成人水平,神经皮质细胞的髓鞘化程度也接近成人。但是,由于他们的阅历浅、知识和经验不足,其认知能力、理解能力、思维能力都远远落后于成人。因此,儿童心理水平同生理成熟发展速度的不协调,是其心理冲突产生的原因之一。

2. 心理发展过程不协调

心理发展过程不协调主要是指儿童心理发展过程中认识、情绪、情感和意志发展的不协调。因为这三种基本成分的发展不仅受其生理发育制约,而且受外部环境因素的影响。由于各种因素对不同心理过程影响不一样,小学生的心理发展过程就会产生不协调。如小学生的认识过程出现障碍会导致情感不稳定,冲动性行为增加;他们的情感过程发生障碍会导致意志薄弱,产生焦虑和不必要的疑虑等。

3. 性格发展有缺陷

有的小学生由于遗传等先天原因,导致其性格本身存在缺陷,如懦弱、孤僻、内向等。由于性格和能力等个性的各成分之间相互作用和影响,不良性格的小学生更易出现心理问题。如有的小学生性格自卑、退缩等,在面临各种选择时就会出现强烈的心理冲突和困扰。再如有的小学生能力差,做事情胆怯,不敢同老师和学生交往,上课也不敢发言。久而久之,就会形成自卑、孤僻等不良性格。

(二)社会环境因素

1. 家庭因素

父母不恰当的教养方式主要有:一是溺爱,父母过分宠爱和迁就孩子,使他们养成任性、固执、自私和不合群等不良行为和不健康心理;二是专制,家长强迫孩子服从自己的意愿和安排,孩子达不到要求,就用体罚和粗暴的态度对待孩子,使一些孩子对学习产生学习焦虑、考试恐惧和厌学情绪;三是放任,父母对孩子的成长漠不关心,放任自流,使孩子缺乏必要的管教和引导,久而久之,孩子养成了我行我素、肆无忌惮的不良行为；四是期望过高，由于父母望子成龙心切，不顾孩子的生理和心理特点，给孩子布置很多的作业，强迫其学习一技之长或多技之长，抹杀了孩子玩耍的天性，严重危害了孩子的身心健康。

民主和睦的家庭可以促进孩子个性的发展，而父母不和、充满冲突和战争的家庭则易使孩子产生焦虑、抑郁、孤独等不良心理。李毓秋等（1998）对家庭影响因素进行回归分析后发现，对小学生心理健康影响最显著的因素是家庭气氛。

父母离婚对孩子的心理带来巨大的心理创伤。生活在单亲家庭的儿童，心理和行为问题都比一般儿童要多，离异家庭小学生总体心理压力水平显著高于完整家庭小学生的总体心理压力水平[1]。另外，儿童的隔代抚养和父母的受教育程度、职业和经济收入等也与小学生的心理健康水平存在一定程度的相关。

2. 学校因素

学校是小学生接受有计划和有目的的教育场所。小学生通过各种形式的教育教学活动，不仅学到了知识和技能，发展了能力，而且逐步树立和形成了自己的理想、信念和世界观。如果学校的教育方针正确、方法得当，并按照教育规律办事，儿童就会健康活泼地成长。反之，如果学校片面追求升学率、搞题海战术，把学生的成绩与教师的奖酬挂钩，就会造成学习气氛过分紧张，学生压力和负担过重，致使儿童心情沉重、情绪低落、焦虑值上升，恐惧学习和考试。另外，教师对小学生特别是差生的忽视、过于严厉的态度，忽视个性差异的教学方式也会影响小学生的心理健康。

3. 社会因素

小学生的心理健康也会受到来自社会上各种因素的影响，影响小学生心理健康的社会因素主要有：一是社会刺激因素增多。随着现代社会的高速发展，生活节奏加快，竞争带来的压力不可避免地影响到小学生的心理。另外，各种噪音的增多，如城市建设带来的机器声；酒店、娱乐场所的嘈杂声；车辆噪音及超强的灯光等，严重干扰了小学生的正常休息、学习和健康。二是社会上不健康因素增多。例如，国外的一些不良文化，如计算机黄色软件、黄色录音录像制品和书籍等进入我国后，通过一些商业化途径侵蚀儿童的认知能力。近年来手机网络的飞速发展，手游、直播等也极大地干扰了小学生正常的情绪和注意，直接影响小学生的学习、生活和人格发展。三是居住环境的改变。现代城市的住宅越来越向高层化、单元化的方向发展，它使孩子们处于一种与原来的开放型平房、大杂院不同的封闭型居住环境中，限制了孩子们与伙伴等外人的交往，孤独感、退缩行为增加，使其产生"高楼综合征"。

---

[1] 余欣欣，郑雪. 离异家庭小学生心理压力状况调查[J]. 中国特殊教育，2007(6)：75—79.

复习巩固

1. 小学生有哪些常见的心理问题?
2. 小学生心理问题的形成原因是什么?

第三节 小学生心理健康教育的原则与内容

心理健康教育原则是教师在实施心理健康教育时必须遵循的基本要求。学习和贯彻心理健康教育原则,对于教师明确小学生的心理健康教育内容,促进心理健康教育工作的科学化,具有重要的意义。

一、小学生心理健康教育的原则

根据教育部制定的《中小学心理健康教育指导纲要(2012年修订)》的精神及小学生的特点,我们认为,小学生心理健康教育必须坚持以下基本原则:

(一)尊重性原则

这条原则是针对心理健康教育工作者对学生的态度所提出来的。尊重就是指尊重学生的人格与尊严、尊重学生的权利,承认学生的独立性,承认学生与教育者在人格上是平等的。尊重小学生是小学生心理健康教育的基础。

(二)针对性原则

小学生心理健康教育必须根据小学生的心理发展特点和身心发展规律,有针对性地实施。这里所说的特点主要是指小学生的年龄特点、性别特点、表现特点和个性特点。在了解小学生心理特点的基础上,心理健康教育工作要根据不同学生的不同需要开展多种形式的教育和辅导,提高他们的心理健康水平。

(三)主体性原则

小学生是心理发展的主体,心理健康教育必须尊重小学生的主体地位,以充分发挥小学生的积极性、主动性和创造性为前提,以创设民主、宽松、和谐的教学氛围为条件,以师生共同用平等合作的态度共商学习的目标和学习为形式,促进学生主动参与、自主发展。

(四)发展性原则

发展性原则是指在心理健康教育工作中,教师要注意以发展变化的观点来看待小学生身上出现的问题,不仅要在对问题的分析和本质的把握中善于用发展的眼光做动态考察,而且在对问题的解决和教育效果的预测上也要具有发展的观点。

(五)全面性原则

全面性原则是指在心理健康教育过程中,教育者要意识到心理过程、心理状态、个性心理特征的交互影响及心理因素和生理因素的相互作用,能综合以上各因素来全面考察和分析小学生心理问题形成的原因并制订对策,同时也要整合学校、家庭和社会各方面的教育力量,使心理健康教育更加有效和持久地展开。

(六)全体性原则

心理健康教育必须面向全体小学生,通过普遍开展教育活动,使小学生对心理健康教育有积极的认识,使其心理素质逐步得到提高。

此外,小学生心理健康教育还要把预防和矫治心理问题和发展、提高小学生的心理素质相结合,坚持活动性原则,通过组织和开展各种各样的活动来促进小学生心理的健康发展。

二、小学生心理健康教育的内容

要全面提高小学生的心理素质,就必须高度重视对他们的心理健康教育。心理健康教育的根本目的是使小学生的个性得到全面和谐的发展。因此,只要与小学生心理发展过程中的心理需要、行为训练、个性形成有关的方面,都应是小学生心理健康教育的内容。具体来说,主要包括下面几方面:

(一)学习心理指导

学习是小学生的主导活动。据调查,当前影响小学生的心理健康的诸因素中,学习是主要因素之一。一些小学生因长期遭遇学习上的失败,面对各方面的压力,已逐渐形成退缩、怯懦、自卑和丧失自信心等不良心理,甚至出现厌学、逃学等行为问题。因此,对小学生开展学习心理辅导已十分迫切,这不仅是维护小学生心理健康,提高心理素质的需要,也是促进小学生认知发展,完成学习任务的需要。小学生的学习心理辅导主要包括:(1)激发小学生强烈的学习动机,培养小学生浓厚的学习兴趣。帮助小学生在学习中品尝解决困难的快乐,使小学生乐于学习。(2)培养小学生的学习能力,提高学业成绩。帮助小学生认识学习成绩是智力和非智力因素共同起作用的结果,使其能正确认识到自己的学习能力,正确看待学习成绩。(3)帮助小学生养成正确的学习习惯,掌握有效的学习方法。特别值得注意的是,对于刚从游戏正式进入学习阶段的一年级小学生来说,学习心理特别是入学适应指导尤其必要,它能帮助小学生尽快适应学校里的新的环境和新的学习生活,避免因心理调整不及时而带来的心理压力或产生的心理问题。

(二)情绪心理指导

情绪情感在人的生活中有着重要的地位,良好的情绪品质是完善个性的重要内容,在个性发展中起着重要作用。情绪不良、喜怒无常、情绪失控、抑郁消沉本身就是个体心理不健康的表现。小学生的情绪情感带有冲动性、自发性和两极性,特别容易受到外界的干扰和破坏;他们还不善于用理智来调节和控制自己的情绪。教师和家长说的一句不中听的话,一次不好的学习测量成绩,都能使他们情绪低落,影响其正常的学习和生活。心理学家比斯库尔(N. Bishof)认为,儿童是在不断学习、判断和感受的人,他们的情绪常常是无意识的。因此,有必要指导小学生对人的情绪活动、情绪发展的特点有所了解,使之认识到控制自己情绪活动的重要性,学会表达情绪的适当方式;情绪指导中最重要的是要引导小学生学会合理发泄和转移自己的不良情感,并创设适当的环境丰富他们的情绪情感体验,帮助他们建立正常、积极的情绪生活,培养良好的社会性情感。

(三)自我意识发展指导

自我意识在个性结构中处于核心地位,它对人们的认知和行为方式都起着制约作用。小学生的自我意识水平较低,对自己的认知评价还不全面,且由于独生子女在家中的"小太阳""小皇帝"的地位,他们的自我意识严重偏离了客观事实。因此必须加强小学生自我意识方面的指导,从小培养其良好的自我意识。通过自我意识的发展心理指导,使小学生能正确地认识自我,评价自我,进而形成正确的自我概念,树立符合自己实际能力水平的理想和目标;帮助小学生认可自我,悦纳自我,学会调节、控制自我,发展自我,进行自我教育,促进个性和社会性的健全发展。

(四)人际关系的心理指导

人对客观环境的适应,最重要的是对人际关系的适应。我国著名心理学家丁瓒教授指出:人类的心理适应最主要就是对人际关系的适应,所以人类社会的心理病态,主要是由人际关系失调而来的。小学生的人际关系主要是指与父母、老师和同学之间的关系,其中同伴关系是影响小学生社会化的最重要的因素。小学生人际关系的问题主要是同伴关系不良。被同伴拒斥、不受欢迎的小学生往往会产生退缩、孤独、焦虑、抑郁、逃学等一系列的心理行为问题,并且还影响着其成人后的交往模式。因此有必要教给小学生社交技能,使他们学会合理处理社交中的冲突问题,在班级活动中善于与更多的同学交往。通过心理健康教育,帮助小学生逐渐形成建立良好人际关系所必备的心理素质。

此外,心理健康教育还应注意培养小学生的责任感和合理的价值取向,帮助小学生对人类的各种行为和社会职业形成初步的认识等。

> **复习巩固**
>
> 1. 小学生心理健康教育的原则是什么？
> 2. 小学生心理健康教育有哪些内容？

第四节 小学生心理健康教育的途径与方法

对小学生进行心理健康教育是学生健康成长的需要，也是培养人才的需要，加强小学生心理健康教育是一个系统工程，有着多种的渠道和方法。

一、小学生心理健康教育的途径

心理健康教育是指应用教学、宣传、讨论训练等多种活动，对学生进行心理健康知识的传播和普及、情感的培养、行为的训练，从而提高学生的心理素质，促进儿童健全人格的发展和心理适应能力的提高。心理健康教育不能像知识教育那样主要通过教师的讲解传授来完成，它需要渗透到学生日常生活的各个方面，通过多种途径进行。主要途径如下：

（一）开设心理健康教育课

小学生的心理健康知识有限，要提高其心理健康水平必须对小学生进行专门的心理健康教育，开设专门的心理健康教育课程。课程可分为两部分：心理卫生和实际训练操作。前一部分为心理健康知识普及课，旨在普及心理健康科学常识，帮助小学生了解自己，掌握一般的心理保健知识。后一部分旨在帮助小学生掌握一定的心理调节技术，是在小学生中开设心理健康教育最为有效的方法课程。实际训练活动操作内容包括角色扮演、相互询问、人际交往训练等等，使小学生掌握一些转移情绪、宣泄痛苦、发泄愤怒、克服自卑、树立信心等心理调节手段，并学会正确处理人际关系，具备一定的与人相处的能力，这对小学生自身的健全发展具有十分重要的意义。

（二）结合学科教学，渗透心理健康教育

教学活动是学校工作的主体，也是对小学生心理影响最大的一项活动，因此心理健康教育不能脱离学校的教育教学工作。教师应树立心理健康教育的观念，把对小学生的心理素质的培养与提高，自觉渗透到学科的教学活动中，使其相互影响，相互促进。

从心理健康教育的目的和任务出发，教师在各科教学中应当从以下几个方面

努力：

1. 注重师生关系建设，尊重和热爱每个学生；注重发挥教师在教育教学中的人格魅力和为人师表的作用，建立起民主、平等、相互尊重的新型师生关系。这是现代教学的基础，也是学生形成健康心理的基础。

2. 发掘教材中的心理教育因素，注意渗透的自然性、针对性和计划性。防止随心所欲、生搬硬套、乱贴标签。要考虑教学内容与心理健康教育是否融合。如数学课中对小学生的逻辑思维训练，语文课中激发小学生热爱生活、顽强拼搏的精神，活动课中培养小学生的耐挫力。

3. 帮助小学生学会运用有效的学习方法，培养良好的学习习惯，改善小学生的自我监控。增加小学生学习成功的体验，引导他们对学业成败做正确归因，减轻他们的课业负担，缓解考试焦虑，增强学习自信心，培养他们克服困难的坚强意志。

（三）积极开展学校心理咨询服务

心理辅导室已经逐渐成为学校的标准化配置，事实证明，这是小学生心理健康教育的有效途径。但在具体的实施中也发现了不少问题。如心理咨询中存在的德育化、医学化倾向；注重补救性工作，发展问题很少过问；注重说教，轻视疏源；注重数量、轻视质量等问题。各小学校更应进一步加强心理咨询服务，充实和完善心理咨询队伍，培训专业化的咨询人员，使小学生心理咨询工作真正做到科学化、规范化和制度化。

（四）利用各种传播媒介，大力开展心理健康教育的宣传工作

校内外的各种传播媒介如墙报、校刊、广播、橱窗等，在影响小学生健康成长方面起着潜移默化的作用。特别是随着手机网络技术的发展，手机成为一个重要的传播媒介。因此，学校应充分利用这些传播媒介，广泛宣传心理健康知识及其现实意义，介绍各种心理调节的办法，唤起小学生对自身心理健康水平的关注，引导其主动地接受心理健康教育，自觉为提高自己的心理素质而进行锻炼。同时提供一些心理咨询和辅导中的同龄人的案例，宣传具有良好心理素质的优秀人物成功的事例，从正反面为小学生树立榜样。

（五）建立学校、家庭、社会协同的整体教育网络

小学生生活在复杂的社会中，其心理会同时受到学校、家庭及所处的社会环境的影响，这三股教育力量一致，则会大大促进小学生心理健康，反之则会影响其心理健康。因此，必须将学校教育、家庭教育与社会教育结合起来，形成全方位的心理健康教育网络。对家长普及心理卫生知识，建立正确的家庭教养方式，优化家庭教育环境，引导家长树立正确的教育观；学校定期和家长进行交流和沟通，共同关注小学生的心理健康问题。同时，社区及整个社会都应行动起来，为小学生的身心发展提供一个良好的外部环境。

二、小学生心理健康教育的方法

小学生心理健康教育方法来源于心理学的几大经典理论。随着社会的进步,近年来在针对小学生心理健康教育的方法上呈现出矫治和发展并举的特点。

(一)行为矫正法

行为矫正法是按照行为主义的理论衍生出的心理治疗技术,通过增强、削弱、奖励、惩罚等技术,来帮助个体减少或消除已养成的不良行为。

行为矫正法主要以巴甫洛夫经典条件反射理论、斯金纳操作性条件反射理论、班杜拉社会学习理论三大理论为基础,并在这些理论基础上发展出很多成熟的方法和技术。主要有强化惩罚法、系统脱敏法、行为契约法、代币法、角色扮演法等。这些方法的步骤基本都相同:首先明确需要矫正的行为;然后观察记录这些不良行为发生的频率和程度;接着设计一个学习的情境;再选择适当的强化物;最后反复训练逐步养成行为习惯。

行为矫正法有着概念明确、过程清楚、目标具体、操作性强等优点。对紧张、焦虑、恐惧、退缩以及多动症等都有着较好的疗效。是目前使用最为普遍的方法。

(二)理性情绪疗法

理性情绪疗法由美国心理学家埃利斯创立,又称为 ABC 理论。其中 A(Activating events)指诱发事件;B(Believes)指由 A 引起的信念,也就是对 A 的评价解释;C(Consequence)是指情绪和行为的后果。ABC 理论的核心在于情绪和行为后果并不是直接由诱发事件所导致的,也就是 A 不会直接引起 C;真正直接引起 C 的是人们对诱发性事件所持的信念 B。因为人的信念系统 B 各不相同,所以面对同样的事件 A 时,不同的人会有不同的情绪后果 C。

在理性情绪疗法中,主要关注的是 B 里面的合理的信念和不合理的信念,前者导致自助性的积极行为,后者则会引起自我挫折和反社会的行为。不合理信念主要有 3 个特征:一是绝对化要求。绝对化要求是指人们以自己的意愿为出发点,对某一事物怀有认为其必定会发生或不会发生的信念,它通常与"必须""应该"这些词连在一起。二是过分概括化。这是一种以偏概全、以一概十的不合理思维方式的表现。例如,当出现一次失败就会认为自己"一无是处"。三是糟糕至极。这是一种夸大生活事件消极后果的认知方式。当一件不好的事情发生时就认为是灾难性、毁灭性的。理性情绪疗法认为,这些非理性信念是引起个体极端不良行为和后果的原因。

理性情绪疗法的治疗思路可以概括为 ABCDE,ABC 就是导致不良情绪的 ABC 模型,D(Dispute)是指利用各种技术同非理性信念进行辩论,E 指的是效果(Effect)。一般情况下,理性情绪疗法的过程是,先对 ABC 进行解释说明,明确理解三者之间的关系,然后使用 D 来与非理性理念进行抗争,D 的方法有很多,常用的有苏格拉底式

辩论、角色扮演、想象、家庭作业等方法,通过对 D 的综合运用,让理性信念来代替非理性信念,最后达到行为效果 E。

(三)团体辅导法

团体辅导是依托与小组、群体或集体情境下的一种心理辅导形式。团体辅导的对象是许多人,通过运用适当的辅导策略和方法,通过团体成员间的协作互动,激发个人潜能,增强适应能力。

团体辅导的内容可以是多种多样的,但必须是多数人关心的,或者是具有普遍性的问题。对于团体的组成有两种方式:一是把有同类问题的对象安排在一组,集中精力解决某个问题;二是把同一年龄段的对象组成为一个团体,且团体内部有一定的性别比例或个性结构差异。

近年来心理健康教育的需求越来越大,但是心理健康教育的师资配备又十分有限,在这种大环境下团体辅导得到了迅速发展。团体辅导既可充分利用有限的力量来满足众多学生的需要还能让学生在一个安全、信任的氛围中去获得更多的学习生活经验,增强个体的归属感,培养良好的人际关系,发展良好的适应行为。

复习巩固

1. 行为矫正的方法有什么特点?
2. 理性情绪疗法的要点是什么?
3. 团体辅导法有哪些方式?

拓展阅读

积极心理学

积极心理学是当代心理学研究中出现的一种新的取向,与传统的心理学研究的取向不同。积极心理学研究更多强调人的优势而不是弱点,不是只关注人的病态性的心理问题或障碍,更希望在生活中建立人的美好的东西而不是修补坏的方面。积极心理学主要研究以下几个方面:

1. 积极的情绪体验。积极心理学关注个体积极的主观体验,比如快乐、幸福、乐观等,其中主观幸福感的研究最多。积极心理学认为积极的情绪体验应该是"对过去感到满意、对现在感到满足、对未来感到乐观"。

2. 积极的个人特质。积极心理学认为个体应具备爱、宽容、创造力、毅力、勇气、道德感等积极的心理学品质,研究如何培养这些特质是积极心理学的一个重要内容。

3.积极的社会组织。积极心理学认为只有拥有了良好的社会环境,个人才可能拥有良好的积极品质。积极心理学致力于建立一个积极的社会组织系统,让这个社会组织系统下的个人拥有积极的个人特质。

总之,积极心理学主张将心理学研究从病态心理研究扩展到研究人类的幸福和美德上。在积极心理学的视野下,小学教师应当重新审视小学心理健康教育的现状,开拓心理健康教育理念,根据积极心理学思想开展对小学生的心理健康教育,全面提高学生的综合素质。

本章要点小结

1. 心理健康虽然没有一个统一的定义,但总体而言心理健康是探索和研究人心理健康的形成、发展、变化的规律。一个心理健康的小学生应具备智力正常、情绪稳定、学习适应、自我认识清楚、人际关系和谐、行为习惯良好等几个方面。

2. 小学生心理健康一般采用常模比较法、社会适应判定法、生活适应评定法、主观病痛法、症状判定法等来进行测量。通过这些测量方法,可以发现常见的小学生心理问题有新生适应问题、学习问题、行为问题、情绪问题。

3. 小学生心理健康教育要遵循尊重性、针对性、主体性、发展性、全面性、全体性的原则。在这些原则指导下,小学生心理健康教育的途径有:开设心理健康教育课;结合学科教学,渗透心理健康教育;积极开展学校心理咨询服务;利用各种传播媒介,大力开展心理健康教育的宣传工作;建立学校、家庭、社会协同的整体教育网络等。

4. 小学生心理健康教育方法来源于心理学的几大经典理论。主要有行为矫正法、理性情绪疗法、团体辅导法等。

关键术语表

心理健康	mental health
心理问题	psychological problems
成因	cause
途径与方法	way and method

复习题

一、单项选择题

1. 心理健康标准的基础是(　　)。
   A. 情绪稳定　　　　　　　B. 学习适应
   C. 智力正常　　　　　　　D. 人际关系和谐

2.测量心理健康最常用的方法是(   )。
　　A.常模比较法　　　　　　　B.社会适应判定法
　　C.生活适应评定法　　　　　D.症状判定法
3.下列选项中不属于美国学者坎布斯(A.W.Combs)提出心理健康、人格健全的人应有的特质是(   )。
　　A.积极的自我概念　　　　　B.恰当地认同他人
　　C.自我实现　　　　　　　　D.主观经验丰富
4.理性情绪疗法中的B指的是(   )。
　　A.信念　　　　　　　　　　B.诱发事件
　　C.辩论　　　　　　　　　　D.后果

二、多项选择题

1.小学生常见的学习问题有(   )。
　　A.学习困难　　　　　　　　B.学习疲劳
　　C.厌学症　　　　　　　　　D.多动症
2.小学生常见的情绪问题有(   )。
　　A.焦虑　　　　　　　　　　B.强迫
　　C.恐惧　　　　　　　　　　D.抑郁
3.属于小学生心理问题形成的社会环境因素有(   )。
　　A.自身因素　　　　　　　　B.家庭因素
　　C.学校因素　　　　　　　　D.社会因素

三、判断对错题

1.心理健康是人在成长和发展过程中,认知合理、情绪稳定、行为适当、人际和谐、适应变化的一种完好状态。　　　　　　　　　　　　　　　　　　(　　)
2.小学生的焦虑更多的是体现在同伴关系处理方面。　　　　　(　　)
3.心理健康教育和学校传统教育相比,一直处于强势地位。　　(　　)

第十二章　小学生的品德心理

　　通过本章的学习,你应该理解品德的含义及品德的心理结构,掌握小学生品德发展的主要理论以及道德认识、道德情感、道德意志和道德行为的特点,能够运用所学的知识和方法培养小学生品德,加强对小学生的品德教育,分析小学生不良行为产生的原因,解决他们的问题。

第一节 概述

小学生的品德是一个涉及个性和社会性发展的重要问题,受到父母、教师和整个社会的关心和重视。小学生品德的形成和发展是社会和学校教育与小学生的心理活动相互作用的结果。教师在教育工作中必须从小学生的实际出发,根据小学生品德发展的特点和规律,有针对性地实施教育。

一、品德的含义

品德(moral trait),即道德品质,是指个体依据一定的道德行为准则,在行动时所表现出来的某些稳固的人格倾向。品德在我国又称为品行、德行或操行等。例如,有的小学生在学习和生活中总是按照学生守则的要求,热爱集体、遵守纪律、努力学习、助人为乐等,说明这个小学生具有良好的品德。

品德与道德是两个不同的概念。道德(morality)是协调个人与个人、个人与社会以及集体之间关系的行为准则的总和。人总是生活在一定的社会群体中,人们为了共同的利益用道德准则来约束和评价自己和他人的行为。社会道德一经确立,就以公德、舆论等方式表现出来,并对整个社会行为起约束、调节作用。凡是合乎社会道德标准的行为,就会得到人们的肯定和赞许,反之则会受到人们的否定和谴责。

品德与道德除了定义不同外,其区别还在于:道德是一种社会现象,它的产生、发展和变化服从于社会发展的规律,它不以个体的存亡和个体品德的好坏为转移。品德是一种个体现象,是一定社会道德在个体身上的具体体现,它的发生、发展有赖于个体的存在,服从于心理发展的规律;道德的内容是整个社会生活的要求,是一定社会经济基础的反映,是一个完整的体系。而品德的内容只是道德规范的部分体现,是社会道德要求的局部反映;道德是伦理学与社会学研究的对象,品德则是心理学与教育学研究的对象。但二者又是有联系的:一个人的品德离不开一定的社会道德,评价一个人是否具有良好的品德,总是以社会公认的道德行为准则为标准;同样,许多人的品德综合起来就构成或影响着整个社会道德的面貌或风气。总之,品德与道德既紧密联系,又彼此区别。

另外,品德与个性、性格等概念也不相同。品德是个性中最有道德评价意义的部分,是道德评价的核心。性格则是个体对现实的稳定的态度和习惯化了的行为方式。性格既具有道德评价意义的一个层面,也有不具有道德评价意义的一个层面。如诚实、正直、勤奋等是公认的好的品格(性格),而虚伪、自私、懒惰等则是不好的品格。而性格中的内向、外向等则不具有道德评价的性质,它们只不过是个人不同的性格特征而已。因此,品德与性格既有重合的部分又不完全等同,不能把品德等同于性格,也不能把两者完全割裂。在教育过程中,既要注意小学生良好品德的培养,又要促进其性格向好的方向发展。

二、品德的心理结构

品德的心理结构即品德构成的基本心理成分。从心理构成的层面上研究品质的心理结构,不仅有助于我们能够更加清楚地把握品德的实质,而且能为小学生的品德教育提供重要的理论依据。品德的心理结构一直是品德心理学家研究的热点问题。品德的心理结构非常复杂,不同的学者对于品德的心理结构提出了不同的看法。

早期的唯智主义认为,人的品德取决于道德知识、智慧、动机等因素的形成与发展。行为主义则认为人的品德只是一定动作的总和。这些理论是片面的,它们夸大品德结构中某些成分的作用而抹杀其他成分的存在。在我国,关于品德的心理结构出现了不同的学说,其中"因素构成说"占据传统地位。

"因素构成说"认为,品德心理结构是由一系列彼此联系的心理因素构成的,但究竟由哪几种基本因素构成,不同的研究者给予了不同的回答。著名心理学家潘菽早在20世纪80年代出版的《教育心理学》一书中认为,品德的心理结构包括道德认识、道德情感和道德行动三种基本成分,而道德意志包括在道德行为的训练中。李伯黍等人(1992)则从道德认识、道德情感、道德价值取向、道德行为等四个层面来研究品德成分的形成和发展。韩进之(1989)则把品德的心理结构分为道德认识、道德情感、道德意志、道德行为技能与习惯,这种观点符合心理学中的从"知、情、意、行"四方面来研究人的心理过程的方法。近年我国出版的教育心理学著作大都持这种观点。本书将沿用这一传统看法,从道德认识、道德情感、道德意志、道德行为四个方面来论述小学生品德形成和发展的特点及其培养途径。

1.道德认识又叫道德观念,是指个体对道德行为准则及其执行意义的认识。道德认识是个体在道德知识和经验习惯的培养过程中,不断进行抽象和概括的产物。个体道德上成熟的标志,在于能够做出正确的道德判断和推理,从而形成自己的道德原则的能力。

2.道德情感,是个体伴随着道德认识而引起的一种内心体验,在个体对自己或他人的行为做出判断时,就会出现与之有关的情感,如责任感、荣誉感、爱国主义情感等。

3.道德意志,是个体自觉地调节行为、克服困难,以实现一定道德目的的心理过程,是调节道德行为的内部力量。

4.道德行为,是个体把道德认识付诸行动的外部表现。美国心理学家 J. 莱斯特指出,道德行为由解释情境、道德判断、道德抉择、道德行动四个过程构成。每一过程由于正负反馈的作用会相互影响。

品德结构的上述四种基本心理成分是相互联系又相互制约的。一般说来,道德认识是道德情感产生的依据,道德情感影响着道德认识的倾向;道德认识和道德情感影响着道德意志和道德行为的产生和发展;而当道德行为遇到困难或不能实现时,需要道德意志进行调节;同时,道德行为又可以巩固和发展道德认识和道德情感。品德的形成和发展是品德心理结构共同发挥作用的一种综合过程。

复习巩固

1. 品德的含义是什么?
2. 品德的心理结构包括哪些内容?

第二节　小学生品德发展的特点

小学生的品德是在家庭、学校和社会的共同影响下,在实践活动中,通过道德认识、道德情感、道德意志和道德行为的不断统一协调得以发展。

一、小学生品德发展的主要理论

关于小学生品德发展的特点,最著名的是下列两位心理学家的研究。

(一) 皮亚杰的道德认知发展理论

瑞士著名心理学家皮亚杰(J. Piaget)在研究儿童品德发展方面做出了突出的贡献。他关于儿童及青少年道德判断问题的研究,为品德发展的研究提供了一个理论框架和一套研究方法,初步奠定了品德心理研究的科学基础。皮亚杰依据精神分析学派的投射原理,采用对偶故事法研究儿童的道德认知发展。他设计了一些包含道德价值内容的对偶故事,要求儿童判断是非对错,从儿童对行为责任的道德判断中来探明他们所依据的道德规则,以及由此产生的公平观念发展的水平。下面就是皮亚杰在研究中所用的一个对偶故事。

A. 有一个小男孩叫朱利安。他的父亲出去了,朱利安觉得玩他爸爸的墨水瓶很有意思。开始时他拿着钢笔玩。后来,他在桌布上弄上了一小块墨水渍。

B. 一次,一个叫奥古斯塔斯的小男孩发现他父亲的墨水瓶空了。在他父亲外出的那一天,他想把墨水瓶灌满以帮助他父亲。这样,在他父亲回家的时候,他将发现墨水瓶灌满了。但在打开墨水瓶准备灌墨水时,他在桌布上弄上了一大块墨水渍。

皮亚杰对每一个对偶故事都提出了两个问题:(1)这两个孩子的过失是否相同?

(2)这两个孩子中,哪一个更坏一些?为什么?

通过大量的实证研究,皮亚杰发现儿童道德判断能力的发展与其认识能力的发展存在着互相对应、平衡发展的关系,这种认识能力是在与他人和社会的关系之中得到发展的。皮亚杰概括出一条儿童道德认知发展的总规律:儿童的道德发展大致分为两个阶段:在10岁之前,儿童对道德行为的思维判断主要是依据他人设定的外在标准,称为他律道德;在10岁之后儿童对道德行为的思维判断则多半能依据自己的内在标准,称为自律道德。在1930年他出版的《儿童的道德判断》等著作中,皮亚杰又将其进一步划分为四个阶段。

1."自我中心阶段"或前道德阶段(2—5岁)。该阶段的学龄前儿童缺乏按规则来规范行为的自觉性,在亲子关系、同伴关系、价值判断等方面均表现出自我中心倾向。在对行为责任的道德判断方面,学龄前儿童往往倾向于从行为后果,而不是从行为者的动机、意图去判断行为的责任。对学龄前儿童来说,公平就是基于"平等"的分配,比如,这一阶段的儿童会说,"小明拿的比我多,这不公平"。

2."权威阶段"或他律道德阶段(6—7岁)。该阶段儿童表现出对父母、教师等外在权威绝对尊重和顺从,把权威确定的规则看作是绝对的、不可更改的,在评价自己和他人的行为时完全以权威的态度为依据。这一阶段的儿童会对家长说,"老师说了,不能在客厅吸烟"。

3."可逆性阶段"或初步自律道德阶段(8—10岁)。该阶段儿童的思维具有了守恒性和可逆性,他们已经不把规则看成是一成不变的东西,逐渐从他律转入自律。儿童意识到跟同伴交往的社会关系,把规则看作是同伴间共同约定的东西,如果所有的人都同意的话,规则是可以改变的。对于儿童来说,规则已经具有了一种保证相互行动、相互取予的可逆特征。儿童的道德判断已经开始摆脱外界约束,并具有自律道德水平的初步萌芽。这一阶段的儿童会说,"小明有阅读障碍,所以老师要花费更多的时间去帮助他,并不能要求老师对每个孩子都花费同样的时间"。

4."公正阶段"或自律道德阶段(10—12岁)。该阶段的儿童继可逆性之后,公正观念或正义感得到发展,公正观念不是一种判断是或非的单纯的规则关系,而是一种出于关心与同情人的真正的道德关系。儿童不再刻板地按固定的规则去判断,他们已认识到在依据规则判断时,应先考虑到他人的具体情况,从关心和同情的角度出发去判断。比如,这一阶段的儿童会说,"虽然小明打破了三个杯子,但是他是为了帮妈妈做家务不小心打破的,不应该受到惩罚"。

从皮亚杰的道德发展观点来看,小学生的道德发展主要处于第二到第四阶段,分别对应着小学的低年级、中年级和高年级三个阶段。

(二)科尔伯格的道德发展阶段理论

美国心理学家科尔伯格(L. Kohlberg,1971)在皮亚杰研究的基础上,采用"海因兹偷药"的道德两难故事,进一步研究了儿童的道德判断。

拓展阅读

海因兹偷药的道德两难故事法

科尔伯格对道德认知发展的研究方法最初直接来源于皮亚杰的间接故事法，即通过向被试讲解故事让他们判断研究者所设计的那些行为类型，从儿童对特定行为的评价中去分析他们的道德认知。这些包含道德价值内容的对偶情境故事，即每一对故事都包含着两种道德情境，每一种道德情境代表着一种道德发展水平，故又称对偶故事法。科尔伯格把皮亚杰的对偶故事改成一个道德两难故事。两难故事保留了对偶故事的简洁故事形式和冲突性特点。科尔伯格将这种对偶故事法又称为"道德两难故事法"。他设计了9个两难故事，其中最典型、最为人熟知的便是"海因兹偷药"的故事。

故事情节是：欧洲有个妇女患了癌症，生命垂危。医生认为只有镭化剂这种药才能救她的命。一个药剂师最近发明了镭化剂。他花了200元制造镭化剂，而他竟将这种药索价为2000元。病妇的丈夫海因兹到处向熟人借钱，总共才借到1000元，只够药费的一半。海因兹不得已，只好告诉药剂师，他的妻子快要死了，请求药剂师便宜一点把药卖给他，或者允许他赊欠。但药剂师说："不成！我发明该药就是为了赚钱。"海因兹走投无路，在夜晚竟撬开药店的门，为妻子偷来了药。

研究者问儿童的问题是：

1. 海因兹应该偷药吗？为什么？
2. 他偷药是对还是错？为什么？
3. 海因兹有责任或义务去偷药吗？为什么？
4. 人们竭尽所能去挽救另一个人的生命是不是很重要？为什么？
5. 海因兹偷药是违法的。他偷药在道义上是否错误？为什么？
6. 仔细回想故事中的困境，你认为海因兹最负责任的行为应该是做什么？为什么？

科尔伯格所关心的并不是儿童对这些两难问题回答"是"或"否"，而是儿童回答问题时如何推理，如认为海因兹为什么应该或不应该偷药。研究者在与儿童交谈的过程中还可以提新问题来帮助理解儿童的推理，并注意儿童回答背后的推理，根据儿童对这些问题的反应划分儿童道德判断的发展阶段。

科尔伯格通过认真分析和研究儿童对上述问题的回答，把他们的道德判断分为三级水平六个阶段(见表12-1)。

表 12-1　科尔伯格道德判断的三级水平六个阶段

道德判断水平	道德判断阶段	对海因兹偷药故事的反应
第一级:前习俗水平 根据行为的直接后果和自身的利害关系判断好坏是非	阶段1:服从和惩罚定向 评定行为好坏着重于行为结果,服从权威,受赞扬的行为是好的,反之则是坏的	赞成者认为,海因兹偷药是因为他先提出请求,没偷大的东西,不该受罚。反对者则认为,海因兹偷药会受到惩罚
	阶段2:朴素利己主义定向 评定行为的好坏,主要看是否符合自己的要求和利益	赞成者认为,海因兹妻子需要药,他要与妻子生活。反对者则认为,海因兹妻子在他出狱前可能会死,偷药没好处
第二级:习俗水平 着眼于社会的希望和要求,依据行为是否有利于维持习俗秩序,是否符合他人愿望进行道德判断	阶段3:好孩子定向 凡取悦、帮助别人以满足他人愿望的行为是好的,否则是坏的	赞成者认为,海因兹做了好丈夫应做的事。反对者则认为,海因兹的做法会使自己丧失名誉并给家庭带来苦恼
	阶段4:维护权威和社会秩序的定向 正确的行为是尽到个人责任,尊重权威,维护社会秩序,否则是错误	赞成者认为,海因兹应该这么做,他要为妻子负责。反对者则认为,海因兹救妻子的命是自然的,但偷东西犯法
第三级:后习俗水平 开始考虑全人类的正义和个人的尊严,认识到法律的人为性,着重根据个人自愿选择的标准进行道德判断	阶段5:社会契约定向 法律的道德准则是大家商量约定的,可以改变,不能以不变的规则去衡量人	赞成者认为,法律没有考虑到海因兹的具体情况。反对者则认为,海因兹无论情况多么危险,都不能采用偷的手段
	阶段6:普遍的伦理原则定向 考虑到他人具体情况,关心他人幸福,认为个人依据自己选定的道德原则去做是正确的	赞成者认为,尊重生命、保存生命的原则高于一切。反对者则认为,别人是否知晓海因兹妻子急需这种药的情况,要考虑所有人生命的价值

科尔伯格认为小学一二年级学生几乎都处于第一阶段,其道德判断标准为是否受到惩罚,道德认识中的准则仅限于父母或权威的命令。从三年级起,小学生进入第二阶段,他们的道德判断从自身利益出发,以行为的功用和相互满足需要为准则。小学高年级学生道德发展基本到达了第三阶段,他们的道德判断是以"好孩子"为取向,认为必须尊重他人的看法和想法,其思想倾向是正确行为与社会利益相一致。科尔伯格认为,绝大部分小学高年级学生都能达到第三阶段,能达到第四阶段的为数极少。因此,我国心理学家朱智贤建议,应把第三阶段,即"好孩子定向"的道德判断力发展水平

作为小学道德教育的目的。

二、小学生道德认识的发展

小学生由于年龄增长和思维发展,在社会化过程中不断获得道德知识,形成道德概念,发展道德判断与推理能力,逐步形成道德信念和系统的道德认识,但小学生这种道德认识还不够深刻与全面。小学生的道德认识主要表现在以下三个方面:

1. 对道德概念的理解能力从直观、具体、较肤浅的理解逐步过渡到较为抽象、本质的理解,但整体理解水平不高

小学生道德概念的理解水平直接受其思维水平的制约。小学生尤其是低年级小学生的思维以具体形象为主要形式,抽象逻辑思维水平比较低,还不可能真正理解和掌握抽象的道德概念。一项关于小学生如何理解抽象的道德概念的研究,向小学三、四、五年级的学生提问"什么是勇敢""什么是负责""什么是友谊"三个问题,结果各年级都有一部分学生不能用语言回答"勇敢""负责"等日常生活中比较熟悉的道德概念。低年级小学生绝大多数只能指出概念内涵所涉及的特殊的、具体的方面,如把"勇敢"等同于"冒险",认为别人不敢做的事自己敢做就是"勇敢"。随着年龄的增长,高年级小学生能从概念内涵所涉及的多方面加以概括,并指出概念的内涵,如弄清"勇敢"是与做好事相联系的行为品质,做坏事不能称为"勇敢"。这些体现了小学生的道德概念理解水平由低向高发展,但整体水平与初中生相比不高。

2. 道德判断逐渐由他律向自律,由只注意行为后果逐渐过渡到全面考虑动机和后果的统一关系

心理学家李伯黍对儿童道德发展研究表明:我国7岁儿童的主观性判断已经有了较明显的发展,到了9岁,这种判断已基本取代了客观性判断。也就是我国儿童从小学三年级起,绝大多数已经能根据行为的动机意向或从行为的因果关系上做出判断,而且已有半数以上的儿童能把行为原因和后果联系起来进行比较判断。在公有观念发展上,我国儿童做出正确判断的转折年龄在7—9岁之间。在集体观念发展上,我国一年级小学生已开始出现集体意识,根据为集体的动机做出判断的比例随年龄的增长而递增。[①] 在进行道德判断的独立性方面,小学生由他律向自律发展。低年级小学生多以"老师说的"为标准,而高年级小学生则以"自己要遵守社会道德,做一个好学生"为道德判断的出发点。但即使到了五年级,教师的要求在学生中所起的作用仍然是比较大的。

3. 道德信念初步形成,但不稳定

道德信念是坚信道德规范的正确性并伴有情绪色彩与动力性的道德观念。它是

---

① 张锐. 群体关注对道德判断的影响[D]. 石家庄:河北师范大学,2017.

道德目的和动机的高级形式,是道德认识形成的关键因素。研究表明,学生道德信念的确立要经历长期的发展过程。学龄初期儿童还没有形成道德信念。到11岁左右,道德信念开始萌芽,但它是不自觉、不坚定的。直到初中,比较自觉的、稳定的道德信念才逐步形成并发展起来。对儿童亲社会道德推理的研究发现,儿童亲社会道德推理的发展具有一定的阶段性,小学低年级儿童基本处于需要取向推理水平,即关心他人身体的、物质的和心理的需要;小学中高年级儿童基本上处于赞许和人际取向推理水平以及移情推理与过渡推理水平,即小学儿童的道德推理并不是基于内化了的价值、规范和信念等,而是处在向内化推理过渡的水平上。

三、小学生道德情感的发展

小学生道德情感是在教育与教学活动中发展起来的。班集体和少先队在小学生道德情感的形成和发展上起着主要作用。小学生在集体中,为了完成共同的任务和达到共同的目标,逐渐意识到自己和他人、个人和集体、祖国之间的关系,并在日常的学习、生活中产生了爱国主义情感、集体荣誉感、义务感、责任感、正义感等。

心理学家雅科布松对小学生的道德情感进行了实验研究。他以小学生为被试,采用综合方法,揭示小学生道德情感在各个方面的表现及其由顺从逐步发展到独立的过程。我国心理学家对小学儿童道德情感的发展进行了大量研究,认为小学阶段是个体道德情感发展的关键期,并提出了以下观点:

小学生道德情感随年龄的增长而逐渐增强,三年级是道德情感发展的转折期,四年级后其发展趋于稳定,并有逐步上升的趋势,但不均衡,且矛盾性强(儿童品德心理研究协作组,1989)。

小学一年级到小学三年级之间,三年级到五年级之间是儿童道德情感之爱国使命感发展的关键期(李伯泰,1992)。

在判断犯过者或犯过行为时,8岁左右的儿童会体验到消极的情绪,并根据道德判断做出合乎道德准则的情感归因定向(陈少华,郑雪,2000)。

5岁组与7岁组、9岁组之间的儿童,在其道德情感的自我体验方面差异性显著(刘守旗,1995)。我国小学儿童道德情感的发展随年龄增长逐渐提升,其转折期大约在8岁左右。8岁之前,儿童情感的发展是以直觉、与形象相联系的道德情感体验为主要形式;而8岁以后,抽象的、与道德信念相联系的情感体验才开始发展(邵景进,刘浩强,2005)。

张学浪(2012)对江苏盐城农村留守儿童进行研究后得出以下结论:(1)农村留守儿童道德情感内容的功利色彩甚浓。农村留守儿童在给予他人同情、仁慈、责任时,内心更希望得到相应的道德回报,更希望他人的关心和帮助。(2)农村留守儿童道德情感形式的内隐性显著。农村留守儿童对别人的同情、仁慈以及责任等情感不会轻易流

露。为了增强自身的社会认同感,往往刻意选择关注自我、掩饰自我,甚至抑制自我,即使在面对社会不公或歧视时,也能控制住自己的情感,而不像其他儿童那样随意地宣泄自己的情绪。(3)农村留守儿童道德情感体验的矛盾突出。留守后的孩子往往容易变得焦虑、情绪反应强烈、孤独、不近人情,或不善与人交往。此外,留守儿童的情感偏差与留守环境、留守时间也呈显著的正相关,即单独留守者的负面情绪比单亲留守者的多,长期留守者比短期留守者的情绪更低落,其道德自我意识的矛盾与冲突现象也较为明显,如需要关爱与追求独立的矛盾,自我表现与自卑的冲突等。单独留守者与长期留守者更需要心理关怀与行为帮助。①

总体说来,小学生的道德情感水平已有了很大发展,但这时的道德感仍具有直接的、经验的性质。随着小学生年级的升高,他们的道德感从外部的、被动的、未被意识到的道德体验逐渐转化为内部的、主动的、自觉意识的道德体验。

四、小学生道德意志的发展

在教育的不断要求下,小学生的意志品质逐渐发展起来,在执行道德行动中表现出一定的道德意志力。道德意志力一方面使道德动机战胜非道德动机,另一方面促使小学生克服困难,执行由道德动机引起的道德行动的决定。但小学生的道德动机还不强烈,道德意志力的总体水平还不高。

道德动机在道德意志结构中占突出地位,它以愿望和意向的形式被人们体验着,如果没有这种强烈的愿望,就不会有克服一切困难去达到某种目的的意志行为。在小学阶段,小学生的道德动机发展的特点是:由服从向独立发展,尽管高年级小学生以自觉道德动机占主导地位,但还离不开对成人指令的服从;由具体、近景向抽象、远景发展,尽管高年级小学生以社会需要作为道德动机的基础,但还离不开具体形象性;小学生逐步产生道德动机的斗争,但激烈的冲突较少。例如,对小学生遵守纪律动机的研究发现,小学生遵守纪律的想法是:服从老师的要求;为了获得教师的表扬;为履行班集体和少先队组织的义务、各种制度的要求,或为集体、组织争光;体会到这是社会公德的要求,应该自觉遵守纪律。这些想法反映了小学生守纪动机是由低到高、由近及远、由具体到抽象发展,随着小学生年龄的增长和受教育程度的增加,原则性的、较稳定的守纪动机开始形成。但总体来说,小学生遵守纪律的表现一般是与教师的要求、学校制度和检查联系在一起的,并非完全出自道德需要。可见,小学生的道德动机具有直接性、具体性,是道德意志控制力和自觉性发展的外部表现。

道德动机促使人确定道德行为的具体目的和表现方式,在执行道德行动中表现出道德意志。小学生在教育的要求下,伴随着道德动机的发展,不断掌握社会经验和道

---

① 张学浪. 农村留守儿童道德情感研究——以江苏盐城为例[D]. 南京:南京理工大学,2012.

德规范并内化为内心要求的纪律,即自觉纪律。自觉纪律的形成和发展在小学生品德发展中占有相当显著的地位,它是小学生表现出外部和内部动机相协调的标志。

小学生自觉纪律形成的过程一般分为三个阶段:第一阶段,小学生依靠外部教育要求,依靠教师制订的具体规定和及时检查;第二阶段,小学生已经体验到学校纪律的要求,一般能够遵守纪律;第三阶段,小学生把纪律原则变成自觉行动。研究指出,在教师耐心教育的引导下,低年级小学生完全可以形成自觉纪律。当然,小学生违反纪律或缺乏自觉纪律的现象也存在,教师要针对小学生年龄或个体差异而因材施教。由于小学生道德意志控制力和自觉性水平还较低,更需要教师的检查和监督。

西方心理学家对抗拒诱惑(resistance to temptation)、延迟满足(delay satisfaction)、自制力(self-control)的研究表明,随着小学生年龄的增长,其会逐渐学会控制自己的冲动,表现出恰当的行为。其中抗拒诱惑能力最能说明小学生的道德意志水平。因为小学生只有具备抗拒诱惑的能力,才能抑制外部诱因和不良动机的诱惑,避免产生不道德行为。在抗拒诱惑的实验情景中,研究者故意把新奇的玩具、奶酪等对小学生有吸引力的事物放在他们面前,却告诉小学生这些东西是留给别人的,禁止他们动用这些东西。实验发现,部分小学生能抑制住诱惑,表现出一定的道德意志力。

五、小学生道德行为的发展

小学生有了正确的道德认识,并不一定就有良好的道德行为。这是因为道德行为的产生是一个复杂的过程。从道德认识到道德行为,还涉及道德情感、道德意志等其他心理成分。总体说来,小学生道德行为和道德习惯水平偏低,主要特点有:

(一)道德言行从较协调到逐步分化

在小学时期,小学生在品德发展上,认识与行为基本上是协调的。一般是年龄越小的学生,其言行之间更容易一致。随着小学生年龄的增长,逐步出现言行不一的现象。这是因为年龄较小的学生,不善于掩蔽自己的行为,加上对权威的遵从,他们的道德认识、言行往往直接反映教育者的要求,在言行的表现上比较一致,但这种一致性的水平较低。年龄较大的学生,对权威和别人的评价不再盲从,加上他们的行为比较复杂,日益学会掩蔽自己,其行为与成人的指令产生一定的差异性。这样言行一致与不一致的分化越来越大。

小学生言行脱节的原因何在呢?我国朱智贤教授认为:一是对别人不良行为的模仿;二是知道道德准则,却无意做出了不好的行为;三是在不同的人面前有不同的行为表现,如在父亲面前听话,在母亲面前不听话等;四是只会说,不会做。也就是说,小学生能够理解道德准则,却不能在实际中根据道德准则做事。

(二)道德行为发展呈"马鞍"型

研究发现,小学低年级学生还没有形成必要的道德行为习惯,高年级学生的道德

行为习惯已逐步养成。总体来看,小学生的道德行为习惯不巩固,容易分化。低年级和高年级学生的道德行为习惯的发展水平较高,中年级学生较低,形成了"马鞍"型。因为低年级学生的道德行为习惯处于一种依附性很强的"家长和教师权威"阶段,这种行为习惯并不稳定。随着小学生独立性和自觉性的发展,中年级学生可能因破坏了原有的道德行为习惯而导致行为习惯水平下降,而高年级学生的道德行为习惯已具有一定的自觉性和稳定性。由此可见,小学阶段是培养道德行为习惯的最佳期。

复习巩固

1. 皮亚杰的道德认知发展理论关于小学生品德的观点是什么?
2. 科尔伯格的道德发展阶段理论关于小学生品德的观点是什么?
3. 小学生道德认识的发展有何特点?
4. 小学生道德情感的发展有何特点?
5. 小学生道德行为的发展有何特点?

第三节　小学生品德的培养

小学生品德的培养,可以通过课堂教学、劳动锻炼、课外活动、品德评估等多种途径来实现。由于品德心理结构是相互渗透、相互促进的统一体,因此对小学生品德的培养,既要晓之以理,提高他们的道德认识,又要动之以情,激发道德情感,还要导之以行,培养道德行为习惯,同时注意小学生意志力的锻炼。

一、提高小学生的道德认识

道德认识的发展过程是对道德知识的感知、理解、掌握的过程,是一个由低到高、由浅入深、由简到繁、由具体到抽象,形成一定的道德观的复杂过程。道德认识对道德行为具有定向的作用,是道德行为表现的基础,因此,小学教师必须注意提高小学生的道德认识水平。

(一)形成正确的道德概念

由于小学生的具体形象思维占优势,在道德教育中,小学教师必须适应小学生的思维发展水平,在实例的基础上引出抽象的道德概念,并创造条件让小学生获得形象的感性经验,以加深对抽象道德概念的理解。在小学生掌握道德知识中常有许多错误或糊涂的概念,如把尊敬老师看成是"逢迎""拍马屁",把向老师汇报同学的错误行为说成是"出卖同学",把包庇同学的缺点认为是"友谊",把不守纪律当作是"英雄行为"。对于这些错误的认识,教师必须及时指出,并通过讲解、讨论等形式使小学生消除这些看法。

（二）获得道德实践经验

许多研究认为,使小学生获得道德实践经验是实现道德认识转化为道德行动,形成道德信念的一个重要条件。也就是说,只有当小学生通过亲身的道德实践,理解教师道德要求的正确性,获得相应的道德经验和情绪体验时,才能使道德认识真正内化成为自己的东西,转变为指导和支配自己行为的准则,逐渐形成道德信念。例如,当小学生发现自己按照社会或教师的要求做了好事,获得大家赞扬时,才能深刻认识到道德要求的正确性,并力求按照这些要求去行动。从严格意义上说,小学生还未形成真正的道德信念,而道德实践经验是促进其道德信念形成的必要条件。因此,教师在向小学生传授道德知识时,应多创设一些使他们获得实践经验的条件,让他们在道德实践中巩固学到的道德知识,在舆论评价中学会自己评价,在道德活动中把道德知识内化成道德行动。

（三）培养道德评价能力

小学生掌握了一定的道德行为准则和道德观念之后,教师要经常引导他们进行道德评价。评价的对象既可以是自己,也可以是同学的行为,也可以是现实生活中的人和事,如对感动中国的道德榜样人物的评价。在评价过程中,教师要教育引导小学生明辨是非,并依据他们道德评价能力的现状,提出相应要求,帮助他们做出全面评价。教师要创设一定的道德情境,提出一些道德两难问题,让小学生讨论并展开道德推理练习。例如,你的好朋友在考试时想作弊,你能否帮他传递作弊的纸条?你能否把作业借给好朋友抄袭?邻居的阿姨请你帮忙照看一下孩子,你的作业还没有做完,该怎么办?教育过程中,教师一方面要注意做出道德评价的示范,对一些典型事例做出简明而正确的评价,另一方面要正确引导,逐步培养和发展小学生的道德评价能力。

二、丰富小学生的道德情感

在品德心理形成过程中,道德情感有着特殊的重要性。小学生的道德情感只有被激发或卷入后,他们才能产生对他人的同情心和爱心,产生正确的道德动机和道德行为。小学教师要注意以下几方面:

（一）知行相结合发展道德情感

道德情感与道德认识有密切的联系。道德情感总是在一定的道德认识基础上产生,并随着道德认识的发展而发展。因此,矫正小学生错误的道德观念,提高他们的道德认识水平,是促使其道德情感不断升华的重要途径。小学教师可以通过言语启示激

发学生的道德情感,使他们在领会道德观念的同时,产生道德情感体验。例如,教师对学生的好人好事给予肯定和赞扬,使其意识到这种行为带来的荣誉,能使其产生助人为乐的积极道德情感体验;对小学生不守纪律、破坏公物等不良行为给予批评责备,使其产生羞愧等不愉快的道德情感体验。教学过程是传授道德知识、激发道德情感的重要途径;教师在讲授学科知识时,应发掘教材中具有爱国主义等教育意义的内容,在讲解过程中满怀情感,既丰富了小学生的道德知识又激发了其道德情感。

(二)引起道德情感的共鸣

小学生对童话、故事、小说、歌曲、绘画等文艺作品有着浓厚的兴趣。优秀文艺作品中的英雄人物、生活中的好人好事、感动中国的道德榜样等都可以引起小学生的道德情感体验,唤起小学生对真、善、美的热爱和追求。教师要充分发挥道德榜样事例的感染作用,善于利用文艺作品中的形象激发小学生的道德情感体验,陶冶他们的道德情操。

(三)重视教师情感的感化

教育是师生共同参与的双向交流过程,在这一过程中,教师自身的情感性质和特点将对学生产生巨大的影响。要培养小学生高尚的道德情感,教师自己必须具有这种情感。教育实践证明,师生之间具有良好的情感基础是教育成功的前提,特别在小学阶段,小学生的身心发育还不成熟,更渴望得到教师的肯定和关心。教师关爱、信任小学生,小学生对教师也就产生信任感和亲切感,从而乐于接受教师所讲的道理。另外,教师在小学生取得进步时给予的肯定和奖励,遇到困难时给予的关心和帮助,都会使小学生产生高兴、感激等情感体验。

(四)在具体活动中以境育情

小学生的道德情感还不稳定,它的形成离不开具体情境和自身的活动体验。因此,小学教师可以通过开展具体的活动来培养小学生的道德情感,在活动中以境育情。例如,举行升国旗仪式,组织参观各种博物馆、红色旅游等,增强小学生的民族自豪感和爱国主义情感;通过集体竞赛活动激发小学生的集体荣誉感;通过英雄事迹报告会激发小学生的责任感。此外,还可以组织如"我为环保做贡献"和山区小朋友"手拉手"等主题活动,让小学生在现实生活体验中激发其道德情感。

在以境育情的活动中,教师要注意使小学生的道德情感体验概括和深化。通过活动总结、谈感想等方式,引导小学生把与一定情境相联系的具体道德情感上升为与道德认识相联系的稳定道德情感,这样小学生的道德情感才能得到真正提高。

三、锻炼小学生的道德意志

小学生有了道德认识,产生了道德情感,能否付诸行动,取决于能否抵御现实中的各种诱惑,战胜内心冲突中的非道德动机,这就涉及道德意志力的问题。在小学生品德培养中,注意小学生的道德意志,特别是抗诱惑力的锻炼,是一项十分重要的工作。小学教师可采取如下措施:

(一)组织参与道德实践活动

小学生良好的道德意志品质不是天生的或轻易形成的,而是通过对人与事的认识、分析而逐渐积累而成的。道德意志须通过道德实践活动来得到锻炼。因此,小学教师应有意识地把学校的教育活动都变成培养小学生道德意志力的实践活动,如要求小学生按时完成作业,遵守纪律,执行较重要的集体任务;考试不能作弊,在班级中管理自己等。经过长期的培养锻炼,一种较为稳定的道德意志力就能在小学生身上确定下来,这样他们就不致因外界因素的不良影响而犯错误,从而能以内在的道德意志调节规范自己的行为。

(二)创设情境以锻炼道德意志

小学生的意志是同克服困难联系在一起的。在道德意志培养活动中,小学教师应有意识地为小学生创设一些困难情境,并适当给予帮助和支持,如激励、期望、信任、指导等,使他们经过自身的努力取得成功。如让后进学生做班干部,让不守纪律的学生值日,使小学生的道德意志力在克服困难过程中得到强化。

(三)引导道德意志的自我锻炼

心理学的研究发现,小学生对行为实行自我锻炼是道德发展的关键。因此,小学教师要重视小学生道德意志的自我锻炼,启发他们认识自我锻炼的重要意义,引导其从道德意志方面总结成败的经验教训,如分析自己的道德动机、辨别道德情境及果断性、坚定性等意志品质方面的优缺点,激起进一步锻炼道德意志力的信心和积极性,帮助小学生制订道德意志锻炼计划,逐步培养自我批评、自我锻炼的能力,养成自我锻炼的习惯。另外,小学教师应提供道德意志力强的榜样,并注意激发小学生的道德动机。

四、形成小学生的道德行为习惯

道德行为是道德认识的外在表现,它真实地反映一个人的道德水平。小学阶段是道德行为塑造的重要时期,小学生的道德行为习惯主要是在生活和教育过程中有意识练习的结果。小学教师应注意:

(一)指导掌握道德行为

一般说来,小学生的道德动机和行动是统一的,但由于小学生有时对道德行为没有牢固掌握和组织,可能会产生不好的行动效果,因此,对小学生进行道德行为指导很有必要。这就要求教师要利用讲解、讨论等方式帮助小学生掌握有关的道德行为,例如,如何帮助老年人打扫卫生,如何把迷路的孩子送回家,如何帮助贫困的同学等,并

且使他们在掌握道德行为基础上,认识到在不同情况下应采取不同的道德行动。特别是在充满各种矛盾和冲突的社会,更需要培养小学生在道德情境中选择相应道德行为的能力。

(二)加强道德行为练习

道德行为习惯的练习不仅使道德行为得到巩固,而且这些巩固了的行为还会在新的情境中发生迁移,形成良好的品德。小学生道德行为习惯的培养要靠"讲"(要求)、"练"(练习)、"带"(榜样的带动)来实现。在有目的的练习和重复中,小学教师要做到:

1.严格要求。小学教师对小学生的道德行为规范一旦提出后,要严格要求学生贯彻执行,并长期坚持下去,要讲清道理,对于不能执行的学生,要找出原因,针对具体情况,采用讲解、说服教育、强化练习等方法帮助其执行。

2.耐心指导。由于小学生的认识水平和领悟能力的限制,小学教师要耐心细致地做示范,使小学生逐步养成良好的行为习惯。小学生的自制力较差,常会不自觉地违反行为规范,这就更要求教师要不厌其烦地给予纠正和指导。要态度和蔼,言辞恳切,不要流露厌恶、不满等情绪。要正面引导,多表扬,少批评,以情促行,持之以恒。

3.树立榜样。小学生的模仿性很强,父母、教师、影视作品中的人物都是他们模仿的对象。因此,父母、教师要以身作则,规范自己的行为,给小学生做出好的榜样。另外,还应选择现实生活或文艺作品中的英雄模范和著名人物为小学生树立模仿榜样,要注意让小学生少接触带有暴力镜头等不良内容的影视,阻止他们对不良行为的模仿。

4.根除不良习惯。小学生无意当中可能养成散漫、懒惰、撒谎、不注意整洁等不良习惯,根除这些不良习惯,可通过讲故事、讲解等方式使他们知道坏习惯的害处,并帮助其树立克服坏习惯的信心,还可以适当运用一些心理学的矫正方法,如消退法、代币管制等。

(三)形成良好班风和舆论

班集体对小学生道德行为习惯的形成具有重要的作用。班集体能否在这方面发挥有效的影响,关键在于是否形成良好的班风。良好班风使小学生处于一个具有明确的行为准则和正确舆论的环境中,直接影响和约束他们的行为。小学教师在帮助小学生形成班集体的同时,应注意培养良好的班风,要通过思想灌输、组织集体活动等方式,使小学生产生对集体的归属感和荣誉感,帮助他们逐步形成良好班风。在班风培养过程中,要重视班级舆论的力量,制订和执行班级规范,并通过表扬和惩罚,预防或减少小学生的不良行为习惯。

(四)与法制教育相结合

此外,小学生品德的培养还要和法制教育结合起来。法制教育是德育的重要组成部分。按照发展心理学的观点,法制教育和道德教育开展越早越好。对小学生进行法制教育,就要使小学生知法、懂法、守法,逐步树立法制观念,养成守法的习惯。另外,法制教育还可以增强小学生的自我保护意识与能力。

复习巩固

> 1. 如何培养小学生的道德认识?
> 2. 如何培养小学生的道德情感?
> 3. 如何培养小学生的道德行为习惯?

第四节 小学生不良行为的矫正

心理学界迄今对不良行为的概念没有统一的界定。我们认为小学生不良行为是违反小学生行为规范和道德准则的行为,如不遵守课堂纪律、逃学、打架、欺骗、偷窃等。小学生的不良行为不仅影响其身心健康、学业成绩和品德发展,并且给集体和他人带来一定的麻烦或损害。如果小学生经常违反道德准则,或犯有较严重的道德过错,就是品德不良。品德不良常常是违法犯罪的前兆。

一、小学生不良行为产生的原因

小学生不良行为的产生是多种因素综合作用的结果,既受社会环境、家庭和学校教育等客观因素的制约,又与小学生的思想基础与心理特点有关,是外在因素与内在条件交互作用的结果。

(一)外部原因

1. 家庭的不良影响

家庭对小学生品德的发展所产生的影响是最早、最深远、最持久的。调查表明,少年犯大部分家庭环境不好,要么父母离婚,缺乏家庭温暖;要么父母有犯罪行为;要么父母只顾赚钱,无暇对孩子进行教育。

家长是孩子的第一任老师,家长的言行对孩子起着言传身教的作用。小学生生活在一定的家庭环境中,耳濡目染,其为人处世不可避免地受到父母的影响。如果家长出言不逊、举止粗暴、自私自利、行为不端等,都会成为孩子模仿的对象,进而使孩子易产生行为问题。

家庭的文化氛围对孩子起着潜移默化的作用。家庭的娱乐内容、文化生活对孩子的精神追求影响很大。有些家长业余生活不读书看报,沉溺于喝酒、赌博、打麻将、打

扑克,精神贫乏,趣味低级,甚至观看、传播黄色淫秽音像制品。孩子生活在这种家庭环境中,就会不爱学习,不守纪律,吃喝玩乐,增长恶习。

另外,家长教养方式对孩子品德与个性的影响很大。溺爱、专制和放纵的父母教养方式不利于孩子的健康成长。父母的教养方式如果不一致,也容易使孩子背离社会规范,出现社会适应障碍而后品德不良,甚至走上违法犯罪的道路。随着我国离异家庭和农村外出打工人员的增多,其子女的教育问题成了社会一大难题。小学生离开校门后家长疏于教育且管教不力,以及受影视、网络等大众媒体中不良内容的影响,从而使缺乏监督的小学生做出违法犯罪行为。

2. 学校教育的失误

学校是小学生进行正规教育的场所,是对小学生实施德育教育的主阵地。由于我国一些小学德育实施不力,德育工作难以落到实处,因而对小学生产生的德育效果不是很理想。相对于开放社会给小学生带来的负面影响,学校德育显得软弱无力。主要问题有:一是学校教育思想不端正,未能真正把小学生德育放在首位。重智育、轻德育的现象时有发生。小学生年龄较小,对是非认识不是特别清楚,还需要教师的教育引导。如果不能及时对小学生进行品德教育,那么他们就可能因缺乏道德知识而出现不良行为。二是学校德育生态环境不良。个别小学教师素质不高,师德不良,对学生缺乏关心和爱心,情感冷漠,甚至体罚学生,造成师生关系紧张,无法给学生树立良好的榜样。三是德育内容和方法陈旧。随着时代的发展,许多道德观念亟须补充新的内涵,否则离现实生活太远,难以被小学生接受和认同。同时,传统的以灌输为主的道德说教,缺乏情感体验和道德实践能力的旧德育模式,很难使小学生真正把道德知识内化,用道德规范来约束自己的行为。

3. 社会环境中的消极因素

我国正处在社会转型期,各种文化思潮和价值观念并存,小学生正处于人生观、价值观开始形成的时期,容易受社会不良文化和社会风气的影响。社会上物欲横流,欺骗、敲诈、行贿、腐败、盗窃等案件时有发生,给社会带来不稳定因素,对小学生的品德发展带来负面影响。社会媒体中的暴力、淫秽、色情等不良内容在腐蚀着小学生的心灵。小学生由于年龄较小,好奇心强,思想单纯,容易因模仿而出现行为问题,容易被社会上的坏人引诱和威逼下水。

(二)内部原因

外因通过内因起作用。家庭、学校和社会中的消极因素是通过个体的主观因素而起作用的。总的说来,小学生不良行为产生的内部因素主要有:

1. 道德认识错误

小学生受不正确的社会风气的影响,也会产生金钱万能、吃喝玩乐等享乐主义及哥们义气等不正确的意识观念。

2. 道德情感不良

一定的道德情感总是在一定的道德认识支配下产生的。一些小学生在错误的道德认识支配下,不懂得什么是真正的友谊,极易感情用事,甚至是非、善恶、爱憎颠倒,受不良同伴的引诱,结成群伙,误入歧途。

3. 道德意志薄弱

道德行为是一种受自我监督、道德意识控制的自觉行为。若小学生没有形成坚定的道德观念,没有形成一种良好的自我控制能力。遇到各种外部诱因时,就会经不住各种考验,而做出违背道德规范的行为。尤其是从小受父母娇生惯养已形成不良行为习惯的小学生,对社会规范的接受存在着一定的行为障碍,由于自我控制能力缺乏,往往会出现更多的违规行为。

二、小学生不良行为的矫正策略

对小学生不良行为的矫正需要综合治理,家庭、学校、社会齐抓共管。学校教育要坚持耐心细致,正确对待小学生在行为转变过程中的反复,个别教育与集体教育相结合。尤其要根据具体情况,采取有针对性的措施。

(一)注重道德认知改变

小学生的不良行为,绝大多数是从缺乏正确的道德认识开始的。提高辨别是非的能力是形成正确的道德认识的重要一环。辨别是非就是清醒地认识到行为的正确与错误,它与道德评价密切相关。由于行为不良的小学生对是非善恶缺乏正确的判断,当他们做出某种不良行为时,不仅意识不到对他人和社会带来的危害,反而认为自己是对的,甚至引以为豪,一错再错,越滑越远。所以,矫正小学生的不良行为,要加强对他们的道德认识教育,提高其明辨是非的能力,形成是非感。教师可以采用价值澄清法,让小学生接触自己的价值,以推理的形式,将自己的价值呈现出来加以反省。对于"如何"获得价值,瑞斯等人提出价值历程(process of valuing)的步骤(见表12-2)。[①]

---

① Raths, L., Harmin, M. & Simon, S. B.. Values and teaching[M]. Ohio: Charles E. Merrill, 1966.

表 12-2　价值澄清法的三个阶段七个步骤

选择	1.自由地选择
	2.从许多项目中来选择
	3.对每个选项的结果都深思熟虑后选择
珍视	4.珍爱喜欢所做的选择
	5.具有足够的意愿来公开肯定地表示所做的选择
行动	6.以自己的选择采取行动
	7.在某些生活形式中重复地行动

在实际教学上,师生需要进行一系列的厘清价值的理性思考教学活动。主要包含对话,如询问学生,协助澄清价值;填写价值表,如要求学生描述待答问题的两难情境,私下个别回应老师;团体讨论,要求学生讨论图片、电影情节中的道德情境。在这些讨论活动中,教师的角色是中立者,是非指导、非判断的态度,让小学生有机会进行反思,然后小学生需公开表示自己选择的价值,并透过不断实践来确信价值。

(二)消除疑惧对抗情绪

具有不良行为的小学生通常会担心别人看不起自己,他们对人怀有戒备和敌意之心,甚至认为教师轻视、厌弃自己。因此,他们会对教师采取沉默、躲避,甚至顶撞的态度。教师不能歧视和打击他们,要亲近并感化他们,相信他们是可以教育好的。教师要给予他们特别的关爱,经常了解他们的所需所想,建立师生间帮助和合作的关系。只有师生间的关系好转,互相信任,才能有效地矫正小学生的不良行为。这是小学生不良行为的矫正中首先要注意的问题。教师还可以采用贝克的认知疗法和艾里斯的理性情绪疗法,改变小学生的不合理的思维方式和错误的认知,建立对社会道德规范必要性的认识与相应的情感体验,实现对社会道德规范的认同和遵从。

(三)采用行为矫正技术

行为主义认为,人类的社会行为大多是在条件反射基础上建立起来的,通过改变外部条件能够消除或纠正为社会所不允许的行为,建立良好行为。行为矫正技术对改变或纠正小学生的打架斗殴、盗窃、不遵守课堂纪律等行为非常有效,具体可采用以下方法:

1.防范协约。这是以书面形式在教师与小学生之间建立的一种矫正不良行为的方法,是根据不良行为者的具体情况和相应的教育要求,拟定具体条文,对不良行为者的行为做出明确的界定,以调动行为者的积极性、自主性,从而达到行为矫正的目的。

2.表征性奖励。这一方法是编制一套表征性奖励系统来对小学生在矫正不良行为或做出良好的行为反应后予以肯定和奖励,从而对矫正的行为起有效的强化作用。

3.强化暂停。这种方法是在一段特定时间内对小学生暂不予以强化或把小学生暂时与特定的强化环境相隔离,从而抑制不良行为的发生或降低其发生频率。

4.模仿榜样。榜样对矫正小学生不良品行的作用是巨大的。组织品德不良的小学生模仿榜样,可以启发他们自觉控制不符合道德的念头和行为的产生,增强抵制干扰的能力,调节自己行为的意志。

在行为矫正过程中,小学教师要从小学生的年龄特征和心理特点出发,合理运用奖惩,做到正确公正。正确是指小学教师给予小学生的奖惩既要考虑其行为的动机,又要注意其行为表现。公正是指小学教师应抛弃自己的偏见和偏爱,对于小学生出现的良好行为及时予以表扬并巩固。小学教师无论奖惩,都要注意尊重小学生的人格,要讲明奖惩的依据,合理提出期望,使小学生体验到教师的关心、热爱和尊重,激发小学生的上进心,促使他们产生教师期望的效应。

(四)选择合适的榜样教育

榜样又叫楷模,是值得小学生学习和效仿的人物。榜样教育是教师根据教育目的和小学生的身心发展特点,选择相应的榜样,启发引导小学生模仿或学习榜样的行为习惯、知识技能、思想品德的过程和方法。

榜样教育法的操作:(1)选择学习榜样。教师首先要明确教育活动的目标,了解小学生群体的差异,根据教育需要来选择榜样。选择的榜样要可亲、可敬、可信、可学。(2)提出学习要求。小学教师要让小学生明确学习榜样的目的,端正学习态度,制订学习目标。(3)宣传榜样事迹。宣传榜样先进事迹的方式很多,如报告会、故事会、参观展览、访问榜样、阅读榜样传记资料等。(4)创设模仿情境。小学教师要引导小学生模仿榜样的行为,经过行为模仿,榜样的优秀品德就会在小学生身上逐渐形成。(5)定期总结评价。让小学生从评价中了解自己的成绩和不足,明确今后的努力方向,并从肯定的评价中受到激励,体验成功。在进行榜样教育的过程中,小学教师要注意将榜样的事迹材料进行梳理,使其系统化、形象化、生动化;要深入分析和讲解榜样的事迹材料;引导小学生将自己的行为和榜样行为做比较,找差距,帮助小学生学会用正确的道德观评价榜样,从而树立正确的人生观。

(五)营造积极健康的环境

小学生的不良行为一方面由于受到错误观念的支配,另一方面由一定的外部诱因所引起。他们在接受教育时,某些外界诱因还可能引起他们犯过错。因此,在矫正小学生的不良行为时,要改变他们的生活环境,断绝不良的人际交往;要加强他们的文化学习,补缺补差;丰富文娱活动,使他们在健康有益的文化生活中得到熏陶,增强抵抗诱惑的能力;对违法犯罪的小学生,要实行教育、挽救和改造的政策,采取一些特殊措施,如建立社会、家庭、学校三结合的帮教组织进行教育。

复习巩固

1. 小学生不良行为产生的原因是什么？
2. 小学生的不良行为有哪些矫正策略？

本章要点小结

1. 品德即道德品质，是指个人依据一定的道德行为准则行动时所表现出来的某些稳固的人格倾向。品德与道德既紧密联系，又彼此区别。

2. 品德的心理结构包括道德认识、道德情感、道德意志、道德行为四个方面。

3. 小学生品德发展的理论包括皮亚杰的道德认知发展理论和科尔伯格的道德发展阶段理论。从皮亚杰的道德发展观点来看，小学生的道德发展主要处于权威阶段、可逆性阶段和公正阶段，分别对应着小学的低年级、中年级和高年级三个阶段。科尔伯格认为小学一二年级学生几乎都处于服从和惩罚定向阶段。从三年级起，小学生进入朴素利己主义定向阶段，他们的道德判断从自身利益出发，以行为的功用和相互满足需要为准则。小学高年级学生道德发展基本到达了好孩子定向阶段。

4. 小学生的道德认识、道德情感、道德意志和道德行为在不同的年龄阶段有不同的特点。

5. 小学生不良行为是违反小学生行为规范和道德准则的行为，不仅影响其身心健康、学业成绩和品德发展，并且会给他人或集体带来一定的损害。其产生是外在因素与内在条件交互作用的结果。

6. 对小学生不良行为的矫正需要综合治理，家庭、学校、社会齐抓共管。小学生不良行为的矫正包括：注重道德认知改变；消除疑惧对抗情绪；采用行为矫正技术；选择合适的榜样教育；营造积极健康的环境。

关键术语表

品德	moral trait
道德	morality
道德认识	moral cognition
道德情感	moral emotion
道德意志	moral will
道德行为	moral behavior

复习题

一、单项选择题

1. 个体依据一定的道德行为准则,在行动时所表现出来的某些稳固的人格倾向是( )。

　　A. 品德　　　　　　　　B. 道德
　　C. 人格　　　　　　　　D. 情绪

2. 下面哪一位心理学家通过研究把儿童的道德判断分为三级水平六个阶段?( )

　　A. 皮亚杰　　　　　　　B. 斯金纳
　　C. 科尔伯格　　　　　　D. 布鲁纳

3. 科尔伯格认为小学高年级学生道德发展基本到达了( )阶段。

　　A. 服从和惩罚定向　　　　B. 朴素利己主义定向
　　C. 维护权威和社会秩序的定向　　D. 好孩子定向

4. 对改变或纠正小学生的打架斗殴、盗窃、不遵守课堂纪律等行为非常有效的方法是( )。

　　A. 榜样教育　　　　　　B. 行为矫正技术
　　C. 价值澄清法　　　　　D. 认知疗法

二、多项选择题

1. 品德的心理结构包括( )。

　　A. 道德认识　　　　　　B. 道德情感
　　C. 道德意志　　　　　　D. 道德行为

2. 价值澄清法包括以下哪几个阶段?( )

　　A. 选择　　　　　　　　B. 珍视
　　C. 计划　　　　　　　　D. 行动

3. 科尔伯格认为小学一二年级学生几乎都处于以下哪些阶段?( )

　　A. 权威　　　　　　　　B. 服从
　　C. 惩罚定向　　　　　　D. 朴素利己主义

4. 从皮亚杰的道德发展观点来看,小学生的道德发展主要处于( )阶段。

　　A. 权威　　　　　　　　B. 可逆性
　　C. 公正　　　　　　　　D. 社会契约

三、判断对错题

1. 品德是协调个人与个人、个人与社会以及集体之间关系的行为准则的总和。( )
2. 皮亚杰采用"海因兹偷药"的道德两难故事,研究了儿童的道德判断。( )
3. 道德行为是个体把道德认识付诸行动的外部表现。( )

第十三章 小学班级群体心理与人际关系

通过本章的学习,你应该了解班级群体的含义及特点,理解小学班级中的群体心理因素对小学师生的影响,掌握人际关系的含义和类型及其如何建立良好的人际关系,了解班集体的形成及特点,掌握小学班集体管理的模式和策略。

第一节　概述

班级是小学开展教育活动，传授科学文化知识的基层组织，也是小学生社会化的重要基地。班级中的群体心理和班集体的发展，以及班级的人际关系对小学生的身心发展具有重要作用。

一、班级群体的含义

班级（class）是学校的基本单位，也是学校行政管理的最基层组织，是学校为了实现教育目的，按照一定的规章制度和学生人数规模建立起来的教育组织。班级通常是由一位或几位学科教师与一群学生共同组成，彼此之间交互作用，以实现学校目标。班级不仅是学生获取教育知识的资源，也是学生社会化和自我教育的资源，整个学校教育功能的发挥主要是在班级活动中实现的。

班级群体（class group）是在班级中，为了实现特定的目标，按照一定的规范相互作用、共同活动的组织团体。在班级群体中，成员之间有共同目标，内部有一定的结构和规范，各个成员有自己的角色地位，成员之间彼此在心理上有依存关系和共同感，体现出群体的凝聚力。

二、班级群体的类型

按照班级群体的形成方式，可以分为正式群体和非正式群体两大类。

（一）正式群体

正式群体（formal group）是按学校正式文件的规定，在校领导者、班主任、教师的指导下，组织起来的学生群体。班级属于正式群体。这种群体成员有固定的编制，有明确的职责分工、权利和义务，为了组织目标的实现，有统一的规章制度和组织纪律。

搞好小学班级正式群体的建设，对小学生和班级管理都具有重要作用，既可以实现班级目标，还可以对班级中的非正式群体起到有效控制的作用。例如：通过在班级建立各种兴趣小组，可以满足大部分小学生的需要；通过内容丰富、形式多样的正式群体活动，可以把小学生的注意力和兴趣吸引到正式群体，引导小学生健康发展。

（二）非正式群体

非正式群体（informal group）是指小学生在相互交往中，由于相似的需要、兴趣、爱好、态度等聚集在一起，自发形成的学生群体。这种群体结构较为松散，由于成员间

有较深的情感基础,交往比较多,因而常表现出较强的合作性、稳定性和一致对外性。

小学班级的非正式群体可以分为下面几种:

1. 积极型非正式群体

该群体的价值目标与班级正式群体的价值目标是一致的,是班级正式群体的补充,对班级发展有促进作用。例如,班级中几个学习好的小学生由于兴趣爱好相同经常聚在一起交流学习经验。教师对于这种群体应加以保护和利用,对核心人物适当授权,让其成为班委会成员,组织所在群体开展一些有意义的活动。

2. 中间型非正式群体

该群体与班级正式群体若即若离,对班级发展不是很关心,对班级活动不太乐于参与,当班级活动有利于该群体时才主动投入。例如,某些小学生群体对班级活动和教师布置的作业经常敷衍了事,只参加能得到好处的活动,放学之后便三五成群出去玩耍。教师对这种群体要采用教育引导的方法,在学生中开展讨论,提高认识,创造条件,引导其目标与班级群体目标统一起来。

3. 消极型非正式群体

该群体的活动与班级目标不一致,对班级会产生消极影响,但行为后果较轻,虽有违纪,但无违法。例如,一些学习成绩不好的小学生,对学习没有兴趣,却经常在一起打游戏、抽烟聊天,不做作业,甚至集体逃学。教师对这种群体,应加强思想教育和法制教育,积极争取、引导和改造。

4. 破坏型非正式群体

该群体与班级组织目标背道而驰,其活动后果较严重,不仅违纪,甚至违法。例如,某些小学生受坏人教唆形成盗窃、抢劫的犯罪团伙。教师对这种群体,重在预防,要注意防止消极型非正式群体向破坏型非正式群体转化。对这种群体的成员,要以教育为主,特别是对情节较轻,受坏人引诱而做了错事的小学生,不应推给公安机关了事,要力争通过教育使其向好的方面转变,对屡教不改者,应依据校规以及法律,给予必要的制裁。

小学教师要加强班级管理,依靠班干部和班级积极分子,通过班会、墙报、网络等大众媒介,大力宣传正确舆论、好人好事和互帮互助的故事,提高小学生参加班级活动的积极主动性,使其都能够朝积极型的非正式群体发展,共同为实现班级目标发挥作用。

三、小学班级群体的心理功能

班级群体作为小学生成长发展的主要社会环境,对其具有强大的心理功能。

(一)社会化功能

班级群体是小学生社会化的重要场所,具有将其由"自然人"教化为"社会人"的功能。班级的社会化功能体现在：一是发展小学生的责任感，使其服从于班级的共同价值目标，在班级中承担责任与义务。二是培养小学生的能力，使其具备所需要的知识与技能，表现出符合班级规范的社会能力。

（二）个性化功能

班级群体的个性化功能是通过班级的教育活动，依据小学生身心发展的差异性，去形成并发展小学生的个性。要发挥班级的个性化功能，教师必须努力发现每个学生的个性差异及其形成这种差异的条件，根据这些差异确定其可塑方向。如果教师漠视学生在智能、态度、动机、兴趣、理想、性格等方面的差异而进行千篇一律的教育，班级群体的个性化功能就难以实现。

（三）需要的满足

班级群体是小学生学习活动的主要场所，小学生的主要人际关系来自班级。如果班级目标与学生需要一致，班级就具有较强吸引力，学生能从班级中获得教师的关爱、同学的友情和支持，就会在情感上与教师和同学发生共鸣，在安全、归属、尊重、求知等需要方面获得满足，自觉维护班级利益，并与班级保持行动上的协调一致。

（四）自我概念形成

自我概念是小学生对自己的社会角色、性格、能力、身体等方面的认知。小学生自我概念的形成和发展与自己在班级群体中的角色、地位以及班级中他人评价有着密切关系。美国心理学家费斯汀格（L. Festinger）将这种作用称为社会比较作用。小学生通过与同学的相互比较，通过师生对自己的评价，可以更好地认识自我。一个经常得到班级认可、同伴接纳、教师好评的小学生容易形成积极的自我概念，反之则易形成消极的自我概念。所以，班级群体为小学生认识自我提供了一定的参照标准。

（五）行为方式塑造

班级群体是一个强有力的控制系统，它通过从众、竞争、合作、模仿、感染、舆论等多种心理机制，培养和鼓励小学生良好的行为方式，制止不良的行为方式。可以说，小学生的许多行为都与班级规范、班风有密切的关系。

复习巩固

1. 什么是班级群体？
2. 小学班级群体中的非正式群体可以分为哪几类？
3. 小学班级群体具有哪些心理功能？

第二节 小学班级常见的群体心理

群体心理是群体成员在群体活动中所共有的,有别于其他群体的价值观、态度和行为方式的总和。个体的心理及行为很大程度上受所属群体心理的影响。对于小学生而言,班级群体心理是重要的社会影响。在这里,我们着重论述小学班级中常见的群体心理因素。

一、课堂心理气氛

(一)课堂心理气氛的含义

课堂心理气氛(classroom psychological atmosphere)由小学课堂中师生之间、学生之间的情感交流与认知活动构成,指班上各种心理的气氛,如认知和情绪状态、教师的控制以及激励作用等。课堂心理气氛源自国外学者对课堂行为的测量。早期的课堂行为测量侧重于对课堂行为做观察性的描述,后来转向对课堂行为做价值归因分析,进而扩展到考察课堂行为测量与学业成就之间的相关性。在小学班级中,学生的态度、情绪、认知和行为方式都具有差异,成员之间在课堂中的相互作用和相互影响,构成了课堂心理气氛。

课堂心理气氛既反映师生关系的性质又影响着师生关系,不同的班级往往有不同的课堂心理气氛。例如,在有的班级,课堂心理气氛紧张,师生之间的相互交流小心谨慎;在另外的班级,课堂心理气氛热烈,师生之间的相互交流自由活跃。即使在同一班级,也会存在不同的课堂心理气氛区。例如,有的教师上课课堂心理气氛显得合作、认真而不失活跃,有的教师上课则显得懒散、疏离和漠然。

课堂心理气氛有相对的稳定性,一旦形成了某种课堂心理气氛往往能保持相当一段时间,甚至不同的课堂活动有可能被同样的心理气氛所笼罩。

(二)课堂心理气氛的类型

史玛克(Schmuck,1988)提出课堂心理气氛的类型可以通过观察班级群体成员的身体动作、姿态、人际距离和交流的模式来判定。如学生怎样定位与教师的关系,他们与教师距离的远近;他们看上去是轻松自然还是紧张焦虑,是快乐、充满活力还是沉闷、厌烦和漠不关心;教师是否经常口头表扬学生等。根据课堂师生的注意、思维、情感和意志等心理状态的观察记录,可以将课堂心理气氛分为下面三种类型。

1. 积极的课堂心理气氛

学生在课堂上精神饱满,注意力集中,课堂纪律良好。师生关系和谐,教师善于引导启发学生,使其积极思考,踊跃发言,课堂上会出现既热烈活跃又恬静严肃的景象。

2. 消极的课堂心理气氛

学生在课堂上无精打采,注意力分散,课堂纪律较差。师生关系疏远,教师不善于组织教学,不能有效地引导学生思维,多数学生被动回答教师提问,有的学生上课时甚至提心吊胆,这样就收不到良好的教学效果。

3. 反抗型的课堂心理气氛

学生在课堂上不认真听讲,故意捣乱,课堂纪律极差。教师不能集中精力讲课,时常为了维持课堂纪律而中断讲课,完成不了预定的教学目标。

课堂心理气氛对师生顺利完成教育教学任务非常重要。教师应努力创造各种条件,营造积极的课堂心理气氛。首先,教师上课前要准备充分,了解班上学生的心理特征,在把握教学目标、教学内容、教学重难点、教学过程、教学方法的基础上进行有效教学设计。其次,教师要注意调动学生的积极情绪,要学会赏识学生,对学生的正确解答给予微笑与鼓励,让学生产生成就感和荣誉感。第三,教师要注意培养学生的问题意识。要注重创造问题情境,通过具有吸引力和挑战性的问题,激发学生的问题意识,培养学生的自主探究能力。第四,教师要增加语言的鲜活度。要积极学习并使用学生所熟知与喜爱的词语,才能更好地使学生集中注意力,调动其学习积极性。

二、社会促进与社会抑制

(一)社会促进与社会抑制的含义

社会促进(social facilitation),也称社会助长,是指小学生在完成某项任务时,由于他人在场,表现出比自己单独活动效率更高的现象。例如,有的小学生与同学在一起合作学习,思维更加开阔,通过集思广益,完成作业的质量更高。最早对社会促进进行研究的是美国心理学家特里普里特(N. Triplett,1898),他通过实验研究发现,青少年骑自行车,在独自、有人跑步伴同、竞赛三种情境中,竞赛时的速度大幅度提高。随后的系列实验研究发现,与他人在一起工作能促进个体能量的释放。

与社会促进相反,社会抑制(social inhibition)是指小学生在完成某项任务时,由于他人在场或共同活动而降低工作效率的现象,也称社会干扰。例如,有的小学生在众人面前发言感到紧张,结结巴巴,不得要领。奥尔波特(Allport,1924)最早采用实验法研究了这种现象,他让被试独自或在小组中进行划去母音、乘法题计算、逻辑推论等工作,结果表明:被试做前两种工作,在小组中完成得更好;对于第三种工作,则是单独完成的准确率更高。

(二)社会促进与社会抑制的影响因素

究竟在何种情况下发生社会促进作用或社会抑制作用?取决于以下因素:

1. 作业类型与难度

心理学家扎琼克(R. B. Zajonc)指出,他人在场,增加了个体的活动驱力,这种驱力的增强对作业成绩的影响依作业性质而定。当作业所需要的反应是熟练或简单的,他人的存在有助于提高个人效率,可发挥社会促进作用。但是,当作业生疏或者难度太大,他人在场反而会破坏个体的表现。例如,解答较难的数学题或记忆新材料时,他人在场会使小学生的学习效率降低。

2. 被他人评价的意识

个人参与群体共同活动,不可避免地会产生被他人评价的意识。个体的自尊需要,总是渴望他人肯定评价。例如,有的小学生参与集体活动,渴望得到教师的肯定,同学的敬佩,为了达到目的,他们会斗志昂扬,全力以赴,争取成功,从而产生社会促进作用。但是如果小学生的这种意识过于强烈,过于看重他人的评价或议论,担心别人的负面评价,就会产生紧张的焦虑情绪,产生社会抑制作用。

3. 注意的干扰

巴伦(Baron)的研究表明,他人在场,个体既关注他人又关注工作,当这两种关注的强度都大时,个体的注意容量就无法满足两者的要求,导致注意的冲突和分心,降低工作效率。如小学生在考试时,遇到监考老师往返走动的压力,或者考场上担心竞争对手太强,题目太难等患得患失太多,就不能聚精会神作答,进而干扰考试的正常发挥。

4. 他人特征变量

他人的身份、性别等特征变量,同样会对小学生的社会行为产生很大的影响。金盛华和张杰(1995)提出了"性别助长"假设:对于性意识发展达到成熟水平的个人,异性的存在会导致特殊的行为效率的提高;而性意识尚未得到充分发展的青春期之前的儿童,则不存在性别助长现象。小学高年级的女生逐渐进入青春期,"性别助长"开始对其发生作用。而教师的人格特征、教学态度和教学风格等以及同学的学识素养都会对学生的社会行为产生很大影响。

社会促进与社会抑制在班级群体中是一种普通的社会心理现象。根据这种社会心理现象的原理,在小学课堂上,教师要鼓励学生积极回答问题,促进良好的学习气氛的形成;要根据学生学习任务的难易程度,帮助他们选择不同的学习方式,促使学生产生社会促进作用;要加强对学生的知识技能训练,增强其自信心,减弱社会抑制的影响;要注重对学生的发展性评价,鼓励同学之间进行积极相互评价;要积极创造良好的课堂环境,使学生能够集中注意力,促进其身心健康发展。

三、从众与服从

(一)从众

从众(conformity)指小学生在真实或臆想的群体舆论压力下,放弃自己的意见,转变原有的态度,采取与大多数人一致的行为。从众在生活中司空见惯,如随波逐流、人云亦云等。从众行为是好或是坏?关键是看从众的方向与效果。从众者可以是无主见者,或指鹿为马的随声附和者,也可以是识大体,顾全大局者。不从众者,可能是固执己见者,也可能是不受落后观念或落后势力影响的先进人物。

社会心理学家阿希(S. Asch)进行了从众的经典研究。他将被试组成7人小组,其中6人是实验助手(假被试),只有1人是真正被试。实验材料是18套卡片,每套2张,一张是标准线段,另一张是三条比较线段(见图13-1)。所有被试都围桌而坐,依次比较判断A、B、C三条线段中哪一条与标准线段等长。前几次大家都做出正确的判断,但从第7次开始,假被试故意做出错误的选择,观察真被试的选择是独立的还是从众的。实验发现:(1)约有1/4到1/3的被试保持独立性,即每次选择反应无一次发生从众行为;(2)约有15%的被试平均做了总数3/4的从众行为,即从众反应平均每12次中就有9次;(3)所有被试平均做了总数的1/3次的从众反应,即每12次中就有4次发生从众行为。

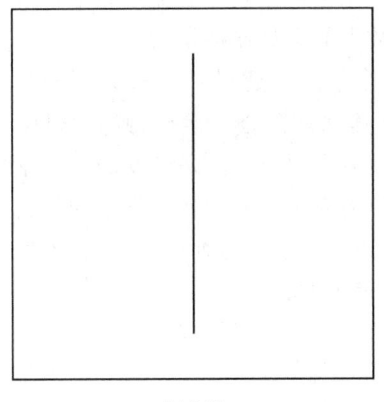

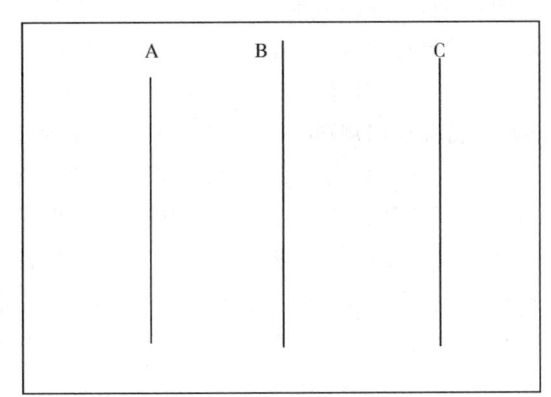

图 13-1 阿希从众实验的图例

为什么会产生从众现象?可以从多方面的影响因素来说明。

1.个体特点

在个人方面,一些研究认为与下列因素有密切关系:(1)智力的高低。一般说来,智力低者易受群体压力的影响,从众者较多。(2)情绪的稳定性。焦虑多,情绪不稳定者,对外力的抵御性低,易从众。(3)对偏离群体的恐惧。偏离群体的行为会使个体处

于一种与众人对立的状态,失去安全感。因此,出于一种自我保护的心理,会选择从众。(4)人际关系的概念。过分依赖他人,看重他人评价者,易受到别人暗示而更多地表现从众。

2. 群体特点

在群体方面,一些研究认为特别有关的因素是:(1)群体的规模。群体的规模越大,持有一致意见的人越多,持不同意见者感到的压力越大,从众行为越显著。(2)群体的凝聚力与一致性。群体的凝聚力高,群体成员抱成团,个体在其中易从众。反之,群体内出现意见分歧者并得到一些同伴的支持,从众性便会减低。(3)群体成员的成分。如果群体成员的地位与能力多数高于自己,个体就易放弃己见表现从众。

3. 情境特点

在情境方面,主要有:(1)刺激的模糊性。个体在知觉和判断事物时,知觉的对象模糊、不确定或难以把握,个体从众的可能性就较大。(2)反馈的匿名性。一般说来,个体的意见或知觉结果是公开的,个体所承受的群体压力就较大,从众的可能性会相应增加。多伊奇(Deutch)等人的研究发现,被试在当众和秘密两种条件下对线段知觉问题做出判断时,被试在公开条件下更容易从众。

在小学课堂情境中,从众行为的发生一般认为有两个原因:一是小学生往往相信大多数人的意见是正确的,跟随大多数人会降低犯错误的可能性,因而遇到自己意见与大多数同学不同时,往往放弃自己的意见。小学生越相信群体信息的正确性,自信心就越差,从众的可能性就越大。二是小学生往往不愿意被班级其他成员视为不合群者,为了避免他人的非议或排斥,发生从众行为,与多数人的意见保持一致。

在小学班级管理中,从众具有一定的积极作用。小学班级建设需要有共同的目标、明确统一的规范,只有这样,才能保证课堂教学、集体活动的正常运行,师生之间、学生之间的顺利交往。因此,小学生的观念与行为与多数人保持一致是必要的。小学教师要善于利用从众心理,通过制造正确舆论和群体压力来影响和改变小学生的不良观念和行为。比如,营造积极向上的班级舆论,大张旗鼓地表扬学习勤奋、乐于助人的学生,有利于学生朝好的方向发展,特别是有利于对后进生的转化。

另一方面从众也具有消极作用,有的时候多数人的观点并不能代表真理。如果小学生没有独立思考,盲目听从别人意见,人云亦云,对他们独立人格的培养、学习进步等是有害的。从班级管理的角度看,如果班风不好,不良言行就会通过从众像瘟疫一样在班级蔓延,使自信心不强、意志薄弱的小学生随波逐流。

(二)服从

服从(obedience)指小学生按照群体要求或他人意志而产生的行为。服从与从众虽然都是在外界压力下发生的,但有着本质的不同。从众虽没有按照自己本愿去行动,但却是自愿的;而服从是个人通常不得不去做,甚至是被迫的。

服从表现为两种情况,一是对正式群体规范的服从;二是对权威人物命令的服从。

对正式群体规范的服从,有自觉服从和被迫服从两种形式。在正式群体,多数成员都能以群体规范作为行为准则,自觉服从。例如,多数小学生都能做到自觉遵守校规校纪,上课不迟到、不早退,按时完成作业,考试不作弊等。而对于少数不能自觉遵守群体规范的学生,教师通常是采用奖惩等强化手段,强迫他们服从,以促使他们把外在的群体规范逐渐内化为自身的行为准则,自觉遵守。

对权威人物命令的服从也有两种情况。一种是出于对权威人物的敬仰,发自内心的信服,认为他们是理想的化身和学习的榜样,对于他们的要求毫不犹豫地执行。比如,小学优秀的教师往往在学生心目中具有崇高威望,学生愿意自觉地接受其领导;另一种是迫于权威人物奖惩的惧怕,违心屈服。如小学生为了避免考试不及格和家长的责罚,不得不按照教师要求而学习。

影响小学生产生服从行为的原因比较复杂。一般而言,个性较强、独立判断能力较高的小学生产生服从行为的频率较低。服从也与社会中的某些合法权力有关。合法权力是社会赋予角色关系一方以职位、权力以及影响力,从而使另一方认为自己应当服从。如社会赋予小学教师教育、管理学生的责任与权力,学生就必须服从教师的正确管理与教导,按照教师的要求行事。

服从是人类社会普遍存在的一种心理现象,在维持社会秩序中起着重要的作用,在学校尤其如此。小学班级正常的教育教学活动,是通过小学生的服从来保证的。服从也是教师对学生进行社会化教育的一项重要任务。为了塑造小学生的健全人格,减少其服从的盲目性,小学教师要注意培养其民主意识和参与意识,强调服从各种社会规范的意义和执行方法,而不是一味强调对教师权威的服从。

四、合作与竞争

合作与竞争是人类社会普遍存在的现象,对于人类的生存与发展具有重要的影响。合作使人类互相学习,彼此依赖,为抵御共同困难,取得胜利,同心同德,群策群力,没有合作就没有人类社会的生存发展。竞争是一切生物生存的需要,人类社会同样需要竞争。竞争使人类精神振奋,开拓进取,不断挑战自我,勇往直前。合作与竞争是影响小学生班级群体的两个重要因素,也是进行班级活动的两个主要手段。

(一)合作与竞争的含义

合作(cooperate)是指班级群体成员为追求共同目标,相互支持和帮助的一种共同行为。包含两个必备条件:一是共同目标、利益与共;二是相互依存、缺一不可。有研究发现(Cohen, Lotan & Holthuis)学生在课堂上合作越多,他们在数学测验中得分就越高。

竞争(competition)是个体或班级群体力求胜过对方的对抗性行为。包括两个基本条件:一是竞争的各方必须是争夺同一对象;二是竞争的结果必须使一方获胜,竞争

双方是互不相容的。竞争不仅有对抗性,而且具有排他性。

合作和竞争是相互对立的行为。但在现实生活中,它们却难以截然分开。竞争中常常包含合作,合作中也常常包含竞争。比如,小学班级之间常常存在竞争,但这种竞争是以班级同学的内部团结、彼此合作为前提的。一盘散沙的班级难以在竞争中取胜。又如,小学生参加篮球比赛时分工明确、配合密切,在场上纵横驰骋展现着自己的风采,同时也存在着与同伴的竞争。因此,教师要引导小学生正确认识和处理好合作与竞争的关系。

（二）合作与竞争的影响因素

小学生是采取合作行为或是竞争行为取决于许多因素,主要有以下几方面:

1. 人际关系的性质

合作行为的产生需要两个条件:一是合作双方关系的持续性。人与人之间的交往不是一次性的,而是持续的;二是合作双方的相互回报。目标相同,利害与共的学生,通常会选择合作行为。而处于利害冲突关系中的学生,通常会选择竞争行为。而既有共同利益又有分歧的学生,则可能采取既合作又竞争的行为方式。

2. 个性特征

一般说来,成就欲望强烈,喜欢争强好胜的学生,在涉及利害问题时,更多选择竞争的方式;而性格温顺、竞争力不强的学生则较易采用温和的方式;多疑的学生则难于同别人共事。学生之间的能力差异,也是导致相互竞争的原因之一。研究表明,学生倾向于同自己能力大致相仿的人竞争。

现代社会是一个充满竞争的社会,要想立足于社会,不仅不能回避竞争,而且必须锻炼经受得起竞争的挑战和韧性。竞争引导得当,竞争下的成功可以增强学生的自信心和成就感;即使竞争未取得成功,只要不气馁,冷静分析,探寻问题的原因,也有可能获得成功。

教师要合理引导小学生之间的竞争,要正视竞争中可能存在的问题。首先,不能滥用竞争,因为太多的竞争会给小学生造成过大的压力,影响学习效果,甚至造成心理健康问题;其次,如果小学生只把竞争的意义限于打败对手以证明自己的价值,就可能不择手段地削弱对手,而看不到对方的长处,更不用说向对方学习,而且会损坏彼此的人际关系。心理学的研究发现,群体之间的竞争要好于个体之间的竞争,教师应多鼓励小学生积极参与到群体之间的竞争中。

合作已越来越受到教育领域的重视,并成为当代主流教学理论与策略之一。如果教师对小学生的合作组织引导的不好,班级群体中可能会出现磨洋工、小团体主义等现象。教师要使小学生理解合作需要目标共同、利益与共、相互依存、共同活动、相互理解等条件。谢里夫(Sherif)的研究表明,只要引导得法,学生之间的合作是能够发挥应有作用的。总之,竞争与合作在学校是常有的事情,教师在班级中应该教育小学生既要竞争,又要合作,在竞争中合作,在合作中竞争。

五、群体规范

（一）群体规范的含义

群体规范（group norms）是群体中每个成员必须遵守的思想和行为标准。群体规范使成员知道，在什么情境下应该怎样行为，不应该怎样行为。群体规范包括正式规范和非正式规范两类。正式规范是在正式群体中，由领导者倡导、明文规定、群体成员认同与遵守的思想和行为准则，是有目的、有计划的教育结果。非正式规范是成员间约定俗成的结果，受模仿、暗示和顺从等心理因素的制约。

（二）群体规范的作用

群体规范的作用可以概括为以下几点：

1. 维系群体存在和发展

群体规范是群体得以存在、维持、巩固和发展的支柱。群体内的成员是根据规范来相互认同、相互合作的。群体的规范越具体和细化，对群体成员的约束力越强，群体成员的活动就越协调，关系越紧密。反之，群体缺乏规范，群体必然松散，如同一盘散沙。

2. 评价和引导群体成员的言行

群体规范如同一把尺子，摆在每个群体成员面前，使群体成员的认识、评价有统一的标准，从而形成了共同的看法和意见。群体规范不仅约束着成员的认知和评价，还约束着成员的行为，对行为有定向作用。群体规范使成员了解，为了满足个人的某种需要，应该做些什么和不该做什么。

3. 使群体成员产生一定的惰性

群体规范也会使群体成员产生惰性，这是群体规范消极的一面。群体规范是多数人的意见，要求成员行为趋于一致。在群体规范的限制下，群体成员往往把一些创造性行为看作是越轨的、不符合群体规范要求的行为。一些群体成员由于担心受到其他群体成员的打击和排斥，胆小怕事，不敢越雷池一步，就不利于群体成员积极性和创造性的发挥。

（三）群体规范的建立

群体规范是教师通过好的纪律、班风来培养小学生好思想、好品德的根据。在小学低年级，建立班级规范很重要，有利于增强学生的自我管理意识，提高其自我管理能力，培养其良好的行为习惯，形成良好的班风、学风。对于小学中年级学生而言，班级常规变得相对自动化，可是一些新活动还需要教师的直接指导，班级规范还需要教师的监控和维持。对于小学高年级而言，一些学生开始挑战权威，教师的管理重点在于有效处理学生的一些破坏班规的行为，设法去激发那些不太关注教师意见而更多沉迷

于自己社会生活的学生的参与热情(Emmer & Evertson,2013)。在小学班级中,创建并维持良好的规范是关系到小学生培养的重要事情。

1. 设定班级管理目标

这是班级管理实现群体规范的出发点和归宿。班级管理目标包括:(1)促进和实现学生的发展。将学生培养成为德智体美劳全面发展的社会主义建设者和接班人,这是班级管理的终极目标。(2)创造有效学习的途径。教师通过让学生理解教师对班级目标的要求和期望,传达让学生参与的信号,指导学生的重要行为,确保每个学生都清楚该怎样参与到课堂活动中(Emmer & Stough,2001)。(3)创造更多的学习时间。学生在课程内容上所花的时间与学习效果之间有显著的正相关(Weinstein,Romano & Mignano,2011)。教师通过让学生积极参与有价值的、合适的学习活动,有效地增加学业学习时间。(4)促进学生的自我管理。教师通过让学生做决策、处理结果、设置目标和重点、管理时间、协作学习、调停争执、发展师生信任关系等方式来学习自我管理(Bear,2005;Rogers & Frieberg,1994)。从要求学生服从到指导学生进行自我调节和自我管理,已经成为当今班级管理的重要转变(Evertson & Weinstein,2006)。

2. 建立班级常规和规章

班级常规是班级活动的规定步骤,良好的班级常规有利于小学生形成良好的行为习惯,是小学生正常学习和生活的保证。教师应该在以下领域内建立班级常规:(1)行为管理,如言谈举止、午间就餐、出入厕所、个人清洁、个人安全等;(2)学生活动,如值周、升旗、早读、眼保健操和课间操、班会(例会和主题班会)、课外文体活动、校内外比赛、班级自办报刊或黑板报等;(3)环境维护,如班内值日、物品摆放、公物保管等;(4)教学运行,如出勤时间、课前准备、上课要求、迟到请示、课堂秩序(坐姿、写字、听课、提问、发言和讨论)、下课要求、作业完成及收发、请销假、考场秩序、班干部职责等;(5)师生互动,如师生课上和课后互动方式及要求等;(6)学生交流,如寻求或给予他人帮助的要求或人际交往原则(Weinstein & Novodvorsky,2011;Weinstein,Romano,& Mignano,2011);(7)家校合作,如家长开放日、家长参与学生学习及生活管理的要求等;(8)奖惩措施,针对以上班级常规工作做出切实可行的奖惩措施。

班级规章是班级的规范和章程,是关于被期望和被禁止行为的陈述。班级规章常常以书面形式呈现,并粘贴在墙上。班级规章应该是积极的和可观察的。小学班级规章的建立要注意以下几点:(1)让学生明确制订班级规章的目的是"秩序、公平、好习惯和高效率"。要从学生的需要出发,组织学生共同讨论,让学生明白制订班级规章的目的不是为了"管住"他们,而是为了保证班级所有成员的利益。(2)班主任不应凌驾于规章之上,应当是班级的普通一员。比如班主任迟到也应当遵循班级规章,受到惩罚。(3)要针对班级实际,规章要具有可行性和可操作性,不可操作的规章宁可不定。(4)要经历"由简到繁、由少到多、相对稳定、调整完善的过程"。从一年级新生的纪律制度、教室卫生制度,进行到为了成立班委会开始建立班干部任免制度、班委会工作制度,再到班委会成立之后的班级文化建设制度、监督评价制度、奖惩制度等,还可以根据班级工作中出现的一些特殊情况制订一些特殊的制度和规范。(5)在内容上,要符合《小学生守则》《小学生日常行为规范》和国家的法律法规。特别是在奖惩制度中,绝对不能有罚款。可以采用罚唱歌、罚背一首古诗、罚打扫卫生、罚给班集体做一件好事的办法来进行惩罚。

教师要与班里的学生共同制订班级常规和班级规章,做出明确的奖惩规定,让学生明白遵守或违反规定的行为后果。对于违纪学生在调查清楚原因后,必须按规定及时做出威慑性的果断处罚,处罚要清晰、坚定而无敌意,要教会学生表现出负责任的行为,建立师生间的相互尊重和信任(Charles,2011)。教师只有公平公正、赏罚分明、以身作则,班级规范才能得以建立和维持。只有严格按规定办事,才能赢得学生的尊重和信服,促进良好班风的形成。

3.创建班级文化

班级文化(class culture)是"班级群体文化"的简称,班级文化是班级成员(包括师生)在班级活动中所创造的物质财富和精神财富的总和,是班级成员共同创造的群体文化。班级文化可分为"硬文化"和"软文化"。所谓"硬文化",是一种"显性文化",属于可以摸得着、看得见的环境文化,也就是物质文化。营造"硬文化"要根据课程和教学内容合理安排教室布局,布置学习材料,将教室环境设计成适合学生主动学习、小组合作或独立研究的场所。可以在教室墙壁上粘贴一些写有名言、警句的书法作品、英雄人物或世界名人的画像;可以搭建一个展示学生书画艺术的书画长廊或激发学生探索未知世界的科普长廊;还可以在教室前面悬挂有关班规、班风建设目标等醒目图案或标语等,增强他们的好奇心和求学动机。而"软文化"则是一种"隐性文化",包括班级全体成员所共同认同的制度、观念和行为文化。"软文化"是班级文化的核心和灵魂,是班级的本质、个性和精神面貌的体现。营造软文化需要明确规定班级管理制度并严格执行,形成制度文化;还可以在班级内提倡勤奋学习、助人为乐、团结互助行为,引导大家形成班集体意识和文明行为。小学教师可以在班级中开展班级文化建设主题班会活动,通过设计班风、班歌、班训、口号、班徽,开通班级微信群、QQ群和班级博客等方式,让学生参与班级文化建设,共同营造健康向上的班级文化。

六、群体凝聚力

(一)群体凝聚力的含义

群体凝聚力(group cohesion)指群体对每个成员的吸引力。它通过群体成员对群体的忠诚、责任感、荣誉感,成员之间的友谊感等来体现。群体凝聚力对班级管理作用的实现有重要的影响。有研究表明,凝聚力强、人际关系融洽的班级,会使学生产生强烈的自豪感和认同感,促进学生的发展。反之,凝聚力差、人际关系紧张、经常产生摩

擦的班级,会使其成员灰心丧气,离心离德,阻碍学生的发展。所以,群体凝聚力是衡量一个班级成功与否的重要标志,教师应采取措施提高班级的凝聚力。

(二)群体凝聚力的影响因素

1. 群体成员对目标的认同

群体依靠共同目标来聚合成员。群体成员对群体目标的认同形成了一种共同的忠诚。共同的忠诚是群体成员相互认同的基础。群体成员对群体目标的认同感越高,群体的凝聚力就越强。群体如果缺乏共同目标,或目标得不到广大群体成员的认同,群体就没有了将群体成员联系起来的灵魂,就没有凝聚力,就会涣散。

2. 群体领导的方式

不同的领导方式对群体凝聚力有不同的影响。勒温、李皮特和怀特的研究表明,民主型领导方式比专制型或放任型领导方式更有利于提高群体凝聚力。教师采用民主型领导方式可以加强班级成员内部的团结,受到学生爱戴的教师会成为班级团结的核心。教师采用其他的领导方式,会导致学生对教师的盲目顺从、依赖、反抗、自以为是等问题,使班级的人际关系不良,互相争吵,互相攻击。

3. 群体目标结构和奖励方式

目标结构指群体中个人目标之间的相互依赖关系。一般存在三种目标结构,即竞争、合作和独立的目标结构。不同的目标结构采用的人际相互作用方式不同,对群体凝聚力的影响不同。多伊奇等人的研究发现,合作的目标结构有利于增强群体的凝聚力,而竞争的目标结构则会降低群体的凝聚力。

教师对学生的奖励方式有两种,即个人奖励和群体奖励。不同的奖励方式对群体成员的情绪和期望有不同的影响。个人奖励有利于激励个人的积极性,但有离散成员之间关系的负面作用。群体奖励有增强群体成员归属感和认同感,密切彼此关系的作用,但它的负面作用是可能导致群体成员产生依赖感,个人努力不够。从增强群体凝聚力来说,教师应更多地使用群体奖励。

4. 群体间的竞争

当一个群体面临外部压力,如竞争对手的存在,受到威胁,如表现不好会失去荣誉或受到惩罚时,群体内部的凝聚力会大为增强。因此,群体之间的竞争有助于增强群体的凝聚力。

班级凝聚力的大小是班级发展水平的重要标志,也是培养小学生集体主义精神不可缺少的条件。从维持班级凝聚力的角度来看,教师应着重培养学生间的合作关系。要帮助班级里的所有学生对一些重大事件与原则问题保持共同的认识和评价,形成认同感。要引导所有学生积极参加丰富的班级活动,使班级成员有开放和畅通的沟通渠道,使学生产生对班级的自豪感,形成归属感。当学生表现出符合群体规范和群体期待的行为时,教师要给予赞许和鼓励,使其行为因强化而巩固,形成力量感。

> **复习巩固**
>
> 1. 群体心理的含义是什么？
> 2. 小学班级中存在哪些群体心理因素？
> 3. 什么是群体规范？如何创建并维持良好的群体规范。

第三节　小学班级的人际关系

班级中的各种人际关系都会对小学生的发展以及班级管理产生重要影响。美国教育心理学家科尼利厄斯－怀特（Jeffrey Cornelius－white,2007）对119项从1948年到2004年发表的研究进行综合分析后发现,师生间积极、温暖、支持的关系能够影响学生的多项行为反应,如提高课堂活动的参与度、形成更好的批判性思维技巧、提升学生自尊心、增强学习动机、促进出勤率、减少破坏性行为、降低辍学率等。

一、人际关系的含义

人际关系是人与人之间通过交往与互相作用而形成的直接的心理关系。社会心理学家通过实验研究发现,人际关系的建立往往需要两大因素：一是人际间的吸引,二是时空上的接近。外表的吸引性、态度的类似性、情感的相悦性与需求的互补性是影响人际吸引的主要因素。而人与人之间交往次数越多,越容易具有共同的经验和话题,从而建立更加亲密的人际关系。

二、小学班级人际关系的类型

小学阶段是人际关系形成的重要阶段。对小学生而言,由亲子关系、同伴关系以及师生关系所构成的社会交往体系对他们的发展产生非常重要的影响。通过与他人交往的社会化过程,小学生逐步形成和发展人际交往能力和人际关系网络。而在小学班级中,人际关系主要包括师生关系和同伴关系。

（一）师生关系

师生关系是指教师与学生在教育过程中为完成一定的教育任务,以"教"和"学"为中介,以情感、认知和行为交往为主要表现形式的一种特殊的社会关系和心理关系。师生关系首先是教学关系,同时又具有一般社会人际关系的特征。师生关系不仅影响

教师"教"的积极性，还会影响学生"学"的积极性，以及学生个体社会化的发展。国内研究者时蓉华(1993)根据师生间的心理距离将师生关系分为友好型、对立型、一般型。王耘等人(2001)将我国3—6年级小学生的师生关系分为亲密型、冲突型和冷漠型。屈智勇(2002)将师生关系分为亲密型、支持型、满意型和冲突型。

(二)同伴关系

同伴关系是指年龄相同或相近的小学生在交往过程中，通过共同活动相互协作，建立和发展起来的一种人际关系。儿童从同伴的交往中体验到合作、冲突、妥协与情感交融，使得他们对外界的认知得到了充分的拓展。小学生社会化过程中需要不断地调整自我，顺应社会的发展变化，而其重要影响因素就是同伴关系是否良性发展，同伴关系不良不仅会影响小学生当时的发展，还会影响其后期的社会适应。同伴关系通常被分为两种：一是同伴接纳，即个体在团体中的被接受性或受欢迎的程度，是群体指向个体的单向结构；二是友谊，即同伴之间一对一的关系，是一种双向结构。

三、小学班级人际关系的影响因素

小学班级人际关系受多种因素的影响，全面深刻地认识这些影响因素有助于我们对小学班级人际关系进行培养。

(一)师生关系的影响因素

学生的身心发展，教师的领导方式和社会地位，师生角色、认知、需要和个性，家长的介入，社会风气等都会对师生人际关系产生重要影响。

1.年龄因素

我国学者通过对小学不同年级学生的师生关系进行调查，发现师生关系存在显著的年级差异，小学高年级师生关系呈现下降趋势。王耘、王晓华、张红川(2001)在研究3—6年级小学生与教师关系中发现：四年级是师生关系最好的时期，随着学生年级的上升，师生关系中积极师生关系类型(亲密型)所占比例逐渐下降，而消极师生关系类型(冷漠型、冲突型)所占比例逐步上升。宋德如、刘万伦(2007)的研究也发现，随着小学生年级的升高，师生关系在主动性、亲密性和合作性方面逐渐下降。贾劲婷(2013)认为，低年级小学生对教师怀有依恋之情，中年级的小学生逐渐对教师产生选择、怀疑的态度，只有那些对学生有耐心、爱心、公正的教师，才能赢得小学生的信任与爱戴。

2.性别因素

国内外学者从不同角度对师生关系进行了研究，结果表明师生关系存在显著的性别差异，女生与男生相比更易于与教师形成亲密关系。林崇德、董莉和沃建中(2005，2009)的研究发现，处于小学阶段的女生人际关系现状优于同龄男生。邹泓等人(2007)的研究指出，小学男生与教师的冲突显著高于女生。吴霞(2011)在研究中发现，女生与教师的关系更亲密，冲突也更少，女生更倾向于把教师视为榜样，认为教师值得信任。

3. 心理因素

江光荣(2001)对班级环境、师生互动和学生发展之间的关系进行研究发现,教师的友善——敌对维度与学生学习问题的关系比较显著。徐琴美等(2003)的研究发现,学生的焦虑水平会影响个体对教师权威的服从。即学生焦虑水平高,对教师权威的认知低,不服从。贾劲婷(2013)的研究发现,学业成绩好的小学生有更加积极的师生关系,与此同时,教师的支持将使小学生的学业成绩得到提高。李俊峰(2016)的研究发现,在与教师交往中,低年级小学生很注重教师的外部特征,如教师的穿着、教师携带的物品等。而随着年龄的增长,小学生的独立性和评价能力也随之增长,小学高年级学生开始把教师是否公正放在评价教师的首位,希望教师能在第一时间做出公正、合理的奖励或惩罚,从而寻求自我行为的肯定。

4. 社会环境因素

姚本先(2000)的研究发现,教师的社会地位、家长的介入、社会风气等社会环境因素,制约着师生关系的发展。王丽霞(2002)通过问卷调查发现,随着时代的发展,师生关系出现了一些新特点:师生关系由教师支配转变为师生平等;学生随着独立、民主、平等、参与等意识的增强,出现了现代学生与传统教师之间的矛盾。

(二)同伴关系的影响因素

小学生的年龄、性别、心理因素以及教师、家长、交往距离、社会环境等都会对小学生的同伴关系产生重要影响。

1. 年龄因素

Sleman(1980)的追踪研究发现,小学阶段的小学生(6—12岁),同伴交往总体上处于双向帮助期,此阶段的小学生开始能够彼此互惠,但还不能共患难。9岁之后,同伴交往开始过渡到亲密的共享期,此阶段的友谊是一种彼此分享兴趣、秘密、承诺与计划,可以共患难,愿意帮朋友解决其个人问题,此阶段的友谊具有强烈的排他性和独占性。徐敏(2010)的研究发现,小学生同伴关系质量总体上随着年级的增长呈上升趋势。马洁(2015)的研究发现,随着小学生年龄的增长,同伴关系的影响日渐增多,父母的影响作用有所减退。

2. 性别因素

徐敏(2010)的研究发现,处于小学阶段的女生人际关系现状优于同龄男生。国外研究发现,在同伴交往中出现矛盾,男性普遍比女性更具有攻击性,男性多为身体攻击,女性多为言语攻击;小学高年级以后,男孩的攻击行为多指向同性,身体攻击的意图更加明显。女孩的攻击行为多为言语攻击,基本上都是指向其他女孩,男孩之间的攻击行为要比女孩之间或异性之间的攻击行为多得多(Cummings, Iannotti, & Zahn—Waxler, 1989; Hyde, 1986)。

3.心理因素

陈欣银等(1995)研究发现,小学生的友善、合作、亲社会行为与同伴接受有正效应,而小学生的攻击、破坏行为与同伴接受有显著负效应。受同伴拒绝的个体,常常会否定自我,对社会产生敌意,这又会导致个体更具攻击性和破坏性,不利于同伴交往健康发展。

4.社会环境因素

程利国、高翔(2003)研究发现,教师接纳程度对小学生的同伴关系产生影响,教师所喜欢、经常受到教师表扬的小学生比其他小学生更易受到同伴的欢迎。王浩月(2016)研究发现,家庭教养方式、家庭亲子关系、家庭沟通方式和家庭社交态度都会影响到小学生的同伴关系。贾劲婷(2013)研究发现,小学高年级生与同桌的关系冲突较多。空间距离(如座位的接近、家庭住址的接近)、情景因素等都会对小学生的同伴交往产生影响。

四、小学班级良好人际关系的建立

小学阶段是个体社会性发展的重要阶段,小学生在与教师和同伴的互动中社会性得到不断发展。在小学班级中建立良好的人际关系,可以使小学生产生积极的情感体验,从而提高心理健康水平,促进学业进步。

(一)加强人际交往教育

教师要面向全体学生,在日常生活中,开设人际交往教育方面的课程,对学生渗透人际交往的技能,让学生学习正确的人际交流方法,使用文明礼貌用语,平等对待每一个人,提高交往质量。如开展以"小学生人际交往怎么办"为主题的系列校园活动,在实践的基础上编写小学生校园人际交往的学生读本,指导学生学习和提高人际交往的技能。同时,要建设好心理辅导室,开设心理咨询热线、心理咨询信箱、心理咨询网页等等,对有人际交往问题的学生提供援助和支持,社交技能指导、自信心训练等。

(二)真诚、尊重与接纳学生

真诚是教师应当表现出开放和诚实,成为表里如一、真实可靠的人。教师真诚的基础是基于对学生的信任和坦诚。教师要开放自己的心灵,不能在学生面前装腔作势、深不可测,要与学生交心。尊重与接纳,就是教师要相信学生是有价值的人,即使学生有的想法是幼稚的、不成熟的,但它也有意义。教师要理解学生,给予学生安全感,使学生获得温暖,产生心理需要的满足感。

(三)培养对学生的同理心

同理心是教师要进入并了解学生的内心世界,站在学生立场去理解他们,设身处地为学生考虑。教师要学会从学生的立场、利益、处境出发,理解学生看问题的思维方式,考虑学生对事物的感受和体验,使学生产生对教师的信任感和安全感,能够在教师面前毫无顾虑地敞开心扉,增进师生关系。

(四)善于运用倾听技巧

倾听是凭助听觉器官接受言语信息,并综合感知觉、思维和感情等心理操作,达到认知理解的过程。倾听是人际交往的关键因素,能让交流双方思想达成一致并保持感情的通畅。教师要培养自己积极倾听的能力:一是倾听要设身处地、全神贯注、不带偏见、不带主观情绪,避免错听、错解。在倾听中切身体会学生的思维和情感,鼓励学生畅所欲言。二是注意学生的言语和非言语信息。教师要细心注意学生的言谈举止,以及在叙述时的犹豫停顿、语调变化及伴随言语出现的各种表情、姿势、动作等,听出言外之意,从而对言语做出更完整的判断。三是区分信息中包含的理性和情感成分,通过鼓励、澄清、释义、情感反映和归纳总结等倾听技巧对学生传达的信息进行反应。

拓展阅读

教师常用的倾听技巧

1. 鼓励。教师要运用言语或非言语方式,如微笑、关心、点头、张开手,肯定性短语,重复学生话语中的关键词等,使学生消除顾虑,能够讲述更多信息。

2. 澄清。当学生发出模棱两可的信息后,教师要对其信息进行澄清,如"你的意思是……"或"你是说……"这样的问句,重复学生先前的信息,鼓励学生更详细地叙述,检查内容的准确性。

3. 释义。教师将学生所说的信息与情境、事件、人物和想法有关的内容进行重新解释,帮助学生注意自己信息的内容。

4. 情感反映。教师对学生的感受或信息中的情感内容重新加以解释,鼓励学生更多地倾诉感受,帮助学生认识并管理情绪。

5. 归纳总结。教师将学生话语中的多个不同信息联系起来,并重新编排,确定一个共同的主题或模式,清除多余的陈述,回顾整个师生谈话过程。

(五)教会学生冲突解决策略

在小学同伴关系中,同学之间冲突最常用的解决方式是逃避、武力和威胁。美国教育心理学家约翰逊和他的同事(David Johnson,1995)对227名二至五年级的小学生进行了冲突解决策略的培训,教会学生通过同辈协商和调解的方式来解决冲突。学生在训练中,学会了五阶段的冲突调节策略:(1)共同认识冲突。让冲突双方跳出冲突情景,避免"非输即赢"思想阻碍对问题的认识,让双方的问题解决目标清晰。(2)交换想法。双方均提出一个解决问题的提议,并说明相应的理由。同时,认真倾听对方的想法,保持灵活性和合作性。(3)换位思考。站在对方的角度重新考虑问题,提出意

见，并对这个意见进行辩护。(4)提出至少三个建议实现双赢。通过头脑风暴、锁定问题目标等方式共同协商解决方法，相信每一个学生都有能力解决问题。(5)最后达成一致的解决方案。此方案让双方都能实现目标。如果不行，就通过掷硬币、轮流的方式解决，或者教师每天从班里选择两名学生作为班级协调人，让第三方调解人介入解决问题。该研究发现，通过学习，学生掌握了冲突解决策略和调解他人冲突的策略，并且能将这些方法有效运用于解决学校和家庭情境的冲突。王蓓蓓(2014)通过问卷调查发现，师生双方在遇到困难时，都会选择和自己的家庭成员倾诉，家庭成员在师生双方心中的位置都是无可替代的。因此我们也可以选择师生家庭成员为中介，为改善师生关系扫清障碍。

复习巩固

1. 人际关系的含义是什么？
2. 在小学班级中如何建立良好的人际关系？

第四节　小学班集体的形成与管理

一、小学班集体的形成

任何学校都由若干班级组成，并非所有的班级都能称之为班集体。班集体是班级发展的高级阶段。班集体具有以下特点：(1)有明确社会意义的集体目标和有维护集体利益的规章制度，但不否定个人正当的兴趣爱好和行动自由，集体成员能够以大局为重。(2)有很强的凝聚力，集体成员能够得到集体的关心帮助，感受到集体的温暖，愿意为集体做贡献。

小学班集体的发展要经历一个过程，分为四个连续的时期。

1. 松散期

小学生刚进学校，班级成员之间的交互活动带有相互探询和适应的性质。集体活动与任务多来自教师或学校要求，学生参与意识不强，班级还未发挥应有的功能，对学生暂时还没有多大吸引力。在这一阶段，教师应当尽量提供给学生多种交往机会，让班级成员相互了解，尽快摆脱松散和孤立的状态。

2. 同化期

小学生经过一段时间的接触与了解，逐步摆脱了拘谨，进入到比较坦然表现自己的状态，开始出现了非正式群体。学生在班级中的地位开始分化，出现了集体活动的积极参与者或旁观者。在这一时期，教师要通过组织丰富多彩的集体活动，使学生取得集体活动的经验，激发他们参与集体活动的热情与建立班集体的意向，促使班级成员道德观念和行为要求在相互影响下趋向一致，加速同化的进程，为形成班级核心和健康的集体舆论奠定基础。

3. 凝聚期

在同化期的基础上，小学生之间的交往进一步发展，越来越多的学生有了共同语言和思想，愿意为班级活动的成功付出努力，并在共同活动中形成了相互关心、相互合作的关系。学生干部和班级先进分子成了班集体核心。在这一时期，教师应特别注意和重视班级"领袖人物"，注意通过班级骨干来影响班集体的活动。

4. 形成期

在班级核心层的带动下，班集体形成了关心集体、互帮互助、团结融洽的班级风气和健康的集体舆论，并对班级成员起着潜移默化的教育作用。班集体已经成为教育的主体，不需要外来的监督，就能高度自主地进行运转，能主动提出班集体发展的目标和要求，适应外界的各种挑战，集体成员的主动性、创造性得到了充分发挥。这一阶段，教师应重视舆论的作用，并由此来影响班集体成员。

二、小学班集体的管理

小学班集体的管理是指在小学师生互动的教学活动中，教师对学生行为的处理方式。主要包括：避免学生违规行为的发生，培养学生遵守班级规范的习惯，形成良好的班风，加强学生品德教育，提高学生的学习能力，促进学生健康发展。

（一）小学班集体的管理模式

小学班集体主要有以下四种管理模式：

1. 树状模式

这种模式以教师为班级管理中的主干。教师并不直接参与对全班学生的管理，是通过对班委会的管理，再由班委会具体参与班级管理。由班委会将教师的管理意图渗透到班级成员中。它的特点是管理结构层次分明、有利于发挥班委会成员的积极作用，锻炼其能力，使学生逐步学会自己管理班级。但不利于教师和学生之间的情感交流与信息反馈。这种模式的操作要点是要注重先行培养班委会成员的管理能力，正确看待和发挥班委会的中介作用，使他们成为管理过程中的"主角"。

2. 网状模式

这种模式以教师为"纲要"，以班委会为骨干。教师充分发挥每个学生的特长，调动他们的积极性，使他们由被动接受管教变成主动参与管理，由此形成一种相互影响的管理关系的网络。在这种模式中，每个学生的位置、角色在不断发生变化。例如，体育活动中，具有体育才干又有较强组织能力的学生应处在管理者的地位；而在讲演或

文艺活动中,表达能力强、有艺术能力的学生则处在管理者的位置。这种模式有利于发挥学生的主动性和潜能,使其特长和个性在集体活动中得到充分体现。但这种模式对教师提出了更高的要求,教师必须充分了解每个学生的个别差异,注重在不同的管理环境中发挥不同学生的作用。

3. 交叉模式

这种模式的结构开放,班级管理处于整个学校环境中。例如,班集体要接受来自班主任、教务处、政教处、总务处等多方面的管理。其主要特征是:结构倾向于开放,有利于学生接受全方位的管理和多方面规范化的发展。这种模式要求各方面协调一致,否则就会造成管理上的混乱。

4. 轴辐模式

这种模式以教师为中心,整个班级的管理工作都围绕教师的中心意图运作,这样在结构上就形成闭合圆周式,以教师为原点将管理影响辐射到每个学生身上,形成明确的管理和被管理关系。教师直接参与每个学生、每个事件的管理。这种管理模式能使教师及时掌握班集体发展的动态和学生的情况,但容易使学生处于被动的地位,难以达到更高层次的管理目标。操作要领是教师要全面关心学生,以情感交流作为联系学生的纽带,逐步形成教师的权威性,切忌"婆婆嘴"造成学生的逆反心理。

以上四种模式孰优孰劣不能一概而论。教师应该根据班集体的发展水平及师生关系的特点选择恰当的管理模式。

(二)小学班集体的管理策略

1. 情感管理策略

小学生对教师的依赖性比较强。小学教师要关爱学生,真诚呵护学生,使学生感受到教师的关心爱护,让学生体会到班集体是他们的第二个"家",学会如何关心别人,如何为别人着想,正确处理师生之间的矛盾与冲突,形成班级良好的人际关系环境,就能激发学生积极向上的情感,调动学生的积极性,提高班级管理的效果。

2. 自主管理策略

每位小学生都是班集体的主人,教师在班级管理中主要充当组织者和指导者的角色,在组织学生比赛、参观、游览等活动中,教师应使每个学生都有平等参与的机会,能够相互配合、大胆探索,使学生能够充分展示自己的特长,发挥自己的能力。另外,教师对班级干部的选举,可以设置多个职位,如班长、科代表、兴趣小组组长、读书站站长、广播体操队长、课间活动监督员、班级图书管理员等,为学生创造竞争的机会,促使学生参与班级管理,使他们能够为班级建设群策群力、团结合作,要培养学生的自主管理意识,使他们能够更好地为班级做贡献。

3. 差异化管理策略

在班级中不同的学生受不同的环境影响,其体力、智力、兴趣、爱好、性格等存在不同的差异。教师要认真研究学生的特点,从家庭、社区、同伴多方面了解学生的表现,了解影响他们成长的因素。正如美国教育学家米尔纳(Richard Milner,2006)所说,问题的关键并不在于哪种方式是正确的,哪种方式是错误的,而是哪种方式与学生的先前经验和认知方式相符。

教师在充分了解学生年龄特点和个别差异的基础上,要因势利导,进行恰当的教育。例如,有的学生需要严厉批评,有的学生需要和风细雨式的说服,有的学生则需要关怀式的温情,给予信心。教师的教育要因人而异,扬长避短,让每位学生都能为班级增添光彩。

4. 家校合作策略

美国研究家校合作的学者兰根布伦纳(M·R Langenbrunner)和索恩伯格(K·R Thomburg)曾将家长在合作中的角色分为三类,即作为支持者和学习者、作为学校活动的资源参与者和作为学校教育决策的参与者。我国现阶段家长在家校合作中多作为支持者和学习者,小学教师要充分调动家长积极性,让家长参与到学校各种教育文体活动以及学校教育决策中去。① 家校合作的主要方式有家庭访问、电话联络、召开家长会、举办学校对外开放日活动、聘请班级校外辅导员等。在这方面,教师的积极主动更能赢得家长的支持,达到事半功倍的效果。家校教育互相配合,互相支持,互相补充,方能形成教育的合力,产生1+1>2的教育效果。

5. 公平激励策略

激励是教师通过适当的奖惩形式,以一定的行为规范和措施,来激发、教育引导学生的行为,实现班集体目标。美国心理学家亚当斯认为,公平感是影响人类积极性的普遍现象。如果小学生遇到教师不公平的评价,就会产生受挫感,影响其积极性的发挥。小学教师要一视同仁对待每个学生,避免先入为主、主观片面的评价;要设计出衡量小学生品行规范的科学指标,实行量化管理,把公平落到实处。小学教师要注意对事不对人,增强奖惩的客观性、公正性以及透明度,从整体着眼,从细处着手,激发学生的自觉性和积极性,从而达到学生自我约束、自我提高的目的。

6. 榜样激励策略

榜样是根据小学生爱模仿的心理特点而树立起来的一面旗帜,它具有说服力和号召力,容易引起小学生感情上的共鸣,给予小学生鼓舞、教育、鞭策,激起他们模仿和追赶的愿望。榜样可以是社会上的英雄人物,也可以是小学生身边的先进人物,还可以是教科书中的榜样人物。小学生中的先进人物更具有现实性、可信性、可比性,更易为小学生所接受模仿。小学生会用先进人物的事迹对照自己的言行,检查不足,激发上进心,从而自觉抵制外界的不良诱因,克服缺点,矫正不良行为。小学教师要注重男女榜样性别平衡,在班级设立荣誉专栏,展示先进人物的荣誉证书、个人彩照及先进事迹等,激励小学生向他们学习,形成班级学习先进人物的好风尚,使班级在先进人物的带

---

① 斯倩.基础教育阶段家校合作困境及优化研究[D].重庆:西南大学,2016.

领下欣欣向荣,蒸蒸日上。

复习巩固

1. 小学班集体的发展要经历哪几个时期?
2. 小学班集体主要包括哪些管理策略?

本章要点小结

1. 班级是学校的基本单位,也是学校行政管理的最基层组织,是学校为了实现教育目的,按照一定的规章制度和学生人数规模建立起来的教育组织。班级群体是在班级中,为了实现特定的目标,按照一定的规范相互作用、共同活动的组织团体。班级作为小学生成长和发展的一种主要社会环境,对学生的发展具有强大的心理功能。

2. 按照班级群体的形成方式,可以分为正式群体和非正式群体。正式群体是按学校正式文件的规定,在校领导、班主任、教师的指导下,组织起来的学生群体,班级属于正式群体。非正式群体是指在相互交往中,学生由于相似的需要、兴趣、态度与价值观等聚集在一起,自发形成并私下活动的群体。非正式群体可以分为积极型、中间型、消极型和破坏型四类。

3. 小学班级中的群体心理因素,包括课堂心理气氛、社会促进与社会抑制、从众与服从、合作与竞争、群体规范以及群体凝聚力。

4. 所谓人际关系,广义是指社会中人与人之间的关系,狭义则是人与人之间通过交往与互相作用而形成的直接的心理关系。小学班级中的人际关系包括师生关系和同伴关系,小学生的人际关系受其年龄、性别、心理因素和社会外部环境因素的影响。小学班级中建立良好的人际关系包括:加强人际交往教育,真诚、尊重与接纳学生,培养对学生的同理心,善于运用倾听技巧,教会学生冲突解决策略。

5. 班集体是班级发展的高级阶段,班级群体要发展成为集体要经历松散期、同化期、凝聚期和形成期四个连续的时期。小学班集体的管理策略主要包括情感管理策略、自主管理策略、差异化管理策略、家校合作策略、公平激励策略、榜样激励策略等。

关键术语表

班级群体心理	class group psychology
课堂心理气氛	classroom psychological atmosphere
社会促进	social facilitation
从众	conformity
人际关系	interpersonal relationship

复习题

一、单项选择题

1. 在班级中,为了实现特定的目标,按照一定的规范相互作用、共同活动的组织团体是(　　)。

　　A. 班集体　　　　　　　　B. 班级群体

　　C. 个体　　　　　　　　　D. 学校

2. 小学生在完成某项任务时,由于他人在场或共同活动而降低工作效率的现象称为(　　)。

　　A. 社会促进　　　　　　　B. 社会抑制

　　C. 群体规范　　　　　　　D. 群体心理气氛

3. 小学生按照群体要求或他人意志而产生的行为称为(　　)。

　　A. 社会促进　　　　　　　B. 社会抑制

　　C. 服从　　　　　　　　　D. 从众

4. 班级成员在班级活动中所创造的物质财富和精神财富的总和称为(　　)。

　　A. 群体规范　　　　　　　B. 班集体

　　C. 群体凝聚力　　　　　　D. 班级文化

二、多项选择题

1. 班级群体要发展成为集体要经历(　　)。

　　A. 松散期　　　　　　　　B. 同化期

　　C. 凝聚期　　　　　　　　D. 形成期

2. 按照班级群体的形成方式,可以分为(　　)。

　　A. 正式群体　　　　　　　B. 非正式群体

　　C. 班集体　　　　　　　　D. 班级规范

3. 非正式群体可以分为(　　)。

　　A. 积极型　　　　　　　　B. 中间型

　　C. 消极型　　　　　　　　D. 破坏型

4. 班级中的人际关系主要包括(　　)。

　　A. 师生关系　　　　　　　B. 亲子关系

　　C. 同伴关系　　　　　　　D. 血缘关系

三、判断对错题

1. 班集体是班级发展的高级阶段。　　　　　　　　　　　　　　(　　)

2. 班级全体成员所共同认同的制度文化属于硬文化。　　　　　　(　　)

3. 群体凝聚力是衡量一个班级成功与否的重要标志。　　　　　　(　　)

第十四章　小学生的心理差异

通过本章的学习,你应该了解什么是心理差异?小学生的智力差异、性别心理差异、社会背景心理差异表现在哪些方面?这些心理差异是如何形成的?小学教师应如何针对小学生的心理差异进行因材施教?

第一节 概述

心理差异是人与人之间彼此相区别的稳定的心理特点,包括心理过程、心理状态和个性心理特征等方面的差异。小学生差异心理是表现出来的相对稳定又区别于他人的个性心理特征,这些差异对小学生的发展产生重要的作用。

一、心理差异的含义

人类心理除共性外,还存在一定的差异性。心理差异(Psychological difference)有广义与狭义之分。广义的心理差异是指不同群体间的心理特征差异,如不同民族、种族、年龄、性别、阶级等群体间的心理特征差异。狭义的心理差异主要指个体之间的心理特征差异,是个体在遗传素质的基础上,经由教育和实践活动逐渐形成的不同于他人的、相对稳定的心理特征。

对心理差异的研究可以从两个不同的方向开展。从纵向看,个体的心理是一个不断发展变化的过程。个体在不同年龄、不同发展阶段往往有不同的心理特征。从横向看,不同个体由于遗传素质、家庭环境、所受教育等不同,其心理特征也不相同。因此,小学生的心理差异可以分为两方面:一是小学生群体所具有的共性的心理差异,如年龄心理、性别心理等。二是小学生个体所具有的心理差异,如有的学生聪明伶俐,思维敏捷;有的学生则迟钝木讷。本章着重探讨小学生的智力差异、性别差异、社会背景差异,并针对小学生的这些心理差异提出相应的教育策略。

二、影响心理差异的因素

一般认为,小学生的心理差异是生物、环境两大因素综合作用的结果。生物因素为小学生差异心理的形成提供了物质基础和自然前提,而起决定性作用的是环境因素。生物因素与环境因素相互影响、交互作用。

(一)生物因素

生物因素主要指那些与生俱来的解剖生理特点,如神经系统、感觉器官和运动器官的特性,其中脑的特性尤其重要。近年来众多研究从脑电生理、脑功能成像、神经生化、行为遗传与分子遗传等方面对心理差异及其生物学基础进行探究,并取得很大进展。Neubauer等(2000)在一项德国双生子研究中,发现反应时与心理测验的智力分数差异的相关受遗传因素的影响。Robert Plomin及其率领的研究小组发现,人类第6条染色体的长臂上有一种IGF2R基因,在超常儿童DNA样本中再现的频率比对照

组高。Polderman认为智商具有遗传性,并将智商高低受到遗传控制的程度称为智商的遗传力,他的研究表明,个体到12岁时智商的遗传力为80%。[①] Jung等(2005)通过磁共振波谱分析(magnetic resonance spectroscopy,MRS)研究脑结构生化底物及其在生物体内的功能时发现大脑左顶枕区的白质可以预测智商。由此可见,生物因素对个体的人格特质以及智力发展有着明显的作用。

(二) 环境因素

1. 家庭因素

在众多的环境影响因素中,家庭环境对儿童的发展影响最为直接,影响的时间最长,因而也最重要。王萍的研究(2007)显示,离异家庭的小学生在对人焦虑、孤独倾向、自责倾向、过敏倾向、恐怖倾向、冲动倾向方面的得分要显著高于完整型家庭的学生。父母的教养方式对小学生心理和行为产生的影响是最直接的。父母对孩子的高控制性,如过于严厉,经常以打骂、训斥的手段来管教和约束孩子,与孩子缺乏交流,对孩子漠不关心和情感疏远等,都会对子女的智力发展、学业成功、良好性格的形成产生不利的影响。梁英豪等(2017)的调查发现,父母受教育水平与其子女的心理素质发展呈显著的正相关,这可能是因为高知父母家庭有条件为子女提供更丰富和优质的教育资源,也有更多的时间为子女在身心发展,尤其是学业方面遇到的问题提供及时和有力的指导。

2. 学校因素

儿童进入小学阶段,学校成为儿童的主要活动场所。积极的校园环境有利于小学生形成积极的心理特征,而消极的校园环境将阻碍儿童心理健康发展。学校的校园文化、同伴关系、师生关系都将对小学生的心理成长发挥着重要作用。聂衍刚等人的(2004)研究发现,城市学校和农村学校由于环境、师资条件等不同,对小学生差异心理也有一定影响。孙俊才等(2007)研究表明学校同伴关系不良的学生在情绪表达的认知上存在发展滞后的现象。陶沙等(2015)的研究发现,积极的学校心理环境有利于小学生认知发展。拥有积极的校园人际关系,即师生关系和同伴关系的学生往往表现出乐观、自尊、自信等积极心理特征。

3. 社会因素

小学生是在一定的社会环境中成长的,社会文化氛围会对小学生心理差异产生一定的影响。健康的社会文化可以激励小学生奋发向上,有助于培养小学生良好的品德,陶冶他们的情操,使他们的人格不断完善,心灵获得升华。相反,不健康的社会文化会影响小学生形成正确的人生观、价值观,影响小学生心理的发展。刘玲(2012)的研究显示,一些优秀的日本动漫作品,如《海贼王》会培养小学生坚忍不拔的精神意志,

---

① Polderman T J, Gosso M F, Postuma D, et al. A longitudinal twin study on IQ, executive functioning and attention problems during childhood and early adolescence[J]. Acta Neurologica Belgica, 2006(6).

缓解他们的压力、不安和失落感。但日本动漫中的暴力、色情等内容也会潜移默化地对小学生产生消极影响，诱发他们的攻击行为，对其身心成长造成一定的扭曲。梁英豪等(2017)在对小学生心理素质发展的现状调查中发现，不同地区的小学生心理素质发展存在显著差异，这可能是因为资源分布、政策倾向和历史的原因，造成我国不同地区的教育资源并不均衡，因而小学生心理素质发展水平存在显著差异。

复习巩固

> 1. 什么是心理差异，如何理解？
> 2. 影响心理差异的因素有哪些？

第二节　小学生的智力差异

智力是一种极为复杂的心理机能，它是使人能顺利从事某种活动所必需的各种认知能力的有机结合，包括思维、感知、记忆、想象、言语和操作技能等。智力差异是小学生最常见的差异心理。作为小学教师，认识和了解小学生的智力差异，才能更好地开发学生的智力。

一、智力差异的含义及表现

智力差异(Intelligence difference)指的是小学生之间的智力发展差异，如有的学生思维敏捷，有的学生思维迟缓，有的学生观察入微，有的学生记忆超群，有的学生想象丰富，有的学生语言丰富，有的学生操作能力强。

智力差异是小学生心理差异最重要的方面之一。小学阶段是小学生智力发展相对较快的时期，在这个时期教师如果能根据小学生智力发展的特点，有针对性地开发学生的智力，将对学生智力的全面均衡发展带来积极的影响。小学生的智力差异主要体现在下面两方面：

（一）小学生智力水平差异

智力水平差异是指个体之间智力水平的高低程度上的差异。心理学研究表明，人类的智力水平呈常态分布。68%的人的智商在85到115之间，其聪明程度属于中等。智商分数极高与极低的人很少。一般认为智商超过130的人属于天才，他们所占比例不到1%（见表14-1）。

表 14-1 人类智力等级分布

智力等级	IQ 的范围	人群中的理论分布比率(%)
极超常	≥130	2.2
超常	120～129	6.7
高于平常	110～119	16.1
平常	90～109	50.0
低于平常	80～89	16.1
边界	70～79	6.7
智力缺陷	≤69	2.2

小学生的智力发展符合人类智力发展的特点。我国研究发现,大部分小学生处于中等智力水平,智力超常与落后的小学生是少数。智力超常小学生的智商通常在120—129之间,他们的特征是:(1)求知欲强,兴趣广泛,学习热情高;(2)观察力敏锐;(3)思维敏捷,理解力强,善于抓住问题的关键;(4)注意力集中,能长时间集中注意力在学习或其他活动上;(5)想象活跃,富于幻想,常标新立异;(6)极具独立性和创造性,不迷信权威,有自己独特的见解;(7)强烈的好胜心和坚强的意志,充满自信,积极乐观。

智力落后小学生的智商通常在50—70之间,他们的特征是:(1)知觉慢,认知范围狭窄,内容笼统而贫乏;(2)记忆速度慢,遗忘速度快,再认能力差;(3)言语出现较迟,词汇贫乏,缺乏连贯性;(4)思维带有很大具体性,很难形成抽象概念,数概念差,难以胜任抽象的学习。这些智力落后小学生大多在我国培智学校或其他特殊教育学校学习。

(二)小学生智力类型差异

小学生的智力差异还表现在智力类型上,主要有:

1. 分析型、综合型与分析—综合型

分析型小学生在知觉过程中,具有较强的分析能力和对物体细节感知清晰的特点,但概括性和整体性不够;综合型的小学生善于概括和把握整体,但缺乏分析性,对细节不大注意;分析—综合型的小学生兼有上述两种类型的特点,既具有较强的分析性,又具有较强的综合性,是一种较理想的知觉类型。例如:有的小学生在做数学题时,能很好审题,抓住问题关键,使问题迎刃而解,这是分析—综合型;而有的小学生在解题时,常考虑太多的因素,抓不住重点,须经别人提示,才恍然大悟,这是分析型的特点。

2. 视觉型、听觉型、运动觉型与混合型

视觉型的小学生视觉记忆效果最好;听觉型的小学生听觉记忆效果最佳;运动觉型的小学生有运动觉参加时记忆效果最好,这类学生往往擅长于舞蹈、体育等以动作为主的学科;混合型的小学生用多种感觉通道识记时效果最显著。

3.艺术型、思维型与中间型

艺术型的小学生在感知方面具有印象鲜明的特点,易于记忆图形、颜色、声音等直观材料,思维富于形象性,想象丰富,情绪容易被感染,适合发展美术、舞蹈、书法等。思维型小学生在感知方面注重对事物的分析、概括,善于语词记忆、概念记忆;思维倾向于分析、系统化,这种学生易于发展数学、语文等学科的能力。中间型的小学生则具有两者的特点。

我国杜小新、王小慧(2001)的研究发现,同龄小学生在智力类型上存在差异:有的学生缺乏数的基本概念,难以正确认识数的规律;有的学生只能进行单维度的概括与推理;还有的学生倾向于机械记忆,寻找规律的意识不强,认知策略储备不足或不能有效地运用策略。而另一些小学生认知发展水平较高,能有效地进行多维度的思维。

拓展阅读

加德纳多元智力理论

美国心理学家加德纳在探寻智力奥秘的过程中,赋予智力神奇力量的定义,即"智力是一种文化环境中个体处理信息的生理和心理潜能,这种潜能可以被文化背景激活"。他在1983年出版的《智能结构》一书中提出了七种相对独立的智力:

言语—语言智力,指的是人对语言的掌握和灵活运用的能力,表现为个人能顺利而有效地利用语言描述事件、表达思想并与他人交流。

音乐—节奏智力,指的是个人感受、辨别、记忆、表达音乐的能力,表现为个人对节奏、音调、音色和旋律的敏感以及通过作曲、演奏、歌唱等形式来表达自己的思想或情感。音乐—节奏智力在作曲家、歌唱家、演奏家等人身上表现得特别明显。

逻辑—数理智力,指的是对逻辑结构关系的理解、推理、思维表达能力,主要表现为个人对事物间各种关系如类比、对比、因果和逻辑等关系的敏感以及通过数理进行运算和逻辑推理等,如科学家、数学家或逻辑学家都是具有较高逻辑—数理智力的人群。

视觉—空间智力,指的是人对色彩、形状、空间位置等要素的准确感受和表达的能力,表现为个人对线条、形状、结构、色彩和空间关系的敏感以及通过图形将它们表现出来,空间智力可运用于艺术或科学中,如果一个人空间智力高且倾向于艺术,就可能成为一名画家、雕刻家或建筑师。

身体—动觉智力,指的是人身体的协调、平衡能力和运动的力量、速度、灵活性等,表现为用身体表达思想、情感的能力和动手的能力,最显著的例子是从事体操或表演艺术的人。

交往—交流智力，指的是对他人的表情、说话、手势动作的敏感程度以及对此做出有效反应的能力，表现为个人察觉、体验他人的情绪、情感并做出适当的反应，对于教师、临床医生、推销员或政治家等，这种智力尤为重要。

自我内省智力，指的是个体认识、洞察和反省自身的能力，表现为个人能较好地意识和评价自己的动机、情绪、个性等，并且有意识地运用这些信息去调适自己生活的能力。这种智力在哲学家、小说家、律师等人身上有比较突出的表现。

加德纳多元智力理论的主要内容包括下面几点：

一是智力作为一种发现问题和解决问题或创造新事物的能力，它不是一种能力，而是多种能力的组合。二是智力结构是多元的，每种智力结构具有相对的独立性，各自在个体中使用不同的符号并遵循不同的发展规律。因此，智力的发展需要差异化的教育方式。三是个体智力的差异是智力不同组合的表现。每位学生都可能因为其中的一种或几种不同的智力组合而呈现个体智力的差异。四是各种智力是有待开发的潜能。

加德纳多元智力理论的提出丰富了智力的内涵，完善了教育教学理论，推动了教育教学改革，转变了人才培养观念。

二、教育对策

小学生在智力上存在着诸多差异性，小学教师如何根据学生的这些智力差异进行针对性的教育教学，是提高教育教学质量的关键之一。许多研究者对此进行了探索，提出了一些教育对策。下面着重介绍几种主要的教育对策：

（一）认知发展阶段教学

认知发展阶段教学是以皮亚杰的儿童认知发展阶段理论为依据，适合小学生的不同认知发展水平的教学。皮亚杰认为小学低年级学生的思维以形象思维为主，他们的思维离不开具体经验的支持，还不能进行抽象的逻辑思维。到小学高年级，他们的逻辑思维能力得到较快发展，能够进行比较抽象的运算和概括。因此，小学教师要根据小学生思维发展的特点，来开发他们的智力。教师在开发低年级小学生智力的时候，可以使用实物、图片、模型演示等生动形象、通俗易懂的直观教具来加深他们对知识的理解。开发高年级小学生的智力，则要重点注意训练小学生的思维语言，语言是思维的外在表现，借助语言思考问题，以语言的准确性、严密性、逻辑性、示范性培养他们的抽象思维能力。

（二）分层教学

分层教学是一种基于学生个体差异的个性化教学模式。分层教学是指学校在一个年级内的某一学科同时开设几种不同层次的课程,不同智力发展水平的学生有选择不同层次课程学习的自由。开展分层教学,要制订分层要求的教学目标、教学方法和教学评价。例如,开设 A、B、C 三种层次的课程,A 组课程的教学要求高于课程标准,采用实验教材;B 组课程略高于课程标准,采用统编教材;C 组课程按照课程标准的最低要求授课。三组课程的课时不变,安排在相同时间,供学生跨班选择。分层教学的管理是动态的,每一学期对学生学科学习特征及学习情况进行评估,并进行班组的调整,可能一个学生某学科参加 A 组学习,而另一学科参加 C 班学习。同时,学生也可根据自己的特长来选择。由此可见,分层教学有助于学生的主动发展和专长的培养。

(三)个别化教学系统

个别化教学系统(Personalized System of Instruction)简称 PSI,又称凯勒计划,由凯勒(F. S. Keller)及其同事于 1968 年创立。该系统允许学生保证对教材真正掌握的前提下,按照自己的学习速度继续向前学习,避免了讲授式教学的单一性和时间安排的呆板性。

PSI(凯勒计划)具有五个鲜明的特征:

1. 以掌握为导向。掌握规定的教学内容是教学的主要目标。每门课程分为若干单元,每个学生在学完某单元后,必须进行单元测验。通过测验表明学生已达到掌握标准,可以学习下个单元,若未掌握,教师会要求学生重新复习该单元。

2. 使用指导性教材。系统编制教材是教学的重要一环,只有提供完备的教材才能指导学生学习,指导性教材包括对各单元教学目标的明确说明,教材内容的分析以及练习题的布置等,以供学生自学。

3. 教师自由授课。教师只用少量几次教学来激发学生的学习动机和兴趣,授课内容常与考试内容无关,目的在激发学生学习的主动性与积极性。

4. 学生自定学习进度。学生根据自己的能力、学习速度、时间安排自愿控制单元学习的进度。

5. 安排学生助理。已通过该门课程的学生担任学生助理,主要工作包括:按标准答案评阅学生的单元测试;帮助学习上遇到困难的学生;记录学生的学习进度并向教师汇报。

PSI 能激发学生的学习动机,提高学生的学习积极性,增强学生之间的互动,适应学生的个别差别。

(四)计算机辅助教学

计算机辅助教学是计算机对教学过程中师生之间信息交流过程的模拟,该系统是根据程序教学原理而设计的。为适应学生智力发展的差异性,高质量教学软件的开发是核心。首先,明确课程的教学目标,并根据目标从易到难科学组织教学内容,做好教学过程控制的处理,学生可以根据自己的学习进度进一步完成学习目标;其次,充分利

用计算机的交互性特点,将教与学的信息交流有机地融入软件中,计算机对学生的反应做出正确与否的反馈,同时准确定位学生发展水平,并提供适宜的教学材料为学生下一步学习提供支持;最后,要充分利用计算机将学习内容以声音、动画、图形、图像等方式呈现出来,以适应不同认知类型学生的学习。计算机辅助教学为学生的个别化教学提供了有力的现代化教学手段。

复习巩固

1. 什么是智力差异,小学生的智力差异表现在哪些方面?
2. 针对小学生智力差异的教育对策有哪些?

第三节 小学生的性别差异

在小学,男女学生的发展与表现存在着一定的差异,这种差异不仅表现在生理方面,也表现在心理方面。小学教师要针对学生的性别心理差异进行教育。

一、性别心理差异的表现

性别心理差异(Psychological Differences between the Sexes)指的是男女小学生在智能、情感、意志、个性等心理方面的差异。性别心理差异在小学生的婴儿期就表现出来了,并在社会影响下逐渐扩大。小学生性别心理差异主要有:

(一)认知差异

1. 感知、注意与记忆差异

女生的听觉能力、声音辨析和声音定位能力明显优于男生;男生的空间知觉能力要优于女生。在空间能力上,男生从10岁左右就开始领先,表现在两维或三维物体操作,读图和确定目标物等活动中。我国心理学家许燕、张厚粲(2000)的研究发现,二、四、六年级小学生在空间能力的加工方式、加工精确性及加工策略上均存在着性别差异。在空间能力的发展趋势和空间组合能力方面,女生表现出稳定的优势;空间旋转能力上,男生的优势随年龄增长表现为减弱并逐渐消失的特征。

女生的注意力要比男生集中,男生注意力容易分散,但注意力的分配与转移又优于女生。女生注意的兴趣多定向于人,对人与人的关系很敏感;而男生的兴趣多定向于物,喜欢摆弄物体,探索其奥妙。李靖、钱秀莹(2000)的研究发现,男女小学生持续注意随时间的变化趋势一致;7岁男生的持续注意能力优于女生,而9岁和11岁男女学生的持续注意能力各有自己的风格：男生反应快而正确率低，女生反应慢而正确率高。在记忆力方面，女生形象记忆、情绪记忆、动作记忆都优于男生，对具体事物的记忆精确，擅于强化；但男生的理解记忆和抽象记忆优于女生。

2. 言语与思维差异

女生语言发育早于男生，语言表达的流畅性、清晰性都明显优于男生。许燕、张厚粲（1998）的研究发现，在言语表达能力上女生占优势。这种优势开始于小学四年级，并随年龄增长而加大。在高水平的言语表达能力上，在各年级都体现了女生明显而稳定的优势。

女生善于具体形象思维，主要依靠表象之间的类比和联想；男生则擅长抽象思维和发散思维，他们主要依靠概念进行判断和推理，有较强的演绎和归纳能力。胡卫平，韩琴（2006）的研究发现，男女生的创造性科学问题提出能力发展趋势基本相同，但男生整体上要略高于女生。在观察力方面，女生的观察力具有敏锐、细腻、辨别能力强的特点，男生在对事物的整体及特点把握上要优于女生。

（二）非智力因素差异

非智力因素是指人在智慧活动中，不能直接参与认知过程的心理因素，包括需要、动机、兴趣、情绪、意志、性格等方面，它对认知过程起着动力和调节等作用。心理学界对男女小学生的非智力因素进行了大量研究，发现他们的非智力因素差异表现在：

1. 情绪与人格差异

男女小学生在情绪理解上存在显著差异。一种观点认为，女生的情绪理解水平高于男生，具体表现为表情识别能力、表情命名、复杂情绪理解、情绪词汇提名和情绪识别线索优于男生，女生比男生使用更多标准维持情绪表现规则。另一种观点认为，与女生相比，男生认为调节情绪更为重要，较少进行情绪表达。

小学生在情绪抑制策略上有显著性别差异，姜媛等人（2008）的研究发现，男生更倾向采用情绪抑制策略。这是因为从传统社会文化看，人们一般认为男生更应坚强和克制，更稳重和含蓄，因此男生更易于抑制情绪。反之，女生则更易表达和较少地抑制自己的情绪。

小学生在人格上存在性别差异，张野、杨丽珠（2007）研究发现，认可型、矛盾型的女生显著多于男生，而拒绝型女生则显著少于男生。与男生相比，教师眼中的女生往往具有较好的人格行为表现，她们学习认真负责，能较好控制自己，更容易表现出同情心、更多地做出关心他人的行为。

2. 人际关系差异

在师生关系方面，女生更倾向与教师形成亲密型关系，男生更倾向与教师形成冲突型或依赖型关系。宋德如、刘万伦（2007）的研究发现，在师生关系中，女生比男生表现得更亲密、合作与主动，女生更乐于与教师交往，更善于与教师保持亲密关系，更易听教师的话，服从教师的要求。研究还发现，女生与教师的关系相对较稳定，而男生与

教师的关系随年级升高会有相对较大的变化。小学低年级男生对教师的依赖性较大，希望获得教师的支持，但随着年级升高，男生与教师交往的亲密性、合作性和主动性会逐渐下降。而女生与教师交往在年级升高的过程中变化不大。这可能是因为女孩希望更多地获得别人支持，有较强的交往倾向和归属感，而男生往往更倾向变化与自主。在同伴接纳方面，女生在低年级时更多受同伴的欢迎，但男生在整个小学阶段会受到同伴更多的拒绝。

3、社会行为差异

在小学低年级，女生的积极社会行为多于男生，高年级时男女生间的差异缩小，但女生积极社会行为水平仍高于男生。男生的攻击冒犯行为多于女生，并保持稳定的差异。高年级女生的敏感退缩行为多于男生。小学女生的关系攻击显著多于男生，男生的身体攻击显著多于女生。赵冬梅、周宗奎（2010）对小学生的攻击行为进行了研究，发现为了达到最大的伤害效果，女生会选择关系攻击的形式，采取言语攻击的方式来弥补自己在体质上相对柔弱的缺陷；而男生会选择外显攻击形式，然后逐步加入关系攻击。

4、学业成就动机差异

成就动机是指个人追求自己所认为重要或者有价值的事情的愿望。研究发现，小学三、四、五年级学生的学业成就动机具有性别差异，女生的学业成就动机要高于男生。男生努力学习，乃是因为他内在的成就动机高；女生努力学习，则可能是为了取悦他人或者为了获得他人的赞赏。在成就的归因风格上也有差异，张学民等（2000）在一项考察奖赏结构和结果效价对男女儿童归因风格的影响研究中发现，能力、运气归因存在性别差异，在竞争奖赏结构条件下，女生对成就状况倾向于做运气归因，而男生倾向于做运气以外其他因素的归因，如能力；在非竞争奖赏结构条件下，男生对成就状况倾向于做运气归因，而女生倾向于做运气以外其他因素的归因。

二、教育对策

小学生的性别心理差异是在生物基础上，通过社会化过程逐渐形成的。教师需要了解小学生的这些性别心理差异，在教育中注意"因性施教"，发挥小学生性别中的优势，弥补性别中的不足。

（一）了解学生的性别差异，形成平等的性别期望

很多教师并未意识到在实际教学过程中，学生性别的差异对自己教学行为造成的影响。张丹等（2014）发现，虽然多数教师口头表示在课堂互动中对待男女生并无关注上的差异，但通过调查，结果显示在课堂师生互动中，男生成为教师给予更多关注的对象。性别刻板印象是指关于男女两性生物属性、心理特征和角色行为的固定的、陈旧的印象，性别刻板印象在社会上普遍存在。如"男性适合于职场，女性适合于家庭""男

要闯,女要藏""男性天生比女性聪明"等等。甚至有些教师认为女生"小学好、初中一般、高中差"的现象是客观必然,不重视或放弃了对女生的教育培养。袁莉(2012)研究了小学教师的性别角色刻板,发现在测量"小 F 的语文和英语成绩差,但数学成绩好"这道题时,90.1%的教师认为小 F 是男生。美国 20 多年的研究表明,男生总是比女生得到更多关注,教师对男女学生评价不一,是造成女生学习缺乏信心的原因之一。

因此,小学教师应该有意识反思学生性别差异对自身教学行为的影响,破除思维定式,对男女学生智商与情商发展抱有一致的期望,并向家长宣传男女平等的道理,提高家长对女生的期望值,配合学校工作。

(二)针对男女生身心发展特征因性施教,取长避短

小学教师要针对男女学生心理发展的不同特点,采取科学的教育方法,促使他们各自优势的发展和劣势的弥补。首先,在小学阶段,女生整体心理发展略提前于男生,是女生心理发展的关键期,因此小学教师在与女生进行交流沟通时,要特别注意自身的榜样示范作用。其次,针对男女生认知方面的差异进行因性施教。如对于女生言语能力较强,擅长形象思维的特点,教师可善用她们的这些优势,培养和发展她们在语文、英语等学科方面的才能。针对女生逻辑思维、空间能力、理解记忆等方面的不足,要采取适当的教育措施,弥补她们的不足。比如,通过数学的教学培养女生的逻辑思维能力,可以多问女生"为什么""怎么样"之类的问题,引导女生从多角度考虑问题,培养女生独立、深入思考问题的能力和习惯。对于男生逻辑思维能力较强的特点,要通过综合课、数学课等方面的教学,培养他们在数学等方面的才能。针对男生形象思维、言语能力等方面的不足,教师可以通过加强对他们的语文、美术、音乐等形象性课程的教学,有意识培养男生形象思维的习惯,提高他们形象思维的能力。教师还应加强直观教学,如观察实物标本、观看幻灯片、图片、模型等,丰富男生的直接经验和感性知识,使男生获得生动的表象,从而提高形象思维能力。

复习巩固

1. 什么是性别心理差异?
2. 小学生的性别差异表现在哪些方面?
3. 针对小学生性别差异有哪些教育对策?

第四节 小学生的社会背景心理差异

小学生是社会的人,他们不能脱离社会背景孤立地生活与学习。小学生的发展离

不开一定的社会背景,这种社会背景给小学生的心理发展带来很大的影响。小学教师应该了解学生的这些社会背景,才能更好地开展针对性的教育教学工作。

一、社会背景心理差异的含义

社会背景主要指对小学生的发展起作用的现实环境,如学校环境、家庭环境、社会环境等。社会背景的心理差异(Psychological Differences in Social Background)是指生活在不同现实环境中的小学生所表现出来的不同心理特征。小学生总是生活在特定的学校背景、社会经济文化背景及家庭背景中,这些社会背景相互影响、相互制约,共同对小学生的身心发展产生深刻而长远的影响。

二、小学生社会背景心理差异的主要表现

(一)家庭背景对小学生的影响

不同家庭环境,包括家长的文化程度、父母教养方式,父母对子女的期望等诸多因素,都会对小学生的成长起着重要的作用。程玉兰等人(2000)对武汉市 8~13 岁 109 名学习困难学生与 125 名学习优良学生的比较研究发现,学习困难学生父母的文化程度偏低,其职业以体力劳动为主;而学习优良学生父母的文化程度较高,职业以脑力劳动为主。戴晓阳(2007)对单亲家庭与非单亲家庭儿童自我意识和人际信任关系的比较研究发现,单亲家庭儿童的自我意识水平、人际信任显著低于非单亲家庭儿童。何淑华等人(2018)在对学龄儿童心理健康影响因素的分析中发现,将民主型教养方式与溺爱型、放任型、混合型、专制型教养方式进行比较发现,溺爱型、放任型、混合型和专制型对心理健康危险度分别比民主型高出 2.11 倍、1.79 倍、1.66 倍和 1.43 倍。

此外,家庭经济收入水平影响父母对子女的期望值,经济地位低的家庭大多对子女的期望不高。朱俊卿、陈会昌(2000)对农村温饱型地区父母教育观念的调查发现,他们对孩子的培养目标放在第一位的是孝敬老人,对子女学历要求不高,要求大学毕业者只占 35%,大大低于城市父母。王晖和戚务念(2014)在父母教育期望与农村留守儿童学业成就的研究中指出,父母的教育期望对子女学业成绩具有积极作用。父母对子女的期望水平与子女的学校适应呈正向相关,父母对子女的期望值高,子女的学业成绩越高,学校适应越好。

(二)学校背景对小学生的影响

学校背景包括学校的物质环境和精神环境。良好的学校环境给小学生带来温馨、舒适的学习和生活状态。林崇德(2002)等人的研究发现,小学生心理健康状况在条件不同的学校环境下有显著差异。处于城市学校环境下的学生的情绪困扰要低于农村学校学生,其原因是城市学校的条件比农村学校要好,师资力量更强,教师的教育教学

水平更好。

班级环境与学生发展密切相关,对学生认知发展、学习成就和身心健康都有重要的影响。宋立华(2004)认为,积极的班级心理社会环境能有效激励学生的学习动机,提高学生学习的积极性。兰琢(2009)研究发现,班级环境不仅影响学生的学习动机,对学生的课堂行为、学生的学习成绩和学生的品德形成都有着重要的影响。潭千保等(2007)的研究还发现,班级环境中的师生关系、同学关系、秩序纪律和竞争维度与学生生活满意度呈显著正相关,学习负担与学生的家庭、学校、学业、自由和环境满意度呈显著负相关。这说明班级环境越好,学生的生活满意度越高。良好的班级环境可以改善班级中的师生关系、同学关系,促进学生学习和身心健康。

学校教育主要是通过教师与学生的相互影响来实现的。教师的品德修养、知识经验、教育和教学技巧、对学生的态度等,对学生的发展都有举足轻重的意义。教师的信任、尊重和期望有利于和学生建立亲密的关系,让学生获得社会支持,提高学生的自信心和心理承受能力。韩立敏(2002)研究发现,对小学生的自我概念发展而言,班主任如果倾向于以严格、领导以及帮助、理解的态度与学生交往,对学生自我概念的发展有积极的作用。Birch(1998)等人的研究指出,冷漠型、拒绝型与冲突型的师生关系会导致学生的逆反心理、攻击性、破坏行为的增加,并产生焦虑、抑郁、情绪愤愤不平等心理问题。林崇德、王耘、姚计海(2001)的研究发现,亲密型的师生关系比冲突型和冷漠型的师生关系更有利于学生自我概念的发展。教师是学生在学校生活的"重要他人",教师的关注、情绪反应与行为表现都会给学生造成影响。

(三)社会经济文化背景对小学生的影响

研究表明,对于一群学生来说,他们所处的社会文化、经济环境会影响其智力测验中的成绩差异。在认知成绩方面较差的学生大多生活在偏僻地区。于萍等人(1998)对不同地区、不同民族的学生智慧发展的跨文化研究发现,5～13岁昆明汉族、宁洱县汉族和哈尼族学生完成混合果汁、空间推理、社会推理等三项不同任务的情况是不同的。宁洱县的汉族、哈尼族学生要落后于昆明的汉族学生。如13岁的昆明汉族学生70%能解决混合果汁实验中设计的问题,而宁洱县汉族、哈尼学生只有46.7%与40%能解决同样的问题。在解决空间推理问题时,昆明汉族学生与宁洱县汉族、哈尼族学生在5岁时就表现出明显差异,13岁时这种差异达到非常显著的水平,65%的昆明汉族学生能完成任务,普洱汉族、哈尼族学生为26.7%与20%。其原因在于这些学生所处的社会经济文化环境不同,昆明的经济文化发展比宁洱县发展要好得多。国外一些研究也表明,学生处于社会经济状况发展较好的环境中,其智商分数较高,使用的语言结构较复杂,具备行为、情感和认知方面的必要条件,这些条件能够帮助学生更好地适应陌生环境,提高学生的灵活性。杨翠蓉、殷建华、张奇(2018)在小学生学习品质的社区差异研究中发现,小学生的学习品质存在显著的城乡差异,农村小学生的学习品质显著低于城区与城郊的小学生。小学生的学习品质存在显著的经济发展水平之

间的差异,小学生生活区域和就读学校所在区域的经济发展水平越高,学习品质越好。

三、教育对策

(一)平等对待每位学生

从教育民主公平的角度看,无论学生来自什么样的社会背景,都应得到充分的尊重,都应该能平等地获得发展的机会及享用该有的教育资源。因此,小学教师要平等地对待不同社会背景的学生,尤其是来自社会背景较低的学生。要一视同仁地关心爱护每个学生,帮助每个学生。教师要教育引导学生正确认识自己所处的社会背景中的积极因素和消极因素,特别要保护他们应有的自尊心,要善于发现学生的优点,尤其是对于出身贫寒、家境不好的学生要多关心、多帮助,要帮助这些学生树立自信心,增强他们的进取心,促使他们能够获得更好的发展。

(二)针对差异,因人施教

小学教师对于来自较低社会背景,学习能力较差,行为习惯不是很好的学生,要进行针对性的教育指导,要多鼓励这些学生,消除他们的思想顾虑和胆怯心理,给他们创造表现和展示自己才干的机会,提高他们的语言表达能力,训练他们的思维,循序渐进地帮助他们解决学习中的问题,使他们能够体验成功,提高他们多方面的能力。教师对于来自较高社会背景的学生,要注意防止他们的优越感、骄傲自满心理。对这些学生要严格要求,发挥他们的聪明才智,提高他们学习和生活的独立性、自主性,锻炼他们多方面的能力,帮助他们在原有基础上发展得更好。

(三)重视家校合作及教育的一致性

家庭是学生所处社会背景中的重要因素。如果家庭教育与学校教育相一致,就能取得良好的教育。如果两者相抵触或对抗,对学生的教育效果就差,甚至无效果。因此,小学教师应利用家长会、家访等途径了解学生家庭的状况,做到心中有数,并适时地配合学校教育。要积极充分地利用家庭资源,如家长文化水平较高,可以对家长提出较高要求,请家长辅导监督孩子的学习。同时对家庭中的消极因素,如父母离婚的问题,教师也应与家长及时沟通,采取有效措施使学生尽量不受这些因素的影响。在教育教学过程中,教师应充分考虑学生家庭背景的差异,经常进行家校合作沟通,协调一致,选择良好的教育方式和方法,促进学生健康发展。

(四)加强学生间的相互交流与学习

我国是一个幅员辽阔的国家,地区经济发展以及教育发展的不平衡,造成城乡学生之间、家境优越与贫寒学生之间,以及其他方面的发展不平衡。因此,教师要多关注学生的社会背景差异,多了解不同社会背景学生的身心发展特点,要消除和减少对家境不好、农村学生的社会偏见。通过不同社会背景学生之间的相互交流、相互学习,让不同社会背景的学生能够共同发展。例如,针对城乡教育的差异,开展城乡学生"手拉手""互帮互学"等活动,促进城乡学生互相学习、取长补短;或是开展城乡教师共同上课,探讨对不同社会背景学生的教育教学问题,实现教育资源互补。

复习巩固

1. 什么是小学生社会背景心理差异?
2. 针对小学生社会背景心理差异有哪些教育对策?

本章要点小结

1.心理差异是指人与人之间彼此相区别的稳定的心理特点,包括心理过程、心理状态和个性心理特征等方面的差异。小学生差异心理的形成是生物因素和环境因素(家庭、学校和社会环境)综合作用的结果。学习小学生差异心理,有助于教师树立平等的学生观,有助于教师因材施教,有助于小学生心理健康。

2.小学生智力差异主要表现在智力水平、智力类型的差异。针对小学生智力差异,可以采用认知发展阶段教学、分组教学、个别化教学系统和计算机辅助教学的教育对策。

3.男女小学生的发展与表现存在着一定的心理差异。男女小学生的智力发展在总体上是平衡的,但在感知、注意与记忆、言语与思维方面存在显著差异,而非智力因素方面的差异,主要体现在情绪与人格、人际关系、社会行为和学业成就动机方面。教育应了解学生的性别差异,形成平等的性别期望;根据男女身心发展特征因性施教,取长避短。

4.小学生总是生活在特定的社会经济文化、家庭背景和学校背景中,这些背景会给小学生的心理发展带来很深刻的影响。作为教师,要平等地对待每个学生,针对学生的差异因人施教,重视家校合作及教育的一致性,加强学生间的相互交流与学习。

关键术语表

心理差异	Psychological difference
智力	Intelligence
个别化教学系统	Personalized System of Instruction
性别心理差异	Psychological Differences between the Sexes
社会背景的心理差异	Psychological Differences in Social Background

复习题

一、单项选择题

1. 多元智力理论是由（　　）提出的。
   A. 皮亚杰　　　　　　　　B. 奥苏贝尔
   C. 加德纳　　　　　　　　D. 班杜拉

2. 认知发展阶段教学是以（　　）的儿童认知发展阶段理论为依据，适合小学生的不同认知发展水平的教学。
   A. 皮亚杰　　　　　　　　B. 奥苏贝尔
   C. 斯滕伯格　　　　　　　D. 班杜拉

3. 下列关于"凯勒计划"特点的描述，正确的是（　　）。
   A. 学生的学习速度由老师为了完成教学大纲要求而决定
   B. 教师讲课的主要目的是向学生讲解教学内容
   C. 教师需要给学生提供学习指导教材
   D. 所安排的学生助理的主要作用是帮助教师拿一些教学仪器设备

4. 人类平常的智力水平范围在（　　）。
   A. 70~79　　　　　　　　B. 80~89
   C. 90~109　　　　　　　 D. 110~119

二、多项选择题

1. 小学生智力差异主要表现在（　　）。
   A. 智力水平　　　　　　　B. 智力发展方式
   C. 智力类型　　　　　　　D. 智力表现范围

2. 性别心理差异的表现在认知方面表现在（　　）。
   A. 感知、注意与记忆差异　B. 言语与思维差异
   C. 情绪与人格差异　　　　D. 社会行为差异

3. 对小学生心理差异产生影响的因素有（　　）。
   A. 家庭背景　　　　　　　B. 学校背景
   C. 社会经济文化背景　　　D. 个体遗传

三、判断对错题

1. 心理差异的生物因素主要指那些与生俱来的解剖生理特点，如神经系统、感觉器官和运动器官的特性，其中脑的特性尤其重要。（　　）

2. 小学生的性别心理差异除表现在认知方面，也表现在情绪与人格、人际关系、社会行为和学业成就动机方面。（　　）

3. 针对小学男女生身心发展的差异，教师应一视同仁、统一要求。（　　）

第十五章　小学教师心理

通过本章学习,你要认识小学教师的社会角色有哪些,小学教师角色是如何形成与发展的?如何维护与提高教师的威信,践行师爱?教师的教学效能感、教学反思力和教育机智受到哪些因素的影响?小学教师的主要心理问题及成因是什么?如何掌握调适心理健康的方法等一系列问题。

第一节　小学教师的社会角色

在小学阶段，小学教师是教育的施教者，也是实施教育的主体。小学教育通过小学教师，对学生产生终身的影响。在教育活动中，小学教师将自己定位于何种角色，具有重要的意义。小学教师首先要认识和理解自己的角色，只有这样才能成为一名称职的教师。

一、教师角色的多样性

"角色"一词来源于戏剧，社会心理学家米德首先将其引入社会学理论中，指个体在社会舞台上的身份与行为。教师角色指社会对教师的职能、地位的期望和要求，规定了教师在教育情境中应该表现的心理和行为方式。现代社会突飞猛进的发展，日新月异的变化，导致社会、家长、学生对教师的角色期待变得多种多样，既希望教师教书育人、管理班级、培育学生心灵成长，又希望教师成为学习者、研究者，这就决定了教师角色的丰富性、复杂性和多样性。

（一）教书育人的角色

教书育人是小学教师角色最主要的本质特征。教书只是手段，育人才是目的。育人的核心是教会学生如何成为一名合格的社会公民，如何学会做人。一个人如果学识能力再高，但缺乏正确的人生观、价值观和良好的社会公德，也难以在社会上立足。因此，小学教师要根据社会发展的要求以及我国教育的培养目标，帮助学生形成正确的人生观和价值观，教育学生遵从社会规范，遵纪守法，培养学生的社会公德。为此，小学教师要热爱教育事业，要以身作则，言传身教，热爱关心学生的成长与发展。小学教师的育人角色贯穿在小学教育的整个过程中，渗透在教育教学的方方面面，是衡量教育成功与否的重要指标。小学教师不仅要重视对学生的知识传授，更要做好育人的工作。

随着现代社会科学技术的日新月异，教学内容和教学手段也随之发生了很大变化。学生知识的获取不仅来源于教科书，还来源于互联网、电子图书馆、App 软件等新媒体。凭借黑板、粉笔和口授的形式，对学生进行知识传授，已经不能满足当代学生的学习需要，小学教师的教书角色已从"教书匠"转变为学生发展的指导者、促进者和帮助者。因此，小学教师不仅要"授之于鱼"，更要"授之于渔"，教会学生学习的方法，提高学生自主学习能力，促使学生从"要我学"转化为"我要学"，使学生想学、爱学、乐学。

(二)班级管理者的角色

班集体是学生学习和生活的基本单位,教师通过对班集体的管理,可以实现对学生课内外活动的组织,达到班集体的目标。因此,教师扮演着班级管理者的角色。首先,小学教师是课堂纪律的管理者。小学生由于年纪小、兴趣或注意力分散等原因,上课可能会扰乱别人,影响课堂秩序。加上每个学生性格不同,需求各异,让所有学生集中于课堂学习,在一定程度上是有困难的。因此,小学教师要制订班级管理日常规范与纪律要求,督促学生自觉遵守学校规章制度与课堂纪律。

其次,小学教师又是班集体的领导者。良好班集体的形成有赖于教师的组织领导能力。小学教师要善于选择和培养学生干部,建立强有力的班级核心;通过开展班集体活动,增强班级凝聚力,营造良好的班集体舆论和氛围;引导学生中的非正式群体朝正确的方向发展,充分发挥非正式群体的积极作用。

(三)学生心灵培育者的角色

现代教育不仅关注学生的智力发展,更重视学生的心理健康,因此,一个称职的小学教师还必须是一位称职的心理工作者,能够培育小学生的心灵,呵护小学生的成长。小学教师要引导学生健康生活,当学生心理受挫时,要设法营造谅解、宽容的氛围,及时提供心理咨询,并尽快治愈学生的心灵创伤,恢复学生的自尊自信。

小学教师要胜任学生心灵培育者的角色就要不断学习。小学教师要学习识别和解决小学生常见的心理问题,在重视学生行为问题的同时,更要多关注对学生人格健全发展的教育引导;要尊重学生、主动与学生交往,在理解和信任的基础上成为学生的朋友,使学生愿意把心里话告诉教师;要帮助学生客观认识自己,鼓励学生进行自我教育和自我控制;要营造一种宽容和融洽的气氛,针对学生遇到的心理挫折提供辅导和帮助。

(四)研究者的角色

现代社会的高速发展和教育水平的提高,要求教师具备更高的教育教学水平。现代教师不能局限于成为传统的"教书匠",而必须成为研究者,这是教师专业化发展的必然要求。教师只有将自己定位于研究者的角色,才能顺应时代发展,成为教育改革的积极参与者和推动者。在教育教学改革的过程中,有许多新的研究课题摆在教师面前。例如,如何预防和解决学生的心理问题,如何针对独生子女特点进行教育,如何在传授知识的同时发展学生的能力,如何培养创造型和开拓型人才,等等。因此,现代小学教师不仅要熟悉科学研究的原理与方法,还要钻研学生和教材,积极投身于教育改革实践,以便发现和确定研究课题,更好地进行研究,结合教学和科研,以科研促进教学,通过教育研究工作,不断提高自己。

(五)学习者的角色

终身学习是21世纪的生存概念。教师不仅是知识传播的承担者,同时也是知识

的创新者,所以更需要注重终身学习。随着学生获取知识、信息渠道的多样化,教师作为学生的唯一知识源的地位已彻底动摇,教师需要重新定位,以学习来促发展,改变自己的生存状态。同时,教师的专业化发展要求教师不仅要提高学习能力,还要提升业务素养,强化科研能力,这一切都离不开教师的学习。因此,教师不但要加强自主学习,还要加强同伴互助和专家引领;不但要学习专业学科知识,还要学习课堂组织与管理、教育科研、信息技术应用等;不但要探索和学习新的教法,还要研究学生的心理和学习特点。

二、教师角色的形成

古人云"冰冻三尺非一日之寒,滴水穿石非一日之功",教师角色并非是一下子形成的,对于教师角色的形成,研究者往往从教师的成长过程入手。对于教师的成长过程,国内较有影响力的是钟祖荣等人的研究,他们认为教师的成长大致要经过准备期、适应期、发展期、创造期四个阶段,每个阶段对应的分别是新任教师、合格教师、骨干教师、专家教师。邵宝祥在其主持的"九五"规划教育部重点课题中将教师的成长过程分为适应阶段、成长阶段、称职阶段、成熟阶段。

对于教师成长的过程,国内外学者尚未达成共识,综合各家观点,大概可以分为起始阶段、实习阶段、入职阶段和继续教育阶段。一般来说,起始阶段是指教师接受师范教育之前的学习阶段;实习阶段是教师对职业的塑形阶段,是从接受师范教育到正式成为一名教师的阶段;入职阶段就是教师进入教育行业后的培训阶段,是教师角色形成的重要阶段;继续教育阶段是教师能力的提高阶段,是教师职业成长的黄金时期。还有学者提出危机阶段,是指教师在成长的过程中可能会遭受心理上的挫折和能力上的瓶颈的阶段。

从上述教师的成长阶段去探索教师角色的形成,我们不难发现,教师角色的形成是一个连续的过程,通过教学实践,小学教师从一个"普通人"成长为一个"教育者",其职业角色的形成主要经历以下三个阶段:

1. 教师角色的认知。指对教师角色的责任、义务和权利的认识和了解,知道教师应该履行哪些责任与义务,具有哪些权利,哪些行为是合适的、是符合教师角色要求与规范的,哪些行为是不合适的。这一阶段,教师刚刚入职,对自己的角色认知程度较低。

2. 教师角色的认同。指教师亲身体验并接受教师角色所承担的社会职责,用以监控和衡量自身行为。这一阶段,教师通过从事教师职业,认识到教师职业的崇高、艰辛与伟大,认同并进一步理解自己的角色。

3. 教师角色的信念。指教师在角色扮演中,将职业角色的社会要求转化为自己的内在需要,形成职业的自尊感和自豪感。这一阶段,教师形成了教育信仰,热爱教育事业,能自觉规范自身的行为,以巨大的热情投身于教育事业。

三、教师角色的发展

教育发展和进步最关键的一环是教师的发展。教师角色的发展是教师教育研究的重点领域,不仅关系到教师自身素养和能力的提高,而且关系到教书育人工作的质量。

(一)小学教师角色发展的含义

小学教师角色的发展是指小学教师作为专业人员,在职业道德、专业思想、专业知识、专业能力、专业品质等方面由不成熟到成熟的发展过程,即由一个专业新手发展成为专家型教师或教育家型教师的发展过程[①]。

一般认为,新手教师是指缺乏良好的教学效能感和教学监控能力,在教学中存在较多无效行为或低效行为的教师。专家教师是指具有良好教学效能感和教学监控能力,教学中富于创新,能够根据教学情境灵活采取教学行为,能够产生较高的教学质量的教师。

新手教师和专家教师并没有明显的年龄和教龄的区别,他们的区别主要体现在教学行为调控、教学评估和反馈、教学反思三个方面。专家教师比新手教师更能根据教学情境的变化,恰当运用教学资源和教学方法进行灵活调整;专家教师在教学中注重课堂的生成,灵活运用多种教学方法,通过观察、提问、练习等准确地把握学生的学习情况;相对于专家型教师,新手教师在课堂后的教学反思往往注意课堂的具体细节,缺乏对教学的全过程进行反思,而专家型教师则优先分析课堂的整体状况,多方面多角度进行反思。

(二)小学教师角色发展的途径

1. 加强教学反思

教学反思是教师专业化发展的核心动力之一。教学反思是教师以自己的职业活动为思考对象,对自己在职业中所做出的行为以及由此产生的结果进行审视和分析的过程。教师的自我反思被认为是教师角色发展和自我成长的核心因素。

现代教育改革不仅是课程、教材的内容、体系、结构和方法的变革,更是教师的变革。因此现代教育倡导小学教师要坚持进行教学反思,成为反思的实践者,以一个研究者的身份进入到课堂教学实践中去,充分研究和理解现代教育精神,充分发挥自己作为直接施教者的主观能动性,在对实践不断进行反思的过程中,使自己的专业意识、专业知识和专业能力得到提升和超越。

2. 提高教育技术水平

近年来,随着基础教育课程改革的实验与推广,小学教育信息化的普及,学生核心

---

① 朱永新.专业阅读:教师专业发展的基石[J].教育科学研究,2009(6):1—3.

素养培养的全面推进,对传统的教学方式和教学手段形成了严峻的挑战。教育实践证明,以信息技术为核心的现代教育技术对于改进教学、提高教学效益具有不可替代的作用。可见,提升小学教师的教育技术能力水平,是促进小学教师角色发展的重要方面。

当今时代,小学教师仅具有教育理论素养和学科教学知识是远远不够的,还必须掌握一定的教学方法和教育技术手段,比如将微课教学融入教学实践活动中。教育技术的应用能力在小学教师整体专业素质中占据着重要的地位,小学教师要善于利用多媒体、新技术,这对于开展高质量的教育教学活动具有十分重要的作用。

3. 开展校本研究

校本研究是以教师为研究主体,以解决其在课程实施过程中所面对的各种具体问题为对象,有专业理论人员共同参与的一种教研活动方式。校本研究要充分利用本校特色和资源,重点关注课堂教学改革、教学创新、教育教学质量相结合、教师整体素质。小学教师需要在充分理解现代教育精神和专家意图的基础上,能动地执行新的课程实施方案,并思考其合理性,提出修改意见。

实践证明,校本研究能够促进小学教师教、学、研一体化,使他们由经验型向研究型迈进,使小学教师的教学生涯具有专业化的可持续发展空间。在开展校本研究的过程中,小学教师要把教学实践作为观察和思考的对象,从不同的角度进行剖析,然后从理论的高度进行总结,进一步指导自己的教学实践。通过不断地"实践—认识—再实践"的过程,逐步探索出富有创新特色的、行之有效的教学模式,从而促进小学教师角色的发展。

4. 积极参与科研

小学教师参与科研是针对教育实际,结合一定的理论和自己的实际经验而展开的创造性活动。这种活动能够及时解决教育教学中遇到的新问题,建构教师的理论和实际的深入。因此,其越来越受到重视。

小学教师应立足课堂,从教学实际出发,积极参与课题研究,边实践、边研究、边整合。学校应积极为教师创设一种宽松的学术氛围,保护和尊重小学教师教学研究的积极性和创造性,增强小学教师的职业信心,充分肯定和承认小学教师的研究成果,鼓励其大胆创新,引导小学教师上出独具特色的课,写出具有新意的教研论文,形成自己独特的教学风格,走出自己角色发展的道路。

复习巩固

1. 小学教师角色的多样性表现在哪些方面?
2. 小学教师角色发展的途径有哪些?

第二节 小学教师的威信与师爱

小学生相对于中学生而言,更加尊敬、崇拜、热爱教师,教师的威信与师爱影响着小学生的学习、参与集体活动等诸多方面,在他们的发展中起着举足轻重的作用。

一、小学教师的威信

小学生往往还具有鲜明的儿童特征,他们好动,好玩,缺乏耐心,做事没有持久性,但可塑性,模仿性强。小学教师既是他们的"师长",又是"朋友"。小学教师该如何有效地组织教学,既能充分发挥学生的优良天性,又能克服其性格不利的因素呢?在此,教师威信的作用便凸显出来。然而一些教师把威信错误地理解为严厉的批评、指责,甚至是变相体罚,这样的事件不绝见于报端。这些教师不仅没有树立起威信,反而连教师的基本道德素养也丢了。小学教师的威信究竟是什么?小学教师应该如何树立威信呢?

(一)小学教师威信的含义

小学教师的威信是指小学教师在学生、家长、同行、领导等人群中的声望与信誉,是教师的人格受到尊重和热爱,教师的言行得到信赖的一种状态。威信本质上是一种心理现象,是一种敬佩、信服、支持的精神力量。小学生的多种特点决定了小学教师是他们心目中最有权威、最崇拜的人,在施教与被教的过程中,威信成为小学教师与小学生情感联系的纽带。

"威信"不同于"威严"和"权威",威信是小学教师对学生心理和行为产生的一种精神感召力,使学生亲而近之。威严是一种威逼力量,只能引起学生的惧怕心理,使学生敬而远之。权威往往与教师的地位和角色有关,有时会让学生口服心不服,而威信能使学生心悦诚服。小学教师的威信绝不是靠权威、威严、恐吓来建立和维持的,它是学生对教师发自内心的尊敬与爱戴。

小学教师的威信具有层次性、累积性、互动性。层次性是指小学教师的威信在影响面、影响时间、影响力上有程度差异,在不同年龄学生中有不同表现。累积性是指小学教师树立威信需要长期积累,经历由量变到质变、由习惯到自然的过程。互动性是指小学教师的威信对师生双方具有交互影响的作用。有威信的小学教师对学生的成长进步具有很强的激励、示范作用,也有助于其进一步坚定从事教育教学工作的信心。

(二)小学教师威信的形成

教师威信的树立不是一个自然生成的过程,教师威信由教师个人的知识、情感、道

德和能力所决定,并不是每个教师都能够具有,其形成受到一系列主客观因素的影响。国家、政府对教师的重视和关怀,社会对教师的尊重和崇尚是影响教师威信形成的客观社会条件,而教师自身的主观因素则是教师威信形成的决定因素。在此,我们主要探讨影响小学教师威信形成的主观因素,具体如下:

首先,小学教师要有高尚的思想品质,如正直诚实,严于律己,言行一致,以身作则,平等待人等,使学生心悦诚服,形成小学教师高尚的思想品质威信。

其次,小学教师要有较高的专业品质,如拥有渊博的知识,掌握教育教学技巧,热爱教育事业,热爱学生,对教师职业有强烈的自豪感、光荣感和责任感等,形成小学教师较高的专业品质威信。

再次,小学教师要有良好的心理品质,如坚毅果断、认真负责、勤思好学、勇于自我批评等,让学生从心底佩服和崇拜,形成小学教师较高的心理品质威信。

最后,小学教师良好的仪表、生活作风和行为习惯,有利于形成教师威信。教师良好的仪表、生活作风和行为习惯代表了小学教师的精神面貌,会给小学生产生沉稳、积极向上的心理感觉。反之,则会引起小学生的反感,有损于教师形象,不利于形成教师的威信。第一印象影响教师威信的形成,因为小学生往往对新教师充满期待和想象,因此,小学教师尤其要认真对待与学生的第一次接触,注意自身的修饰、言谈和举止。

(三)小学教师威信的维护与提高

小学教师的威信可以唤起小学生的情感体验,营造良好的课堂氛围,还可以直接影响小学生的学习效果。小学教师应该着重从下面几方面来维护并提高自己的威信。

1. 加强自身道德和文化修养

"师者,人之模范也。"小学教师要以正派的工作作风、生活作风及对本职工作的高度负责精神建立起自己的人格威信;同时要不断提升自己的专业素养,时刻铭记"要给学生一碗水,老师至少要有一桶水",用自己的专业化水平获取在学生心目中的地位;在生活和工作中,要注意自己的仪表和行为举止,以身作则,言传身教。

2. 对学生充满爱心

关心和爱护学生是教师建立威信的基础。小学教师要善于用"爱"作桥梁,靠"爱"做动力,循循善诱,通过无私的爱感染学生,尤其是对待后进生,教师只有从爱的角度去管理学生,只有让每一位后进生都感到真挚无私的爱与关怀时,才能彻底化解学生的逆反心理、对抗情绪,激发其学习的主动性。日常教学中,教师要无微不至地关心学生、帮助学生,要耐心细致地引导学生掌握学习方法,还要深入学生的内心,理解学生的想法,尊重学生的行为。一个对学生充满爱心的老师,自然会在学生的心中树立极高的威信。

3.培养高尚的人格魅力

苏联教育家乌申斯基曾说：在教育工作中，一切都应以教师的人格为基础，因而教育的力量只能从人格这个活的源泉流出来。教师的人格魅力不但能影响学生的人格和个性，而且有助于创造积极和谐的课堂氛围，使学生愉快地学习。具有高尚人格魅力的教师容易吸引学生、征服学生，因此教师要培养高尚的人格魅力，从言行仪表、语言语态、视野眼界等各方面提高自己，获得学生的尊重，维护和提高威信。

4.正确地奖惩学生

合理的奖惩是树立教师威信的方法，也是达到教育目的的一种手段。奖惩是一门学问，适度的奖惩会成为学生进步的助力。奖励学生不能无原则地赞美，也不能过于倚重物质奖励。惩罚学生也要有方法，一味地说教或者惩罚都不明智，应先教后罚，让学生明白教师为什么批评，还要做好惩罚后的善后处理。小学教师要根据实际情况选择奖惩方法，同时要注意自己的情绪，不能迁怒学生。小学教师要努力学习，在平时多注重细节，多关注学生的成长，对学生多一点耐心，树立威信的同时并促进他们成长。

二、师爱

小学教育是充满爱心的教育，爱是教育的前提。《国家中长期教育改革和发展规划纲要(2010—2020年)》提出：教师要关爱学生。师爱是教育教学工作的基础，以爱构建新型师生关系是现代教育的需要，因此，教师要把关爱学生落到实处，让师爱成为常态，使学生在有温情、有温度的教育环境中顺利成长。

(一)师爱的含义

关于师爱的内涵，研究者有不同的看法。我国教育家林崇德认为，师爱是师德的核心。还有研究者指出，师爱是一种在学校教育环境中形成并发展起来的，与社会性需要相关联的崇高的情感和情操，是无私的、深沉的、持久的理智之爱。也有研究者认为师爱是一种普遍的、充满责任的、持久而高尚的爱，与其他爱相比，师爱具有特殊性。

(二)师爱的特征

关于师爱的特征，研究者提出了不同的看法。黄伟(1997)认为师爱的对象广泛、情感理智、目的崇高。伊梅(2006)认为师爱具有原则性、一致性、无私性、稳定性。吴义霞、何善亮(2010)认为，师爱具有科学性、职业性、互惠性和无条件性等特征[①]。王霜(2014)指出，完整的师爱必须具备无私性、成熟性、创造性、教育性和道德性[②]。著名教育家陶行知曾说，师爱不同于父母对子女的本能之爱，也不同于朋友之间的友爱，它比较复杂，是教师的理智感、美感、道德感凝聚而成的一种高尚情操。社会生活中，

---

① 崔霞丽.聋生感受的师爱与学习效能感的关系:学习动机的中介效应[D].重庆:西南大学,2014.
② 王霜.师爱在初中生品德形成过程中的作用、问题及对策研究[D].重庆:重庆师范大学,2014.

人们通常会说,小学教师要像家长爱孩子那样爱学生,但是教师的爱与家长的爱是不同的,区别在于:

首先,父母对孩子的爱源于血缘亲情,是"私己的爱",而师爱是一种"公爱",即小学教师代表社会来爱学生,让学生感受到除父母以外的人也爱自己。师爱的理想效果不仅使学生也爱教师,而在于使学生懂得怎样去爱他人。师爱凸显教育性,而家长对子女的爱,突出的是养育和呵护。因此,师爱对小学生是一种情感的教育,对小学生未来建立良好的情感有重要意义。

其次,父母对孩子的爱有时会因为爱之心切而忽视了严格要求,变成宠爱、溺爱;或者苛求,变成扭曲的爱、畸形的爱。父母对孩子的爱有时是有条件的,如孩子成绩好,父母满意高兴;孩子成绩不好,父母甚至会嫌弃。或者父母只在乎孩子身体健康而忽视了孩子的心理健康。而师爱是全面、整体的爱。师爱关注的是学生的全面成长与发展,包括学生的身体、性格、勇气、思维、习惯等。师爱对学生既有关心,也有要求;既有援助,也有督促;既有保护,也有鞭策。

再次,父母的爱只是施于自己的孩子,而师爱是对全体学生,是一种"博爱"。偏袒的爱很容易导致小学生产生自卑、妒忌、怨恨心理,师爱的原则是平等地爱每一个学生,这与学生的性别、成绩、个性、爱好、长相及家庭背景等毫无关系。所以,师爱凸显的是教师的爱的品质和能力。如果小学教师没有这种品质,将会严重影响师生互动与校园生活。

最后,师爱不需要回报,没有企图。现实社会生活中,父母关爱子女,指望养儿防老;在付出爱的同时希望有所回报。而师爱是一种纯净、纯真、纯粹的爱。它没有算计的成分,没有交换的色彩,纯粹地希望学生健康成长与发展。因此,师爱是一种高尚的爱。

(三) 师爱的心理功能

1. 激励功能

小学教师的爱不仅是一种态度和情感,更是一种评价,一种社会性认可。小学生往往把教师对自己的关怀、爱护、尊重、信任等与教师对自己的评价联系在一起,同自己在集体中的地位与人格联系在一起。教师在教学中积极强烈的情感能使学生精神振奋、情绪乐观并逐步自信、自励、自强,从而成为推动学生努力学习、积极向上的内部动力。

2. 感化功能

小学教师的爱表现为对学生的感召、感染和转化。小学教师以爱去潜移默化地影响小学生,使学生人格受到感化,情操受到陶冶。师爱的这种感化功能是其他任何教育手段都难以替代的。师爱就如春雨一样滋润着每一位学生的心田,使小学生看到自身的价值,产生向上的力量。

3.调节功能

小学教师对小学生的爱也会唤起小学生对教师的爱,使师生之间感情融洽,关系密切。师爱可以打开小学生的心扉,使小学生愿意向教师倾吐心声。这样小学教师就更能清楚地了解小学生复杂而丰富的内心世界,有的放矢地进行教育,不断调节自己的教育方式和方法。

4.榜样功能

教师在对学生付出爱的过程中,学生感受到来自他人的关心和肯定,从而在自我成长中发展自尊、自信,通过爱的双向交流,学生得到了爱从而又知道如何爱别人,并进一步诱发他们学习和模仿教师的举止言行和人格品质。在教育实践中,小学教师的言行即成了榜样和标杆,学生通过模仿学习向榜样靠拢。

(四)师爱的践行

师爱是有层次的。较低层次的师爱让学生产生亲近感,感受到"老师疼我、喜欢我、老师对我好",感觉安全、温暖。较高层次的师爱是对学生理解、尊重,感受到"这个老师懂我、贴心,他知道我在想什么,他支持我的想法和做法"。更高层次的师爱是对学生有所期待,在乎学生的发展进步与未来前途,能将自己的人生价值与学生的前途未来融为一体,即收获真正的"教师情结",教师应该从低层次向高层次做起,让师爱慢慢走向崇高。具体措施如下:

1.深入了解学生,主动与学生建立良好师生关系

践行师爱首先要了解学生。小学教师要深入了解学生,掌握学生的家庭情况、生活情况和个人情况,经常与学生交流,通过与学生的真诚交谈,了解学生的想法、需要等。要经常家访,利用课间多亲近学生,细心观察学生的学习状况,拉近与学生的距离,探寻学生的兴趣爱好,找到与学生的共同兴趣,让学生主动敞开自己的心怀,使教师成为学生的知心人。小学教师要平等地尊重学生,培养学生学习的愿望,开发学生独特的人格,及时发现、培养和发展每个学生的能力。

2.充分激励并成全每一个学生

小学教师要给予学生更多的信任,给学生提供锻炼的机会,善于给学生分配任务,激励学生在完成任务过程中提高自我。要建立师生互信,包括教师信任学生,学生信任自己以及学生信任教师,这是有效激励的保证。学校教师要保护学生,保护学生真善美的童心,保护学生免遭邪恶侵害,激励他们追求人道、纯洁高尚的爱。小学教师成全学生,就是要努力让每一个学生拥有健康的身体,得到充分发展,成为全面发展的人,还要解放学生,让学生成为自己的主人,让学生传递爱,使关爱他人成为习惯。

3.关心学生思想品德与心理健康发展

小学时期学生可塑性强,小学教师要加强学生的思想品德教育,引导其培养正确的人生观、价值观,引导其培养良好的学习习惯,树立远大理想。还要对小学生进行挫折教育,培养其积极的情绪情感,激发他们面对困难的勇气。同时,小学教师要关注学

生的心理问题,及时开展辅导活动,及时帮助他们解决问题,在心理上给予爱的呵护和支撑。

4. 树立教育公平的观念,一视同仁

小学教师在教育教学中难免会遇到各种成绩水平不一、性格特点不同的学生,因此,小学教师要注意教育公平,不能戴着有色眼镜对待学生,而应该做到一视同仁,平等对待所有学生。要尊重学生,注意控制自己的情绪,避免在大庭广众下斥责学生,要讲究批评方法,顾及学生的心理感受。小学教师要构建多元评价机制,不能只重视学生成绩,要努力捕捉和分析学生各方面的表现及进步,去唤起学生的自信心,激发他们继续努力。

复习巩固

1. 什么是教师的威信,教师威信形成的条件是什么?
2. 小学教师如何维护和提高自身的威信?
3. 小学教师如何践行师爱?

第三节 小学教师的能力素质

教师的能力素质是指教师在教育教学活动中表现出来的、直接或间接影响教育教学活动的质量和完成情况的个性心理特征。教师能力素质作为当代教师从事教书育人活动所需要的能动力量或实际本领,是一般能力和特殊能力的合理整合和特殊发展,是在实践中发展起来的、反映教师职业活动要求的能力体系。

一、教学效能感

(一)教学效能感的含义

教师的教学效能感概念是班杜拉的自我效能理论在教学中的应用。我国学者俞国良将教师的教学效能感定义为:教师对自己能否有效地完成教学工作、实现教学目标的一种能力的知觉与信念,包含个人教学效能感和一般教学效能感两个成分。个人教学效能感是指教师对自己教学效果的判断和评价;一般教学效能感是教师对教育在学生发展过程中的作用、学与教的关系等问题的一般观点和认识。

研究发现,教师的教学效能感包括认知和情感成分。教师在教学过程中,首先有一个积极的认识,希望能够引起学生好的改变。其次,在这一期望的驱动之下,会主动评估自己具有改变的能力,并从中获得荣辱感。教学效能感既是一种能力,也是一种信念。教学效能感强的教师,对自己的能力有信心,会用极大的兴趣和热情投身教育事业。

国内外大量研究证实,教师的教学效能感与学生的成绩、学生的动机呈显著相关。教师教学效能感可以有效预测学生的学业成绩,教师的教学效能感越强,学生的学业成就相应会越大。在实际的教学活动中,教师教学效能感的高低直接影响他们的教学行为和效果。教师的教学效能感被普遍认为是影响教学质量的核心要素之一,因此,提高教师教学效能感不仅有利于提高教育质量,而且也是提高教师素质和教学能力的关键。

(二)影响教学效能感的因素

教师的教学效能感并非是与生俱来的,它是在丰富的教学活动中逐渐培养和发展起来的。研究者从不同的角度、不同层面对影响教师教学效能感的因素进行了研究。如孙绵涛等(2010)对我国小学教师的教学效能感的影响因素进行研究,发现教师自身因素、学校因素、学校以外因素所形成的因素结构体系会影响小学教师的教学效能感。程凤青、姚松(2011)对四川汶川地区小学教师的教学效能感进行实证研究,发现职称、办学类型、学校所在地、学校办学条件、工作所提供的发展机会以及管理制度对小学教师的教学效能感有显著影响。吕林、唐敬(2016)的研究发现,小学青年教师的性别、学历、学校、教龄等影响他们的教学效能感。陈秀琴(2017)对粤西地区中小学教师工作状态调查发现,中小学教师的工作压力与其教学效能感呈现相关关系。

综合已有研究,我们发现,小学教师的教学效能感受多方面影响,微观层面包括教师个体的性别、学历、年龄、教龄、教学能力、人格特质等;中观层面包括学校规模、学校组织文化、学校管理与评价制度、学生因素等;宏观层面包括社会结构、政府措施、大众传媒、薪资待遇、职业声望以及社会肯定等,这些都会对小学教师的教学效能感产生影响。

(三)提高教学效能感的方法

小学教师教学效能感的提高离不开良好的环境与机制。社会要联合各方力量,加强社会支持,营造良好的尊师重教的社会氛围,增强教师从事教育教学工作的自信心和责任感。学校要重视小学教师的培训,通过交流、培训、观摩、学习等提高小学教师的教育理论、专业知识水平;要不断完善对小学教师的教育教学评价机制和激励机制,以发展性评价为主,关注小学教师的个体差异,寻找其闪光点,及时给予激励,让他们充分感受到成功的喜悦,增强教学的自信心。要鼓励、支持小学教师进行教学改革,积极推广成功的经验,激发小学教师的工作热情,增强他们的责任感和使命感,从而有效提高教学效能感。

小学教师教学效能感的提高离不开教师自身的积极性和自主性。首先,小学教师要建立良好的个人意识,提高职业认同感,努力在教育教学过程中感受快乐和幸福;其

次,要加强教育研究和反思,不断积累经验,拓宽知识结构,提高学术水平,增强教学的自信心;然后,小学教师要尊重学生的个性,关注学生的成长和进步,保持积极健康的心态,获得学生的信任与爱戴,通过和谐的师生关系提高教学效能感;最后,小学教师要建立良好的人际关系,包括与学校领导、同行、朋友等的关系,使其获得友爱、鼓励、温暖和安全感,从而增强工作的自信心。

二、教学反思力

(一)教学反思力的含义

教学反思力是指小学教师积极主动进行有效教学反思的能力。拥有较高教学反思力的教师经常能从自己的教育实践中反观自己的得失,通过教育案例、教育故事或教育心得等来提高教学反思的质量。

影响教师教学反思力的因素众多,主要受个人因素和外部环境因素的影响。教师个人因素,如自身素养、教龄、人际关系、教育理念、技能水平等;外部环境因素,如学校的教学反思氛围、评价制度、时间资源、相关培训指导等。

(二)教学反思的成分

教学反思力可以提高教师的自我觉察水平从而促进其教学能力的发展,是一名优秀教师必备的能力。斯帕克和兰格(Spark & Langer,1993)提出教师反思力包括认知成分、批判成分和教师的陈述。认知成分指教师对概念、原理等信息或决策过程的反思。批判成分指教师对自己的教学目标、方法、内容以及自身经验和观念的反思。教师的陈述指教师在教学活动中的提问、写作、交谈等。郭俊杰、李芒、王佳莹(2014)提出教师反思力包括认知成分和行为成分。认知成分指教师对教学活动进行思考、审视和分析的过程,它离不开教师已往的知识和经验,包括教学理念和价值观等,是教师进行教学反思的基础。行为成分指教师的教学反思不仅是思维的过程,也是将思维付诸行动的过程。教学反思是教师在教学情境中发现问题并解决问题的过程,它起源于教学实践,最终还要回归于教学实践。

也有研究者从反思内容的角度去研究反思力的成分,如姜广运(2010)认为,教学反思的内容包括教学心态、教学观念、教学过程、教学效果等;刘世斌(2015)认为教学反思包括反思教学理念、教学设计、教学组织能力、教学评价、教学效果;王家祥、杨阳(2018)指出,教学反思包括反思成功之处、反思失败之处、反思创新之处、反思意外之处、反思疑惑之处等。

(三)提高教学反思的方法

教学反思常用的方法有行动研究法、比较法和叙事法。行动研究法指将教学实践和反馈意见结合起来,不断改进教学实践。比较法即在纵向、横向上,从教学理念、教学设计、教学效果、学生反映及同事评价上进行比较,及时矫正不足。叙事法即用书面的形式把自己的教学情况记录下来并进行分析挖掘,还可用口头的方式请教他人,让他人帮助发现问题、提出建议。在教学实践中,教学反思力的提高需要小学教师自身和学校的共同努力,以下方法可供借鉴。

从小学教师自身来看,教师要以学习者的身份,基于教育情境开展多视角反思。以观察日记、阅读理论文献等方式,对自己在情境中的行为决策进行全方位的反思。例如,"我这样做对不对""有没有更好的做法""我是否把握了教育的契机""我当时是如何思考的""下一次我应该如何做"等。小学教师在反思时要有反复多次的推敲和改进。如果小学教师对某一问题只是走马观花地浏览一遍,那么这就缺少了反思的实质,根本不是真正意义上的反思。小学教师还需要从小学生的视角进行反思,才能真正理解学生的体验和需求。

从学校来看,学校要加强教师培训,利用培训开展教师反思技能的训练。要创建有利于教师合作、共同学习交流的机会,将教学反思纳入教研活动计划,以提高教师教学反思力。

三、教育机智

复杂多变的教学情境决定了课堂教学的不可预测性和不确定性。对教师而言,无论课前计划多周密、多详尽、多合理,课堂上仍不可避免会出现各种意外事件、突发情况,这就要求教师具有较高的教育机智,要因人而异、灵活多变、从容应对。

（一）教育机智的含义

德国教育家赫尔巴特最早将机智引入教育领域,许多学者研究了教育机智。瑞士教育家裴斯泰洛齐认为,教育机智是教师对学生所处情景的感受、共鸣和洞察力。苏联著名教育家马卡连柯指出,教育机智是教师在和学生交往的过程中对学生施加影响的职业性力量。马克斯·范梅南指出,教育机智是教师在日常教育教学生活中,面对意想不到的情境,充分感知学生的体验,并机敏地采取有效行动实现教育意义的一种能力。还有的学者认为,教育机智是在面对突发事件时,教师能够迅速、及时地采取适当的教育行为,即在非常态教育情景中采取的有效教育行为。在本书中,我们认为,教育机智是小学教师在长期的教学实践过程中逐渐形成的高超的教学艺术及教学智慧。

在教育教学实践中,教育机智是教师情境性的智慧行动,是教师敏锐的观察能力、灵活的思维能力、果断的意志的体现,具有灵活性、创造性、独特性等特点(张跃先,2015;李艳丽,2015;李娟娟,2018)。

（二）影响教育机智的因素

在我国,关于教育机智影响因素的研究纷繁复杂,主要集中在教师自身素质条件和客观环境条件两方面。客观条件包括教学环境、学校教育理念、同事的教育观念及

学生的基本素质等。教师自身的素质对其教育机智的影响主要如下:

首先,教师原有知识经验影响教学机智的生成。知识经验包括教师的一般学科技能、学科文化知识和教育教学理论与经验。知识经验丰富的教师,更能灵活展现教学机智。相反,缺乏经验的教师在遇到意外情况时容易不知所措。

其次,教师敏锐的思维影响教师对教育情境和教育时机的利用能力,影响教育机智的广度。在小学课堂中,每节课的情境是独特不同的,拥有敏锐思维特质的小学教师能抓住潜在的教育时机,培养学生的兴趣,提高教学效果。

再次,教师的反思能力影响教育机智。教师通过教学反思丰富其教学经历,并从中积累教学的智慧,在不断反思、不断实践中提高教育机智。

最后,教师的幽默水平影响教育机智。幽默不仅影响教育机智的产生,还是教育机智的一种展现,可以化解课堂氛围,调节师生关系。幽默对课堂教学以及教育机智的形成能够产生极其重要的影响。

(三)提高教育机智的方法

教育机智既是教师教育智慧的外在展现,又是取得教育成功的必要条件。在教育工作实践中,大多数优秀教师无一不是运用教育机智的高手。教育机智作为一种能力,是可以通过学习和实践锻炼来实现并提高的。

1. 加强对教育生活的体验,抓捕教育时机

教师的教育机智离不开具体的教育情境,而这些教育情境离不开生活,因此教师要加强对教育生活的体验,抓捕教育时机。小学教师要以一种好奇的心态面对生活,从孩子的视角考虑做事的初衷,体验孩子的感受,发现教育的时机,并通过与学生接触,了解他们生活中的事件,反思复杂多变的教育生活,适时调整自己的教育行为,恰当运用教育机智。

2. 丰富知识经验,提高反思能力

只有当教师以反思为媒介时,丰富的知识经验才能够帮助教师引发高水平的教育机智。教师不仅要不断巩固和更新专业理论知识,还要在反思基础上不断积累丰富的实践经验,通过具体的实践情境,不断地反思总结经验,以提升自己在突发情境中的积极反应、自信地采取有教育意义的行为决策。

3. 构建良好的外部支持系统

教师的教育机智受多方面因素的影响,外部环境也是制约教育机智发挥的重要因素。家长和学校方面的支持,对提升教师教育机智水平有重要的意义。因此,教师要改善家长观念,和谐家校关系;学校要提升管理理念,优化管理模式,为教师教育机智的发展提供空间。

拓展阅读

教育机智的应用策略

教育机智发自偶然，储之久远。它不仅表现了教师的教育态度和能力，更反映了教师的人格修养。教师可以使用下面的策略来提高自己的教育机智能力。

1. 学生为先，师爱浸润。教育机智的产生是以教师热爱学生为前提的。一个饱含师爱的教师必定有先进的学生观，人格高尚，心地善良，爱生如子。无论面临多么尴尬，多么艰难的情境，都能够做到豁达大度，宽容体谅，冷静思考，善于自制。根据当时情景及学生的需要，利用并调动积极因素，循循善诱，使学生扬长避短，健康成长。

2. 勿忘尊重，坚守信任。具有教育机智的教师，相信学生有一种向上的愿望，有一种自我提高和完善的内在需求，善于利用有利的教育时机，在不动声色中，在不伤害学生自尊的前提下，帮助学生不断进步。

3. 机动灵活，明确导向。苏联著名教育家马卡连柯说：教育技巧的必要特征之一就是要有随机应变能力，这便是教育机智。教师机动灵活才能避免刻板及公式化，通过敏锐观察，估量此时此地的情况和特点，从而运用已有经验和专业素养采取适当的措施，及时处理教育教学活动中的突发事件。

4. 采用合适的教育方法。教师上课前总要考虑这节课的教学内容和学生的已有认知，进而设定教学目标，选择最佳的教学方法。教育机智考虑的就是选择一种适合某班级、某一特定状况的方法；是讲授练习、分组讨论，还是轮流发言，要由教师的机智来决定。决定方法的依据是看学生是否喜欢并接受。

复习巩固

1. 小学教师如何提高自己的教学效能感？
2. 小学教师如何提高自己的教学反思力？
3. 小学教师如何提高教育机智？

第四节　小学教师的心理健康

心理健康是当代小学教师素质的重要组成部分。小学教师的心理健康状况不仅影响自身的生活幸福和工作成就,而且对小学生心理的健康发展也有着极其重要的影响。因此,关心和研究小学教师的心理健康很有必要。

一、小学教师的主要心理问题

现代教育的发展以及我国基础教育的改革对小学教师提出了更高的要求,小学教师面临着前所未有的挑战。这些都容易使小学教师产生心理问题,主要有以下方面:

(一)工作压力

工作压力是指小学教师由于自身素质及外界各方面的原因而导致的一种不愉快的情感体验。已有研究表明,小学教师认为自己面临着较大或很大的工作压力。李琼(2011)认为教师的职业压力源有五个因素:工作负荷、学生学业、社会及学校评价、专业发展及学生的行为。过度的工作压力给教师身心造成了一系列的负面影响,如头痛、疲劳、胃肠功能紊乱、心律不齐及心血管疾病等症状,出现暴怒、抑郁、紧张和焦虑等不良情绪反应,使教师产生职业倦怠感。不仅对小学教师自身的身心健康构成很大的危害,而且会给小学生带来极大的消极影响。

(二)心理冲突

心理冲突是指个体在意志行动中,具有两个或两个以上的需要或目标,而这些需要或目标又不能同时满足或实现,使个体处于一种矛盾的心理状态[①]。小学教师拥有多种社会角色,加之工作性质的特殊性,出现心理冲突是必然的。

小学教师的心理冲突有诸多表现:一是社会期望与现实的冲突。社会对小学教师的期望是全面且高标准的,教师通常被看成是德高望重的圣贤之辈,赋予了教师太多的使命和责任,一些小学教师实际上并未达到社会期望的水平,他们不愿或不敢让社会、家长或学生看到自己的缺点和脆弱,但事实上人无完人,教师也是平凡的普通人。这种社会期望,给小学教师带来的矛盾和困扰,容易引起他们的心理冲突。二是工作负荷和自身价值的冲突。一些乡村学校师资不足,很多小学教师同时担任几门学科的教学,长期超负荷工作,在这种艰难之下,有些教师看不到教学的成果和价值,难以获得职业成就感,导致心理冲突。三是封闭教学与开放教学方式的冲突。传统教学中,

---

① 范牡丹.新课改背景下的中小学教师心理冲突探析[J].文教资料,2009(9):110-111.

学生在一张黑板、一支粉笔、一个讲台、一本教科书的环境下学习,而现代化教学则鼓励教师要进行开放式教学,采用多种形式授课,要组织学生交流、讨论、合作与自主学习,一些教师对此不适应,由此产生心理冲突。

上述心理冲突会使教师在实现其角色时感到矛盾与碰撞,由此带来困惑、焦虑,降低教学效果和工作效率,出现自我否定的痛苦感、师生关系的不适感、自身素质缺失的焦虑感,选择的茫然感等[①],如果过度,还将引发心理疾病。

(三)心理挫折

心理挫折指小学教师趋向既定目标时遇到障碍或干扰,使其需要或动机不能获得满足时所产生的情绪状态。小学教师的挫折主要来自两方面:一是外部因素。例如,工作环境恶劣,职称评聘不如意,难以圆梦,教育学生遭遇失败等;二是内部因素。例如,能力的限制使自己不能达到追求的奋斗目标,不能协调多个目标并存的需要等。

当小学教师遇到挫折后,往往会引起一系列生理和心理变化。生理上出现血压升高、头痛、没有胃口、体重减轻等症状;心理上出现沮丧、焦虑、冷漠等负面情绪或产生讥讽谩骂、攻击、退化、固执等问题行为。

二、小学教师心理问题的成因

小学教师的心理健康问题究其原因是社会和个人两方面因素。

(一)社会因素

1. 现代教育的发展对小学教师提出了更高要求。教材内容、教学方式、教育环境等的变化要求教师转变教育理念,改善陈旧的知识体系,从"教书匠"转变到"研究者",这无疑提高了对小学教师的要求,使得很多教师无法适应新角色,倍感压力。

2. 小学教师的评价制度欠合理性。教育主管部门和学校一方面要求小学教师实行现代化教育,培养学生核心素养,另一方面又对小学教师开展量化考核,评价的依据仍然主要是学生的考试成绩。这种欠合理的评价制度,不仅给小学教师带来巨大心理压力,而且导致小学教师之间人际关系的紧张,甚至相互敌对[②]。

3. 教师专业化的发展提升了学历要求。当前新任小学教师普遍采用上岗招考制度,社会对教育从业者的学历要求越来越高,这不仅使待岗人员感到巨大的就业竞争压力,也使在岗的小学教师感受到学历提升的迫切压力。然而,在岗小学教师缺乏相应的进修培训时间和机会,这种矛盾使小学教师感到焦虑和纠结。

4. 社会教育环境的变化给教师带来心理压力。一些家长希望孩子能得到好的教

---

① 范牡丹.新课改背景下的中小学教师心理冲突探析[J].文教资料,2009(9):110-111.
② 黄姗,蒲翠萍.陇南市村镇小学教师心理健康问题的成因及对策研究[J].甘肃高师学报,2012(4):113-115.

育,考出好成绩,但又不尊重、不配合小学教师的工作,这使得教师的工作压力增大,工作热情降低。加之小学生的安全问题时有发生,给小学教师的工作带来巨大挑战。这些教育环境的变化都给小学教师带来了压力,长此以往,容易出现心理问题。

（二）个人因素

1. 小学教师工作成就感、幸福感降低。小学教师面对的是心智尚未成熟的小学生,他们往往精力旺盛,活泼好动,教育难度大,教育效果显现的时间慢,使得小学教师的工作成就感相对较低,加之小学教师担任多种社会角色,容易出现多种心理冲突,消磨了小学教师的从业热情,使他们难以体验工作带来的愉悦、幸福,导致职业认同感下降,幸福感降低。

2. 部分小学教师知识结构陈旧。现代教育对小学教师的专业素质提出了更高要求,教师必须加快学习新的教育理念、教育方法、教育媒体和专业知识与技能,但一些小学教师仍在用陈旧的知识和教学方法开展教育教学,使得教学效果差,导致他们陷入挫败感,感到焦虑或抑郁。

3. 小学教师缺乏必要的心理健康知识。一是一些小学教师对小学生心理发展的规律和特点了解不够,欠缺小学生心理健康调适的办法,导致在对小学生进行管理或疏导时容易出现效果较差的情形,这种教育无效感会让小学教师感到失望、沮丧、愤怒等,影响其心理健康水平。二是由于缺乏对教师心理学知识的了解和学习,使得小学教师在自身出现心理问题时不能及时觉察,觉察后也不能有效调节,最终导致职业倦怠等心理问题。

三、提高小学教师心理健康的方法

小学教师心理问题的产生归结为自身因素和外界因素,因此,小学教师心理问题的调适可以从内外两方面入手。

（一）提高教师内在修养,维护教师心理健康

要想拥有健康的心理,教师不仅要有热爱教育事业的心,还要适时调整自身的期望值,改变工作方法和言行,更要善于做好自身的心理调节及保健工作。

1. 正确认知,接纳自我

正确认知就是要清醒认识自己,正确评价自己,辩证看待自己的优缺点。学会从外界提取有关自我的真实反馈,避免由于自己的主观理解带来的误差。接纳自我既能承受成功,也能接受失败。正确地接纳自我可以从两方面着手:一是要有适当的抱负水平,尽可能使自己的能力与现实接近;二是社会比较的标准要广泛,避免用自己的短处与别人的长处比较,否则就会陷入更深的痛苦。

2. 自我调节,保持情绪稳定

自我调节是保障教师心理健康的基础。在遇到挫折、困难产生焦虑、自卑等心理

时,教师能够进行放松训练或转移自己的注意力,及时进行有效自我调节,这将有利于教师的心理健康。反之,教师在情绪低落和心境不佳时,若无法进行自我调节,会导致其任意发泄,事件恶化,进而影响其自身的心理健康。因此,教师要学会多角度看问题,及时转移和回避,淡化不良情绪,合理地运用自我防御机制,解决自己的心理问题。

3.善于交往,培养积极的人际关系

教师要善于主动创造良好的人际关系,自觉接受集体规范的约束。坦诚、豁达,真诚帮助别人,学会发现他人的长处和闪光点,培养积极、乐观的心态,增进人际吸引力。要主动寻找与他人心灵沟通的纽带,缩短与他人、与社会的距离。当与他人有矛盾时,学会设身处地去体验别人,正确理解别人,避免出现判断错误和不恰当的行为。只有在宽松、和谐的工作环境中,才能更好地发挥自身的才能。

4.甘于奉献,善于自省

只有热爱教育事业,在工作中尽责尽力,全身心地投入和最大限度地发挥自己的智慧和能力,在工作中不断寻找乐趣的人,才能保持健康的心理。教育工作虽然繁重,但只要内心热爱教育事业,甘于奉献,再苦再累也觉得值得。同时,教师要对教育教学活动及时进行自省,总结教育教学活动和自身的心理变化,才能不断提高自己。

5.科学用脑,劳逸结合

科学用脑最基本的两条原则就是勤于用脑与合理用脑。由于教师职业是脑力劳动,因此,合理用脑更为突出。教师用脑应掌握自身的"生物钟",用最佳时间去完成最重要的学习和工作。要加强体育锻炼,增强体能,掌握一些健脑方法。注意营养,保证充足的睡眠。多参加文体娱乐活动,丰富休闲生活,使身心得到调剂,以便提高生活的质量与工作效率。

(二)创设良好心理成长环境,给教师以真正的幸福

作为学校和相关职能部门,应进一步充分认识到,教师的人格、心理健康水平的重要性,并给教师设计、创造一个更加良好的心理成长环境,给教师以真正的幸福。只有社会善待教师,教师才会全身心地善待学生。

1.重视并完善教师心理健康教育

学校和社会有关部门要有组织、有计划地对教师开展心理健康状况测查,在教师中经常开展心理健康讲座,普及心理健康知识,对教师的心理困扰与问题,提供心理咨询和心理辅导,推行人性化管理,减少对教师的一些不必要的考核和工作压力,营造有利于保持教师心理健康的环境。

2.创设良好社会氛围

学校领导及相关职能部门,要引导教师确定恰当的奋斗目标,营造积极向上的学校风气,注意建立良好的学校人际关系,端正校长及管理人员的领导作风与工作方法,增加教师进修机会,提高教师的教育教学能力,为教师提供更多的娱乐时间与场所,使其能够保持愉悦的心境。

3. 增强教师的耐挫力

面对现实生活中的挫折，不同的人心理承受能力不同。一项关于教师心理挫折的调查表明，我国中小学教师自尊需要受挫比例最大，占 33.3%；成就需要受挫占 24%。因此，学校管理必须重视增强教师的耐挫力。教师应该自觉加强人格锻炼，懂得正视现实和适者生存的道理，有意识地接受种种挫折情境的考验，自觉地培养自己的耐挫力，以维护心理健康。

（三）建立有效的社会支持系统

社会支持是一种以良好人际关系表现出来的社会联系。人具有社会性，渴望联系和支持、沟通。长期以来，人们对教师期望有余，关心不足。教师也需要社会各方面的关心与帮助。对教师的社会支持表现为多方面，既有与教师工作、生活息息相关的物质支持，又有与地位、荣誉相关的精神支持。这就要求有关部门能够真正解决教师的实际问题和后顾之忧。同时，教师也要认识到社会支持的积极作用，充分利用各种社会支持，促进身心健康，为教育事业做出贡献。

复习巩固

1. 小学教师有哪些主要的心理问题？
2. 小学教师的心理问题的成因是什么？
3. 小学教师如何提高自己的心理健康水平？

本章要点小结

1. 小学教师承担着教书育人、管理班级、培育学生心灵、研究者、学习者等多种社会角色。小学教师角色的形成包括角色认知、角色认同，角色信念三个阶段。教师角色的发展是指从新手教师到专家型教师的过程，角色发展的途径有加强教学反思，提高教育技术水平，开展校本研究，积极参与科研等。

2. 小学教师的威信是指小学教师的人格受到尊重和热爱，言行得到信赖的一种状态。威信的形成受一系列主客观因素的影响，小学教师要善于采取措施维护和提高威信。师爱是师德的核心，具有激励、感化、调节、榜样功能，小学教师要努力践行师爱。

3. 小学教师的能力素质主要是指教学效能感，教学反思力和教育机智。教学效能感受多种因素的影响，小学教师要掌握提高教学效能感的方法。教学反思力包括认知、认同、信念等成分，提高教学反思离不开教师自身和学校的共同努力。教育机智是小学教师面对突发情景时灵动的教学智慧，教育机智受小学教师自身素质条件和客观环境条件的影响，可以通过学习和实践锻炼实现并提高。

4. 小学教师主要心理问题有工作压力大、心理冲突、心理挫折等，内外环境共同影

响小学教师的心理健康,小学教师要从内外两方面入手调适自我心理。

关键术语表

角色	role
威信	prestige
师爱	teacher love
能力	ability
心理健康	mental health

复习题

一、单项选择题

1. 教师不仅要"授之于鱼",更要"授之于渔"指的是教师的哪一角色(　　)。

　　A. 教书育人　　　　　　B. 管理者

　　C. 学习者　　　　　　　D. 研究者

2. 苏霍姆林斯基曾经建议:"每一位教师都来写教育日记,写随笔和记录,这些记录是思考及创造的源泉,是无价之宝"。这主要是指教师的哪方面能力素质(　　)。

　　A. 教学效能感　　　　　B. 教学反思力

　　C. 教育机智　　　　　　D. 威信

3. 教师教学效能感概念是(　　)在教学中的应用。

　　A. 归因理论　　　　　　B. 成就动机理论

　　C. 自我效能理论　　　　D. 强化理论

4. 教育教学工作的基础是(　　)。

　　A. 教育机智　　　　　　B. 师爱

　　C. 教学能力　　　　　　D. 威信

二、多项选择题

1. 小学教师的能力素质主要有(　　)。

　　A. 教学效能感　　　　　B. 教学研究能力

　　C. 教育机智　　　　　　D. 教学反思力

2. 小学教师如何践行师爱(　　)。

　　A. 激励功能　　　　　　B. 感化功能

　　C. 调节功能　　　　　　D. 榜样功能

3. 教师威信具有(　　)的特点。

　　A. 层次性　　　　　　　B. 单一性

　　C. 累积性　　　　　　　D. 互动性

4.小学教师职业角色的形成阶段包括(　　)。
　A.角色的认知　　　　　　B.角色的认同
　C.角色的信念　　　　　　D.角色的执行

三、判断对错题
　1.时代发展变化,小学教师教书育人的角色已经过时了。　　　　(　　)
　2.小学教师的威信、威严没有太大区别。　　　　　　　　　　　(　　)
　3.教育机智是教师必备的职业素养,是一种特殊的智力定向能力。(　　)
　4.小学教师工作相对轻松,因此不会出现心理问题。　　　　　　(　　)

附录一　课后习题答案

第一章　导论

第一节

1题：小学心理学是研究小学教育过程中，师生各种心理现象与心理活动规律的科学。

2题：小学生心理学的研究内容主要包括：小学生的心理发展特点与规律，小学生的心理活动规律以及小学教师的心理问题。

3题：小学心理学的研究任务主要是：测量与描述学生的心理与发展水平，解释与说明小学教育中的心理现象，预测与控制师生的心理活动与行为反应。

第二节

1题：小学生的心理发展是指小学生从入学到小学毕业所发生的心理变化过程。

2题：小学生心理发展的特点是：连续性和阶段性，协调性与开放性，可塑性与不平衡性。

第三节

1题：皮亚杰认为儿童心理发展的动力是儿童对环境的适应，主要表现为儿童对环境的同化、顺应和平衡。通过同化，儿童把新的刺激物整合到原来的图式中。顺应是新图式的创造或对旧图式的改造，导致儿童心理的变化与发展。平衡是控制同化与顺应相互关系的更高级的调整程序。

2题：皮亚杰把儿童心理发展分为四个阶段：(1)感知运动阶段，儿童主要靠感觉和动作来认识世界。(2)前运算阶段，儿童能将各种感知信息以心理符号的形式储存下来，由此积累了表象素材，促进了形象思维的发展。(3)具体运算阶段，儿童的思维具有了逻辑性，能进行简单推理。(4)形式运算阶段，儿童的思维可以离开具体事物，使用逻辑思维来解决许多问题，能够对抽象的假设和命题进行运算。

3题：儿童现有、已经完成或具备的心理发展水平与儿童借助教师的教学或帮助才能达到的解决问题的心理发展水平之间存在着一定的差距，称为儿童心理发展的"最近发展区"。教师在教学中要关注并合理地利用儿童的"最近发展区"，要以儿童的成熟和发育为教学的前提或条件，使教学走在儿童"最近发展区"的前面，能够开发儿童的智力，并通过教学帮助儿童形成新的"最近发展区"。

4题：埃里克森认为，人类的心理发展主要是个体与社会交互作用的结果。在心

理发展过程中，人类会遇到各种心理矛盾或危机，解决这些问题有积极或消极的方法。积极的方法可以帮助人类更好地适应环境，解决问题，战胜困难与挫折，促进其发展。反之，则会阻碍人类的发展。人类的心理发展，就是不断地解决心理矛盾或危机的过程。

第四节

1题：遗传是指亲代的某种特性通过基因在子代再表现的现象。遗传为小学生的心理发展提供了潜在的可能性，主要影响小学生的智力、情绪、气质等方面的发展。

2题：家庭教育对小学生心理发展的影响是非常直接和深远的。其中最重要和最主要的是父母的教养方式对小学生的影响最大。父母的教养方式主要有四种：溺爱型、专制型、放任型和民主型。这些不同的教养方式对小学生的学习、性格、情绪、自我意识、心理健康等方面都会产生很大的影响。

3题：学校教育在小学生的心理发展中起着举足轻重的作用，其影响主要表现在两个方面：一是开发小学生智能；二是塑造小学生的个性品质。

4题：人是社会的产物，小学生要适应社会发展的要求，必须掌握社会的文化知识和技能、道德规范和价值观念，按照社会的要求行事，做一个合格公民。在现代社会，大众传播媒介如广播、影视、报纸、书籍、网络对小学生的影响无所不在，无所不能，对小学生的个性塑造、社会认知、品德形成、情感培养等方面都起着潜移默化的重要作用。

一、单项选择题答案

1. C 2. B 3. A 4. D

二、多项选择题答案

1. ABC 2. ABCD 3. ACD

三、判断对错题答案

1. 对 2. 错 3. 对 4. 错

第二章 小学心理学的研究

第一节

1题：客观性原则指研究要贯彻实事求是的精神，即根据心理现象的本来面貌来研究小学心理的本质、规律与机制。

2题：系统性原则指在研究心理现象时应把小学生的心理作为一个开放的、动态的、整体的系统而加以综合考虑，这样才能把握各种心理现象之间的本质及它们的必然联系。系统性原则主要体现在：第一，小学生的心理现象不是孤立出现的，是在其生理、环境刺激、行为变化的交互作用下形成的。第二，小学生的心理是一种有序的、有组织结构的系统。第三，小学生的心理总是呈现一种相对稳定而绝对动态的过程。

3题：理论联系实际的原则是指小学心理学的研究应从小学教育的实际出发,解决小学教育中的实际问题。因为小学心理学研究的首要任务是为基础教育实践服务。它的研究课题必须来源于基础教育实践,研究成果也必须付诸基础教育实践,保证科研成果的实践应用效能。

第二节

1题：现象揭示研究的目的是对小学师生发生的心理现象或行为进行科学、客观、精确的描述,它回答的是"是什么"和"怎么样"等问题。现象揭示研究往往是进一步研究的前提和条件。在现象揭示研究中,研究者必须搞清楚研究的对象是什么,研究的内容及研究的核心概念。

2题：关系解释研究是考察两个或更多变量(现象)的相互关系,揭示一个变量是否受到其他变量的影响,它们之间的影响性质如何,影响的程度有多大,进而用一个变量预测另外一个变量的研究方法。

3题：因果关系实证研究的目的是通过验证事先设想的不同变量之间的假设,发现它们之间的因果关系。因果关系实证研究,通常是使用实验法来完成。

第三节

1题：观察法指研究者在自然情境下,直接观察被试的行为,并予以记录,以便提供可用作分析的素材的一种方法。观察中应注意：(1)明确规定观察的内容和标准。(2)随时做详细记录。(3)观察时间不宜过长,可采用重复观察的方法。(4)在自然状态下观察,以免影响小学生的正常行为。

2题：调查法是以提问的方式搜集资料以确定各种事实间的联系或关系的方法。主要包括访谈法和问卷法两种形式。访谈法是通过与被调查者面对面地进行交流、讨论而搜集资料的一种方法。问卷法是通过书面形式,以严格设计的问题或表格,向研究对象收集资料和数据的方法。

3题：个案法是对一个人或一组人的问题进行研究的方法。在进行个案研究的过程中,研究者应深入了解被研究者的各种情况,与他们多接近,建立良好关系,得到他们的充分信任,才能取得真实的第一手材料。此外,对个案的材料收集要尽量齐全和详尽,才能对所研究的问题提出中肯的意见,使个案研究顺利进行。

4题：教育实验是把被试心理的研究与一定的教育和教学过程结合起来,探讨其心理过程或个性品质形成和发展的规律的方法。教育实验应把师生心理研究与教育实际密切联系起来,才能直接为教育实际服务。教育实验很难严格控制实验变量,花费时间较长,需要得到学校、教师的密切配合。

第四节

1题：横向研究是在同一时间里,对不同年龄或年级小学生进行研究,探讨他们心理发展的规律或特点,比较他们之间的差异。横向研究的优点是：时间短,取样大,能迅速地获得大量的数据材料,省时省力。但横向研究也有不足的地方,由于被试是

来自不同年龄群体的个体,不一定能够准确地反映他们心理发展的连续过程和特点。加之被试出生在特定时期并成长在特定历史情境中,会对个体发展的研究带来干扰效应。

2题:纵向研究是对同一个或同一群个体,在较长时间内进行定期研究,探讨其心理发展的规律。纵向研究要注意研究样本的流失,被试的情绪变化,要有花费大、耗时耗力的心理准备。

3题:聚合交叉研究是将横断研究与纵向研究设计综合起来的研究方法。它可以在短时期内了解各年龄或年级小学生心理特点的总体情况,又可以从纵向发展的角度认识小学生的心理特征随年龄或年级增长而出现的变化和发展。能够克服横向研究与纵向研究的不足,取长补短。

4题:跨文化研究指同一课题通过对不同国家或不同社会文化背景的小学生进行研究,探讨小学生心理发展的共同规律,以及不同的社会生活条件对小学生心理发展的影响。跨文化研究,能够对小学心理学的一些理论进行检验,是否具有普适性,使心理学家形成更加完善的理论,更好地概括规律,发现哪些小学生的心理发展具有普遍意义,哪些发展模式只是特定文化因素的产物。

一、单项选择题答案

1. C　2. C　3. B　4. D

二、多项选择题答案

1. ABCD　2. ABD　3. ABCD

三、判断对错题答案

1. 错　2. 对　3. 错　4. 对

第三章　小学生的认知发展

第一节

1题:认知发展是指个体获得知识和解决问题的能力随时间的推移而发生变化的过程和现象。

2题:小学生的认知发展包括感知觉的发展、注意的发展、记忆的发展、思维的发展、言语的发展。

第二节

1题:小学生的注意品质体现为注意的广度、注意的稳定性、注意的分配和注意的转移。

2题:小学生注意的发展表现出:(1)无意注意占优势,逐步发展到有意注意占主导;(2)具体直观事物的注意占优势,对抽象材料的注意在发展;(3)注意有明显的情绪色彩;(4)不善于调节和控制注意力;(5)注意的范围小,注意力的分配和转移能力较弱。

3题：在教学中我们要正确运用无意注意的规律组织教学，也要善于运用有意注意的规律组织教学。

第三节

1题：小学生记忆量的发展主要表现在记忆广度随年龄增长逐渐扩大和记忆保持时间随年龄增长逐渐延长两个方面。小学生的记忆能力正在发生着本质的变化，主要表现为：无意识记和有意识记的发展；机械识记和意义识记的发展；形象记忆和语词记忆的发展；瞬时记忆、短时记忆和长时记忆的发展。

2题：在教学中为了提升小学生的记忆能力，教师要充分利用无意识记的规律；培养学生有意识记的能力；培养学生意义识记的能力；及时组织复习、防止遗忘。

第四节

1题：小学生的思维发展表现出以下特征：抽象思维逐步发展，但有具体性和不自觉性；由形象思维向抽象思维过渡，是思维发展过程中的"飞跃"。

2题：思维品质是个体思维发生和发展中表现出来的个性差异。主要从深刻性、灵活性、敏捷性和独创性四个方面培养小学生的思维品质。

第五节

1题：小学生书面言语的发展主要表现在识字、阅读和写作三个方面。

2题：小学生的内部言语的发展大致经历三个时期：一是出声思维时期，二是过渡时期，三是无声思维时期。

一、单项选择题答案
1、C 2、A 3、B 4、D 5、C

二、多项选择题答案
1、ABCD 2、ABC 3、ABCD 4、ABC 5、ACD

三、判断对错题答案
1、对 2、错 3、错 4、对

第四章 小学生的社会性发展

第一节

1题：社会性发展是指儿童在与他人的关系中表现出来的行为模式、情感、态度和观念以及这些方面随着年龄而发生的变化。

2题：社会性发展的特征主要表现在：系统性，构成社会性发展由几个子系统组成，这些子系统之间相互影响、相互联系构成一个整体；制约性，社会性发展受个体所处的社会环境和社会文化的制约；主动性，社会性发展是个体与社会积极互动的过程，

个体处于主体地位,在这个过程中个体并不是无条件地、被动地接受他人与社会的影响,而是表现出主观能动性;连续性,个体的社会性发展贯穿于一生。

3、社会性发展的功能主要有:整合功能,社会性发展是使个体从"自然人"变成"社会人",实现个体的社会化。在这过程中个体通过与他人的互动,提高社会认知能力,习得社会规范及社会交往技能,建立与社会一致的价值观念与行为方式;分化功能,社会性发展的分化功能侧重发展"个性",强调个体在社会互动中逐渐发展自我概念,获得个性。

第二节

1题:情绪和情感指个体对客观事物是否满足自己需要而产生的主观态度体验。

2题:小学生情绪情感具有以下特点:(1)情绪表达向符合社会期望方向发展。认知的发展促进小学生能够根据不同的社会情境调节自己的面部表情,掩饰内心真实的情绪体验,更多地表现出社会期望的情绪。(2)情绪认知能力发展,情绪调节能力有所提高。小学生不仅能够根据面部线索和情境线索判断他人的情绪状态,同时他们能较好地理解不同的情绪表达与目标的关系以及对人际关系的影响。(3)情绪情感的冲动性减少,稳定性增强。小学阶段,低年级学生的情绪带有很大的情境性,容易受具体事物、具体情景的影响。在小学低年级学生身上时常可以看到儿童容易冲动、外露、可控性比较差的情绪特点。随着年级的升高,他们调控情绪的能力逐渐发展起来,小学生攻击、紧张、压抑、厌学等消极情绪与行为减少。(4)情绪情感的内容扩大,深刻性增强。小学阶段,学生的活动内容和形式丰富多样,小学生在学习活动、班级活动、集体活动、文体活动等活动中经历了各种体情绪和情感体验,情感体验日益丰富。(5)高级情感进一步发展。小学生的道德感、理智感、美感在小学阶段得到进一步发展。

3题:培养小学生情感能力的方法有:(1)通过知识传授,提高学生的情感认识能力。小学教师应该有目的、有计划地加强对小学生情感知识的传授,比如要传授道德规范和行为准则知识,培养小学生是非、好坏、美丑、善恶的辨别和评价能力。(2)开展实践活动,丰富学生的情感体验。教师可以通过组织学生观看文艺演出、音乐剧、戏剧培养学生欣赏高雅艺术的能力,通过观看感动中国人物、英雄事迹,培养学生助人为乐的高尚情感;也可以通过参观烈士陵园等活动培养学生的爱国主义情感。(3)加强师生情感交流,建立良好的师生关系。教师要主动走近学生,以真诚、理解、尊重、信任的方式与学生沟通和交流,建立良好的师生关系,促进学生积极情感的发展。(4)进行情绪调节策略训练,提高情绪管理能力。教师要教给学生识别、监控和管理自身情绪的策略,使他们正确对待自己的情绪反应,减少消极情绪对他们的影响。

4题:小学生的意志特点主要表现在:(1)缺乏主动性和自觉性,需要成人的监督。小学低年级学生的意志调节以外部控制为主,他们还不善于独立、主动地提出行动的目的和方法,需要在教师和家长的引导下,才能够逐渐独立、自觉地提出行动目的并付诸行动。(2)独立性较差,易受暗示。小学生自我意识和认知发展水平还比较低,他们独立判断是非的能力还很弱,在行动的过程中很容易受他人的影响。(3)自制力初步发展,但行动缺乏组织计划性。小学生意志品质相对较低,在行动中控制无关诱因的干扰,坚持完成目标的能力较弱。(4)意志力薄弱,遇事容易退缩。现行的学校教育重视小学生智力能力的培养,忽视非智力因素的培养,加上家长溺爱孩子,对孩子有求必应、有难必帮,使小学生缺乏挫折、摆脱困境的体验,耐受力低,致使他们在行动中遇到困难,容易放弃或退缩。

5题:教师提高小学生的意志能力的方法有:(1)开展理想教育,引导小学生树立远大的志向。意志与动机的发展相关,远大的志向具有强烈而持久的动机,是坚强意志的前提。(2)开展实践活动,培养学生的意志力。教师可以通过引导学生自主学习的方式培养学生克服困难,独立完成学习任务的能力;也可以通过体育活动,使小学生亲身体验体育训练中的艰苦、遇到的困难和挫折,培养学生坚强的意志力。(3)创设克服困难的情境,开展挫折教育。教师要创设一些困难的情境,为小学生意志能力的锻炼提供机会。(4)发挥教师期望作用,培养学生意志品质。教师要充分发挥期望作用,积极表达教师的期望,让学生感受到教师对他们的关注和期望,从而培养意志力。

第三节

1题:亲社会行为一般指对行为者本人并无明显好处,符合社会期望且有益于他人、群体和社会的行为,包括助人、分享、谦让、合作等积极的行为。

2题:小学生的亲社会行为具有以下特点:小学生的亲社会行为随着年龄的增长而增多;在分享行为上,小学生能理解自我和他人的愿望、意图,会更好地觉察到别人分享需要的复杂线索,从而更好地实施能满足他人需求的分享行为;在助人行为上,低年级的小学生多是简单地顺从老师的教导,或为得到家长给予的预期的奖赏;高年级的小学生更多的则是遵从社会规范和主动自愿的付出;在合作行为上,小学生的合作行为发展较慢,但随着社会交往能力的提高促进了合作行为。

3题:培养小学生亲社会行为的方法有:(1)树立正确的班级舆论。舆论是多数人的言语表达,它起着异口同声的效果,形成了一种群体的压力,限制着个体的行为。树立正确的班级舆论可以促使小学生亲社会行为的发展。(2)强化学生的社会责任心,促进亲社会行为。社会责任心是个体的亲社会行为,尤其是利他行为的主要动机之一。教师要通过强化个体的责任,可以改善个体的利他行为。(3)根据小学生身心特点,开展社会技能训练;社会技能是个体参与活动的基本能力,小学生由于认知能力和生活经验的缺乏,社会技能的获得需要通过各种活动的训练。教师可以通过对小学生的角色扮演、移情训练、榜样训练和行为操作技能训练等方式来训练小学生的社会技能。(4)倡导合作学习,培养小学生的合作能力。教师要在教学中发挥学生的主体地位,采取合作学习的方式,培养小学生的合作意识和合作能力,促进他们亲社会行为的发展。

第四节

1题:攻击行为在于有伤害意图、并付之行动、伤害对象有逃避伤害的动机。攻击行为具有两个显著特点:一是攻击行为是对他人造成的一定的伤害,包括身体上和心理上的伤害;二是实施攻击行为者带有一定的意图,尤其是故意性和敌意性。

2题:攻击行为的类型有:根据攻击行为动机,分为工具性攻击和敌意性攻击。工具性攻击行为是儿童以某种事物为媒介发生的冲突行为;敌意性攻击行为是儿童为了伤害或者报复他人而做出的攻击行为。根据攻击行为的表现形式,将攻击行为分为身体攻击、言语攻击与间接攻击。身体攻击主要是行为者直接用肢体以打、撞、踢、抢夺财物的形式发生攻击行为;言语攻击主要是攻击者以谩骂、嘲讽、挖苦、取外号等的言语形式的攻击行为;间接攻击是指攻击者利用第三方来间接实施的攻击行为。

3题:预防和控制小学生的攻击行为的方法有:第一,借鉴国外校园欺凌问题的治理策略,建立健全的法律体制。第二,学校要建立预防为主、防治结合的攻击行为干预机制。要将反校园欺凌教育融入学科教学中,尤其要发挥《品德与生活》《心理健康教育》课程在预防和控制小学生攻击行为中的作用。第三,加强对同伴的共情训练,改变旁观者的角色。第四,重视家校合作,共建预控机制。学校可以通过家长会、家长学校、家长联络群等形式传达学生攻击行为的事件及处理结果,引起家长的重视。同时,学校要加强对家长的指导,帮助他们如何辨别孩子是否陷入欺凌事件。

一、单项选择题答案

1.C 2.B 3.D

二、多项选择题答案

1.ABCD 2.ABCD 3.ABCD 4.ACD

三、判断对错题答案

1.对 2.错 3.对 4.对

第五章 小学生的个性发展

第一节

1题:个性,也称人格,指一个人的整体精神面貌,即具有一定倾向性的心理特征的总和。个性结构包括三个子系统:个性倾向性系统、个性心理特征系统、自我意识系统。

2题:影响个性发展的因素有:遗传因素、家庭因素、学校因素、社会因素。

第二节

1题:自我意识是个体对自己作为客体存在的各方面意识,是个体对自我,以及自我与周围世界关系的意识。自我意识按形式来分可以分为:自我认识、自我体验、自我调控。

2题:小学生自我评价的发展的特点主要有:自我评价由"他律性"向"自律性"发

展；自我评价的全面性和深刻性逐渐提升；自我评价的稳定性逐渐增强。

第三节

1题：气质是个体表现在心理活动的强度、速度、灵活性与指向性等方面的一种稳定的心理特征。气质主要有多血质、黏液质、胆汁质和抑郁质四种类型。

2题：小学生的气质教育：教师要正确认识气质差异；依据气质差异选择教育策略；教育学生认识并掌控自己的气质。

第四节

1题：性格是个人对现实的稳定的态度和习惯化了的行为方式。小学生处于性格的形成期，性格发展水平随年龄的增长而逐渐升高，但其发展速度表现出不平衡、不等速的特点。

2题：小学生良好性格可以通过认知教育、实践活动、班集体、教师榜样示范等途径培养。

一、单项选择题答案

1、B　2、C　3、A　4、A

二、多项选择题答案

1、BCD　2、ABC　3、ABCD　4、ABCD

三、判断对错题答案

1、对　2、错　3、对　4、错

第六章　小学生学习与学习动机

第一节

1题：依据学习的内容，分为知识的学习、技能的学习和社会规范的学习；依据学习的形式与性质，分为接受学习与发现学习、意义学习与机械学习；依据学习的结果，分为言语信息学习、智慧技能学习、认知策略学习、动作技能学习和态度学习。

2题：小学生需要做好学习态度的准备、学习习惯的准备和学习能力的准备。

第二节

1题：学习动机是指激发个体进行学习活动，并导使行为朝向一定学习目标的一种内在过程或内部心理状态。

2题：根据动机来源，分为内部动机和外部动机；根据动机层次，分为高尚动机和低级动机；根据动机地位，分为主导性动机和辅助性动机；根据动机作用，分为近景性直接动机和远景性间接动机。

3题：学习动机的理论主要有：需要层次理论、成就动机理论、强化理论、归因理论、自我效能理论。

第三节

1题：影响小学生学习动机的外部因素有：社会、学校、家庭。

2题：影响小学生学习动机的内部因素有：年龄特点、需要层次、志向水平和成败经验等。

第四节

1题：培养小学生学习动机的方法有：重视小学生学习成就动机的训练；通过归因训练，帮助小学生学会正确归因；引导小学生形成积极正确的自我概念。

2题：激发小学生学习动机的方法有：创设问题情境，激发小学生的求知欲；正确运用奖励与惩罚；及时给予正确有针对性的反馈；适当组织学习竞争；注意内外学习动机的相互作用与转化；设置恰当的学习目标。

一、单项选择题答案

1、B 2、A 3、D 4、D

二、多项选择题答案

1、ABC 2、ACD 3、AB 4、ABCD

三、判断对错题答案

1、对 2、错 3、对

第七章 小学生陈述性知识学习

第一节

1题：知识是人类所拥有的信息，知识能通过书籍、计算机或其他媒介贮存。陈述性知识主要反映事物的形态、内容及变化发展的原因，说明事物"是什么""为什么""怎么样"的知识。

2题：现代认知心理学认为，陈述性知识主要是以命题、命题网络和图式等方式在头脑中表征的。命题是语词表达意义的最小单元，由论题和关系两个成分构成。命题网络是按一定层次结构进行储存的。较为抽象、概括的知识处于高层，较为具体的内容处于底层。图式是人们对客体和事件有关属性组合的知识储存方式。图式有客体分类的图式、时空知识的图式和事件或做事的图式。

3题：陈述性知识的学习一般分为三个阶段：陈述性知识的理解、陈述性知识的巩固和陈述性知识的迁移。

第二节

1题：陈述性知识的理解是使学生获得新知识的意义。奥苏贝尔通过有意义学习理论来给以解释。有意义学习指符号代表的新知识与学习者认知结构中已有的适当观念建立非人为的和实质性的联系。

2题：陈述性知识获得的心理机制是同化。同化分为三种：一是下位学习。指学习者认知结构中原有的观念在包摄和概括的水平上高于新知识,因而新旧知识之间构成一种类属关系,包括派生类属学习和相关类属学习。二是上位学习。指学习者的认知结构中已经形成了若干观念,在此基础上学习包摄程度更高的知识。三是并列结合学习。指当新知识与学生认知结构中原有观念既不是下位关系,也不是上位关系,而是并列或类比关系时,便产生并列结合学习。

3题:陈述性知识理解的条件包括外部条件与内部条件。外部条件是:学习材料应该具有逻辑意义,应在人类学习能力范围之内。内部条件是:学习者必须具有意义学习的心向。学习者原有的认知结构中必须具有同化新知识的适当观念,这些观念提供同新知识相联系的可能性。

4题:陈述性知识理解的途径有:呈现的学习材料要具有逻辑意义、调动和保持学生理解学习的心向、根据学生的知识储备确定教学起点、运用直观材料或实际操作、提供丰富多彩的变式、科学地进行比较和启发学生学会概括。

第三节

1题:学习迁移是指一种学习对另一种学习的影响。学习迁移分为下面几种:(1)根据学习迁移的内容,分为知识、技能、情感及态度的迁移。(2)根据学习迁移的效果,分为正迁移和负迁移。(3)根据学习迁移的方向,分为顺向迁移和逆向迁移。(4)根据学习迁移的水平,分为横向迁移和纵向迁移。(5)根据学习迁移的适合范围,分为特殊迁移和一般迁移。

2题:学习迁移理论主要有:(1)形式训练说。该理论认为人类的心理是由许多不同的官能组成,这些心理官能是潜伏存在的,经过训练才能得到发展。他们把训练和改进心理的各种官能作为教学的重要目标,认为学习的内容不甚重要,重要的是活动的形式。(2)共同要素说。该理论由美国心理学家桑代克和吴伟士提出,认为学习迁移的产生是由于两种学习情境存在共同要素或共同成分。(3)概括化理论。该理论由美国心理家贾德提出,认为两种学习之间的共同成分只是学习迁移产生的必要条件,概括出两种学习活动的共同原理是学习迁移产生的关键。(4)认知结构迁移理论。由奥苏贝尔提出。他认为,学习者的认知结构是影响学习迁移的重要因素,迁移的三个主要认知结构变量是:可利用性、可辨别性和稳定性。

3题:促进陈述性知识迁移的途径:科学编排和呈现教材;加强基础知识教学,提高学生的概括能力;注重学生知识的综合贯通。

一、单项选择题答案

1. B 2. B 3. C 4. B 5. C

二、多项选择题答案

1. ABD 2. ABC 3. ABD

三、判断对错题答案

1. 错 2. 对 3. 错 4. 对 5. 错

第八章　小学生程序性知识学习

第一节

1题：程序性知识是用于具体情境的算法或一套操作步骤。分为两种：一是智慧技能，指借助于内部言语在头脑中进行的智力活动方式，抽象思维因素占据着最主要的地位；二是动作技能，指在练习基础上形成的，按某种规则或程序顺利完成身体协调任务的能力。

2题：教师教学的关键是把学生的陈述性知识转化为程序性知识。首先，程序性知识的掌握，有利于发展学生的能力，提高学生的综合素质。因为学生学习的各种陈述性知识是不能直接转化为能力的，必须通过程序性知识这个中介环节，把陈述性知识的教学和程序性知识的训练有机结合起来，重视培养学生把陈述性知识转化为程序性知识的能力。其次，程序性知识的掌握有利于提高学生的学习效率，使之更好地学习。

3题：程序性知识与陈述性知识区别表现在：(1)从基本结构看，陈述性知识是符号所代表的概念、命题与原理表征的意义，掌握它的关键是理解符号所表征的意义；程序性知识的基本结构是动作或产生式，形成程序性知识的关键是对操作方法的熟练掌握。(2)从输入输出看，陈述性知识是相对静态的，容易表达清楚；程序性知识是相对动态的，不太容易用言语表达清楚。(3)从意识控制程度看，陈述性知识的意识控制程度较高，激活速度较慢，是有意识的搜寻过程；程序性知识的意识控制程度较低，激活速度较快。(4)从学习速度看，陈述性知识的学习速度较快，但遗忘也较快；程序性知识学习速度较慢，需要大量的练习才会达到熟能生巧的程度，保持比陈述性知识牢固。(5)从记忆储存看，陈述性知识的储存呈现非独立的网络性，其迁移具有叠加扩充的特性；程序性知识的储存呈现独立的模块性，其迁移具有序列转移的特性。(6)从测量角度看，陈述性知识通过口头或书面"陈述"或"告诉"的方式测量；程序性知识是通过观察行为，是否能做、会做的方式测量。

陈述性知识与程序性知识的联系表现在：一方面程序性知识的形成以掌握陈述性知识为必要条件。学生掌握的陈述性知识越牢固，越有助于程序性知识的形成。另一方面，程序性知识一经形成又会促进学生对新的陈述性知识的掌握。

4题：智慧技能与动作技能的区别：一是活动对象不同。智慧技能的活动对象是头脑中的映象，具有主观性和抽象性，从外部难以觉察头脑中内隐的思维过程。动作技能的活动对象是物质和具体的，表现为外显的骨骼和肌肉的操作。二是活动结构不同。智慧技能是借助于内部言语实现的，高度省略和简缩，使人觉察不到操作的过程。动作技能是系列动作的连锁，动作结构必须从实际出发，符合实际，不能省略和简缩。三是活动要求不同。智慧技能要求学习者掌握正确的思维方法，即获得产生式或产生式系统。动作技能要求学习者掌握一套刺激—反应的联结。动作技能与智慧技能又是相互联系的。动作技能是智慧技能形成的最初依据,智慧技能的形成常常是在外部动作技能的基础上,逐步脱离外部动作而借助于内部言语实现的。反之,智慧技能往往是外部动作技能的支配者、调节者,复杂的动作技能总是包含有一系列的认知成分,需要学生智慧活动的参与,手脑并用才能完成。

第二节

1题:苏联著名心理学家加里培林提出了智慧活动的五个阶段:(1)活动的定向阶段。学生要了解熟悉活动任务,知道做什么和怎么做,在头脑中构成活动本身和结果的表象,对活动进行定向。(2)物质活动或物质化活动阶段。学生借助于实物或实物的模型、图表、标本等进行学习。(3)出声的外部言语活动阶段。学生的智慧活动已摆脱了实物或实物的替代物,代之以外部言语为支持物。(4)无声的"外部"言语阶段。学生智慧活动的完成是以不出声的外部言语来进行的,即只看见学生嘴动听不到声音。(5)内部言语活动阶段。主要特点是智慧活动的压缩和自动化,智慧活动似乎不需要意识的参与,脱离了自我观察的范围,无论在言语的结构与机制上都发生了重大变化。

2题:产生式理论认为程序性知识以产生式储存。产生式由条件和行动两部分组成。产生式的基本原则是"如果条件为X,那么实施行动Y"。解决一个简单问题需要一个产生式,解决复杂问题则需要若干产生式,组成了产生式系统。产生式理论把智慧技能分为两种:(1)模式识别学习。指学习者对某一特定内外刺激模式进行辨认和判断。模式识别学习的主要任务是学会把握产生式的条件项,其心理机制是概括和分化。(2)动作步骤学习。指学习者学会顺利执行完成一项活动的一系列操作步骤。动作步骤的学习通过程序化和程序合成两个阶段来完成。

3题:智慧技能形成的特征是:智慧技能的对象脱离了支持物,智慧技能的进程压缩,智慧技能应用的高效率。

4题:智慧技能的培养途径是:帮助学生形成条件化知识,丰富学生的知识背景,训练学生的言语表达能力,科学地加强学生的练习。

第三节

1题:行为主义派的理论是建立在经典条件反射和操作条件反射基础上的。著名心理学家巴甫洛夫认为,动作技能是先行动作通过条件反射建立起暂时神经联系而变成后继动作的信号来实现的。行为主义心理学的核心概念是反应,因而他用刺激—反应来解释人的行为,特别重视用强化概念来说明有机体行为的塑造、保持与矫正。动作技能的学习本质上就是形成一套刺激—反应的相互联结系统。

2题:认知心理学的核心概念是认知,因而认知心理学家在承认动作本身是一系列刺激—反应联结的同时,更强调动作技能的学习必须有感知、记忆、想象、思维等认知成分的参与。他们认为,在动作技能的形成中,学习者必须理解与某动作技能有关

的知识、性质、功用,回忆过去学习过的,与眼前任务相关的动作行为,预期与假设解决问题所需要的反应和动作范式,形成目标意象和目标期望,把自己的反应与示范者的标准反应进行比较分析,进行归因,找出误差,采取对策监控、调节自己的反应。动作技能的水平越高,越需要学习者有较高水平的认知。

3题:动作技能的形成要经历四个主要阶段:(1)认知阶段。这是动作技能形成开始阶段。从传授者角度看,主要是讲解与示范;从学习者角度看,主要是理解学习任务,形成目标表象和目标期望。(2)分解阶段。传授者把整套动作分解成若干局部动作,学习者则初步尝试,逐个学习。(3)联系定位阶段。该阶段重点是使适当的刺激与反应形成联系而固定下来,整套动作联为整体,变成固定程序式的反应系统。(4)自动化阶段。这是动作技能的熟练期阶段。动作娴熟协调,得心应手,出神入化,眼花缭乱,叹为观止。

4题:动作技能的培养是一个动态过程。教师应将动作技能结构内容,依据其相互联系划分为不同的学习任务,然后分阶段采取相应教学措施进行有计划的培养。(1)帮助学生理解任务性质和学习情境。(2)教师要正确地示范与讲解。(3)加强学生的练习与反馈。要采取多种练习方法,注意练习周期,克服"高原现象",提供恰当的反馈。

一、单项选择题答案

1、B　2、A　3、D　4、A

二、多项选择题答案

1、ABD　2、AB　3、AC

三、判断对错题答案

1、错　2、对　3、错

第九章　小学生的学习策略

第一节

1题:学习策略是学习者为了提高学习效果和效率,有目的有意识地制订的有关学习的程序规则和调控方式。首先,学习策略是学习者为了完成学习目标而积极主动地使用的;其次,学习策略是有效学习所需要的;第三,学习策略是针对学习过程的;第四,学习策略是学习者制订的有关学习的程序规则和调控方式。

2题:迈克卡等人根据学习策略涵盖的成分,把学习策略分为认知策略(包括复述、精加工、组织策略)、元认知策略(包括计划、监视、调节策略)、资源管理策略(包括时间管理、学习环境管理、努力管理和寻求他人的支持策略)。

第二节

1题:精加工策略是指学习者把新信息与头脑中的旧信息联系起来,增加新旧信息之间的意义联系,从而帮助学习者将信息储存到长时记忆中去的学习策略。常用的精加工策略:记忆术、记笔记、自提问法、画线。

2题:使用复述策略时,需注意以下方面:排除干扰;抑制和促进;科学复习;过度学习;运用多种感官协同记忆;积极的心向、态度和兴趣;阅读与重现交替进行。

3题:组织策略是将经过精细加工提炼出来的知识点加以重建,形成更高级的知识结构的信息加工策略。体现为列提纲、图形和表格。

第三节

1题:资源管理策略是指学生管理学习中可用的环境和资源的策略,成功地使用这些策略可以帮助学生适应和调节环境,提高学习效率和质量。主要包括:时间管理策略、学习环境管理策略、努力管理策略、学习工具利用策略和社会资源利用策略。

2题:小学生的时间管理策略具体表现为:(1)统筹安排学习时间;(3)灵活利用零碎时间;(2)高效利用最佳时间。

3题:为了提升学生使用努力管理策略的应用水平:第一,教师要让小学生明确努力在学习中的重要意义,在评价学生时也要把努力情况包括在内;第二,要结合学习实际对全体学生的努力进行鼓励,使学生获得努力且有收获的体验,激励学生在后续学习中更加努力;第三,通过向学生传授努力管理的方法和程序,帮助学生构建自己的努力管理策略库,以利于在学习过程中随时提取应用努力管理策略。

第四节

1题:影响小学生学习策略的学习者因素包括年龄特征、学习能力、动机强度和学业自我效能感。

2题:影响小学生学习策略的教师因素包括教师经验、教学方法的恰当运用和教学信息的反馈调节。

第五节

1题:常用的学习策略教学模式:通用学习策略教学模式,学科学习策略教学模式和交叉式学习策略教学模式。

2题:策略教学的有效性条件:促进学习策略的迁移;采用灵活多样的教学方法;科学安排策略教学的顺序;策略训练不宜密集进行;训练学生大声复述所使用的学习策略;策略教学应符合学生的知识能力状况。

一、单项选择题答案

1．B 2．D 3．A 4．A 5．C

二、多项选择题答案

1．ACD 2．ABCD 3．ABD 4．ABCD 5．ABCD

三、判断对错题答案

1．对 2．错 3．对 4．错

第十章　小学生的学习困难

第一节

1题:学习困难是一系列失调的症候群,表现在听、说、读、写推理或数学能力获得的显著困难。小学生学习困难是指小学生的注意、记忆、听觉理解、口头表达、阅读理解、书写、数学运算等方面表现出显著的落后,学习成绩达不到教学的要求。

2题:学习困难的诊断较有影响的有智力—成就差异模式、干预—反应模式、动态评估模式和全面的认知模式。在对学习困难进行诊断时,需要针对具体情况选择合适的鉴别方法,或者综合几种方法,更全面、更准确地进行鉴别。

3题:对学习困难的研究迫在眉睫。其研究具有重要的意义:有利于学习困难学生的身心健康,促进亲子关系的发展,全面实施素质教育。

第二节

1题:阅读困难分为获得性阅读困难和发展性阅读困难,前者是指脑疾病或脑创伤引起的阅读困难,后者是指在个人智力、动机、生活环境和教育条件等方面与其他个体没有差异,也没有明显的视力、听力和神经系统障碍,但阅读成绩却明显低于相应年龄和智力的应有水平,处于阅读困难状态。

2题:拼写困难是指拼写能力受损,语音拼读的准确性差。拼写困难学生的主要表现在:一是在拼写字母时加入一些不需要的字母。如省略一些字母,用其他字母代替字母方向混淆,字母次序颠倒。二是发音错误。经常把一些比较相似的音和字母相混淆,在学习中经常发生错误;另外一种常见错误是平舌音与翘舌音不分;前鼻音和后鼻音相混淆。三是只会读字母,不会把字母连起来拼成一个字。

3题:书写困难包括下面三类:(1)动作型书写困难。表现出抄写、听写和自发作文中有困难,书写速度慢。汉字部件的位置和方向改变,伴有书写笔迹极端笨拙、潦草,无法辨认正确的字形等问题。(2)阅读困难型书写困难。表现出语言产生和理解困难,词语使用困难,拼写困难和语法困难等。(3)空间型书写困难。表现为书写部位的定向困难,写出的字笔画正确,但位置错误。

4题:数学困难是指与数学学习有关的能力或技能的缺损而导致学生数学学习成绩明显落后于同年龄或同年级学生的现象。包括语义记忆数学困难、过程性数学困难、视空性数学困难三种类型。

第三节

1题:统觉失调表现为学生不能进行完整的、有效的组织,统合从外部环境中摄取的各种感觉信息,从而导致与环境的平衡失调。

2题:学习困难学生的认知障碍主要有:(1)注意障碍。在学习活动中表现出明显的注意缺陷,不能将注意力集中于学习的中心刺激,而是注意于更多的附加刺激,难以有效地接受知识信息,在对新知识加工的前期就产生了障碍。(2)记忆障碍。包括短时记忆障碍、长时记忆障碍、机械记忆障碍和序列记忆障碍。(3)问题解决障碍。确定问题的能力较差,往往不知道要解决的是什么问题,不能有效地计划、监控解题步骤以达到目标,不能灵活地选择相应的策略,很少有运用策略的意识。

3题:情意障碍是个体在学习中的情感、态度、意志、动机等要素及其关系结构所出现的不协调乃至矛盾的倾向。情意系统障碍是学生学习困难从暂时性转向稳定性的重要标志。主要包括:学习动机、学习兴趣、情绪与情感、个性与性格。

第四节

1题:感觉统合是指将人体器官各部分感觉信息输入组合起来,经大脑统合作用,完成对身体内外知觉做出反应。感觉统合训练以游戏的形式让学生参加,以此丰富学生的感觉刺激。训练时给予学生前庭、肌肉、关节、皮肤触压、视、听、嗅等多种刺激,并将这种刺激与运动相结合。在整合中促进脑细胞成熟和神经通路专门化,还可开拓新的神经专门化通道,促进学习困难学生的视觉、听觉和注意力等的发展。通过感觉统合训练,可以明显改善学习困难学生的神经心理功能,提高运动协调能力,改善厌学情绪,提高学习成绩。

2题:学习困难学生视觉训练的方法有以下几种:(1)视觉协调训练。通过让学习困难学生进行拼图游戏、绘画、剪纸和走迷津等操作任务提高他们的手眼协调能力。(2)视觉追踪训练。最有效的是"钟摆运动"和"追太阳"游戏,可以提高学习困难学生的视觉追踪能力。(3)视觉记忆训练。主要是为了提高学习困难学生视觉记忆和加工能力。要求学生先花1—3秒钟看一幅画,然后让他们说出画上的内容,最后再要求他们画出来。

3题:针对学习困难学生改进的教学策略主要有:(1)实施个别教育计划。根据每个学生困难类型和程度的不同,教师应制订科学、可行的个别化教育计划和方案,实施形式多样的教育训练,帮助学生摆脱学习困难。(2)加强课外辅导。可以在一定程度上改善学习困难学生的学习环境和条件,照顾到学习困难学生的个别差异,满足他们的学习需求。课外辅导包括心理辅导课和智能训练。

4题:对于大多数学习困难的学生教师可以对他们进行认知策略、自我管理能力、归因等学习策略训练。认知策略主要是指发现问题、解决问题的过程性思维。认知策略包括:复述策略,如重复、抄写、记笔记、划线等;自我管理是指作为有主观能动性的人对自己进行的自我管理能力,主要包括自我管理意识,比如注意力、自制力等;时间管理、目标管理、物品管理、情绪管理;自我管理策略,比如自我反省、树立榜样、自我克制、自我安慰等。归因是指根据行为或事件的结果,通过知觉、思维、推断等内部信息加工过程而确认造成该结果之原因的认知。

一、单项选择题答案

1.D 2.C 3.C

二、多项选择题答案

1. ABCD　2. ABD　3. ABC　4. ABCD　5. ABCD

三、判断对错题答案

1. 对　2. 错　3. 对　4. 错

第十一章　小学生的心理健康

第一节

1题：小学生心理健康的标准应包括以下几个方面：智力正常、情绪稳定、学习适应、自我认识清楚、人际关系和谐、行为习惯良好。

2题：衡量心理健康的方法有以下几种：常模比较法、社会适应判定法、生活适应评定法、主观病痛法、症状判定法。

3题：小学生心理健康教育主要有两大意义：一是学生发展核心素养的重要内容和途径，二是小学生自我发展的需要。

第二节

1题：小学生的常见心理问题有以下几种：(1)小学新生适应问题；(2)学习问题，学习问题又包括学习困难、学习疲劳、厌学等几类；(3)行为问题，行为问题又包括多动症、品行障碍两类；(4)情绪问题，情绪问题包括焦虑、抑郁、恐惧、自我意识问题等几类。

2题：小学生心理问题形成的原因主要有以下几个：(1)自身因素，自身因素又包括身心发展速度不均衡、心理过程发展不协调、性格发展有缺陷三个方面；(2)社会环境因素，社会环境又包括家庭因素、学校因素、社会因素三个方面。

第三节

1题：对小学生进行心理健康教育，家庭应遵循以下原则：尊重性原则、针对性原则、主体性原则、发展性原则、全面性原则、全体性原则。

2题：小学生心理健康教育应包括以下内容：学习心理指导、情绪心理指导、自我意识发展指导、人际关系的心理指导。

第四节

1题：行为矫正法有以下几个特点：概念明确、过程清楚、目标具体、操作性强，对于紧张、焦虑、恐惧、退缩、多动症都有很好的疗效。

2题：理性情绪疗法的要点是要关注不合理信念，不合理信念是导致异常心理行为和情绪体验的原因，不合理信念主要有绝对化要求、过分概况化、糟糕至极三种。

3题：团体辅导法主要有两种方式：一是把同类问题的对象安排在一组，集中精力解决某个问题；二是把同一年龄段的对象组成为一个团体，且团体内部有一定的性别比例或个性结构差异。

一、单项选择题答案

1. C　2. A　3. C　4. A

二、多项选择题答案

1. ABC　2. ACD　3. BCD

三、判断对错题答案

1、对　2、错　3、错

第十二章　小学生的品德心理

第一节

1题：品德即道德品质，是指个人依据一定的道德行为准则行动时所表现出来的某些稳固的人格倾向。

2题：品德的心理结构包括道德认识、道德情感、道德意志、道德行为四个方面。

第二节

1题：从皮亚杰的道德发展观点来看，小学生的道德发展主要处于权威阶段、可逆性阶段和公正阶段，分别对应着小学的低年级、中年级和高年级三个阶段。

2题：科尔伯格认为小学一二年级学生几乎都处于服从和惩罚定向阶段。从三年级起，小学生进入朴素利己主义定向阶段，他们的道德判断从自身利益出发，以行为的功用和相互满足需要为准则。小学高年级学生道德发展基本到达了好孩子定向阶段。

3题：小学生的道德认识主要表现在：(1)对道德概念的理解能力从直观、具体、较肤浅的理解逐步过渡到较为抽象、本质的理解，但整体理解水平不高。(2)道德判断逐渐由他律向自律，由只注意行为后果逐渐过渡到全面地考虑动机和后果的统一关系。(3)道德信念初步形成，但不稳定。

4题：小学生的道德情感水平已有了很大发展，但这时的道德感仍具有直接的、经验的性质。随着小学生年级的升高，他们的道德感从外部的、被动的、未被意识到的道德体验逐渐转化为内部的、主动的、自觉意识的道德体验。

5题：小学生道德行为的发展特点：道德言行从较协调到逐步分化，道德行为发展呈"马鞍"型。

第三节

1题：小学生的道德认识主要是帮助小学生形成正确的道德概念，使其获得道德实践经验，培养他们的道德评价能力。

2题：小学生的道德情感的培养主要是知行相结合发展他们的道德情感，引起小学生的道德情感的共鸣，重视教师情感的感化，在具体活动中以境育情。

3题：培养小学生的道德行为习惯主要是指导小学生掌握道德行为，加强他们的

道德行为练习,形成良好班风和舆论,与法制教育相结合。

第四节

1题:小学生不良行为产生的原因:一是外部原因,包括家庭的不良影响,学校教育的失误,社会环境中的消极因素。二是内部原因,包括小学生的道德认识错误,道德情感不良,道德意志薄弱。

2题:小学生的不良行为的矫正要注重道德认知改变,消除疑惧对抗情绪,采用行为矫正技术,选择合适榜样教育,营造积极健康环境。

一、单项选择题答案

1、A 2、C 3、D 4、B

二、多项选择题答案

1、ABCD 2、ABD 3、BC 4、ABC

三、判断对错题答案

1、错 2、错 3、对

第十三章 小学班级群体心理与人际关系

第一节

1题:班级群体是在班级中,为了实现特定的目标,按照一定的规范相互作用、共同活动的组织团体。

2题:班级群体中的非正式群体可以分为积极型、中间型、消极型和破坏型四类。

3题:班级群体具有以下心理功能:社会化、个性化、需要的满足、自我概念形成、行为方式塑造。

第二节

1题:群体心理是群体成员在群体活动中所共有的,有别于其他群体的价值观、态度和行为方式的总和。

2题:小学班级中存在课堂心理气氛、社会促进与社会抑制、从众与服从、合作与竞争、群体规范以及群体凝聚力等心理因素。

3题:群体规范是群体中每个成员必须遵守的思想和行为标准。创建并维持良好的群体规范包括设定班级管理目标;建立班级常规和规章;创建班级文化。

第三节

1题:人际关系是人与人之间通过交往与互相作用而形成的直接的心理关系。

2题:小学班级中建立良好的人际关系主要有:加强人际交往教育,真诚、尊重与接纳学生,培养对学生的同理心,善于运用倾听技巧,教会学生冲突解决策略。

第四节

1题:班级群体要发展成为集体要经历松散期、同化期、凝聚期和形成期四个连续的时期。

2题：小学班集体的管理策略主要包括：情感管理策略、自主管理策略、差异化管理策略、家校合作策略、公平激励策略、榜样激励策略等。

一、单项选择题答案

1、B　2、B　3、C　4、D

二、多项选择题答案

1、ABCD　2、AB　3、ABCD　4、AC

三、判断对错题答案

1、对　2、错　3、对

第十四章　小学生的心理差异

第一节

1题：心理差异是指人与人之间彼此相区别的稳定的心理特点，包括心理过程、心理状态和个性心理特征等方面的差异。

2题：小学生的心理差异是生物、环境两大因素综合作用的结果。生物因素为小学生差异心理的形成提供了物质基础和自然前提，而起决定性作用的是环境因素。生物因素与环境因素相互影响、交互作用。

第二节

1题：智力是一种极为复杂的心理机能，它是使人能顺利从事某种活动所必需的各种认知能力的有机结合，包括思维、感知、记忆、想象、言语和操作技能等。智力差异指的是小学生之间的智力发展差异。小学生的智力差异主要体现在智力水平和智力类型两个方面。智力水平差异是指个体之间智力水平的高低程度上的差异。智力类型差异包括：(1)分析型、综合型与分析—综合型；(2)视觉型、听觉型、运动觉型与混合型；(3)艺术型、思维型与中间型。

2题：小学教师根据学生的智力差异进行针对性的教育教学，是提高教育教学质量的关键之一。主要有：(1)认知发展阶段教学，小学教师要根据小学生思维发展的特点，来开发他们的智力；(2)分层教学，是学校在一个年级内的某一学科同时开设几种不同层次的课程，不同智力发展水平的学生有选择不同层次课程学习的自由；(3)个别化教学系统，该系统允许学生保证对教材真正掌握的前提下，按照自己的学习速度继续向前学习，避免了讲授式教学的单一性和时间安排的呆板性；(4)计算机辅助教学，是计算机对教学过程中师生之间信息交流过程的模拟，该系统是根据程序教学原理而设计的。

第三节

1题：性别心理差异指的是男女小学生在智能、情感、意志、个性等心理方面的差

异。性别心理差异在小学生的婴儿期就表现出来,并在社会影响下逐渐扩大。

2题:性别心理差异表现在认知和非智力因素两个方面,其中认知方面的差异包括:(1)感知、注意与记忆差异,(2)言语与思维差异;非智力因素差异包括:(1)情绪与人格差异,(2)人际关系差异,(3)社会行为差异,(4)学业成就动机差异。

3题:教师需要了解小学生的性别心理差异,在教育中注意"因性施教",发挥小学生性别中的优势,弥补性别中的不足。首先要了解学生的性别差异,形成平等的性别期望。其次,针对男女生身心发展特征因性施教,取长避短。

第四节

1题:社会背景主要指对小学生的发展起作用的现实环境,如学校环境、家庭环境、社会环境等。社会背景的心理差异是指生活在不同现实环境中的小学生所表现出来的不同心理特征。小学生总是生活在特定的学校背景、社会经济文化背景及家庭背景中,这些社会背景相互影响、相互制约,共同对小学生的身心发展产生深刻而长远的影响。

2题:针对小学生社会背景心理差异的教育对策有:首先要平等对待每位学生;其次,针对差异,因人施教;第三,要重视家校合作及教育的一致性;第四,要加强学生间的相互交流与学习。

一、单项选择题答案

1、C 2、A 3、C 4、C

二、多项选择题答案

1、AC 2、AB 3、ABCD

三、判断对错题答案

1、对 2、对 3、错

第十五章　小学教师心理

第一节

1题:小学教师承担着教书育人的角色、班级管理者的角色、学生心灵培育者的角色、研究者的角色、学习者的角色。

2题:小学教师角色发展的途径是加强教学反思,提高教育技术水平,开展校本研究,积极参与科研。

第二节

1题:小学教师的威信是指小学教师在学生、家长、同行、领导等人群中的声望与信誉,是教师的人格受到尊重和热爱,教师的言行得到信赖的一种状态。教师威信形成的条件是:国家、政府对教师的重视和关怀,社会对教师的尊重和崇尚是影响教师威信形成的客观社会条件,小学教师高尚的思想品质,较高的专业品质,良好的心理品质,良好的仪表、生活作风和行为习惯是教师威信形成的根本性决定因素。

2题:小学教师维护和提高自身的威信要加强自身道德和文化修养,对学生充满爱心,培养高尚的人格魅力,正确地奖惩学生。

3题:小学教师践行师爱要深入了解学生,主动与学生建立良好师生关系;充分激励并成全每一个学生;关心爱护学生的思想品德与心理健康发展;树立教育公平的观念,一视同仁。

第三节

1题:小学教师提高自己的教学效能感要建立良好的个人意识,提高职业认同感,努力在教育教学过程中感受快乐和幸福;要加强教育研究和反思,不断积累经验,拓宽知识结构,提高学术水平,增强教学的自信心;要尊重学生的个性,关注学生的成长和进步,保持积极健康的心态,获得学生的信任与爱戴,通过和谐师生关系提高教学效能感;要建立良好的人际关系,包括与学校领导、同行、朋友等的关系,使其获得友爱、鼓励、温暖和安全感,从而增强工作的自信心。

2题:教学反思力是指小学教师积极主动进行有效教学反思的能力。小学教师提高自己的教学反思力,常用的方法有行动研究法、比较法和叙事法。行动研究法即将教学实践和反馈意见结合起来,不断改进教学实践。比较法即在纵向、横向上,从教学理念、教学设计、教学效果、学生反映及同事评价上进行比较,及时矫正不足。叙事法即用书面的形式把自己的教学情况记录下来并进行分析挖掘,还可用口头的方式请教他人,让他人帮助发现问题、提出建议。此外,要以学习者的身份,基于教育情境开展多视角反思。以观察日记、阅读理论文献等方式,对自己在情境中的行为决策进行全方位的反思。

3题:小学教师提高自己的教育机智,要加强对教育生活的体验,抓捕教育时机;丰富知识经验,提高反思能力;构建良好的外部支持系统。

第四节

1题:小学教师主要心理问题有工作压力;心理冲突;心理挫折。

2题:小学教师的心理健康问题的原因来自两方面。从社会因素看,现代教育的发展对小学教师提出了更高要求;小学教师的评价制度欠合理性;教师专业化的发展提升了学历要求;社会教育环境的变化给教师带来心理压力。从个人因素看,小学教师工作成就感、幸福感降低;部分小学教师知识结构陈旧;小学教师缺乏必要的心理健康知识。

3题:小学教师心理问题的调适从内外两方面入手:一是提高教师内在修养,维护教师心理健康;二是创设良好心理成长环境,给教师以真正的幸福;三是建立有效的社会支持系统。

一、单项选择题答案

1.A 2.B 3.C 4.B

二、多项选择题答案
1. ACD   2. ABCD   3. ACD   4. ABC
三、判断对错题答案
1. 错   2. 错   3. 对   4. 错

附录二 参考文献

[1][美]安妮塔·伍尔福克.伍尔福克教育心理学(第12版)[M].伍新春、张军、季娇译.北京:中国人民大学出版社,2015.

[2][美]阿尔伯特·艾利斯,[澳]黛比·约菲·艾利斯.理性情绪行为疗法[M].郭建、叶建国、郭本禹译.重庆:重庆大学出版社,2015.

[3][英]M.W.艾森克,M.T.基恩.认知心理学(第五版)[M].高定国,何凌南等译.上海:华东师范大学出版社,2009.

[4]边玉芳.学习自我效能感量表的编制与应用[D].上海:华东师范大学,2003.

[5]程利国,高翔.影响小学生同伴接纳因素的研究[J].心理发展与教育,2003(2).

[6]陈美娣,瞿正万,古嘉琪等.上海市浦东新区小学生学习困难有关因素分析[J].中国心理卫生杂志,1999(4).

[7]陈美娣,瞿正万,古嘉琪等.小学生学习困难类型及其综合干预效果的再评估[J].中国心理卫生杂志,2004(1).

[8]陈庆飞,雷怡,李红.颜色、形状和大小相似性与变化性对儿童归纳推理的影响[J].心理发展与教育,2011(1).

[9]陈威.小学儿童心理学(第二版)[M].北京:中国人民大学出版社,2016.

[10]陈英和.认知发展心理学[M].杭州:浙江人民出版社,1996.

[11]谌启标,王晞,等.班级管理与班主任工作[M].福州:福建教育出版社,2007.

[12]程学超,谷传华.母亲行为与小学儿童自尊的关系[J].心理发展与教育,2001(4).

[13]程玉兰,崔伊薇,吴汉荣.学习困难儿童心理特征的研究[J].中国心理卫生杂志,1999(4).

[14]崔霞丽.聋生感受的师爱与学习效能感的关系:学习动机的中介效应[D].重庆:西南大学硕士学位论文,2014.

[15]戴斌荣,任瑛.学习困难儿童的心理特点与教育策略[J].天津师范大学学报(基础教育版),2003(1).

[16]杜艳芳.小学生学习策略水平的发展研究[J].内蒙古师范大学学报(教育科学版),2010(8).

[17]樊富珉,何瑾.团体心理辅导[M].上海:华东师范大学出版社,2010.

[18]范牡丹.新课改背景下的中小学教师心理冲突探析[J].文教资料,2009(9).

[19]范晓玲,伍如昕,周路平.4—6年级学生学习策略量表的编制[J].中国临床心理学杂志,2011(4).

[20]冯佳佳,张晓文.回顾与反思:我国班级文化研究综述[J].现代教育科学,

2017(6).

[21]冯维,赵斌.现代教育心理学(第3版)[M].重庆:西南师范大学出版社,2013.

[22]冯维.小学心理学(第4版)[M].重庆:西南师范大学出版社,2013.

[23]冯文慧.高中英语词汇教学策略的实证研究[D].济南:山东师范大学,2012.

[24]高丽.中小学生自我调节特点及对学校适应的影响[D].上海:东北师范大学,2011.

[25]龚婧,卢正天,孟静怡.父母期望越高,子女成绩越好吗:基于CFPS(2016)数据的实证分析[J].上海教育科研,2018(11).

[26]关宏岩,李玉玲,郑玉娜,等.学龄儿童气质遗传的双生子研究[J].中国儿童保健杂志,2012(10).

[27]郭志峰.儿童气质活动性与父母教养方式关系的纵向研究[D].大连:辽宁师范大学,2007.

[28]韩立敏.班主任之师生互动风格与小学生自我概念的关系研究[D].武汉:华中师范大学硕士学位论文,2002.

[29]贺金波,郭永玉.人格的生理基础研究综述[J].心理学探新,2005(3).

[30]胡江平.百年中国小学语文教科书中榜样人物选取的研究[D].重庆:重庆师范大学,2016.

[31]胡卫平,刘佳.小学生思维能力的培养:五年追踪研究[J].心理与行为研究,2015(5).

[32]胡艳.初中生学习动机培养与激发的实验研究[J].中小学心理健康教育,2018(7).

[33]黄姗,蒲翠萍.陇南市村镇小学教师心理健康问题的成因及对策研究[J].甘肃高师学报,2012(4).

[34]黄文澜,杨丽珠.3~9岁儿童同情心与儿童气质类型的关系研究[J].心理学探新,2009(3).

[35]贾劲婷.小学高年级儿童人际关系的调查研究[D].呼和浩特:内蒙古师范大学,2013.

[36]江平.义务教育语文新课程教育例话[M].杭州:浙江大学出版社,2005.

[37]姜媛,白学军,沈德立.中小学生情绪调节策略的发展特点[J].心理科学,2008(6).

[38]教育部.中小学心理健康教育指导纲要:2012年修订[Z].2012.

[39]靳玉乐.中小学生学习效能的现状及提升策略[J].中国教育学刊,2015(8).

[40]静进.儿童学习障碍及其治疗[J].中国实用儿科杂志,2002(3).

[41][爱尔兰]ALan Carr.积极心理学(第二版)[M].丁丹,等译.北京:中国轻工

业出版社,2013.

[42]课题组.我国中小学生学习动力与学习策略的现状与对策[J].课程.教材.教法,2016(3).

[43]寇冬泉,黄技.努力管理学习策略的内涵及其培养[J].广西师范学院学报(哲学社会科学版),2009(3).

[44]雷雳.发展心理学(第3版)[M].北京:中国人民大学出版社,2017.

[45]李靖,钱秀莹.7~11岁儿童持续注意能力的性别差异研究[J].应用心理学,2000(2).

[46]李婷婷.小学生汉字学习策略现状调查及促进研究[D].长春:东北师范大学,2008.

[47]李文娴.基于"群体"的小学生诚信教育研究[D].杭州:浙江师范大学,2016.

[48]李侠.气质对小学生学业成绩的影响[D].大连:辽宁师范大学,2013.

[49]李颖,马玉芬.教师期望对小学生学习动机影响研究[J].兰州文理学院学报(社会科学版),2018(2).

[50]李毓秋,张厚粲.关于小学四年级至初中一年级学生阅读理解能力的研究[J].心理科学,2001(1).

[51]林崇德,王耘,姚计海.师生关系与小学生自我概念的关系研究[J].心理发展与教育,2001(4).

[52]林崇德.发展心理学(第3版)[M].北京:人民教育出版社,2018.

[53]林崇德.发展心理学(第2版)[M].北京:人民教育出版社,2009.

[54]林崇德.小学儿童数概念与运算能力发展的研究[J].心理学报,1981(3).

[55]林国珍,金武官,史以珏.学习困难儿童与家庭行为及学习适应性的相关性研究[J].中国行为医学科学,2004(6).

[56]林镜秋.大中小学生注意转移的实验研究[J].天津师大学报(社会科学版),1996(6).

[57]刘电芝、黄希庭.学习策略研究概述[J].教育研究,2002(2).

[58]刘景全,姜涛.关于小学生某些注意品质的实验研究[J].天津师大学报(社会科学版),1993(4).

[59]刘玲.日本动漫对中国青少年的影响[D].长沙:湖南师范大学,2012.

[60]刘旺.小学生自尊与生活满意度的关系[J].中国心理卫生杂志,2005(11).

[61]刘文,杨丽珠,金芳.气质和儿童同伴交往类型关系的研究[J].心理学探新,2006(4).

[62]刘文.3~9岁儿童气质发展及其与个性相关因素关系的研究[D].大连:辽宁师范大学,2002.

[63][英]H.鲁道夫·谢弗.儿童心理学[M].王莉译.北京:电子工业出版

社,2016.

[64]雒强.学习障碍儿童特征研究及干预建议[D].西安:陕西师范大学,2013.

[65]马迎教,谭盛葵,许建国,等.少数民族地区儿童伤害与人格特征的相关性[J].中国妇幼保健,2009(7).

[66]马郑豫,张家军.中小学学生学习策略的调查研究[J].教育研究,2015(6).

[67]毛荣建,顾新荣.汉语发展性书写障碍研究的现状探析[J],北京联合大学学报(自然科学版),2014(3).

[68]毛荣建,刘翔平,张旭.汉字听写困难儿童字形整体表征的实验研究[J].中国特殊教育,2013(6).

[69]毛荣建,刘翔平.听写障碍儿童汉字学习的认知干预研究[J].中国特殊教育,2012(5).

[70]孟祥芝,刘红云,周晓林.中文读写能力及其相关因素的结构模型[J].心理发展与教育,2003(1).

[71]孟祥芝,周晓林,吴佳音.发展性协调障碍与书写困难个案研究[J],心理学报,2003(5).

[72]莫雷.教育心理学[M].广州:广东高等教育出版社,2002.

[73]聂衍刚,刘毅.小学生学习适应性状况的研究[J].教育研究与实验,2004(4).

[74]潘飞南.大学生学习环境管理策略探讨[J].江西教育学院学报(社会科学),2003(2).

[75]皮连生.教育心理学(第四版)[M].上海:上海教育出版社,2011.

[76]邱娟,钟志贤.论努力管理的定义与构成要素[J].江西广播电视大学学报,2011(3).

[77]瞿正万,傅伟忠,陈美娣,等.浦东新区小学生心理需要发展趋势研究[J].中国学校卫生,2005(5).

[78]邵瑞珍.学与教的心理学[M].上海:华东师大出版社,1990.

[79]施连震,冯士季.小学生科学学习态度现状的实证研究[J].教育测量与评价,2018(1).

[80]斯倩.基础教育阶段家校合作困境及优化研究[D].重庆:西南大学,2016.

[81]宋德如,刘万伦.中小学生师生关系发展特征研究[J].心理科学,2007(4).

[82]宋晓娟,段鹏阳.中小学生学会学习素养测评研究——以北京市为例[J].内蒙古师范大学学报(教育科学版),2017(6).

[83]孙俊才,卢家楣,郑信军.中小学生的情绪表达方式认知及其与同伴接纳的关系[J].心理科学,2007(5).

[84]谭千保,曾苗.548名中学生的班级环境和生活满意度[J].中国心理卫生杂志,2007(8).

[85]汤旧圆.小学生学习动机、学习策略与学业成就的关系研究[J].长春教育学院学报,2013(6).

[86]唐宏.不同学业成就小学生注意加工水平的比较研究[J].心理科学,2008(5).

[87]唐颖.儿童气质与父母教养方式对8~12岁儿童伤害倾性的影响[D].太原:山西医科大学,2018.

[88]陶德清.兰州市不同社区中、小学生学习态度的比较研究[J].心理科学,1995(1).

[89]陶沙,刘红云,周翠敏,等.学校心理环境与小学4~6年级学生认知能力发展的关系:基于全国代表性数据的多水平分析[J].心理科学,2015(1).

[90]田澜,饶清强.小学生学习障碍及其矫正[J].现代中小学教育,2004(7).

[91]田青,李晓东,查文清,等.深圳市南山区学龄期儿童再发性腹痛流行病学调查[J].实用儿科临床杂志,2011(7).

[92]王蓓蓓.小学师生沟通存在的问题及对策研究[D].南京:南京师范大学,2014.

[93]王东芳.小学班级文化建设策略研究[D].新乡:河南师范大学硕士学位论文,2014.

[94]王浩月.小学生同伴交往关系的影响因素研究——以家庭教养方式为视角[D].南京:南京师范大学硕士学位论文,2016.

[95]王华,王光荣.目标设置理论对学生学习动机激发的启示[J].沈阳教育学院学报,2005(1)

[96]王惠萍,孙宏伟.儿童发展心理学(第2版)[M].北京:科学出版社,2018.

[97]王烈,姚江,才淑阁.学龄儿童智力发展影响因素的研究[J].中国医科大学学报,2000(S1).

[98]王萍.城市离异家庭与完型家庭子女心理健康状况比较研究[D].长春:东北师范大学,2007.

[99]王书荃.小学生学习障碍诊断的研究[J].教育探索,2003(8).

[100]王霜.师爱在初中生品德形成过程中的作用、问题及对策研究[D].重庆:重庆师范大学硕士学位论文,2014.

[101]王薇.中小学生的创造性思维训练研究[D].石家庄:河北师范大学,2014.

[102]王晓成.教师心理冲突的自我调适[J].陕西教育(行政版),2007(5).

[103]王莹.小学大班额教学中学生课堂问题行为研究[D].济南:山东师范大学,2016.

[104]王有智.城乡中小学生学习动机差异的比较研究[J].陕西师范大学学报(哲学社会科学版),2003(2).

[105]王云峰,冯维.论小学生学习障碍及其教育对策[J].中国特殊教育,2006(4).

[106]王耘,叶忠根,林崇德.小学生心理学[M].杭州:浙江教育出版社,1993.

[107]吴娜,张晨艳,周宗奎.儿童网络行为与学业成绩的关系:自我控制的调节效

应[J].心理与行为研究,2017(2).

[108]吴霞.小学生校园人际关系的研究:以深圳市梅园小学为例[D].武汉:华中师范大学,2011.

[109]伍新春.儿童发展与教育心理学[M].北京:高等教育出版社,2004.

[110]伍雁鸣.制度、观念、行为:打造特色班级"软文化"三部曲[J].新课程(上),2018(2).

[111][美]谢利·泰勒.健康心理学[M].朱熊兆、唐秋萍、蚁金瑶译.北京:中国人民大学出版社,2012.

[112]徐芬.学业不良儿童的教育与矫治[M].杭州:浙江教育出版社,1997(12).

[113]许燕,张厚粲.小学生言语能力及其发展倾向的性别差异研究[J].心理发展与教育,1998(3).

[114]许燕,张厚粲.小学生空间能力及其发展倾向的性别差异研究[J].心理科学,2000(2).

[115][美]亚伯拉罕·马斯洛.人性能达到的境界[M].曹晓慧等,译.北京:世界图书出版公司,2014.

[116]闫国利,巫金根,王丽红.小学五年级语文学优生与学困生阅读知觉广度的眼动研究[J].心理科学,2013(3).

[117]杨庚林.8—12岁维、汉儿童父母养育方式与儿童气质比较分析[D].乌鲁木齐:新疆医科大学,2013.

[118]杨桂丹.小学生学习困难干预的个案研究[D].漳州:闽南师范大学,2017.

[119]杨丽珠,徐敏,马世超.小学生同伴接纳对其人格发展的影响:友谊质量的多层级中介效应[J].心理科学,2012(1).

[120]杨丽珠,张华.小学教师期望对学生人格的影响:学生知觉的中介作用[J].心理与行为研究,2012(3).

[121]杨姝.当前中小学生对社会事件的道德推理研究[D].福州:福建师范大学,2016.

[122]杨雯雯.小学班主任与家长沟通现状及优化策略的研究:以锦州市X小学为例[D].锦州:渤海大学,2017.

[123]杨心德.学习困难学生的学习动机与教育对策[J].宁波师院学报(社会科学版),1996(2).

[124]杨芸.高中英语课堂词汇学习策略渗透研究[D].天津:天津师范大学,2012.

[125]叶树培,李美娟,罗振峰.小学生气质与学习成绩的关系[J].社区医学杂志,2006(9).

[126]于海峰.学习动机内化的理论反思与教育启示[J].东北师大学报(哲学社会

科学版),2011(6).

[127] 袁莉.性别角色刻板观念对小学生学习影响的研究[D].天津:天津师范大学,2012.

[128] 张大均,陆星月,程刚,等.小学生心理素质量表全国常模的制定[J].西南大学学报(社会科学版),2017(6).

[129] 张大均.教育心理学[M].北京:人民教育出版社,2005.

[130] 张丹,范国睿.课堂教学场域中教师关注的性别差异研究:以上海小学课堂为例[J].教育研究,2014(4).

[131] 张华娜.儿童气质与学习成绩的关系[J].健康心理学杂志,2002(1).

[132] 张劲松,洪昭毅,顾菊美.儿童气质、学习成绩与多动障碍关系的研究[J].临床儿科杂志,2000(3).

[133] 张劲松,沈理笑,许积德,等.上海市1个月—12岁儿童气质特点研究[J].中国心理卫生杂志,2000(2).

[134] 张兰兰.小学高年级学生人际交往现状及团体辅导干预研究[D].新乡:河南师范大学,2017.

[135] 张莉,辛自强,古丽扎伯克力.5~9岁儿童在不同复杂性任务上类比推理的发展特点[J].心理发展与教育,2010(6).

[136] 张林,张向葵.中学生学习策略的结构与使用特点[J].心理科学,2006(1).

[137] 张履祥,钱含芬.小学生学习策略训练效应的实验研究[J].心理科学,2000(1).

[138] 张曼华,杨凤池,刘卿.气质对小学生学习成绩的影响[J].健康心理学杂志,2000(2).

[139] 张铭迪.基于气质评定的小学生亲社会行为促进研究[D].大连:辽宁师范大学,2013.

[140] 张萍,梁宗保,陈会昌,等.2~11岁儿童自我控制发展的稳定性与变化及其性别差异[J].心理发展与教育,2012(5).

[141] 张庆林.当代认知心理学在教学中的应用[M].重庆:西南师范大学出版社,1995.

[142] 张锐.群体关注对道德判断的影响[D].石家庄:河北师范大学,2017.

[143] 张学浪.农村留守儿童道德情感研究:以江苏盐城为例[D].南京:南京理工大学,2012.

[144] 张学民,申继亮,林崇德,等.小学生选择性注意能力发展的研究[J].心理发展与教育,2008(1).

[145] 张野,杨丽珠.小学生人格类型及发展特点研究[J].心理科学,2007(1).

[146] 张英彦.小学生学习态度的研究[J].教育探索,1998(6).

[147] 张跃先.教育机智的内涵、特点及应用策略[J].长治学院学报,2015(6).

[148] 赵冬梅,周宗奎.儿童同伴交往中的攻击行为:文化和性别特征[J].心理科学,2010(1).

[149] 赵海萍,尚玉秀,张勇,等.银川市儿童青少年发生意外伤害与其性格的相关性研究[J].中国学校卫生,2004(5).

[150] 赵可云,赵雪梅,黄雪娇,等.影响农村留守儿童学习能力发展的学校因素研究——基于结构方程模型的实证分析[J].终身教育研究,2018(5).

[151] 赵曼,张玉柱,恩和巴雅尔,等.学龄双生子儿童气质特点及其影响因素[J].内蒙古师范大学学报(自然科学汉文版),2014(1).

[152] 赵鹏程,杨伊生.小学生数学学习态度的调查研究[J].内蒙古师范大学学报(教育科学版),2007(2).

[153] 郑淑杰,石松山,郑彬.小学生攻击、情绪问题发展趋势与自我控制关系的追踪研究[J].中国学校卫生,2008(10).

[154] 周利娜.父亲教养方式与小学高年级儿童气质及其社会行为的关系[D].济南:山东师范大学,2008.

[155] 朱晓红.儿童学习动机类型与创造力倾向关系的研究[J].南京师大学报(社会科学版),2001(6).

[156] 朱永新.专业阅读:教师专业发展的基石[J].教育科学研究,2009(6).

[157] 朱智贤.儿童发展心理学[M].北京:人民教育出版社,1993.

[158] [美] Jerry M. Burger.人格心理学[M].陈会昌,等译.北京:中国轻工业出版社,2000.

[159] Davis-Kean, P. E. The influence of parent education and family income on child achievement: The indirect role of parental expectations and the home environment[J]. *Journal of Family Psychology*, 2005(2)

[160] Pearce, R. R. Effects of cultural and social structural factors on the achievement of white and Chinese American students at school transition points[J]. *American Educational Research Journal*, 2006(1)